Inhalt

Unterwegs in ...

Amsterdam und Umgebung	84
Amsterdam	86
Altstadt	90
Grachtengürtel	95
Amsterdam Noord	97
Plantage und Hafenviertel	98
Museumsviertel	99
Umgebung von Amsterdam	110

Noord- und Zuid-Holland	118
Provinz Noord-Holland	120
Broek in Waterland, Marken	120
Monnickendam	121
Edam	122
Hoorn	123
Enkhuizen	125
Medemblik	126
Afsluitdijk	127
Egmond aan Zee	128
Alkmaar	128
Bergen und Bergen aan Zee	130
Den Helder	131
Provinz Zuid-Holland	133
Rotterdam	133
Schiedam	143
Delft	145
Den Haag	147
Scheveningen	154
Katwijk	156
Noordwijk	156
Leiden	158
Gouda	162
Dordrecht	163
Nationaal Park De Biesbosch	165

Westfriesische Inseln	166
Texel	168
Vlieland	176
Terschelling	178
Ameland	182
Schiermonnikoog	189

Inhalt

Provinzen im Norden	192
Provinz Friesland	194
Leeuwarden (Ljouwert)	194
Sneek (Snit)	199
Sloten (Sleat) und das Gaarsterland	200
Stavoren (Starum) und Hindeloopen (Hylpen)	201
Bolsward (Boalsert)	202
Harlingen (Harns)	203
Franeker (Frjentsjer)	206
Nationaal Park Drents-Friese Wold	207
Provinz Groningen	207
Groningen	207
In Grenznähe	214
Provinz Drenthe	215
Assen	215
Emmen und Umgebung, NP Dwingelderveld	219
Provinzen in der Mitte	220
Provinz Flevoland	222
Lelystad	222
Almere	223
Urk	226
Emmeloord und Schokland	227
Provinz Utrecht	228
Utrecht	228
Oudewater	232
Amersfoort	233
Provinz Overijssel	234
Zwolle	234
Kampen	235
Giethoorn	237
Staphorst und Rouveen, Deventer	238
Im Salland	239
Enschede, Ootmarsum	240
Provinz Gelderland	241
Arnhem	241
Umgebung von Arnhem	242
Achterhoek, Apeldoorn	244
Harderwijk am Veluwemeer, Zaltbommel	245
Nijmegen	248
Provinzen im Süden	250
Provinz Zeeland	252
Walcheren und Beveland	252
Schouwen-Duiveland	262
Provinz Noord-Brabant	266

4

Inhalt

´s-Hertogenbosch (Den Bosch)	266
Eindhoven	267
Breda	269
Willemstad, Bergen op Zoom	270
Provinz Limburg	271
Maastricht	271
Heerlen und Kerkrade	277
Valkenburg	278
Mergelland	279
Roermond und Umgebung	282
Thorn	284
Arcen und Umgebung	285
Sprachführer	286
Kulinarisches Lexikon	288
Register	290
Abbildungsnachweis/Impressum	296

Auf Entdeckungstour

Über sieben Brücken musst du fahr'n …	108
Das historische Herz Hollands – die Zaanse Schans	116
›Lekker fietsen‹ im Rotterdamer Hafengebiet	140
Inselhüpfen von Texel nach Vlieland	174
Das Planetarium unter der Wohnzimmerdecke	204
›Hunebedden‹ – von Hünen keine Spur	216
Land Art in Almere	224
Mufflon und Monet – Natur und Kunst im Hoge Veluwe Park	246
Dem Meer getrotzt – Mammutprojekt Oosterscheldedam	264
Wie Perlen an einer Kette – Schlösser in Süd-Limburg	280

Karten und Pläne

s. hintere Umschlagklappe, Innenseite

▶ Dieses Symbol im Buch verweist auf die Extra-Reisekarte Niederlande

Liebe Leserin, lieber Leser,

sowie ich aus dem Amsterdamer Bahnhof heraustrete, werde ich eingefangen von der lebhaften Atmosphäre dieser reizvollen Stadt, bin umgeben von Scharen von Radfahrern und Passanten, muss der bimmelnden Tram ausweichen und stoße hier gewöhnlich auf eine Menschenansammlung, die einem Straßenkünstler zuschaut. Links ragen die Masten des VOC-Seglers »Amsterdam« vor dem Scheepvaartmuseum empor und erinnern an die alten Zeiten der großen Seefahrernation. Vor mir liegt der Steg, von dem die Grachtentouren starten, und daneben führt eine breite Straße, der Damrak, in die Stadt.

Wie kann ich Amsterdam erkunden? Diese Frage stellte sich mir, als ich das erste Mal in Amsterdam ankam. Zuerst das VOC-Schiff anschauen und ins Museum gehen? Oder doch eine Grachtentour machen? Oder mich einfach mit dem Strom der Passanten auf dem Damrak in die Stadt hinein treiben lassen? Wer in Amsterdam ankommt, hat die Qual der Wahl und stellt schnell fest, dass ein einziger Besuch nicht ausreichen wird. Und was für Amsterdam gilt, trifft für das ganze Land zu, denn die Niederlande bieten viel.

Da sind die Städte mit ihren reichen Kulturangeboten, guten Restaurants, Shoppingwelten und gemütlichen Straßencafés. Da sind die Inseln und die Nordseeküste mit langen Stränden und Dünen. Das Wattenmeer und das IJsselmeer. Es gibt reizvolle Flusslandschaften, Wälder und grüne Polder mit alten Gehöften. Schließlich Natur in zahlreichen Nationalparks.

Mit diesem Buch möchte ich Sie in die Niederlande begleiten, in die Grachtenmetropole Amsterdam, in die Hafenstadt Rotterdam und in beschauliche Orte wie die am IJsselmeer. Ich möchte Sie mitnehmen zu den Tulpenfeldern und den historischen Windmühlen. Und natürlich ans Meer, wo Sie ganz entspannt Sonne und Meer genießen können. Gerne auch ganz aktiv zu einer Radtour oder einem Segeltörn, um Land und Leute kennenzulernen.

Ich wünsche Ihnen einen erlebnisreichen Aufenthalt und freue mich auf Ihre Rückmeldung!

Ihr

Reinhard Tiburzy

Dem ›alten‹ Holland kommt man im Zuiderzeemuseum in Enkhuizen auf die Spur

Leser fragen, Autoren antworten
Niederlande persönlich – meine Tipps

Nur wenig Zeit? Die Niederlande zum Kennenlernen
Natürlich steht **Amsterdam** ganz oben auf der Agenda. In der lebhaften Grachtenmetropole kann man mühelos mehrere Tage zubringen. Amsterdam ist alt und jung zugleich; einem Stück alten Hollands begegnen Sie **rund um das Markermeer** in Orten wie Monnickendam, Marken, Volendam, Edam, Hoorn und Enkhuizen. Zwei bis drei Tage sollten Sie dafür einplanen. Schließlich die holländische Ferienregion schlechthin: die **Watteninseln.** Von der Hafenstadt Harlingen setzen täglich Fähren nach Terschelling und Vlieland über, beide Inseln sind jeweils mindestens einen Tagesausflug wert. Wer auch die anderen Inseln besuchen möchte, kann mit Schiffen von Insel zu Insel hoppen.

Welche Sehenswürdigkeiten sollte man nicht verpassen?
Amsterdam mit seiner einzigartigen Grachtenwelt, den Top-Museen und den belebten Plätzen steht ganz oben auf der Liste. Und dann der **Rotterdamer Hafen.** Dieses gigantische Reich der randvoll mit Containern beladenen Ozeanriesen, der Öltanker und Hafenkräne erschließt sich dem Besucher bei einer spannenden Ha-

Was man gesehen haben muss

7

Die Niederlande persönlich – meine Tipps

fenrundfahrt mit dem Boot. Auch an architektonischen Highlights hat Rotterdam viel zu bieten, besonders faszinierend sind die Kijk Kubus Häuser des **Blaakse Bos.** Ein Kontrastprogramm bietet die größte der Watteninseln, **Texel,** ein Naturparadies sondergleichen, gerne auch mit dem Titel »Die Niederlande im Kleinen« versehen. Ein Meisterwerk der Technik – hier bezwangen die Holländer ein weiteres Mal das Wasser – liegt um die Ecke: der **Abschlussdeich,** der die Nordsee vom IJsselmeer trennt. Und hier, an der früheren Zuiderzee, liegt das idyllische **Urk,** wo man sich in vergangenen Zeiten wähnt ...

Was tut sich in Amsterdam? Was ist neu und spannend?

Nachdem fast ein Jahrzehnt lang die wichtigsten Museen geschlossen waren, sind sie seit 2013 alle wieder geöffnet! Allen voran das Reichsmuseum. Zehn Jahre hat der Umbau gedauert – 2013 wurde es wiedereröffnet. Das spanische Architekten-Duo Cruz y Ortiz lässt das mit den Jahren ergraute, ursprüngliche Gebäude nun wieder in voller Pracht erstrahlen. Lange warten mussten die Amsterdamer auch auf die Wiedereröffnung des **Stedelijk Museum,** das 2012 endlich wieder seine Tore eröffnete. Seither verzeichnet das Museum moderner und zeitgenössischer Kunst einen Besucherrekord nach dem nächsten. Auch die Wiedereröffnung von **Schifffahrts-** und **Filmmuseum** – Letzteres in neuer, außergewöhnlicher Lage – machte Furore. Bei allen genannten Museen sind nicht nur die Sammlungen spektakulär, auch die Architektur hat für viel Aufregung gesorgt und den Häusern bereits den einen oder anderen Spitznamen eingebracht ...

Welche Museen außerhalb Amsterdams lohnen den Besuch?

Altholländische Wohn- und Fischerhäuser, Krämerläden, Werkstätten, Werften, Kirche, Schule und Fischräucherei – insgesamt 130 historische Gebäude – das **Zuiderzeemuseum** in Enkhuizen ist gewiss eines der fesselndsten Museen des Landes. Hier wird die Geschichte und Tradition rund um die einstige Zuiderzee erlebbar, kann man Segel- und Seilmachern, Schmieden, Korbflechtern und Böttchern bei ihrer Arbeit zusehen.

Aber nicht nur die großen Museen sind Highlights, auch das kleine **Planetarium** im Wohnzimmer des Eise Eisinga im Städtchen Franeker ist eines.

Tulpen, Windmühlen & Co. – wirklich sehenswert?

Aber ja! Wie mit riesigen farbigen Flickenteppichen ist der **Bollenstreek** bei Lisse im Frühjahr mit blühenden Tulpenfeldern durchsetzt, und im **Keukenhof** erleben alljährlich Tausende von Besuchern eine Farbenpracht aus blühenden Tulpen und Narzissen, wie man sie sonst nirgendwo antrifft. Und auch die Windmühlen von **Kinderdijk** (UNESCO-Weltkulturerbe!) und die an der **Zaanse Schans** ebenso wie das malerische **Giethoorn** lohnen den Besuch wirklich!

Strandspaziergang auf Vlieland

8

Die Niederlande persönlich – meine Tipps

Einwöchige Tour durch Zeeland und Zuid-Holland

Wo liegen die schönsten Strände?

Zu den schönsten Stränden zählen gewiss die der Watteninseln, allein **Texel** trumpft mit 30 km herrlichem Sandstrand auf und ist damit nicht so überlaufen. Die saubersten Strände findet man in **Zeeland**, der zugleich sonnenreichsten Provinz der Niederlande. Hier lockt **Oostkapelle** mit seinen breiten Dünen. Beliebte Badeorte sind auch **Katwijk** und **Noordwijk** an der holländischen Küste, wo lange weiße Sandstrände zum Sonnenbaden und Spazierengehen einladen.

Gibt es eine schöne Tour für eine Woche? Unterwegs im Südwesten

Ein großes Stück im Süden des Landes, die **Deltagebiete von Schelde, Maas und Rhein**, kann man bequem in einer Woche erkunden. Die Mündungsarme von Rhein, Waal und Leek, die Maas und die Wester- und Oosterschelde bilden in den Provinzen Zeeland und Zuid-Holland eine reizvolle Landschaft aus Wasser, Inseln und Halbinseln.

In dem kleinen Fischerort **Yerseke** an der Oosterschelde dreht sich alles um Muscheln und Austern, die zur Saison alle Speisekarten zieren. Höhepunkt der Saison ist der Muscheltag (3. Sa im Aug.), an dem man bis zum Abwinken zu kleinen Preisen fangfrische Muscheln schlemmen kann.

Von hier geht es über **Middelburg**, wo man auf dem Markt noch häufig Leute in historischen Trachten sieht, nach **Veere**, dessen Hafen besonders pittoresk ist. Badeorte wie **Westkapelle** und **Domburg** bieten Gelegenheit, sich am Strand zu entspannen.

Bei der weiteren Fahrt über den **Oosterscheldedam** sollte man unbedingt einen Stopp zur Besichtigung des monumentalen **Sperrwerks** und der **Delta Expo** einplanen, ein Höhepunkt dieser Reise. **Rotterdams** größte Attraktion ist natürlich der Hafen, den man am besten per Schiff auf einer Hafentour kennenlernt.

Nächste Etappenziele sind **Delft**, berühmt für Fayencen, und **Den Haag** mit dem Seebad **Scheveningen**. Von der Küste geht es sodann landeinwärts in die Käsestadt **Gouda**, in der der historische Käse- und Handwerkermarkt (Ende Juni–Ende Aug. Do 10–12.30 Uhr) zahlreiche Besucher anlockt.

Die Niederlande persönlich – meine Tipps

Ein Muss ist der **Kinderdijk**, der mit seinen zahlreichen Windmühlen zum UNESCO-Weltkulturerbe zählt. In **Dordrecht** lohnt sich ein kleiner Hafenbummel, bevor es in die Natur des **Nationalparks De Biesbosch** geht.

Was macht die Niederlande zu einem Paradies für Radfahrer?

Eines vorweg: Auch in Holland bläst der Wind immer vor vorne! Meistens jedenfalls. Sonst aber ist das Land wegen fehlender Berge und guter Radwege ein absolutes Paradies für Radler – nicht umsonst ist hier das *fiets* das Fortbewegungsmittel Nummer eins. Zudem ist das ganze Land mit einem Netz von beschilderten *fietsrouten* und nummerierten *fietsknooppunten* (Fahrradknotenpunkten) überzogen, was die Orientierung sehr erleichtert. Fahrräder, neuerdings auch E-Bikes, kann man in nahezu allen Orten bei *rijwiel shops* und an den Bahnhöfen (*rijwiel station*) mieten (E-Bikes vorher reservieren).

Über die unzähligen Routen informieren die VVV-Büros. Auf der Homepage des NBTC, www.holland.com, finden Sie zahlreiche Informationen zu Radtouren durch die verschiedenen Regionen des Landes. Außerdem auch allgemeine Infos über Fahrradverleih, Beschilderung, Gepäckbeförderung, Vorschriften, Transport mit der Bahn, Veranstaltungen und Unterkünfte. Auch in den Niederlassungen des niederländischen Automobilclubs ANWB findet man zahlreiche *fietsrouteboeken* und Radwanderkarten. Über Aufladepunkte für Akkus für E-Bikes informieren u. a. www.oplaadpunten.nl, www.laad.nl und www.stekkerweb.nl.

Wer das Ungewöhnliche sucht – Sightseeing einmal anders

Amsterdams Kneipen – viele haben ihre eigene, faszinierende Geschichte. Tauchen Sie mit einem professionellen Führer in das Nachtleben der Stadt ein (Top Tours, www.top tours.net). Nicht minder interessant: **De wallenwandeling** – eine geführte Tour durch die *wallen*, durch das berühmte Amsterdamer Rotlichtviertel rund um die Oude Kerk. Lernen Sie die Geschichte und Geschichten dieses verruchten, aber lebendigen Viertels mit seinen urigen Kneipen, Brauereien, Theatern und Spielhallen kennen.

Das IJsselmeer oder das Wattenmeer erleben – vom Schiff aus und in den Häfen! Und, falls Sie möchten, dabei selbst mit Hand anlegen. **Segelabenteuer** auf umgebauten Segelfrachtschiffen werden von zahlreichen Anbietern angeboten, für Gruppen, aber auch für Einzel-Mitsegler.

Oder segeln Sie an einem Tag mit dem **Großsegler Willem Barentz** über das IJsselmeer und wieder zurück, und verbinden Sie damit eine **Fahrradtour**: erst mit dem Segler von Enkhuizen nach Urk, dann mit dem *fiets* nach Stavoren und von dort mit der **Fähre** nach Enkhuizen zurück – eine abenteuerliche Tagestour!

Sightseeing einmal anders

Auch ›Königs‹ nutzen das fiets: König Willem-Alexander mit Familie

Abenteuerlich ist auch das **Grottenbiken**, eine 12 km lange, geführte Tour auf Mountainbikes durch das Gewirr der Gänge der Sibbergroeve, einer Mergelgrotte bei Valkenburg.

Erleben Sie Natur pur im Nationalpark De Biesbosch – mit dem **Flüsterboot**. Sie gleiten mit dem Boot leise durch das Schilf und lauschen den Geschichten der Naturführerin Edith van de Merwe (nl., engl.). Oder sie mieten sich am Biesboschcentrum Dordrecht ein **Kajak, Kanu, Ruderboot** oder elektrisch angetriebenes **Fluisterboot** und erkunden die Natur.

Verheerende Sturmfluten haben in der Vergangenheit das Land überschwemmt. Wie man sich heute dagegen schützt, zeigen die gigantischen **Sturmflutwehre** an der Oosterschelde und das Maeslantkering, das den Rotterdamer Hafen schützen soll.

Wo findet man die schönsten Märkte?

Da wäre zunächst einmal der *Drijfende bloemenmarkt* zu nennen, der teilweise auf festgemachten Booten treibende oder **schwimmende Blumenmarkt** am Singel/Muntplein in **Amsterdam**. Interessant ist die *bloemenveiling*, die **Blumenversteigerung in Aalsmeer**. Hier kann man zwar selbst keine Blumen kaufen, aber einer Versteigerung mit rückwärts laufenden Uhren beiwohnen.

Sehenswert sind auch die traditionellen **Käsemärkte** in **Gouda** und **Alkmaar**. Das sind zwar touristische Show-Märkte, auf denen gezeigt wird, wie der Transport, das Wiegen und Prüfen des Käses früher stattfanden, sie haben aber dennoch ihren Reiz. Einzigartig ist der **Pferdemarkt in Zuidlaren** (3. Di im Okt.), bei dem Hunderte Pferde zum Verkauf stehen. Diesem Ereignis in früh morgendlicher Atmosphäre beizuwohnen – einfach packend!

NOCH FRAGEN?
Die können Sie gern per E-Mail stellen, wenn Sie die von Ihnen gesuchten Infos im Buch nicht finden:
info@dumontreise.de
Auch über eine Lesermail von Ihnen nach der Reise mit Hinweisen, was Ihnen gefallen hat oder welche Korrekturen Sie anbringen möchten, würden wir uns freuen.

**Art-déco-Flair in Amsterdams
Café Américain, S. 105**

**Gemütliches und großzügiges Grün:
Vondelpark in Amsterdam, S. 100**

Lieblingsorte!

**Zeelands schönstes Hafenstädtchen:
Veere, S. 260**

**Tulpen, so weit das Auge reicht, im
Keukenhof und im Bollenstreek, S. 113**

19 Mühlen in Reih und Glied:
Kinderdijk bei Dordrecht, S. 144

Mit dem Kanu unterwegs in Giethoorn,
S. 236

Die Reiseführer von DuMont werden von Autoren geschrieben, die ihr Buch ständig aktualisieren und daher immer wieder dieselben Orte besuchen. Irgendwann entdeckt dabei jede Autorin und jeder Autor seine ganz persönlichen Lieblingsorte. Dörfer, die abseits des touristischen Mainstreams liegen, eine ganz besondere Strandbucht, Plätze, die zum Entspannen einladen, ein Stückchen ursprüngliche Natur – eben Wohlfühlorte, an die man immer wieder zurückkehren möchte.

Bringen alles durcheinander: Kubuswoh-
nungen in Rotterdams Blaakse Bos, S. 136

Sand, Wind und Weite – Amelands
Strände sind ein Paradies, S. 184

Schnellüberblick

Westfriesische Inseln
Wie Perlen einer Kette liegen sie aufgereiht vor der Wattenmeerküste, mit langen Sandstränden an der Meeresseite und Wattflächen auf der zum Festland, einige sind völlig autofrei. Auf Autos kann man hier auch getrost verzichten, nicht aber auf Gummistiefel, Sonnencreme, Surfbrett und Zeit zum Entspannen. S. 166

Noord- und Zuid-Holland
Die Küste mit ihren kilometerlangen Sandstränden und lebhaften Badeorten, Rotterdam, das Tor zur Welt, landeinwärts Alkmaar und Edam mit ihren historischen Käsemärkten, der im Frühjahr blühende Bollenstreek, und oben am IJsselmeer, wo die Flotten der braunen Segler liegen, die alten Zuidersee-Städte. S. 118

Amsterdam und Umgebung
Grachten, gesäumt von historischen wie modernen Bauten, charakterisieren die pulsierende niederländische Hauptstadt, in deren Museen sich wahre Schätze befinden. Dazu flippige Läden, Hausboote, Coffeeshops, Straßencafés und Tausende von Fahrrädern – kurz: eine außergewöhnliche Weltmetropole, multikulturell und frei. S. 84

14

Provinzen im Norden
Die Provinzen Friesland und Groningen teilen sich die Küste im Norden. Zwischen grünen Weiden und Marschland mit alten Warften, Moorkolonien und feudalen Gutshöfen laden friesische Meere, Kanäle und Flüsschen zum Schippern ein. Auf Drenthes hügeligem Honsrug stößt man auf jungsteinzeitliche Hünengräber. S. 192

Provinzen in der Mitte
Flevoland, durch Trockenlegung gänzlich dem IJsselmeer abgerungen, Overijssel mit alten Hansestädten und urcalvinistischen Dörfern, Utrecht mit prachtvollen Schlössern und der ehrwürdigen Universitäts- und Bischofsstadt gleichen Namens, Gelderland mit Wäldern und Heide – sie alle bilden das Quartett in der Landesmitte. S. 220

Provinzen im Süden
Während Zeeland, das mit seinen Halbinseln ins Meer greift, für seine Muscheln bekannt ist, steht Noord-Brabant mit alten Festungsstädten und herrlichen Naturlandschaften für gepflegte Gastronomie und Geselligkeit. Limburg wiederum, die unholländischste aller Provinzen, ist für seinen Spargel und sein burgundisches Flair berühmt. S. 250

Reiseinfos, Adressen, Websites

Polderwindmühle in Schermerhorn östlich von Alkmaar

Informationsquellen

Infos im Internet

Das Internet bietet eine Fülle von Informationen zu den Niederlanden, zur touristischen Infrastruktur, zu Land und Leuten, Hotels, Restaurants etc. Die meisten Städte haben eigene Homepages, die fast alle auch Informationen für Besucher (Sehenswürdigkeiten, Unterkünfte etc.) bereithalten.

www.holland.com
Homepage des Niederländischen Büros für Tourismus und Convention in Köln. Hier findet man vieles, was das Reiseland Niederlande zu bieten hat, und kann zahlreiche Kataloge und Broschüren bestellen, z. B. über Attraktionen und Unterkünfte (mehrsprachig).

www.koninklijkhuis.nl
Homepage des niederländischen Königshauses. Interessantes und Aktuelles zur königlichen Familie, Monarchie, Geschichte des Hauses Oranien-Nassau und über die königlichen Paläste und Schlösser (nl., engl.).

www.ns.nl
Informationen zu Dienstleistungen und Produkten der niederländischen Bahn, einschließlich der Fahrpläne und besonderen Angebote (nl., engl.).

www.detelefoongids.nl
Niederländisches Telefonbuch. Über die Suchfunktion können Adressen oder Telefonnummern gefunden werden.

www.anwb.nl
Homepage des niederländischen Automobilclubs ANWB mit interessanten Infos zu Auto und Verkehr (nl.).

www.schwarzaufweiss.de
Reisemagazin mit zahlreichen Infos, interessanten Reportagen und Länderporträts, u. a. auch über die Niederlande (dt.).

www.bedandbreakfast.nl
Übersicht über rund 4000 kleine Unterkünfte, von einfachen Familien-B & Bs bis zu exklusiven B & B-Zimmern, Suites, Apartments und Luxuswohnungen (mehrsprachig).

www.hotels.nl
www.hotelsholland.de
Hier können Sie Hotels suchen, Beschreibungen und Bewertungen von Hotels finden und Zimmer reservieren (mehrsprachig, letztere Site dt.).

www.dinnersite.nl
Ein Häppchen essen? Oder mehrgängig dinieren? Auf dieser nützlichen Homepage finden Sie Angaben darüber, wo was auf den Tisch kommt. Nicht ganz aktuell, aber man kann sich ja dann mit Suchmaschinen weiter bis in das Restaurant wurschteln (mehrsprachig).

www.government.nl
Niederländische Regierung, Links zu den Ministerien (mehrsprachig).

www.amsterdam.info
www.iamsterdam.com
Ausführliche Informationen zu Amsterdam (u. a. dt.).

www.nederlandfietsland.nl
www.fietsroutenetwerk.net
Wer in den Niederlanden in die Pedalen treten möchte, kann sich hier umfassend darüber informieren, wo es lang geht (engl./nl; Letztere nur nl.).

Fremdenverkehrsamt

Das Niederländische Büro für Tourismus und Convention (NBTC) verfügt zzt. über keine Besucheradresse. Infos über das Land, Hotels, Ferienhäuser, Campingplätze, Veranstaltungen, Ausstellungen etc. finden Sie unter www.holland.com.

Infostellen vor Ort

In allen Orten, ausgenommen winzigen Dörfern, finden Sie lokale Fremdenverkehrsbüros (VVV). Hier bekommen Sie Auskünfte und Broschüren. Das Personal ist oft mehrsprachig. In größeren Orten werden für eine Gebühr auch Zimmer und in einigen VVVs auch Tickets für Theater etc. vermittelt.

In den Büros des niederländischen Automobilclubs ANWB erhält man ebenfalls nützliche Reiseinformationen. In einigen Orten sind die Büros des ANWB mit denen der VVV assoziiert.

Lesetipps

Dash, Mike: Tulpenwahn. List, München, 2001. Hintergründe und Fakten zum historischen Supergau um die Tulpenzwiebel, der viele in den Wahnsinn und Ruin trieb.
Dempf, Peter: Das Geheimnis des Hieronymus Bosch. Goldmann Verlag, München, 2001. Spannende Geschichte um eine Verschwörung und um mystische Symbole, die bei einem Säureanschlag auf ein berühmtes Gemälde von Hieronymus Bosch entdeckt werden.

Frank, Anne: Das Tagebuch der Anne Frank. Verlag Fischer, Frankfurt/M., 2006. Faszinierendes Tagebuch, das das junge jüdische Mädchen im Versteck ihrer Familie vor den Nazis in Amsterdam schrieb – heute längst Weltliteratur!
Herzig, Inken, Marcus Howest: Grachten, Giebel, Rotlichtfenster – Amsterdamer Freiheiten. Picus Verlag, Wien, 2004. Heitere Lesereise vor und hinter die Kulissen der Stadt, die auch gerne ›Venedigs des Nordens‹ genannt wird.
Linthout, Dik: Frau Antje und Herr Mustermann. Links Verlag, Berlin, 2012. Fundiert gezeichnete Darstellung des spannenden Verhältnisses zwischen Deutschen und Niederländern.
Loo, Tessa de: Die Zwillinge. btb, München, 2002. Früh getrennt, wachsen die beiden Zwillingsschwestern getrennt voneinander auf – Anna in Deutschland, Lotte in Holland. Jahrzehnte nach dem Krieg treffen sie als alte Damen wieder aufeinander und werden mit dem eigenen Leben und dem der Schwester konfrontiert.
Müller, Melissa: Das Mädchen Anne Frank. Biografie. Claassen. List, München 2008. Umfassende Biografie von Anne Frank mit bislang unveröffentlichten Bildern.
Weidemann, Siggi: Gebrauchsanweisung für Amsterdam. Piper, München, 2005. Humorvoll durch die Brille eines deutschen Journalisten gesehen, der seit mehr als 20 Jahren in Amsterdam lebt.

Wetter und Reisezeit

Die Lage am Meer und die Nähe zum Golfstrom sorgen das ganze Jahr über für ein gemäßigtes Klima mit nicht zu heißen Sommern und milden Wintern. Selten sinkt das Thermometer im Winter unter den Gefrierpunkt, manchmal fällt etwas Schnee.

Reiseinfos

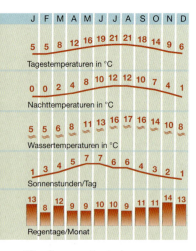

Klimadiagramm Amsterdam

Holland ist zu allen Jahreszeiten ein beliebtes Reiseziel. In der Hochsaison, in den Monaten Juli und August, lädt die Nordsee bei Temperaturen von 18/19 °C zu einem erfrischenden Bad ein. Ein Quartier sollte man in den Sommermonaten unbedingt im Voraus buchen.

Falls der Himmel dann mal bedeckt ist – Regenwetter ist im ganzen Land gar nicht so selten und total normal –, sagen sich viele »Was soll's« und genießen bei einem zünftigen Strandspaziergang in Gummistiefeln und ›Friesennerz‹ die frische Seeluft oder besuchen ein, zwei der unzähligen Museen des Landes. Doch meist verziehen sich die Wolken an der Küste rasch wieder, und nach einem Regenschauer lacht schnell wieder die Sonne.

Anreise und Verkehrsmittel

Einreisebestimmungen

Deutsche, Österreicher und Schweizer benötigen für einen Aufenthalt bis zu drei Monaten einen gültigen Personalausweis oder Pass. Kinder (unabhängig vom Alter) brauchen einen eigenen Ausweis. Für Bürger der Schengen-Staaten, zu denen u. a. Deutschland, Österreich, Belgien und die Schweiz gehören, entfallen die Grenzkontrollen.

Zollvorschriften

Die Ein- und Ausfuhr von Waren für den Eigenbedarf innerhalb der Mitgliedsstaaten der EU ist weitgehend zollfrei. Rauchwaren: 800 Zigaretten (**oder** 400 Zigarillos **oder** 200 Zigarren **oder** 1 kg Rauchtabak). Alkohol: 10 l Spirituosen **und** 10 l alkoholhaltige Süßgetränke (Alcopops) **und** 20 l Zwischenerzeugnisse (z. B. Campari, Portwein, Sherry) **und** 90 l Wein (höchstens 60 l Schaumwein/Sekt) **und** 110 l Bier.

Die Einfuhr von Waffen aller Art – einschließlich Tränengassprays und Klappmessern – ist streng verboten.

Mitnahme von Haustieren

Erforderlich sind ein EU-Heimtierausweis mit gültigem Tollwutimpfeintrag und die Identifikation des Tieres anhand eines Mikrochips.

Anreise

Flugzeug

Der internationale Flughafen von Amsterdam wird täglich von den wichtigsten deutschen, österreichischen und Schweizer Flughäfen aus angeflogen. Rotterdam und Eindhoven unterhalten Flugverbindungen mit Hamburg.

Bahn

Von Köln fahren mehrmals täglich ICE-Züge (www.bahn.de) nach

Anreise und Verkehrsmittel

Amsterdam (über Arnhem und Utrecht) sowie Den Haag (über Venlo). Auch von Hannover und Berlin existieren täglich mehrere Bahnverbindungen in die Niederlande. Von München aus gibt es eine Direkt-Nachtzug-Verbindung nach Amsterdam.

Von Wien gibt es tgl. ICE-Verbindungen nach Amsterdam (www.oebb.at); Züge aus der Schweiz (www.sbb.ch) fahren von Brig über Bern und Basel in die Niederlande.

Die meisten Fernzüge befördern bei vorheriger Reservierung auch Fahrräder. Autozüge verkehren von Mai bis September zwischen Österreich (Villach, Salzburg) sowie der Südschweiz (Biasca) und 's-Hertogenbosch.

Immer mal wieder bietet die Deutsche Bahn AG zu günstigen Tarifen Fahrten nach Amsterdam an, z. B. mit dem ICE International ab Frankfurt oder Berlin.

Bus
Fernlinienbusse der Deutschen Touring und Eurolines (Tel. 069 790 35 01, www.eurolines.de) pendeln zwischen zahlreichen deutschen, österreichischen, schweizerischen und niederländischen Städten.

Auto
Die Niederlande sind über das Netz europäischer Autobahnen, Fern- und Landstraßen zu erreichen. Eine Mautgebühr gibt es auf niederländischen Autobahnen nicht. Bei einigen Tunneln und Brücken hingegen wird eine Gebühr erhoben.

Schiff
Über die Nordsee sowie zahlreiche Flüsse und Kanäle kann man mit dem eigenen Boot in die Niederlande einreisen.

Verkehrsmittel in den Niederlanden

OV-Chipkaart
Für die Fahrt mit Bus, Straßenbahn und U-Bahn gilt landesweit die aufladbare **OV-Chipkaart** im Kreditkarten-Format, mit der man in den gesamten Niederlanden mit Bahn, Bus und Tram fahren kann. Die Karte kostet 7,50 €, ist vier bis fünf Jahre gültig und bei GVB Tickets & Info Büros (z. B. direkt gegenüber dem Amsterdamer Hauptbahnhof) erhältlich. Man kann sie auch online bestellen (www.ov-chipkaart.nl). Es gibt die persönliche (mit Guthaben aufladbar), die anonyme und die Wegwerf-Chipkarte (nicht aufladbar). Der Fahrpreis wird nach gefahrenen Kilometern berechnet. Infos: www.ov-chipkaart.nl, www.gvb.nl.

Bahn
Die Niederlande verfügen über ein dichtes Eisenbahnnetz. Wer hier mit der Bahn reisen möchte, sollte sich vorab über die zahlreichen Sondertarife informieren. Mit der günstigen **Dagkaart** (Tageskarte) reist man einen Tag lang uneingeschränkt durch die Niederlande.

Grundsätzlich gelten für alle Züge (ausgenommen Euro-City-Züge) Tarife ohne Zuschlag. Platzreservierungen sind nicht möglich. Fahrkarten für den Inlandsverkehr erhält man an den Bahnhofsschaltern für das *binnen-*

Mit dem Elektro-Auto nach Holland?
Kein Problem! Das Land ist relativ klein und es gibt unzählige Stellen zum Aufladen der Batterien, siehe www.oplaadpunten.nl.

Reiseinfos

land und an Fahrkartenautomaten. Die Zahlung per Kreditkarte ist nicht möglich.

Kinder bis drei Jahre reisen kostenlos. Kinder im Alter zwischen vier und elf Jahren können mit dem **Railrunnerkaartje** in Begleitung von Erwachsenen für 2,50 €/Kind reisen (max. drei Kinder zwischen vier und elf Jahren). Selbstständig reisende Kinder erhalten 40 % Ermäßigung.

Bus

Die Abfahrt der Busse erfolgt in den Städten meist in Bahnhofsnähe.

Fähren

Fährverbindungen existieren zu den Watteninseln und nach Zeeuws Vlaanderen. Weitere Angaben enthält der Reiseteil. Auch an zahlreichen Flüssen und Kanälen setzen kleinere Fähren Personen und Fahrzeuge für wenig Geld über.

Taxi

Taxifahrten sind teurer als in Deutschland. Taxis findet man meist am Bahnhof (Station) oder Marktplatz (Grote Markt).

Treintaxi/Deeltaxi

Das *treintaxi* (Bahntaxi) ist eine komfortable und preiswerte Transportmöglichkeit von/zum Bahnhof. Pro Person 5 € (Tickets am Fahrkartenschalter oder am Automaten) oder 5,50 € beim Treintaxi-Fahrer. Den

Günstig mit der Bahn

Fahrpläne und viele nützliche Informationen für Bahnreisende findet man im **Spoorboekje**, das in Bahnhöfen erhältlich ist. Fahrplan-Informationen in den Niederlanden unter Tel. (nat.) 0900 92 92 und unter www.ns.nl.

Rad im Zug

Fast alle niederländischen Züge transportieren außerhalb des Berufsverkehrs (6.30–9, 16.30–18 Uhr) in speziellen Fahrradabteilungen Fahrräder. Die zeitliche Einschränkung gilt nicht an Wochenenden, Feiertagen sowie im Juli und Aug. Dafür muss eine zusätzliche Fahrkarte gelöst werden, die **Dagkaart Fiets** (6 €). Alternativ kann man am Bahnhof ein Fahrrad mieten (mit gültiger Fahrkarte günstiger als ohne, Reservierung empfehlenswert). Dazu wird ein Ausweis benötigt, zudem muss eine Kaution hinterlegt werden.

Standort des Treintaxis am Bahnhof erkennt man an einer 3 m hohen, blau-gelben Säule, meist mit Sprechanlage, über die Treintaxen gerufen werden können. Die Fahrt zum Bahnhof muss mindestens 30 Minuten vorher bestellt werden über Tel. 0900 873 46 82, www.ns.nl.

Autofahren/Verkehrsregeln

Höchstgeschwindigkeiten: 50 km/h innerorts, 80 km/h auf Landstraßen, 100 km/h auf Schnellstraßen, 120 km/h auf Autobahnen. Kfz mit Anhänger und über 3,5 t: max. 80 km/h außerhalb geschlossener Ortschaften. **Vorfahrt:** An Kreuzungen ohne Vorfahrtsschilder gilt rechts vor links, auch für Radfahrer. Straßenbahnen und Busse haben immer Vorfahrt. **Sicherheitsgurte** müssen auf allen Sitzplätzen angelegt werden. Kinder unter zwölf Jahren müssen auf der Rückbank sitzen. **Alkoholgrenze:** 0,5 Promille. Fahrer, die ihren Führerschein noch keine fünf Jahre besitzen, 0,2 Promille. **Führer- und Kraftfahrzeugschein** sind mitzuführen. Zu empfehlen ist eine

Übernachten

Internationale Grüne Versicherungskarte und ein mehrsprachiger europäischer Unfallbericht-Vordruck.

Autopannen: Hilfe leistet der wegenwacht des niederländischen Automobilclubs ANWB (landesweite Rufnummer 088 269 28 88). Die Pannenhilfe ist kostenlos, wenn der Autobesitzer Mitglied eines dem Alliance International du Tourisme (AIT) angeschlossenen Automobilclubs seines Heimatlandes (Deutschland: ADAC, Österreich: OAMTC, Schweiz: TCS) ist und einen gültigen Auslandsschutzbrief vorweisen kann.

Parken

Parken in Innenstädten ist sehr teuer. Einige Großstädte bieten kostengünstigeres Parken auf P + R-Plätzen am Stadtrand an. An gelb markierten Bordsteinen besteht Parkverbot, an blauen muss eine Parkscheibe benutzt werden. In manchen Gemeinden – nicht mehr in Amsterdam! – wird das Fahrzeug nach

Im Zweifelsfall ist man in den Niederlanden mit dem Boot unterwegs

Überschreiten der Parkzeit mit einer gelben Radklemme *(wielklem)* festgesetzt. Sie wieder entfernen zu lassen, ist sehr teuer.

Übernachten

Hotels

Das Angebot reicht vom einfachen Quartier bis hin zum Luxushotel. Viele Hotels sind nach den Normen der BeNeLux-Klassifizierung, in die u. a. Ausstattung, Service, Ambiente und Standort einfließen, klassifiziert und mit ein bis fünf Sternen gekennzeichnet.

In Amsterdam und Den Haag liegen die Preise über dem Durchschnitt. Häufig bieten Hotels Arrangements – wer mehrere Nächte bleibt, zahlt einen vergleichsweise geringeren Preis. Zu den Preisen kommen – sofern sie nicht eingerechnet sind – lokale Steuern (ca. 1,50–2 €/Pers.) hinzu.

> ### Buchung von Unterkünften
> Online-Reservierungen kann man beispielsweise bei www.hotelres.nl, www.booking.com, www.bedandbreakfast.nl und zahlreichen weiteren Anbietern im Internet vornehmen. Reservierungen nehmen auch zahlreiche Fremdenverkehrsbüros (VVV) gegen eine Gebühr entgegen. Bei direkter Reservierung von Zimmern in Hotels und B&Bs sowie für Übernachtungen auf Campingplätzen sollte man darauf achten, ob für die Buchung Gebühren verlangt werden – diese können mitunter recht hoch sein!

Reiseinfos

Bed & Breakfast

Die holländische Variante heißt *logies en ontbijt*. In vielen B & Bs ist bei nur einer Übernachtung ein Aufpreis zu zahlen, am Wochenende gilt oft: Mindestaufenthalt zwei Nächte! **Auskunft und Reservierung:** Bed & Breakfast Holland, Tel. 020 615 75 27, www.bb-holland.nl oder Bed & Breakfast Nederland, www.bedandbreakfast.nl.

Ferienhäuser und Bungalowparks

Über das ganze Land verteilt gibt es unzählige Ferienhäuser und rund 350 Bungalowparks. Ferienhäuser finden Sie z. B. unter www.holland.com. Große Bungalowpark-Ketten sind: Center Parcs, Tel. 0900 660 66 00, www.centerparcs.nl; Landal GreenParks, Tel. 0900 88 42, www.landal.nl.

Stayokay-Hostels

Die 27 Hostels liegen in den schönsten Orten des Landes und verfügen über unterschiedliche Zimmer: von Einzelzimmern über Doppelzimmer bis hin zu Schlafsälen. Ähnliches gilt für die sanitären Anlagen – von der Schlichtheit altehrwürdiger Jugendherbergen ist da meist nicht mehr viel übrig geblieben. In den Hostels kann jeder übernachten, der über eine Mitgliedskarte von Hostelling International (Internationaler Jugendherbergsausweis) verfügt, erhältlich bei DJH Service GmbH, Bismarckstr. 8, 32756 Detmold, Tel. 05231 740 10, www.jugendherberge.de. Damit erhält man in den Niederlanden einen Rabatt von 2,50 € auf den Übernachtungspreis. Verzeichnis der Stayokay-Hostels, Infos und Reservierungen: Tel. 020 551 31 55, www.stayokay.com.

Camping

Mit rund 1000 Plätzen kultiviert Holland diese Form des Urlaubs. Es gibt große Familiencampingplätze mit breitem Unterhaltungsangebot – von Sportveranstaltungen bis zu Grillabenden – sowie Snackbars, Restaurants, Pool, Waschsalon und Läden. Wer den Standort öfter wechseln möchte, findet auf den über ganz Holland verteilten 4- und 5-Sterne-Campingplätzen der Kette Holland Tulip Parcs sehr guten Komfort (www.hollandtulipparcs.nl).

Ruhig und inmitten landschaftlich reizvoller Umgebung liegen die *Karaktervolle Groene Campings* (www.kgc.nl). Schlicht, ruhig und gastfreundlich geht es auch beim Zelten auf dem Bauernhof zu (www.svr.nl, www.vekabo.nl). Stadtbesucher werden bei citycamps (www.citycamps.com) fündig. Preiswert übernachtet man in den schlichten *trekkershutten* (Wanderhütten), die auf vielen Campingplätzen zu finden sind. Ein detaillierter Campingführer ist in den Verkaufsstellen des niederländischen Automobilclubs ANWB erhältlich (www.anwb.nl).

Wanderhütten

Die *trekkershutten* sind schlichte Holzhäuschen, in denen maximal vier Personen übernachten können. Zur Ausstattung der 11 m^2 großen Standardhütte gehören vier Schlafplätze, ein Tisch mit Stühlen, Gaskocher, Licht, Steckdose, Putzmittel. Die ›Trekkershut Plus‹ ist ca. 18 m^2 und die ›Trekkershut Comfort‹ ca. 28 m^2 (zwei separate Schlafzimmer) groß. Heizungen gibt es nur in einigen Hütten. Schlafsäcke, Küchenutensilien muss man mitbringen.

Die Hütten befinden sich auf Campingplätzen, deren sanitäre Einrichtungen benutzt werden können. Die mehr als 600 Wanderhütten sind so auf über 200 Orte verteilt, dass sie etwa 25 km voneinander entfernt liegen und man von Hütte zu Hütte wandern kann. In der Hochsaison darf man jedoch max. dreimal hintereinander in der gleichen Hütte übernachten. Die Kosten für eine Übernachtung pro Hütte betragen je nach Komfort 38–58 € (max. 4 Pers.), Gas, Strom, Steuern und Heizung nicht eingeschlossen. Information: Stichting Trekkershutten Nederland, Ruigeweg 49, NL-1752 HC Sint Maartensbrug, www.trekkershutten.nl. Für Reservierungen: Bitte direkt an den Campingplatz wenden.

Essen und Trinken

Sie ist einfach, deftig und bodenständig – die holländische Küche, der unzählige internationale Restaurants längst Konkurrenz machen.

Kulinarischer Tagesablauf

Zum reichhaltigen *ontbijt* (Frühstück) gehören Käse, Wurst, Eier, Marmelade, Milch, Kaffee oder Tee. Im Brotkorb finden sich Brötchen, luftig-weiches Brot mit und ohne Rosinen, traditioneller Honigkuchen und Zwieback. *Pindakaas* (Erdnussbutter), *hagelslag* (Schokostreusel) und bunte Zuckerstreusel, die man aufs Brot streut, sind typisch fürs Frühstück der Holländer.

Zum Mittagessen *(lunch)* beschränkt man sich häufig auf eine kalte oder warme Brotmahlzeit wie *broodjes half om* (Brötchenhälfte mit kaltem Fleisch, gebratenem Fisch oder Leber), *uitsmijter* (Strammer Max: Brot, belegt mit Schinken oder Braten, Spiegeleiern, garniert mit einer Gewürzgurke), einer Tasse *snert* (Erbsensuppe) oder einem Salat.

Das *borrelhappje* (pikante Häppchen) stillt den ›kleinen Hunger zwischendurch‹. Neben *bami-, bitter-* und *gehaktballen* (Frikadellen) mit Senf, *frikandellen* (wurstförmige Stücke gebratenen Hackfleischs; auf eine *frikandel speciaal* kommen Ketchup, Mayonnaise und Zwiebeln), *saucijzebroodjes* (Würstchen in Blätterteig), *poffertjes* (kleine Krapfen) oder *flensjes* (kleine Pfannkuchen), Pommes frites und belegten *broodjes met ham* oder *met kaas* (Schinken- oder Käsebrötchen) aus der Brötchenbar bietet sich hierzu ›Essen aus der Mauer‹ an, wie der Volksmund die Speisen nennt, die man aus dem Automaten zieht – und natürlich *maatjes* (junger Hering, s. auch S. 27).

Die einheimische Küche der Niederlande

Deftige Hausmannskost wie *hutspot* (eine Art Fleisch-Ragout mit Gemüsebrei aus Kartoffeln, Möhren und Zwiebeln oder anderem Gemüse der Saison), *erwtensoep* (Erbseneintopf mit Schweinefleisch und Würstchen) gehört seit alters her zum Speiseplan. Daneben kommt eine Vielzahl weiterer traditioneller holländischer Gerichte auf den Tisch, darunter *hete bliksem* (Himmel und Erde), *asperges in de oven* (überbackener Spargel) und *Jan in de sak* (holländischer Serviettenkloß).

Stamppot, eine Mischung aus gestampften Kartoffeln und Gemüse, dazu *rookworts*, geräucherte Schinkenwurst, gilt als heimliches Nationalgericht. Nicht zu vergessen sind natürlich auch die *pannenkoeken*,

25

Reiseinfos

süße oder herzhafte Pfannkuchen, die wahlweise mit Fleisch, Obst oder Sirup serviert werden.

Zu den beliebten Desserts zählen neben Eiscreme alle Arten von Kuchen, wobei Apfelkuchen mit *boerenjongens* (in Rum eingelegte Rosinen) und Schlagsahne zu den Top-Favoriten zählt.

Die Gastronomie: multikulturell

Seit Langem bereichert die fremdländische Cuisine, speziell die französische, chinesische und indonesische, die gastronomische Landschaft Hollands. Besonders im Kommen sind japanische, thailändische, spanische und ägyptische Restaurants. Von großer Bedeutung aber ist die französische Küche, die seit der burgundischen Zeit vor allem im Süden etabliert ist und gewissermaßen zur ›einheimischen‹ Küche zählt. Trotz des enorm breiten Angebots an ethnischen Restaurants dominiert bei den Toprestaurants

---

Kulinarische Einkaufstipps
Zu den kulinarischen Mitbringsel zählen neben holländischem Käse in seinen zahlreichen köstlichen Varianten (s. oben) ferner: *vlaaien,* leckere Limburger Obsttorten; *speculaas,* Spekulatius; Beerenburger, ein mit 71 verschiedenen Kräutern angesetzter friesischer Kräuterschnaps, außerdem diverse Kräuterschnäpse von den Inseln; *zeeuwse babbelaars,* zeeländische Bonbons mit gesalzener Butter; *Haagse Hopjes,* Karamelbonbons aus Den Haag; *kletskoppen,* Backwaren mit Mandeln, eine Spezialität aus Leiden und Gouda, und nicht zuletzt *drop,* die ganze Vielfalt an Lakritzkonfekt.

---

bis heute zweifellos die niederländisch-französische Küche.

Käse aus Holland – ein Evergreen

Der Besuch einer *kaasborderij* gibt Aufschluss darüber, wie aus frischer Milch von glücklichen Kühen vorzüglicher Käse entsteht. Zuerst versetzt man die Milch mit Milchsäurebakterien. Ist sie dann sauer und dick, kommt Labferment aus Kälbermägen hinzu. Jetzt wird gerührt, bis Klumpen entstehen, von denen die Molke abgepresst wird. Die steife Masse kommt sodann in Bottiche, wird erhitzt und gebeizt und schließlich in einer Gärkammer gelagert, wo sie einige Zeit reifen muss. Häufig wird dem *boerenkaas,* dem Bauernkäse, eine Mischung von würzigen Kräutern zugesetzt, deren Zusammensetzung ein meist gut gehütetes Familiengeheimnis ist. Kein Geheimnis ist indes, dass Friesen ihrem *nagelkaas* ›Riperkrite tsiis‹ etwas getrockneten Schafsmist zugeben, um eine schönere Färbung und einen würzigeren Geschmack zu erzielen. Das Gros der holländischen Käse wird allerdings heute nach standardisierten Methoden in Käsefabriken aus pasteurisierter Milch hergestellt.

Die Reifung verändert den Geschmack: Je länger der Käse reift, desto salziger, fester, schmackhafter, teurer wird er. Holländische Käse werden in unterschiedlichen Reifegraden angeboten: *jong* (vier Wochen), *jong belegen* (acht Wochen), *belegen* (vier Monate), *extra belegen* (sieben Monate), *oud* (zehn Monate) oder *overjahrig* (ein Jahr).

Zu den wichtigsten Käsesorten gehören der Gouda (max. 48 % Fett), der etwas herzhaftere Edamer aus leicht entrahmter Milch (40 % Fett),

Essen und Trinken

Maaslander, Beemster, Zaanlander mild, Ijsselkaas und Gouwenaar, allesamt Goudakäse mit weniger Salzgehalt. Darüber hinaus: der kümmelhaltige Leidse kaas, der magere Friese Nagelkaas sowie der etwas süßliche Maasdamer (›holländischer Emmentaler‹).

Matjes, Muscheln, Spargel – Spezialitäten des Landes

Den leckersten *maatjes,* den fangfrischen Hollandse *nieuwe* oder *nieuwe maatjes* (jungen Matjeshering), gibt es nur von Ende Mai bis Ende Juni. Er wird noch an Bord *gekaakt* (gekehlt und ausgenommen), in Salzlake ›gereift‹ und schockgefroren, was gesetzlich vorgeschrieben ist, um etwaige Nematoden zu beseitigen. *Nieuwe maatjes* schmeckt wesentlich milder und weniger salzig als der in unseren Supermärkten angebotene Matjes. Wie sagt doch der Holländer: »Hering ist Matjes, wenn er auf der Zunge zergeht wie Butter!«

Eine weitere Delikatesse aus dem Meer ist die Miesmuschel. Im Muschelzentrum, dem zeeländischen Yerseke, dauert die Muschelsaison gewöhnlich von Juli bis März. Die Zeeuwse-Delta-Muscheln genießt man am besten in einem der Yerseker Restaurants, dort sind sie garantiert frisch.

Von Mai bis Juni wird im nördlichen Limburg Spargel gestochen. In den Restaurants kommt er in verschiedenen köstlichen Varianten – als Suppe,

Eines der neuesten Restaurant-Highlights Amsterdams: die Kantine in Noord

Reiseinfos

Typisch holländisch

In Friesland gibt es typisch friesische Menüs in mit ›Frysk Menu‹ gekennzeichneten Restaurants. Höchsten kulinarischen Maßstäben gerecht zu werden, haben sich die Restaurants der Vereinigungen **Fryslân Culinair** (www.fryslanculinair.nl) und **Alliance Gastronomique Néerlandaise** (Schild mit einem rot-blauen ›A‹, www.alliancegastronomique.nl) verpflichtet.

Vorspeise, Hauptgericht oder sogar als Nachspeise – auf den Tisch. Wer sich über die Geschichte und den Anbau des edlen Gemüses informieren möchte, kann dies im Nationalen Spargel- und Champignonmuseum De Locht in Horst-Melderslo (s. S. 285) tun – und gleich die köstliche Spargeltorte probieren. Zu den lokalen Delikatessen gehört auch der in der alten Wassermühle De lJsvogel im nahen Arcen gebrannte Spargel-Likör.

Kaffee, Bier und Genever

Das *kopje koffie* (Tässchen Kaffee), ein *borrel* (Gläschen) Genever und ein kühles Bier sind des Holländers liebste Getränke. Neben dem bekannten Heineken findet man in ganz Holland zahlreiche Biere lokaler Brauereien. Weit verbreitet sind zudem belgische Biere, die leckeren Trappisten- und Abtei-Biere etwa. Viel getrunken wird das Lager Bier. Wer *een bier* bestellt, bekommt ein normales Glas, bei *een kleintje pils* bringt der Kellner ein kleines, bei *een fluitje* ein großes, schlankes Glas.

Mit dem Genever (Wacholderschnaps) ist das ein bisschen wie mit holländischem Käse: Der *jonge jenever* ist etwas milder als der würzigere *oude jenever*. Gerne wird einer vor dem Essen genommen, wobei das *borrelglas* (Schnapsglas) randvoll daher kommt. Und hinterher genießt man nicht selten einen *advocaat* (Eierlikör) oder Beerenburg (friesischer Schnaps).

Aktivurlaub, Sport und Wellness

Baden

Die Niederlande sind ein wahres Paradies für Sonnenhungrige, Wasserratten und Strandläufer! An der Küste locken rund 280 km Sandstrand und mehr als 50 Badeorte. Die Wasserqualität an den Nordseestränden ist durch die reinigende Wirkung von Ebbe und Flut durchweg gut und wird regelmäßig kontrolliert. In mehreren Badeorten flattert am Strand sogar die ›Blaue Flagge‹, das internationale Symbol für die beste Badegewässerqualität.

An manchen Badestellen an den Binnengewässern, wie z. B. dem ruhigen Gewässer der Oosterschelde, kann

es allerdings zum massenhaften Auftreten von Blaualgen kommen, von denen einige Arten giftig sind. Man erkennt die Blaualgenblüte an grünlichem, stark getrübtem, Schlieren bildendem Wasser, das man besser meidet.

Bootstouren

Selbst Kapitän spielen – wer auf Hollands Seen und Kanälen herumtuckert, z. B. auf einem Hausboot, erlebt das Land von seiner schönsten Seite. Wohnboote in verschiedenen Größen, Ausstattungsvarianten und Preisklassen werden von zahlrei-

Aktivurlaub, Sport und Wellness

Nützliche Websites für Radler
www.nederlandfietsland.nl (nl.) und www.fietsroutenetwerk.net (nl.)
Wer Radtouren durch die Niederlande plant, erhält hier umfassende Infos zu den verschiedenen Routen.

chen Charterfirmen vermietet. Einen Motorbootführerschein braucht man nicht, so lange das Boot nicht schneller als 20 km/h fahren kann. Schifffahrtskenntnisse sind zweifellos hilfreich, vorweisen muss man sie nicht. Infos zu Urlaub auf dem Hausboot: Locaboat Holidays, Tel. 0294 23 77 42, www.locaboat.com. Infos für Friesland: Friesland Boating, Tel. 0761 20 73 70, www.friesland-boating.nl.

Golf

Bewegung und Entspannung am Busen der Natur – Holland bietet eine Vielzahl großzügig angelegter Golfplätze für Einsteiger und Fortgeschrittene, auf denen man das Golfen erlernen oder sein Können verbessern kann. Auf den Homepages der Nederlandse Golf Federatie (www.ngf. nl) und der für ›golfer in Nederland‹ (www.golf.nl) findet man die Adressen von Golfplätzen, ausführliche Beschreibungen der Plätze und des Service sowie nützliche Infos.

Radfahren

Siehe S. 8.

Reiten

Über den Strand galoppieren ist ein einmaliges Erlebnis. Doch aufgepasst! Hinweisschilder sind strikt zu beachten, manche Abschnitte sind für Reiter gesperrt. Gleiches gilt für ausgewiese-

ne Reitwege im Inland. Pferde kann man fast überall mieten, wobei hier und dort der Ausritt nur gemeinsam mit Angestellten des Reitstalls möglich ist oder der ›Pferdeführerschein‹ verlangt wird. Infos: Stichting Rijvaardigheidsbewijzen Recreatieruiter, Tel. 0577 40 83 65, www.srr-nederland.nl.

Segeln und Surfen

Mehrtägige Segeltörns auf dem IJssel- und im Wattenmeer mit alten **holländischen Traditionsseglern** der ›Bruine Zeilvloot‹ (Holzboote, häufig mit rostbraunen Segeln) erfreuen sich zunehmender Beliebtheit. Die Schiffe werden von erfahrenen Skippern gesteuert und nehmen bis zu zwei Dutzend Landratten mit, die unter Anleitung mit Hand anlegen können. Genächtigt wird in engen Kojen, das Kochen übernimmt man selbst. Abends gehen die Boote in den malerischen Häfen der historischen Zuiderseestädte, z. B. in Enkhuizen, Hoorn und Urk, vor Anker oder legen in Kampen, Harlingen oder in den Häfen der Westfriesischen Inseln an.

Zu den Anbietern zählen z. B. Koostra Schiffsreisen, Tel. 0251 51 81 61,

Segeltörn auf der Staande Mastroute
Kreuz und quer auf Seen, Flüssen und Kanälen segeln – Holland bietet dafür ideale Bedingungen. Wer dabei nicht ständig bei der Durchfahrt unter Brücken den Mast umlegen möchte, begibt sich am besten auf die landesweite Staande Mastroute. Sie führt vom IJsselmeer bis Zeeland durch das ganze Land und umgeht unbewegliche Brücken. Infos unter: www.staandemast.nl (nl.), www.segler-in-holland. de und www.skipperguide.de.

Reiseinfos

An der Küste Zeelands – Katamarane auf Landgang

www.koostra.de; Hollands Glorie, Tel. 010 415 66 00, www.hollandsglorie.nl. Natus Tours, Tel. 0211 57 27 65, www.natus-tours.de, bietet Segelturns für Einzelpersonen, Schulklassen und Gruppen; Naupar, Tel. 0211 240 90 07, www.naupar.de, hat für jede Gelegenheit das passende Schiff.

Auch das Surfen ist an den Küsten und auf vielen Seen sehr populär. Vielerorts sind eigens Surfstrände, Parkplätze und sanitäre Anlagen angelegt worden, es gibt Surfschulen und Ausrüstungsverleiher.

Beliebte Surfspots: Die Surfreviere der Westfriesischen Inseln liegen fast alle an der Waddenzee. Beliebt sind auch Frieslands IJsselmeerküste bei Makkum, Workum und Hindeloopen, das Lauwersmeergebiet und die friesischen Seen bei Sloten, Terherne und Woudsend.

Surfreviere an der Nordseeküste gibt es u.a. bei den Seebädern Bergen und Egmond aan Zee, Katwijk, Scheveningen und Noordwijk aan Zee. Wahre Surfparadiese liegen in der Provinz Zeeland: bei Renesse, an der Küste von ganz Walcheren und Zeeuws Vlaanderen, im Delta des Grevelingenmeer (Kabbelaarsbank/Brouwersdam) und am Veerse Meer (Kamperland, Kortgene, Wolphaartsdijk und Arnemuiden).

Wandern

Ganz gleich, ob es durch Marschen, Dünen, Wälder und Felder, auf Dei-

Aktivurlaub, Sport und Wellness

chen, entlang von Flüssen oder durch die Hügel der ›Holländischen Schweiz‹ im südlichen Limburg geht, Holland ist ein Wanderparadies.

Alljährlich werden große Gruppenwanderungen wie die Internationalen Vier-Tage-Wanderungen von Nijmegen und Apeldoorn sowie die Elfstedentocht für Wanderer in Friesland organisiert. Informationen erhält man bei den örtlichen VVV-Büros oder dem niederländischen Wandersportbund (Nederlandse Wandelsport Bond, Pieterskerkhof 22, NL-3512 JS Utrecht, Tel. 030 231 94 58, www.nwb-wandelen.nl).

Es gibt zahlreiche Fernwanderrouten (weiß-rote Markierung) von jeweils mehr als 100 km Länge sowie viele Regionalwanderwege (gelb-rote Markierung), die als Rundwege angelegt sind. Auskunft: Wandelnet, Tel. 033 465 36 60, www.wandelnet.nl. Besonders schöne Routen findet man in Naturschutzgebieten, Infos: Vereniging Natuurmonumenten, Tel. 035 655 99 11, www.natuurmonumenten.nl.

Wellness

Viele der größeren Hotels haben eigene Wellness-Bereiche mit Sauna, Massage, Fitnessstudio, Whirlpools u. v. a. m. Interessante Angebote wie ein viertägiges Arrangement mit u. a. ayurvedischer Massage, Hydromassagebad in vitalisiertem Wasser, Vita Marine-Gesichtsbehandlung und täglichem Drei-Gänge-Menü mit originalen Vechttal-Produkten findet man beispielsweise unter www.purewellnessplus.nl.

Auch der Ferienpark Hof van Saksen in Drehnte (www.hofvansaksen.nl), in dem neben dem türkischen Dampfbad und der Infrarotsauna auch Jacuzzi und etliche Massagen, Gesichts- und Körperbehandlungen angeboten werden, ist eine gute Wellnessadresse.

Zu den großen Wellness-Oasen mit Indoor- und Outdoor-Bädern, Saunen, dampfenden Bädern und Skin & Bodycare zählt die Thermae 2000 in Valkenburg in Süd-Limburg (www.thermae.nl).

In ihrer 2500 m^2 großen Thermenlandschaft mit Minzbad, Salzwasserbecken und Lavendel-Whirlpool sowie Fußreflexzonen- und Hot-Stone-Massagen, Peeling, Behandlung mit grünem Kaffee oder Ziegenbutter lässt Scandic Sanadome (www.sanadome.nl) in der Stadt Nijmegen kaum Wünsche der Besucher offen.

Reiseinfos

Fest- und Veranstaltungskalender

Januar
Internationales **Film Festival** in Rotterdam.

Februar
Carnaval in Maastricht und anderen Orten im Süden der Niederlande.
Februaristaking (Februarstreik, 25. Feb.): Feier am Amsterdamer Dokwerker-Denkmal in Erinnerung an den Streik der Hafenarbeiter am 25. Feb. 1941 gegen die Judendeportation.

März
Tulpenblüte im Keukenhof und Umland von Lisse (Mitte März bis Mai).
European Fine Art Fair in Maastricht. Internationale Antiquitätenmesse mit zeitgenössischer und holländischer/flämischer Kunst des 17. Jh.

April
Blumenkorso von Noordwijk nach Haarlem.
Koningsdag, 27. April.
Sand Sculpture Festival in Scheveningen. Wettbewerb um die schönsten Sandskulpturen, Ende April–Juni, nicht in jedem Jahr.

Mai
Tong Tong Fair in Den Haag. Größtes Eurasien-Event der Welt mit riesigem Basar, Livemusik, Theater- und Tanzaufführungen. Mai/Juni.
Bevrijdingsdag (Tag der Befreiung), 5. Mai, im ganzen Land.
Nationaler Mühlentag im ganzen Land, Wochenende Mitte Mai.
Jazzfestival in Breda. Mit Open-Air-Jazz, Jazzmarkt, internationalem Wettstreit von Jazzorchestern.

Juni
Holland Festival in Amsterdam mit Musik, Tanz, Film-, Theatervorführungen.
Zomercarnaval (Sommerkarneval) in Rotterdam, Juni oder Juli.

Juli
North Sea Jazz Festival in Rotterdam.

August
Amsterdam Gay Parade und **Gay Pride** in Amsterdam am Wochenende Ende Juli/Anfang Aug.
Uitmarkt in Amsterdam. Dreitägiges Kulturfestival mit einer Vorausschau auf die kommende Saison.
Preuvenemint (Feinschmeckerfestival) in Maastricht Ende des Monats.

September
Werledhavendagen (Welthafentage) in Rotterdam, Anfang Sept. Besichtigungen von Schiffen und Hafenbetrieben, Bootsparade, spektakuläre Shows auf dem Wasser.
Prinsjesdag in Den Haag, 3. Di im Sept. Der König eröffnet im Rittersaal mit einer Rede die Parlamentsperiode.
Landesweiter **Open Monumentendag**. Tag der offenen Tür bei rund 3000 Denkmälern, die sonst nicht oder nur eingeschränkt besichtigt werden können.

Dezember
Sinterklaas (Nikolaustag) in ganz Holland, 5. Dez.
Gouda bij Kaarslicht (Gouda bei Kerzenschein), an einem Abend im Dezember, der Marktplatz der Stadt erstrahlt im Schein von Tausenden von Kerzen.

Feste und Veranstaltungen

Karneval in Holland? Oh ja! Im katholischen Süden holen die Jecken einige Tage vor Fastnacht ihre Pappnasen hervor und stürzen sich in den Karnevalstrubel, begleiten in buntem Treiben die Umzüge und feiern dann in Kneipen und Cafés bis in den frühen Morgen.

Alljährlicher Höhepunkt des Festjahres aber ist der **Koningsdag,** der Nationalfeiertag am 27. April (fällt der Tag auf einen Sonntag, an einem anderen Tag), an dem König Willem-Alexander Geburtstag hat, der landesweit gefeiert wird. Besonders in Amsterdam geht es hoch her. Dort locken dann Jahrmarkt und **Vrijmarkt,** ein gigantischer Straßenmarkt, auf dem jedermann einen Stand aufmachen und etwas verkaufen kann, über 1 Mio. Menschen auf die Straßen.

Auch im Sommer ist in Amsterdam jede Menge los. So bieten Kultur-Festivals wie das **Holland Festival** und der **Uitmarkt** zahlreiche kulturelle Leckerbissen mit Theater, Musik, Oper, Modern Dance und Film. Und wenn bei der **Amsterdam Gay Parade** Schwule und Lesben bei fetzigen Sounds in farbenprächtigem Korso durch die Grachten schippern und dabei richtig Party machen, sind Tausende von Zuschauern zugegen. Absolutes Highlight ist im August auch das **Prinsengrachtfestival** (www.grachtenfestival.nl).

Ein großes Ereignis für die Kleinen ist die Ankunft von **Sinterklaas** (St. Nikolaus), der am zweiten oder dritten Samstag im November gemeinsam mit dem **Zwarte Piet** (Knecht Ruprecht) und großem Gefolge per Boot in einigen großen Städten eintrifft. Höhepunkt der Nikolauszeit ist der **Pakjesavond** (Päckchenabend) am 5. Dezember, an dem es Geschenke gibt – und nicht wie bei uns am 24. Dezember.

Umjubelt: Sinterklaas und der Zwarte Piet

Reiseinfos von A bis Z

Apotheken

Apotheken *(apotheek)* sind Mo–Fr von 8/9 bis 17.30/18 Uhr geöffnet. Notdienstpläne hängen an jeder Apotheke. Wer regelmäßig Medikamente benötigt, sollte ein Rezept mit der lateinischen Bezeichnung mitnehmen.

Ärztliche Versorgung

Wer bei einer deutschen oder österreichischen Krankenkasse versichert ist, hat im Krankheitsfall in den Niederlanden Anspruch auf ambulante oder stationäre Behandlung. Hierzu – und um die Behandlungskosten nicht vorstrecken zu müssen – sollte man bei seiner Krankenkasse die Europäische Krankenversicherungskarte besorgen – und das Merkblatt mit allen wichtigen Infos. Schweizern wird empfohlen, vor der Reise in die Niederlande eine Krankenversicherung abzuschließen.

Wer in den Niederlanden ärztliche/zahnärztliche Behandlung benötigt, wendet sich dort unmittelbar an einen praktischen Vertragsarzt *(huisarts)* bzw. Vertrags-Zahnarzt *(tandarts)* und legt dort seine Europäische Krankenversicherungskarte vor. Zur fachärztlichen Behandlung wird stets die Überweisung durch einen praktischen Arzt benötigt. Der Anspruch für zahnärztliche Behandlungen ist sehr stark eingeschränkt, so dass i. d. R. eine Selbstbeteiligung bzw. bisweilen die vollständige Zahlung der Kosten auf den Patienten zukommt. Da die Kosten für einen Krankenrücktransport aus dem Ausland bei den gesetzlichen Krankenkassen nicht gedeckt sind, empfiehlt es sich eine Auslandsreisekrankenversicherung abzuschließen.

Diplomatische Vertretungen

Botschaft der Niederlande
... in Deutschland
Klosterstr. 50, 10179 Berlin
Tel. 030 209 5 60, Fax 030 209 5 64 41
http://deutschland.nlbotschaft.org

... in Österreich
Opernring 5, 1010 Wien, Tel. 01 589 39, Fax 01 589 392 65, http://oostenrijk.nlambassade.org

... in der Schweiz
Seftigenstr. 7, 3007 Bern,
Tel. 031 350 87 00, Fax 031 350 87 10
http://zwitserland.nlambassade.org

In den Niederlanden
Deutsche Botschaft
Groot Hertoginnelaan 18–20, 2517 EG Den Haag, Tel. 070 342 06 00, Fax 070 365 19 57, www.niederlande.diplo.de

Österreichische Botschaft
Van Alkemadelaan 342, 2597 AS Den Haag, Tel. 070 324 54 70, Fax 070 328 20 66, www.bmeia.gv.at/botschaft/den-haag

Schweizerische Botschaft
Lange Voorhout 42, 2514 EE Den Haag, Tel. 070 364 28 31, Fax 070 356 12 38, www.eda.admin.ch/denhaag

Drogen

s. S. 77

Elektrizität

220 Volt/50 Hz; zweipolige Stecker, wie sie auch in Deutschland üblich sind.

Reiseinfos von A bis Z

Fotografieren

Wie überall auf der Welt ist beim Fotografieren die Privatsphäre zu respektieren und vorher die Zustimmung zu erfragen. In vielen Museen darf kein Stativ benutzt und – um die empfindlichen Gemälde nicht zu schädigen – nicht geblitzt werden.

Geld

Währungseinheit ist der Euro (€). Reiseschecks und internationale Kreditkarten werden akzeptiert. EC-Geldautomaten sind weit verbreitet.

Gesetzliche Feiertage und Gedenktage

Feiertage: Neujahr, Karfreitag, Ostersonntag und -montag, Koningsdag (27. April, Nationalfeiertag, Geburtstag des Königs), Christi Himmelfahrt, Pfingstsonntag und -montag sowie 1. und 2. Weihnachtstag. Außer an Karfreitag sind die Geschäfte an diesen Tagen geschlossen.

Gedenktage: 4. Mai (Gedenken an die Opfer des Zweiten Weltkrieges), 5. Mai (Befreiungstag). An diesen beiden Tagen wird gearbeitet, die meisten Geschäfte sind geöffnet.

Karten und Pläne

Die Karten von Marco Polo (1: 200 000) sind detailliert. Weniger detailliert, aber dafür übersichtlich sind die Straßenkarten des ADAC (1: 250 000) und des niederländischen Automobilclubs ANWB (1: 300 000).

Eine Vielzahl an Freizeit- *(toeristenkaarten)* und Radwanderkarten findet man in den Büros von VVV und ANWB.

Kinder

Herrliche Sandstrände, abenteuerliche Erlebnis- und Themenparks, Zoos und Museen mit Abteilungen für ganz junge Besucher – in Holland kommen auch Kinder voll auf ihre Kosten. Zahlreiche Restaurants bieten spezielle Kindermenüs an, und es stehen Kinderstühle bereit.

Freizeit- und Vergnügungsparks: Sich mit dem Schlauchboot den tosenden Sungai Kalimantan hinabstürzen oder durch das Land der Elfen und Trolle spazieren – in den niederländischen Freizeitparks ist dies und vieles mehr möglich. Zu den bekanntesten gehört **De Efteling** in Kaatsheuvel (Noord-Brabant, www.efteling.com), der in Märchenwelten entführt, aber auch Nervenkitzel bietet. **Walibi World** in Biddinghuizen (Flevoland, www.walibi.com) lockt u. a. mit einer Riesenachterbahn, die bis zu 85 km/h schnell fährt.

Auch der **Abenteuerpark Hellendoorn** (www.avonturenpark.nl) macht seinem Namen alle Ehre: Eine unterirdische Achterbahn und ein Labyrinth sind nur zwei von vielen Attraktionen. Über 350 Spielgeräte können Groß und Klein im **Linnaeushof** bei Bennebroek (nahe Haarlem, Noord-Holland, www.linnaeushof.nl) ausprobieren. Der **Erlebnispark Duinrell** in Wassenaar (Zuid-Holland, www.duinrell.de) wartet mit dem weltgrößten tropischen Tikibad und der längsten Wasserrutsche der Welt auf.

Eine Reise in die Vergangenheit ermöglicht auch der geschichtliche Themenpark **Archeon** (Alphen a. d. Rijn, www.archeon.nl).

Die Miniaturstadt des berühmten **Madurodam** in Den Haag (www.madurodam.nl) und sein zeeländisches Gegenstück **Miniatuur Walcheren** in Middelburg (www.minimundi.nl)

35

Reiseinfos

Für Kurzweile ist gesorgt: Seehunde in Sicht!

bieten weniger Action, sind aber beide ebenfalls lohnende Ausflugsziele.

Medien

TV: Neben drei öffentlich-rechtlichen niederländischen TV-Programmen, die häufig ausländische Filme in Originalsprache mit Untertiteln senden, und mehreren kommerziellen niederländischen Kanälen kann man mehr als zwei Dutzend ausländische Sender, darunter auch ARD, ZDF, WDR und deutschsprachige ›Private‹, aber auch sogenannte Euro-Kanäle mit Sport und Musikclips empfangen. Über Kabel erhält man außerdem Radiosender wie den WDR, SWR, N3, Deutschlandfunk und die Deutsche Welle.

Presse: Deutsche Zeitungen wie die Frankfurter Allgemeine Zeitung, die Süddeutsche Zeitung, Die Zeit sowie einige deutsche Illustrierte und Wochenblätter sind in Holland erhältlich. Niederländische überregionale Tageszeitungen sind DeTelegraaf (auflagenstärkste, konservativ), Algemeen Dagblad (neutral), De Volkskrant (progressiv), NRC/Handelsblad (progressiv-

Reiseinfos von A bis Z

liberal) und Trouw (christlich-protestantisch).

Notruf

Landesweit für Polizei, Feuerwehr, Krankenwagen: **Tel. 112**
Sperrung von Handys, EC- und Kreditkarten: Tel. 49 116 116

Öffnungszeiten

Banken: Mo 13–16, Di–Fr 9–16 Uhr, manch an verkaufsoffenen Abenden bis 21 Uhr.
Geschäfte: Di–Fr 9–18, Sa 9–17 Uhr. Mo ab 13, Kaufhäuser meist ab 11 Uhr. Verkaufsoffener Abend: Do oder Fr, meist bis 21 Uhr. In Urlaubsregionen sind viele Geschäfte in der Hauptsaison jeden Abend und an Wochenenden geöffnet.
Post: Mo–Fr 9–17.30 Uhr, oft auch Sa 9–12 Uhr; in kleineren Orten mittags geschlossen.

Reisen mit Handicap

Nicht nur viele Hotels, Bungalowparks und Museen sind behindertengerecht ausgestattet, auch etliche Badestrände sind für leicht Behinderte zugänglich oder verfügen über spezielle Strandrollstühle (Info: www.holland.com). Im Nationalpark De Hoge Veluwe stehen für Behinderte kostenlose Tandems, Rollstuhlräder und Dreiräder zur Verfügung. Zudem sind die Bahnhöfe und Züge für Behinderte gut zugänglich. Um einen optimalen Service zu erhalten, sollte man sich 24 Stunden vor Reiseantritt telefonisch mit den Niederländischen Eisenbahnen in Verbindung setzen (Tel. 030 235 78 22).

Die speziell konstruierten Schiffe Klipper Lutgerdina und Katamaran Beatrix (www.sailwise.nl) laden zu abenteuerlichen Segeltörns auf dem IJsselmeer, der Waddenzee und den

---

Reisekosten und Spartipps

Die Preise entsprechen in etwa denen in Deutschland, wobei einige Waren, etwa Blumen, etwas günstiger, andere (z. B. Benzin) etwas teurer sind. Mode entspricht im Großen und Ganzen etwa unserem Preisniveau (evtl. sogar etwas günstiger). Essen zu gehen ist in den Niederlanden vor allem in größeren Städten und an der Küste (insbesondere in den Strandpavillons) um einiges teurer als bei uns.

Die Eintrittspreise für Museen sind mitunter recht deftig. Mit der günstigen **Museumjaarkaart** (Jahreskarte 44,95 €, für Jugendliche bis 18 Jahre 22,50 €) kann man fast 400 Museen so oft besuchen, wie man möchte – ausgenommen sind Sonderausstellungen, für die in aller Regel Zuschläge berechnet werden. Erhältlich ist die Karte in den großen Museen (www.museumkaart.nl).

Einige große Städte bieten besondere ›Pässe‹ an, mit denen man zahlreiche Ermäßigungen bekommt und öffentliche Verkehrsmittel kostenlos benutzen darf. In Amsterdam ist das die **I amsterdam Card** (s. S. 106), in Rotterdam die **Rotterdam Welcome Card** (s. S. 139).

Das Parken in großen Städten ist teuer. Bei einem Tagesbesuch nutzt man daher besser einen der kostengünstigen **P&R-Parkplätze** am Stadtrand und fährt von dort mit Bahn und Bus ins Zentrum.

Reiseinfos

Ein schönes (Klischee-)Bild: Klompjes und Blumen

Friesischen Meeren ein (Tel. 0228 35 07 56).

Infos für Menschen mit Handicap
Allgemein:
Chronisch zieken en Gehandicapten Raad, Postbus 169, 3500 AD Utrecht, Tel. 030 291 66 00, www.cg-raad.nl
Außerdem gibt es die Seite www.gehandicapten.nl
Für Sportler: www.gehandicaptensport.startpagina.nl
Organisierte Reisen bietet die Stichting Recreatie Gehandicapten an (Tel. 023 536 84 09, www.srg.nl).

Hilfreiche Infos auch beim niederländischen Automobilclub ANWB (Tel. 088 269 22 22) und beim NBTC (s. S. 19).

Sicherheit

Im **Meer baden** sollte man nur an bewachten Badestränden und nur bei Flut. An bewachten Stränden wird die Situation durch Fahnen signalisiert: grün – Schwimmen erlaubt; rot – Schwimmen verboten; blau – Gefahr. Hier und dort findet man auch Hinweisschilder mit der Aufschrift *bad niet bij ebe* (Bei Ebbe nicht baden) oder *verboden to zwimmen*.

Um **Unfälle mit Radfahrern** zu vermeiden, sollte man sich darauf

Reiseinfos von A bis Z

einstellen, wesentlich mehr Radfahrern zu begegnen als daheim, zudem fahren sie in Städten oft in Pulks und häufig recht unkonventionell. **Fahrraddiebstahl** ist an der Tagesordnung. Deshalb abgestellte Räder gut anketten!

Taschendiebstahl: Besonders in Großstädten, in überfüllten Verkehrsmitteln und an Orten, an denen sich viele Touristen aufhalten, ist damit zu rechnen.

Souvenirs

Beliebte Mitbringsel sind Porzellan und Keramik in ›Delfter Blau‹, neue und alte bemalte Kacheln, bemalte oder unbemalte *klompen* (Holzschuhe), Blumenzwiebeln und dekorative Tulpen aus Holz, Nachdrucke oder echte alte Stiche holländischer Landschaften oder Stadtansichten, die typische ›Goudse Pijp‹, eine langstielige Tonpfeife aus Gouda, aber auch landestypische Schnäpse wie Genever oder Berenburger, Diamanten aus Amsterdam – und natürlich Käse.

Kinderherzen gewinnt man auch mit *hagelslag* & Co., leckeren Schokostreuseln in jeder Geschmacksrichtung und Form. Immer noch beliebtes Mitbringsel ist der ›echte‹ *vla*, eine Art Pudding in der Tüte – und manchmal sogar noch in der Glasflasche.

Telefonieren

Öffentliche Telefonzellen haben meist Kartentelefone. Telefonkarten (*telecard*) zu 5 € und 10 € gibt es in Postämtern, Bahnhöfen, Kiosken und VVV-Büros. Telefonieren vom Zimmertelefon in Hotels kostet meist das Dreifache der regulären Gebühren.

Mit D1-, D2- und E-plus-**Handys** kann in Holland problemlos telefoniert werden. Wer viel innerhalb des Landes telefoniert, legt sich am besten eine holländische Prepaid-SIM-Karte zu.

Auskunft in den Niederlanden
national 0900 80 08
international 18 88
www.detelefoongids.nl

Landesvorwahlen
Niederlande: 0031
Deutschland: 0049
Österreich: 0043
Luxemburg: 00352
Schweiz: 0041

39

Panorama – Daten, Essays, Hintergründe

Alter Segler vor Harlingens kleinstädtischer ›Skyline‹

Steckbrief Niederlande

Daten und Fakten
Offizielle Bezeichnung: Koninkrijk der Nederlanden (Königreich der Niederlande)
Hauptstadt: Amsterdam (790 100 Einw.), Regierungssitz Den Haag
Größte Städte (Einw.): Rotterdam: 616 000, Den Haag: 501 000, Utrecht: 322 000, Eindhoven: 218 000, Almere: 195 000, Groningen: 193 000, Nijmegen: 165 000, Arnhem: 149 000, 's-Hertogenbosch: 142 000, Maastricht: 121 000
Flagge: Die Farben der Nationalflagge gehen auf die Livree-Farben des Hauses von Oranien (orange, weiß, blau) zurück. Häufig wird auch die Oranje-Flagge gezeigt.
Lage: Die Niederlande grenzen im Norden und Westen an die Nordsee, im Osten an Deutschland und im Süden an Belgien. Vor dem Festland im Norden liegen die Westfriesischen Inseln. Das Land wird von Deichen mit einer Länge von mehr als 3000 km geschützt.
Fläche: 41 528 km^2, davon 7655 km^2 (ca. 18,5 %) Gewässer. 24 % des Landes liegen unter Meereshöhe, der tiefste Punkt 6,74 m unter dem Meeresspiegel. Zum Königreich gehören auch die Niederländischen Antillen und Aruba.
Einwohner/Ausländer: 16,8 Mio., Ausländeranteil ca. 21 %
Bevölkerungsdichte: 403 Einw./km^2 (BRD 230 Einw./km^2)
Landessprache: Niederländisch, in Friesland außerdem Friesisch als offizielle Minderheitensprache.
Telefon-Ländervorwahl: 0031
Zeitzone: mitteleuropäisch

Geografie und Natur
Im Norden schirmt eine Kette lang gestreckter Inseln das Festland gegen die Nordsee ab. Zwischen den Inseln und dem Festland hat das Spiel der Gezeiten das Wattenmeer hinterlassen, an der Küste haben Wind und Wellen einen weiteren Dünensaum aufgetürmt. Dahinter erstrecken sich bis weit ins Binnenland hinein fruchtbare Marschen und Niedermoore. Nach Süden schließt sich bis an die Scheldemündung Geestland an.

Eiszeitliches Gletschergeschiebe hat Hügelketten wie den Hondsrug zwischen Groningen und Emmen, den Utrechter Hügelrücken und die Veluwe zwischen Arnhem und Zwolle hinterlassen. Im äußersten Südosten prägen hügelige Ausläufer des Rheinischen Schiefergebirges die Landschaft. Dort liegt, just an der Stelle, an der die Niederlande, Belgien und Deutschland aneinanderstoßen, bei Vaals, mit 323 m der höchste Punkt des Landes.

Geschichte und Kultur
Genau 80 Jahre, von 1568 bis 1648, haben die Niederländer für ihre Unabhängigkeit von Spanien gekämpft, bis sie diese und ihre Glaubensfreiheit erlangten. Gegen Ende des 18. Jh. wurden die Niederlande von Frankreich erobert, 1806 erhob Napoleon Bonaparte sie zum Königreich mit seinem Bruder Louis als König. Nach Napoleons

Niederlage legte der Wiener Kongress 1815 das Territorium des neuen Königreichs der Vereinigten Niederlande fest. Mit der Unabhängigkeit Belgiens zerfielen die Vereinigten Niederlande 1830 in die heutigen Königreiche der Niederlande und Belgiens.

Staat und Politik

Die Niederlande sind eine konstitutionelle parlamentarische Erbmonarchie. Staatsoberhaupt ist König Willem-Alexander. Die Regierung und das Parlament (Staten-Generaal), bestehend aus zwei Kammern, bilden die gesetzgebende Macht. Die Eerste Kamer aus 75 Abgeordneten wird von den zwölf Provinzlandtagen auf vier Jahre gewählt (zuletzt 2011), die Tweede Kamer aus 150 Abgeordneten alle vier Jahre direkt vom Volk. Der König ernennt den Regierungschef.

Bei Neuwahlen 2012 geht die VVD (rechts-liberal) mit 26,6 % als stärkste Partei hervor, gefolgt von der PvdA (Arbeiterpartei, 24,8 %), PVV (rechts-populistisch, 10,1 %), SP (sozialistisch, 9,6 %), CDA (Christdemokraten, 8,5 %) und D66 (sozialliberal, 8 %). Das Kabinett wird von einer großen Koalition aus VVD und PvdA gebildet. Regierungschef ist Ministerpräsident Mark Rutte (VVD).

Wirtschaft

Die Niederlande sind eine leistungsstarke Handels-, Industrie- und Dienstleistungsnation. Mehr als die Hälfte der hier hergestellten Güter gehen ins Ausland. Agrar- und Industrieprodukte machen zusammen zwei Drittel des Exports aus. Dienstleistungen im Bereich Transport (Logistik) – Rotterdams Hafen ist der wichtigste Europas – und Finanzdienstleistungen sind stark im Kommen.

Bevölkerung / Sprache / Religion

Die Niederlande sind eines der am dichtesten besiedelten Länder der Welt und zugleich ausgesprochen multikulturell. Weit über 3 Mio. Niederländer sind ausländischer Herkunft. Viele dieser Bürger stammen aus den ehemaligen holländischen Kolonien, die meisten aus Surinam. Ausländische Wortfetzen, ein vielsprachiges Stimmengewirr, sind Alltag. Die niederländische Sprache selbst, Nederlands, leitet sich weitgehend vom Niederfränkischen ab. Niederländer sind für ihre hohe Sprachbegabung bekannt und sprechen häufig mehrere Fremdsprachen.

Calvinisten und Niederländer – das war lange Zeit fast ein Synonym. Dass der Calvinismus in den Niederlanden die allumfassende Religion ist, ist jedoch ein Irrglaube. Tatsächlich überwiegt nämlich insgesamt und besonders in den südlichen Provinzen Limburg und Noord-Brabant das Römisch-Katholische. In Zahlen: ca. 50 % keine Glaubensgemeinschaft, 27 % römisch-katholisch, 17 % Protestanten, 6 % Moslems.

Berühmte Niederländer

Rembrandt van Rijn (1606–69): Maler-Genie.

Vincent van Gogh (1853–90): Maler-Genie.

Anne Frank (1929–45): Jüdisches Mädchen, das durch sein Tagebuch Weltruhm erlangte.

Herman van Veen (geb. 1945): Sänger, Violinist, Schriftsteller, Liedertexter und Liedkomponist.

Geschichte im Überblick

Vor- und Frühzeit

ca. 8000–4000 v. Chr.
An der Nordseeküste entstehen Wattgebiete, im Landesinneren Sümpfe und Seen. Aus dieser Zeit stammt ein im Moor bei Pesse gefundener 8300 Jahre alter, durch Feuer ausgehöhlter Einbaum – das älteste erhaltene Wasserfahrzeug der Welt.

4500 v. Chr.
Menschen der Bandkeramikkultur betreiben in Süd-Limburg Landbau und Viehzucht, Dörfer entstehen.

ca. 1900 v. Chr.
Bronzezeit: Durchreisende Händler bringen Werkzeuge aus Bronze und Kupfer ins Land. In den mittleren Niederlanden und südlichen Küstengebieten entstehen Niederlassungen mit runden Hütten und Grabhügel mit Ringwall, Rundgraben und Palisaden.

750–200 v. Chr.
Eisenzeit: Kelten breiten sich über Südwesteuropa aus und dringen bis in den Süden der Niederlande vor. Im Norden siedeln germanische Stämme, die Grenze bildet das Delta von Rhein, Maas und Schelde.

Römische Zeit

57 v. Chr.
Römer unter Julius Caesar nehmen das südniederländische Gebiet ein. Für kurze Zeit gelingt unter Kaiser Augustus eine Ausdehnung ihres Territoriums auf das rechtsrheinische germanische Gebiet.

9 v. Chr.
Schlacht im Teutoburger Wald. Nach der verheerenden Niederlage der Römer zieht Augustus seine Truppen auf die linke Rheinseite zurück. Im Schutz des niedergermanischen Limes entstehen Fernstraßen und Siedlungen wie Coriovallum (Heerlen) und Noviomagnus (Nijmegen).

382
Bischof Servatius erwählt Maastricht zum Bischofssitz und beginnt mit der Christianisierung der Niederlande.

Aufstieg und Herrschaft der Karolinger

Anfang 6. Jh.
Chlodwig und seine Nachfolger erweitern das Frankenreich. Reichsteilungen schwächen die Herrschaft der Merowinger.

689
Pippin II., Hausmeier über das einstige Merowingerreich, bezwingt bei Dorestad das friesische Heer unter Radbod und besetzt das Gebiet um Rhein, Maas und Schelde.

734
Karl Martell ebnet den Weg für die Christianisierung der Friesen durch die Benediktiner Willibrord und Bonifatius.

751
Karl Martells Sohn Pippin entthront den letzten merowingischen König, Childerich III. Beginn der großen Zeit der Karolinger.

768–814	Unter Karl dem Großen, dem Enkel Karl Martells, erreicht das Frankenreich seine größte Ausdehnung. Der südniederländische Raum, mit Kaiserpfalzen in Aachen und Nijmegen, wird zu seinem Herzstück.
9. Jh.	Unter den Enkeln Karls des Großen wird das Reich erneut geteilt, das niederländische Gebiet geht zunächst im Vertrag von Verdun (843) an Lothar I., nach dessen Tod (855) an seinen Sohn Lothar II. Nach dessen Tod (869) erhält Ludwig der Deutsche die Osthälfte Lothringens, dabei kommt Flandern westlich der Schelde an Frankreich.
10.–14. Jh.	Nach Zerfall Niederlothringens entstehen die Grafschaften Flandern, Hennegau, Limburg, Luxemburg, Brabant, Geldern, das Bistum Utrecht.

Die burgundische Herrschaft

1363–1477	Durch geschickte Expansionspolitik, gezielte Eheschließungen, Erbe, Schenkung, Kauf und Annexion von Gebieten dehnen die Burgunder ihr Reich von der Somme bis an das IJsselmeer aus.

Die Niederlande unter den Habsburgern

1482–1529	Durch Vermählung erhält Maximilian I. von Österreich 1482 die Herrschaft über die Niederlande, 1493 sein Sohn, Philipp der Schöne, der Spaniens Erbtochter Johanna die Wahnsinnige heiratet. Deren Sohn Karl V. erbt die burgundischen Niederlande und vereint sie 1516 mit Spanien und dem österreichischen Habsburg. 1519 wird er zum Kaiser gewählt und begegnet in der Folge dem aufkommenden Calvinismus in den Niederlanden mit großer Härte.

Die Niederlande unter Spanien

1556–66	Karl V. dankt ab, die Niederlande kommen 1556 an seinen Sohn Philipp II. von Spanien, der 1559 seine Schwester Margarethe II. von Parma als Generalstatthalterin der Niederlande einsetzt. Hohe Abgaben, Hungersnot und die Verfolgung der Calvinisten führen zum Widerstand. 300 Abgesandte des Adelsbundes verlangen 1566 von der Statthalterin in einer Bittschrift den Widerruf des Inquisitionsedikts. Sie werden abgewiesen und als *geuzen* (Bettler) verhöhnt. Fortan nennen sich die Aufständigen Geuzen und tragen den Bettelsack als Abzeichen. Religiöse Unruhen führen zum Bildersturm. Philipp II. entsendet Herzog von Alba mit 15 000 Mann zur Niederschlagung des Aufstandes, Sondergerichte lassen Tausende Rebellen ermorden.

Niederländischer Befreiungskampf

1568–1648	Achtzigjähriger spanisch-niederländischer Krieg. Prinz Wilhelm I. von Oranien-Nassau wird Führer des niederländischen Freiheitskampfes. 1572 übertragen die Provinzen Holland und Zeeland Wilhelm von

Oranien den Oberbefehl zur Befreiung von Spanien. 1576 schließen sich in der Genter Pazifikation alle übrigen Provinzen dem Kampf an und einigen sich auf Religionsfreiheit in allen Provinzen.

1579 Dem neuen spanischen Generalstatthalter Farnese gelingt es, das Bündnis zu spalten, indem er den katholischen Südprovinzen in der Union von Arras Freiheit gewährt.

1581 Die sieben nördlichen Provinzen vereinigen sich in der Union von Utrecht und sagen sich endgültig von Spanien los. 1584 wird Prinz Wilhelm I. von einem Katholiken ermordet. 1609–1621 herrscht Waffenstillstand; im Norden Machtkämpfe um die Vorherrschaft im Lande.

1648 Der Westfälische Friede beendet den Achtzigjährigen Krieg, Spanien erkennt die Souveränität der Niederlande endgültig an.

Das ›Goldene Zeitalter‹
16./17. Jh. Holland wird führende Seehandelsmacht. 1602 wird die Vereinigte Ostindische, 1621 die Westindische Kompagnie gegründet. Deren Aktivitäten führen zur Kolonialisierung Indonesiens, der Molukken, West-Javas, West-Neuguineas, der Westindischen Inseln, von Teilen Afrikas und Brasiliens. 1625 erwerben die Niederlande die Insel Manhattan, auf der die Kolonie Nieuw Nederland entsteht. Mit der wirtschaftlichen geht eine kulturelle Blüte einher, die u. a. große Maler wie Rembrandt und Jan Vermeer hervorbringt.

Niedergang der niederländischen Republik
1652 Erster von vier Seekriegen gegen die Engländer, nachdem Cromwell den Transport von Waren zu den britischen Inseln nur auf englischen Schiffen zulässt (Navigation Act).

1672 Wilhelm III. von Oranien wird Statthalter der Niederlande und schlägt die französischen Truppen zurück. Im Jahr 1677 heiratet er Maria, die Tochter König Karls I. von England, und besteigt 1689 den englischen Königsthron.

1714 Nach dem Spanischen Erbfolgekrieg fallen die spanischen Niederlande an Österreich.

1747 Wilhelm IV. von Oranien wird zum Erbstatthalter ernannt.

›Franzosenzeit‹ und Königreich der Niederlande
1792–94 Frankreich erobert die Niederlande und errichtet 1795 auf dem Territorium die Batavische Republik.

1806–15	Napoleon Bonaparte erhebt die Niederlande zum Königreich und bestimmt seinen Bruder Louis zum König. 1810 dankt dieser ab, die Niederlande fallen an Napoleons Empire. Nach Napoleons Niederlage bei Waterloo 1815 vereint der Wiener Kongress die beiden Niederlande zum Königreich der Vereinigten Niederlande und stellt sie unter die Herrschaft Wilhelms I. von Oranien.
1830	Aufstand in Brüssel. In der Folge entstehen das Königreich der Niederlande, Belgien und das Großherzogtum Luxemburg.
1848	Verfassungsreform unter König Wilhelm II. Es entsteht eine konstitutionelle, parlamentarische Monarchie.

Das 20. Jahrhundert

1914–48	Während des Ersten Weltkrieges wahren die Niederlande Neutralität. Im Zweiten Weltkrieg von 1940 bis 1945 deutsche Besatzung; Königin Wilhelmina und die Regierung gehen nach London ins Exil.
1953	1835 Menschen sterben bei einer Sturmflutkatastrophe.
1992	Unterzeichnung des Maastrichter Vertrages über die EU.
1997	Abschluss des Delta-Plans.

Das 21. Jahrhundert

2002	Die Regierung tritt wegen des Versagens der niederländischen UN-Schutztruppe beim Massaker von Srebrenica 1995 zurück. Neue Mitte-Rechts-Regierung unter Jan Peter Balkenende. Kronprinz Willem-Alexander heiratet Máxima Zorreguieta. Prinz Claus stirbt.
2008	Annahme und Ratifizierung des Vertrages von Lissabon zur EU-Verfassung durch die Niederlande.
April 2009	Beim versuchten Attentat auf die königliche Familie am Koninginnedag in Apeldoorn kommen mehrere Menschen ums Leben.
2010	Der Amsterdamer Grachtengürtel wird UNESCO-Weltkulturerbe.
2012	Vorgezogene Neuwahlen. Es kommt zu einer großen Koalition aus VVD (rechts-liberal) und PvdA (Arbeiterpartei), Regierungschef ist Ministerpräsident Mark Rutte (VVD).
2013	Königin Beatrix dankt ab, Prinz Willem-Alexander wird König, Prinzessin Máxima Königin.

Immer wieder wurden die Niederlande von schweren Sturmfluten und Überschwemmungen heimgesucht, bei denen Abertausende von Menschen starben. Die beispiellosen Küstenschutzprojekte haben im Laufe der Jahrhunderte das Gesicht der Küstenregion nachhaltig verändert. Zu Ende aber ist die Geschichte längst noch nicht. Dafür sorgt nicht zuletzt der steigende Meeresspiegel.

Als die Römer zu Beginn unserer Zeitrechnung auf das Gebiet der heutigen Niederlande vordrangen, befanden sich Land und Leute in einem erbärmlichen Zustand. Wiesen geworden, das Volk gilt keineswegs als unglücklich und lebt in seiner Mehrheit nicht auf künstlichen Inseln, sondern unter Meeresspiegelniveau.

›Schlüpfrige‹ Immobilien

Zu Plinius' Zeiten hausten Kelten und Germanen in den nordseenahen ausgedehnten Marschen tatsächlich auf Terpen, von Hand aufgeworfenen Erdhügeln, von denen man einige noch heute in den Provinzen Friesland und Zeeland vorfindet. Was die menschlichen Schlicklandbewohner in diese

Eingedeicht und eingepoldert

bärmlichen Zustand. »Der Ozean«, so schrieb der römische Chronist Plinius Secundus in seiner »Naturalis Historiae«, »dringt mit zwei Zwischenzeiten am Tage und in der Nacht in gewaltiger Breite und mit unermesslichen Wellen ins Land ein, so dass man bei diesem ewigen Kampf der Natur zweifelt, ob denn der Boden zur Erde oder zum Wasser gehört. Dort lebt ein unglückliches Volk auf Hügeln, besser gesagt, auf Erhöhungen, die es mit eigener Hand aufgeworfen hat ...«

Heute schlagen die Wellen der Nordsee gegen Deiche, Dämme und Flutwehre, aus weiten Flächen des einst regelmäßig überfluteten Schlicklandes sind fruchtbarste Felder und

Einmalig: das Oosterschelde-Sperrwerk

ungastliche Region zwischen Wasser und Land verschlagen hatte, darüber kann nur spekuliert werden. Hoffnung auf ein leichtes Leben jedenfalls war es nicht, mussten die Bewohner doch gewaltige Energie in den Erhalt ihrer ›schlüpfrigen‹ Immobilien stecken. Andererseits war das Land, das man dem Meer abgerungen hatte, besonders fruchtbar. Zudem boten die wie Inseln aus dem Morast ragenden Terpen Schutz gegen Angreifer.

Nach und nach gingen die landhungrigen Terpenbewohner dazu über, Dämme zwischen den Hügeln zu errichten und Sumpfland mit Erdwällen zu umgeben, um entstehende Äcker und Weiden vor Überflutung zu schützen. Damit nicht genug, zogen sie Gräben durch die sumpfigen Böden und ließen das Wasser durch Flapptore ab, die bei Ebbe durch das in den Gräben angesammelte Wasser nach außen aufgedrückt wurden, sich jedoch bei Flut unter dem Druck des ansteigenden Meerwassers schlossen, wodurch das Eindringen verhindert wurde.

Gefragt: neue Ideen

Zu einer umfassenderen Landgewinnung kam es jedoch erst, als die Landesherren die Initiative ergriffen. So gründeten die Grafen von Holland nicht nur bei Haarlem und Delft eigene Höfe, sondern schenkten oder verpachteten Land an Ansiedler, unter der Maßgabe, es zu kultivieren. Zugleich begünstigten sie bei der Vergabe von Land neue Klosterorden, wie die der um 1100 gegründeten Zisterzienser und Prämonstratenser. Da Bau, Erhalt und Wacht über die Dämme in einer Gemeinschaft effizienter zu bewältigen waren, tat man sich frühzeitig zu *waterschappen* zusammen, eine Art mittelalterlicher Bürgerinitiativen, die sich ihre Deichgrafen selbst wählten und bis heute bestehen.

Je größer die trockenfallenden Flächen, desto schwieriger wurde es, das sich durch den Wasserentzug unter den Meeresspiegel absenkende Land trockenzuhalten. Neue Techniken waren gefragt. Windmühlen mit Schöpfrädern wurden in Stellung gebracht. Mit ihrer Hilfe wurde das unerwünschte Wasser über Dämme geschaufelt, von wo es ins Meer abfloss.

Der »reißende Wolf« – ungebändigt

Dennoch siegte der »reißende Wolf«, wie man die zügellose See seit al-

tersher in den Niederlanden nennt, immer wieder im Kampf um die Vorherrschaft. Unter den Aberhunderten ›alltäglicher‹ Sturmflutkatastrophen – die Chronik Zeelands weist allein 650 Überschwemmungen auf – traten in allen Jahrhunderten einige besonders schwere hervor: in der von 1404 ertranken 50 000 Menschen; bei der St.-Elisabeth-Flut von 1421 kamen Zehntausende ums Leben; 1570 riss die Flut noch mehr Menschen in den Tod; besonders verheerend waren auch die Sturmfluten vom 14. November 1775, vom 15. Januar 1895 und vom 11. Januar 1916. Besonders deutlich vor Augen haben ältere Niederländer noch heute die letzte schwere Sturmflut, die sich am 31. Januar 1953 ereignet hatte.

Trockengelegt

Im Goldenen Zeitalter des 17. Jh. waren die drei wichtigsten Voraussetzungen erfüllt, um sich an größere Landgewinnungsprojekte zu wagen: Es gab das technische Know-how, die finanziellen Mittel und den Bedarf. Indem man einerseits Siedlungsraum und Agrarflächen zur Versorgung der wachsenden Bevölkerung schuf und andererseits durch das Einpoldern besonders sturmgefährdeter Gebiete die Gefahr von Überschwemmungen bannte, schlug man zwei Fliegen mit einer Klappe. Mit dem Kapital reicher, nach Rendite strebender Kaufleute aus Amsterdam und der Kraft von Hunderten von Windmühlen machten sich *waterbouwkundige*, allen voran Jan Adriaanszoon Leeghwater, an die Arbeit und legten eine Reihe holländischer ›Meere‹ und Buchten der damals noch zur Nordsee hin offenen Zuidersee trocken.

Tiefergelegt

Die Krönung der *droogmakerij* Leeghwaters sollte die Einpolderung des 18 500 ha großen Haarlemer Meeres werden. Doch sein ehrgeiziger, in jahrelanger Arbeit ausgeheckter und 1641 in seinem Haerlemmermeer-Boeck publizierter Plan konnte aus finanziellen Gründen zu seinen Lebzeiten nicht mehr ausgeführt werden. Erst 200 Jahre später, nachdem der »Wasserwolf« 1836 Amsterdam und Leiden wieder einmal ›angefallen‹ hatte, sah man sich zur Trockenlegung des Meeres genötigt und setzte 1848 die erste von drei starken dampfgetriebenen walisischen Zechenpumpen in Gang. Nach zwölf Jahren war das Meer leergepumpt. Mittendrin, wo sich einst verfeindete Flottenadmirale mit schweren Breitseiten beharkten, heben heute die Flotten internationaler Luftfahrtgesellschaften vom ›Meeresboden‹ ab, denn 3,5 m unter Normalnull liegt jetzt Amsterdams Flughafen Schiphol. Sein Name, von »schip-hols« abgeleitet, verweist auf die kleinen, schützenden Buchten am Ufer des Meeres, in denen die Fischer früher bei Unwettern Zuflucht gesucht hatten.

Mit der Drainage des Haarlemer Meeres war zwar die Gefahr in einer der sturmflutgefährdetsten Regionen der Niederlande gebannt, doch gab es noch immer zwei Gebiete mit ungleich höheren Gefahrenpotenzialen: die Zuidersee und das ›Delta‹ von Rhein, Maas und Schelde. Diese Gebiete gegen die Unbilden der Nordsee zu sichern, würde einen kaum vorstellbaren menschlichen und etatmäßigen Kraftakt erfordern. Die gesamte Meeresbucht der Zuidersee einzupoldern, hieße eine Fläche von 300 000 ha mit einem Ringdeich zu umgeben und leerzuschöpfen – eine Idee, mit der sich niemand so recht anfreunden mochte, zumal, wie man aus Untersuchungen des Meeresbodens wusste, ein Drittel aus für die Landwirtschaft wertlosem Sand bestand. Aber auch die Trockenlegung eines Teiles der Zuidersee würde mächtige Deiche von etlichen hundert Kilometern Länge erfordern und Schwindel erregende Summen von Geld verschlingen, wobei die Sturmflutgefahr für den Rest der offenen Meeresbucht nicht einmal gebannt wäre.

Ein Plan: aus Salzwasser wird Süßwasser

Jahrzehntelang wurde nach einer einfacheren Lösung gesucht, bis der *waterbouwkundige* Cornelius Lely 1891 einen Plan vorlegte, der aufgrund seiner Einfachheit und der geringen Kosten bestach. Er sah vor, die Zuidersee durch einen ca. 33 km langen Deich zwischen Nordholland und Friesland von der Nordsee abzutrennen und nur die landwirtschaftlich nutzbaren Bereiche des Meeresbodens in Polderland zu verwandeln. Der Rest der dann gegen das Salzwasser der Nordsee abgetrennten Zuidersee würde mit der Zeit durch das Wasser der darin einmündenden IJssel, eines Nebenarms des Rheins, zu einem Süßwassersee werden und wertvolles Brauchwasser speichern.

Um es vorwegzunehmen: Der Plan wurde – wenn auch erst drei Jahrzehnte später – verwirklicht und Lely wurde nicht nur Minister für Wasserbau, ihm wurde auch ein Denkmal gesetzt, und Lelystad, die Hauptstadt der in der einstigen Zuidersee entstandenen Polder-Provinz Flevoland, trägt heute seinen Namen.

Der 28. Mai 1932 war für die Niederlande ein denkwürdiger Tag. An ihm wurde der Afsluitdijk (Abschlussdeich) geschlossen. Fünf Jahre hatte ein Heer von Arbeitern und Wasserbauingenieuren benötigt, um das Werk zu vollenden. Der auf Höhe des Meeresspiegels 90 m breite Deich – genau genommen handelt es sich hier um einen Damm – ist, wie man stolz bekundet, außer der chinesischen Mauer, das einzige von Astronauten aus dem All mit bloßem Auge zu erkennende menschliche Bauwerk. Heute ist die Stelle, an der man den Deich schloss, ein viel besuchter Zwischenstopp bei der Fahrt über die künstlich aufgeschüttete, schnurgerade Trennlinie zwischen Meer- und Süßwasser, bekrönt mit einem hohen Aussichtsturm und einem Denkmal mit dem Spruch »Ein Volk, das lebt, baut an seiner Zukunft«.

Hollands Landfläche wächst

Durch die gewonnenen Polder vergrößerte sich die Landfläche der Niederlande um 12 %, wurde Siedlungs- und Wohnraum für Tausende geschaffen und ein erheblicher Schritt zur Sicherung der Nahrungsmittelproduktion getan. Allerdings gibt es auch eine Kehrseite der Medaille. Durch Trockenlegung der Wieringermeer- und Nordostpolder ist der Grundwasserspiegel im angrenzenden Festland gesunken, Agrarland trocknete aus, manches Gebäude drohte einzustürzen. Daraus hat man gelernt und um Flevoland *randmeren* belassen, breite Wassersäume, die Flevoland vom Festland trennen und dieses vor Wasserverlust schützt. Als Negativposten in der überwiegend positiven Bilanz des ehrgeizigen Zuidersee-Projektes muss auch der Verlust von Fanggründen für Hering, Sardelle, Muschel und Auster verbucht werden, die einst in der Zuidersee beheimatet waren und Generationen von Fischern ernährt hatten.

Dämme, Deiche und Flutwehre

Die Gewalt des Wassers wurde den Niederländern wieder einmal vor Augen geführt, als es in der Nacht vom 31. Januar 1953 zu einer schweren Sturmflut kam. Zwar hielt der Abschlussdeich dem Druck stand, doch brach die See an über 500 anderen Stellen der Küste durch die Deiche, überschwemmte das Land und riss mehr als 1800 Menschen und Zehntausende Tiere in den Tod. Am schwersten war das Gebiet im Delta von Rhein, Maas und Schelde betroffen. Damit sich eine derartige Katastrophe nie wiederholt, wurden die gefährdeten Küstenbereiche im Rahmen des Delta-Plans durch verstärkte Dämme, Deiche und Flutwehre gesichert.

Der Schutz des Landes vor Überflutung hat heute Priorität vor der Landgewinnung. Mit Stirnrunzeln beobachten die Sachverständigen, wie die See an den Küsten ihres Landes nagt. Alljährlich gehen dort 5 Mio. m³ Sand verloren, während gleichzeitig der Meeresspiegel um 1–3 mm steigt. Wie die Niederlande in einigen hundert Jahren aussehen, daran mag man gar nicht denken.

Irgendwann, dessen sind sich jedoch viele Niederländer sicher, werden exterrestrische Besucher, die in Schiphol landen wollen, um in Holland Urlaub zu machen, dort nur noch Wasser vorfinden.

Das 17. Jahrhundert – wirtschaftliche und kulturelle Blütezeit

Festmahl der Offiziere der St. Georgs-Schützengilde – Gemälde von Frans Hals (1616)

Die Gründung von Kolonien, der Handel mit Aktien und Waren, bahnbrechende wissenschaftliche Entdeckungen sowie eine nie dagewesene Blüte des Kunstschaffens – das 17. Jahrhundert wird nicht ohne Grund als Gouden Eeuw, als Goldenes Jahrhundert der Niederlande, bezeichnet. Zu den Schattenseiten aber zählten: Menschenhandel, Sklaverei, Kinderarbeit und bittere Armut in großen Teilen der Bevölkerung.

Obwohl oder vielleicht gerade weil sich die Niederlande zu Anfang des Jahrhunderts im Krieg befanden, entwickelten sie sich damals zur ersten Welthandelsmacht und Amsterdam wurde zur wichtigsten Handelsmetropole Europas.

›Pfeffersäcke‹ bestimmen den Handel

1602 und 1621 wurden die legendären Vereinigten Ost- und Westindischen Compagnien (VOC und WIC) gegründet, die bedeutendsten Handelsgesellschaften jenes Jahrhunderts. Ausgezogen, den feindlichen Spaniern den einträglichen Gewürzhandel zu versalzen, die eigenen Aktien steigen zu lassen – die VOC war eine der ersten Aktiengesellschaften der Welt – und die Geldbeutel zu füllen, versorgten die mächtigen ›Pfeffersäcke‹, wie die reichen Kaufleute im Volksmund hießen, bald ganz Europa mit heiß begehrten Kolonialwaren wie Kaffee und Kakao, Tabak und Tee, Pfeffer und Kautschuk.

53

Ein Kolonialreich entsteht

Mit den Aktivitäten von VOC und WIC ging die Errichtung eines riesigen Kolonialreiches einher, das schon 1645 die Größe des Mutterlandes um das Sechszigfache übertraf. Hierzu gehörten Teile von Brasilien, Niederländisch-Guayana (heute Surinam), einige karibische Inseln, Südafrika und einige Orte an der afrikanischen Küste, Gebiete Sri Lankas und Tasmanien. Die größten Kolonien bildeten jedoch die Inseln des indonesischen Archipels. Vom einstigen Reich sind heute noch die drei Inseln Aruba, Bonaire und Curaçao und die ebenfalls zu den Kleinen Antillen gehörenden ›Inseln über dem Wind‹, Saba, St. Eustatius und St. Martin (halb französisch), übrig geblieben.

In Nordamerika erwarben die Niederländer die Insel Manhattan und gründeten die Kolonie Nieuw Nederland mit Nieuw Amsterdam, dem späteren New York, als Hauptstadt. Entdeckungsreisen führten holländische Schiffe um den Globus, wovon noch heute Namen wie Kap Hoorn oder Spitzbergen künden.

Blüte ohnegleichen

Auch im Lande waren Handwerk und Handel – die riesigen Handelsflotten mussten gebaut und versorgt sein – überaus einträglich und die breite Streuung von Anteilsscheinen an der VOC sorgte für Wohlstand in breiten Schichten der Bevölkerung. Für die kulturelle Entwicklung erwies sich diese Periode als ausgesprochen fruchtbar. Die Malerei brachte große niederländische Meister wie Rembrandt, Frans Hals, Jan Vermeer und Jan Steen

hervor, die Wissenschaft Größen wie Antony van Leeuwenhoek, der das Mikroskop weiterentwickelt hat, Christiaan Huygens, der den Wellencharakter des Lichtes erkannte, den Philosophen Baruch Spinoza und den Rechtsgelehrten Hugo Grotius. Andere Berühmtheiten wie der französische Philosoph René Descartes und sein englischer Kollege John Locke fanden in den Niederlanden ausgezeichnete Bedingungen für ihre Arbeit.

Kehrseite der Medaille

Indes, das Goldene Jahrhundert hatte auch eine andere, unmenschliche Seite. Denn zur Ausbreitung und zum Erhalt ihres Handelsmonopols war den bestens ausgerüsteten Compagnien jedes Mittel recht. Menschenhandel etwa war ein einträgliches Geschäft. Etwa 15 Mio. Afrikaner wurden in Sklavenschiffe gepfercht und von der Küste Guineas auf die West-Indies und nach Guyana sowie in den Süden Nordamerikas und auf die Inseln anderer Kolonialmächte verschleppt. Wenig Skrupel existierte auch bei anderen wirtschaftlichen Gebaren: Die feindliche spanische Armee wurde mit geliehenem Geld Amsterdamer Banken bezahlt, ihr Proviant aus Amsterdam importiert, ihre zerschlagene Flotte mit dem Holz Amsterdamer Händler zusammengeflickt, und Kinderarbeit war, wie anderswo auch, gang und gäbe. Armut grassierte, besonders unter den vielen Menschen, die vor den Spaniern in die Niederlande geflohen waren. Was wiederum die menschliche Seite zahlreicher gut betuchter Kaufleute hervorkehrte. Sie stifteten sog. *hofjes*, Zufluchtstätten für Alte, Witwen und Waisen, wie man sie noch heute in vielen holländischen Städten vorfindet.

Klima, Umwelt, Energie – Ökologie im Fokus

Die Industrialisierung zu Beginn des 20. Jh. bescherte Holland einen rasanten wirtschaftlichen Aufschwung. Heute gehören die Niederlande zu den zehn wichtigsten Exportländern der Welt. Unübersehbar jedoch sind die ökologischen Folgen des ungebremsten Wachstums.

Agrar- und Industrieprodukte machen zusammen zwei Drittel des niederländischen Exports aus, wobei auch der Dienstleistungssektor wächst. Das Know-how der Niederländer in den Hightechbereichen Kommunikation, Information und Biotechnologie ist im Ausland ebenso gefragt wie Logistiksysteme, Wasser- und Brückenbautechnik und die Dienstleistungen von Transport-, Bagger-, Schlepp- und Bergungsunternehmen – man denke nur an die dramatische Bergung des gesunkenen russischen Atom-U-Bootes Kursk durch zwei holländische Firmen im Jahr 2001.

Umweltschützer machen mobil

Dass Wirtschaftswachstum zu nationalen wie globalen Umweltproblemen führt, zum Rückgang der Artenvielfalt, zum Klimawandel, zur

Naturentwicklungsgebiet bei Lelystad

Verschmutzung von Boden, Luft und Wasser, zu Lärm und Abfallproblemen, ist hinlänglich bekannt.

In den letzten drei Jahrzehnten sind auch in Holland Umweltprobleme und Naturschutz zunehmend in das Bewusstsein der Menschen gerückt. In einigen Fällen hat der Widerstand von Betroffenen und Umweltschützern gegen geplante Vorhaben zu deren Stopp oder Modifizierung geführt, z. B. beim Deltaprojekt. Ursprünglich war die vollständige Verriegelung der Oosterschelde durch einen Damm vorgesehen. Aufgrund des erbitterten Widerstandes von Fischern, Austern- und Muschelzüchtern sowie Naturschützern wurden die Pläne aber zugunsten eines Sperrwerks abgeändert, das zumindest teilweise den Gezeitenstrom in die Oosterschelde gewährt.

Ökosystem Wattenmeer

Auch die Pläne zur Anlage des Polders Markerwaard im Rahmen des Zuiderzeeprojektes, eines Gebietes von 600 km² im südlichen Teil des IJsselmeeres, wurden nach zahlreichen Protesten zunächst verändert und 1991 endgültig zu den Akten gelegt. Geblieben ist der bereits 1975 erbaute Damm, der zwischen Lelystad und Enkhuizen quer durch das IJsselmeer verläuft. Ein vorläufiges Aus gab es auch für die Pläne, auf dem Neuland von Flevoland oder auf der Maasvlakte im Hafenvorland von Rotterdam einen zweiten Nationalflughafen zu bauen. Möglicherweise kommt es jedoch zur Anlage einer künstlichen Insel mit dem Flughafen vor der Nordseeküste.

Längst hat man auch das Wattenmeer als überaus schützenswertes Ökosystem erkannt. Die Pläne, dieses einmalige Ökosystem zwischen den Westfriesischen Inseln und dem Festland einzudeichen und trockenzulegen, sind vom Tisch. Doch Umwelt- und Naturschützer können deshalb längst nicht aufatmen. Geplante Öl- und Gasbohrungen, Militärmanöver, Wasserverschmutzung und zu starke Belastung durch Wassersportler und Touristen bieten weiterhin Konfliktpotenzial.

Kampf den Treibhausgasen

Zum Schutz der Umwelt hatte die Regierung 1994 beschlossen, das einzige noch in Betrieb befindliche Kernkraftwerk bis zum Jahr 2004 zu schließen. 2003 änderte jedoch die Regierung Balkenende den Beschluss unter Verweis auf die im Kyoto-Protokoll eingegangenen Verpflichtungen zur Reduzierung des CO_2-Ausstoßes; nun soll es bis zum Jahr 2034 betrieben werden. Holland setzt sich zudem international für die Aufnahme der CO_2-Emission der Luftfahrt in die Emissionsverpflichtungen des Kyoto-Protokolls sowie im Rahmen der EU für die weltweite Besteuerung von Flugbenzin ein.

Die holländische Regierung setzt auf Nachhaltigkeit. Ihre hochgesteckten umweltpolitischen Ziele beschreibt sie im Arbeitsprogramm *schoon en zuinig* (sauber und sparsam). Vorgesehen sind u. a. eine Verringerung des Treibhausgasausstoßes von 30 % bis 2020 (im Vergleich zu 1990), die Verbesserung der Energieeffizienz auf 2 % pro Jahr und die Steigerung des Anteils der erneuerbaren Energien an der Energieversorgung von 3 % heute auf 20 % im Jahr 2020.

Königlich – die Oranier

Der neue König stellt sich vor: Willem-Alexander mit seiner Familie nach der Krönung

Nicht immer ging die Inthronisation neuer Monarchen ohne Konflikte vonstatten. Und auch wenn viele Niederländer die Monarchie lieber heute als morgen abschaffen würden, so erfreut sich bei einem anderen Teil der Bevölkerung das Königshaus ungebrochener Bewunderung.

Als Engelbrecht von Nassau-Dillenburg und Jehenne van Polanen sich vor 600 Jahren in Breda das Jawort gaben, war das aus heutiger Sicht ein höchst seltsames Ereignis, denn Engelbrecht, Mitte dreißig und zuvor Dompropst von Münster, ehelichte ein elfjähriges Mädchen. Deren Mitgift bestand aus ungeheuren Besitztümern, welche die der Nassaus deutlich überstiegen. Damals setzte sich der Zweig des Geschlechts Nassau, aus dem das Königshaus Oranien-Nassau hervorging, in Holland fest.

›Vader des Vaderlandes‹

Dass das niederländische Königshaus den Namen Oranien in seinem Titel führt, geht auf eine nicht minder glückliche Fügung der Geschichte zurück. 1544 erbte der elfjährige Graf Wilhelm von Nassau das Fürstentum Orange in Frankreich und den Titel Prinz von Oranien von einem kinderlosen, im Kampf gefallenen entfernten Verwandten. Es grenzt an ein Wunder, dass Karl V., strenger Katholik und Gegner des aufkommenden Calvinismus, dem Sohn calvinistischer Eltern damals nicht nur das Erbe zugestand, sondern ihn auch noch zu seinem Günstling erhob. Ausgerechnet Wilhelm war es, der später den Kampf gegen die spanischen Besatzer aufnahm und als ›Vader des Vaderlandes‹ in die Geschichte einging. Seither setzt sich die Herrschaft der Oranier, wenn auch mit kleinen Kunstgriffen, fort.

Trickreich an der Macht

Als der mit Maria Stuart verheiratete König von England und Statthalter der Niederlande, Wilhelm III. von Oranien-Nassau, 1702 ohne leibliche Nachkommen starb, bestimmte er seinen Neffen, den Friesen Willem Friso, zum Erben – und das, obwohl ein älteres Testament seines Vaters seine Cousine und deren Nachkommen als Erben vorsah, in welchem Falle Preußen Nutznießer geworden wäre. Ausgerechnet die Preußen waren es dann, die beherzt eingriffen, als Oranje-feindliche ›Patrioten‹ dem Erbstatthalter Wilhelm V. von Oranien-Nassau im Jahr 1787 den Laufpass geben wollten. Prinzessin Wilhelmine von Preußen, die Gattin Wilhelms V., hatte nämlich während einer Reise nach Den Haag ihre kurzzeitige Festnahme provoziert und sich darüber bei ihrem Bruder, König Friedrich Wilhelm II. von Preußen, beklagt, woraufhin dieser ihr und ihrem Gemahl alsbald mit 20 000 Soldaten zur Hilfe eilte und damit die Absetzung des Oraniers verhinderte.

Starke Frauen mit Zepter

Von 1890 bis 2013 hielten in den Niederlanden starke Frauen das Zepter in der Hand und die Nation zusammen. Königin Wilhelmina, *Mater neerlandia*, ›Omi‹ und ›Oberin‹ der Nation, erwarb besonders durch ihre Haltung im Zweiten Weltkrieg die Hochachtung des Volkes. Statt mit den Nationalsozialisten zu kollaborieren, ging sie nach England, unterstützte den Widerstand.

Nach 58 Jahren folgte ihr 1948 ihre Tochter Juliana auf den Thron. Sie war bis 1980 Königin, doch angesichts mancher Ereignisse hätte sie sicher gerne fluchtartig das Haus von Oranien verlassen. So als ihr Gemahl ihren Kontakt mit der Gesundbeterin Greet Hofmans unterband, die sie in der Hoffnung auf Heilung ihrer blinden Tochter Manjke an den Hof geholt hatte. Oder als ihre Tochter Irene zum katholischen Glauben übertrat und auf die Thronnachfolge verzichtete, weil es sie zu einem Spanier hinzog. Und musste Tochter Beatrix 1966 ausgerechnet den Deutschen Claus von Arnsberg, ein ehemaliges Mitglied der Hitlerjugend und Wehrmacht, zum Prinzgemahl wählen? »Claus raus!«, skandierte die Meute am Tag der Hochzeit in Amsterdam und zog es vor, Rauchbomben zu werfen, anstatt Oranje-Fähnchen zu schwenken. Damals war unvorstellbar, dass Prinz Claus einmal zu einem der beliebtesten Mitglieder des Königshauses avancieren und sein Tod die Nation 36 Jahre später in tiefe Trauer stürzen sollte.

Inthronisation mit Tränen

Anlässlich der Inthronisation von Königin Beatrix im Jahr 1980 kochte die Volksseele erneut. Stein des Anstoßes war die trotz leer stehender Häuser grassierende Wohnungsnot, angesichts derer man nicht verstehen konnte, dass für die Sanierung des königlichen Palastes Huis ten Bosch ungeheure Geldsummen ausgegeben wurden. Während die Königin in der Nieuwe Kerk in Amsterdam die Krone an ihre Älteste weitergab, skandierten die Hausbesetzer draußen »geen woning, geen kroning« (keine Wohnung, keine Krönung). Den Demonstranten standen dabei Tränen in den Augen, doch nicht vor Rührung, sondern wegen des eingesetzten Tränengases.

Operation 020202

Holland schreibt das Jahr 2001: Kronprinz und Thronfolger Willem-Alexander hatte die Argentinierin Máxima Zorreguieta zu seiner Prinzessin auserkoren, eine Bürgerliche, die katholisch und Tochter eines ehemaligen Mitglieds der argentinischen Militärjunta ist. Bevor die »Operation 020202«, wie die prunkvolle Hochzeit am 2. Februar 2002 im Polizeijargon hieß, zelebriert werden konnte, bedurfte es einiger diplomatischer Bemühungen des niederländischen Regierungschefs, um die erforderliche Zustimmung der Regierung zur Vermählung einzuholen. Für den Fall, dass man ihm diese versagen würde, hatte der Kronprinz mit dem Thronverzicht gedroht.

Aus Gründen der Staatsräson

Máxima Zorreguieta musste vor der Heirat öffentlich die Menschenrechtsverletzungen der argentinischen Militärjunta verurteilen und sich zur Demokratie bekennen. Ihrem Vater, der im Kabinett des argentinischen Militärdiktators Jorge Videla als Landwirtschaftsminister gedient hatte, wurde untersagt, der Hochzeit beizuwohnen.

Das war kein einfacher Start für Willem-Alexanders Auserwählte. Doch wie vor ihr Prinzgemahl Claus eroberte sie die Herzen der Niederländer im Sturm. Selbst Gegner der Monarchie können sich ihrem Charme nicht vollends entziehen und sehen sich hinsichtlich ihres Ziels, der Abschaffung der Monarchie, um 20 Jahre zurückgeworfen. Und jetzt ist sie Königin! An der Seite von Willem-Alexander, der seit 2013 König der Niederlande ist.

Schriller geht's nimmer: Feier zu Ehren des Königs am Koningsdag, dem 27. April

Niederländer und Deutsche – ein schwieriges Verhältnis?

Beim Thema Fußball ist alles noch etwas anders ...

Auch 65 Jahre nach Ende des Zweiten Weltkriegs ist das Verhältnis von Niederländern und Deutschen noch nicht ganz frei von Ressentiments. Dem negativen Deutschlandbild, das selbst die Enkel der Kriegsgeneration zum Teil noch verinnerlicht haben, ist die niederländische Regierung mit gezielten Kampagnen entgegengetreten.

Wenn die Nationalhymne angestimmt werden soll, verstummen viele Niederländer. Einer Umfrage zufolge kennt nur jeder siebte die erste Strophe – und viele weigern sich, selbst die zu singen. Welcher Niederländer bekundet auch schon gerne, dass der Vater der Nation, Wilhelm von Oranien-Nassau, »von deutschem Blut« war, oder schwört dem »König von Hispanien«, dem erbitterten Feind während des Achtzigjährigen Unabhängigkeitskrieges, die Treue?!

In der 1568 von Marnix van Sint Aldegonde, einem engen Vertrauten Wilhelms von Oranien, geschriebenen Hymne heißt es: »Wilhelmus von Nassawe (Nassau), bin ich von teutschem Blut«, und das ist korrekt. Dass man sich angesichts des Geschehens während des Zweiten Weltkriegs eine andere Nationalhymne wünscht, erscheint mehr als verständlich. Deshalb riefen große niederländische Zeitungen 1998 das Volk und seine Dichter auf, einen neuen Text zu ersinnen, natürlich ohne teutsches Blut und ohne Treueschwur auf den spanischen König. Rausgekommen ist dabei nichts.

Negatives Deutschlandbild

Die Auseinandersetzungen um die Hymne zeigen, dass das Verhältnis der Niederländer zu Deutschen schwierig ist. Die Ursachen für das negative Deutschlandbild liegen hauptsächlich in der deutschen Besatzungszeit während des Zweiten Weltkriegs. Es setzte sich bei den Kriegskindern fort, die mit den Erzählungen ihrer Eltern, Nachbarn und Lehrer und mit der jährlichen Gedenkfeier zum 5. Mai aufwuchsen, der jährlichen »Hasskampagne, die Anfang Mai über uns hereinzubrechen droht«, wie es der Publizist Nico Scheemaker einst schrieb. In den 1960er-Jahren begannen die Jüngeren, das Verhalten der Kriegsgeneration zu hinterfragen, der Mythos vom niederländischen Widerstand wurde entlarvt. Viele junge Niederländer glaubten, sie hätten anders gehandelt als ihre Eltern.

Positives Deutschlandbild

1993 gab die große Mehrheit der 15- bis 19-jährigen Schüler in einer Befragung des Niederländischen Clingendael-Instituts für Nationale Beziehungen an, dass Deutsche arrogant und dominant seien, mehr als die Hälfte sah in Deutschland gar eine kriegslüsterne Nation, die die Weltherrschaft anstrebe. Die Studie, wegen der Art ihrer Durchführung auch in den Niederlanden scharf kritisiert, sorgte für erhebliches Aufsehen. Andere Studien, 1994 und 1995 an erwachsenen Niederländern durchgeführt, ergaben ein wesentlich positiveres Deutschlandbild. Die Regierung reagierte damals prompt, um die Kenntnisse über Deutschland zu verbessern, es wurden drei Deutschland-Institute gegründet, die es zur Aufgabe hatten, dem »antideutschen Reflex« entgegenzuwirken, und sie taten das mit großen Erfolg. Heute finden viele Holländer die Deutschen sympathisch, fleißig und gastfreundlich, und man schätzt ihre Zuverlässigkeit und ihren Ordnungssinn.

Gut, sicher fallen auch heute, wenn sich ein Autofahrer aus der einen Nation mit einem aus der anderen anlegt, schon mal die Worte *rotmof* (Scheißdeutscher) und Käskopp. Doch die Zeiten, in denen Deutsche unverhohlen als *moffen* tituliert wurden und Moffen-Witze in allen niederländischen gesellschaftlichen Schichten stubenrein waren, sind vorbei. Heute geht man meist höflich und freundlich miteinander um. So freundlich, dass sich einige schon Sorgen machen über den »prodeutschen Reflex«. Nur wenn's um Fußball geht, ist das noch anders, doch das ist eine andere Geschichte.

Die Holländer gelten gemeinhin als genügsam, tolerant, liberal und weltoffen, als Gesellschaft, die auf Gardinen vor den Fenstern verzichten kann. Doch längst vollzieht sich auch im ›Volk der Calvinisten‹ ein gesellschaftlicher Wandel.

Holland – das sind genau genommen nur zwei der zwölf Provinzen des Koninkrijk der Nederlanden, nämlich Noord- und Zuid-Holland. Doch seit dem Gouden Eeuw, dem Goldenen Jahrhundert, als diese die wirtschaftlich bedeutendsten Provinzen waren, ist dieser Name ein Synonym für die gesamte Niederlande geworden.

Spaß muss sein

Die meisten Niederländer leben in der Randstad, wie das Ballungsgebiet aus Städten und Ortschaften im Bereich von Amsterdam, Den Haag, Utrecht und Rotterdam genannt wird. Oft schlucken die ›Südländer‹ schwer an der – wie viele meinen – kulturellen und wirtschaftlichen Bevorzugung der Randstad, in der die Reformierten das Sagen haben. Den Menschen in Hollands calvinistischem Norden werden seit jeher Tugenden wie Genügsamkeit und Sparsamkeit zugeschrieben. Und in den Provinzen *boven de rivieren* (oberhalb der Flüsse) von Maas, Waal und Lek, vornehmlich auf

Typisch holländisch? – Facetten einer Nation

Ein bisschen ist wohl auch Napoleon Bonaparte daran schuld, machte er doch das unterworfene Land zum »Königreich Holland« und seinen Bruder zu dessen Regenten. Heute wirbt selbst das Niederländische Büro für Tourismus in seinen Broschüren mit der Bezeichnung ›Holland‹ für die Niederlande. Niederländer, die nicht aus den Provinzen Noord- und Zuid-Holland stammen, sind damit allerdings nicht einverstanden. Sie möchten verständlicherweise nicht generell als Holländer bezeichnet werden.

Orthodoxe Calvinistinnen in Strand Horst in ihrer traditionellen Tracht

dem Lande, leben noch rund 600 000 strenggläubige Calvinisten, die eine »Anpassung an das Weltliche« weitgehend ablehnen. Kopfschüttelnd blicken sie – wie kann man nur! – auf die Leute südlich der großen Flüsse, die gar nichts mit der calvinistischen Mentalität anzufangen wissen, vorwiegend katholisch sind, dem Genuss frönen und auch noch Karneval feiern.

Während sich die ›Südländer‹ mit den Tugenden der nördlichen Nachbarn nie recht anfreunden mochten, breitet sich auch im Norden mittlerweile zunehmend die ›burgundische Lebensart‹ aus. Man geht gern zum Essen aus und kocht nach ausländischen Rezepten. Modische Kleidung

> **Kartograf der niederländischen Seele**
> Einer der bekanntesten niederländischen Autoren, Geert Mak, stellt uns in der von Helmut Schmidt & Friedrich von Weizsäcker herausgegebenen Reihe »Die Deutschen und ihre Nachbarn« die Niederlande vor. Überaus lesenswert, lehrreich – ohne erhobenen Zeigefinger – und äußerst amüsant (C. H. Beck, München 2010, 18 €).

hat die einst bescheidene traditionelle Garderobe verdrängt, und man greift freudig nach allen Offerten der Freizeitkultur. Der Begriff Spaßgesellschaft scheint mittlerweile auf fast ganz Holland zuzutreffen.

Trotz Diversität ein starkes Nationalgefühl

Zwischen Westen und Osten des Landes bemerkt man ebenfalls eine Polarisierung. Da fängt für manchen Holländer mit dem Heidegebiet der Hoge Veluwe hinter Utrecht schon die sibirische Steppe an, und die Region Twente an der deutschen Grenze wird *het achterhoek* – die hinterste Ecke – genannt. Und dann sind da natürlich auch noch die Friesen, eine ethnische Minderheit im Land, die ihre eigenen Medien hat und neben Niederländisch, offiziell anerkannt, die friesische Sprache pflegt. Nichtsdestotrotz gibt es ein starkes Nationalgefühl, Zusammenhalt ist vor allem im Kampf gegen das Wasser spürbar. An der den Niederländern oft nachgesagten Freizügigkeit, Weltoffenheit und Toleranz kann sich manch andere Nation ein Scheibchen abschneiden. Ob an der

sprichwörtlichen bis an Geiz reichenden Sparsamkeit der Niederländer etwas dran ist, muss jeder selbst herausfinden.

Kirche zu verkaufen

Lange Zeit gliederte sich die holländische Gesellschaft in ›Säulen‹, d. h. klar voneinander abgegrenzte, religiöse oder weltanschauliche Gruppierungen. Firmen, Vereine, Zeitungen, Hochschulen etc. waren calvinistisch, katholisch, liberal oder sozialistisch und rekrutierten ihre Belegschaften, Mitglieder oder Studenten entsprechend ihrer Religion oder Weltanschauung. Doch längst bröckeln die Säulen, werden bald nur noch der Schutt der Vergangenheit sein. Die wichtigste Ursache hierfür ist, dass sich die Niederländer zunehmend von den Kirchen abwenden.

Holland erhebt keine Kirchensteuern, Pfarren sind daher zu ihrem Erhalt auf Spenden der Kirchgänger angewiesen, doch diese bleiben zunehmend aus. Zwecks Sanierung ihrer Finanzen haben die Kirchen etliche Gotteshäuser verkauft, die nun als Konzerthallen, Tagungsstätten oder Restaurants dienen.

Wer übrigens glaubt, dass alle Untertanen im ›calvinistischen Königreich‹ auch Calvinisten sind, der irrt, denn etwa die Hälfte der holländischen Bevölkerung gehört keiner Konfession an, 27 % sind römisch-katholisch, und nur ca. 17 % sind Calvinisten.

Die Sache mit den Gardinen

Was dem Besucher der Niederlande sofort auffällt, sind die fehlenden

Gardinen. Handelt es sich dabei um ›calvinistischen Exhibitionismus‹ nach dem Motto »Seht, ich habe nichts zu verbergen«? Oder ist es ein Zeichen der Offenheit? Oder praktische Vernunft, um Licht in die Räume zu lassen? Die Frage ist ungeklärt, doch lassen immer mehr Niederländer von dieser Gewohnheit ab. Nicht die Abschaffung der Gardinensteuer, die es nie gab, ist der Grund, vielmehr wollen vor allem jüngere Leute ihre Privatsphäre wahren. »Selbst Nomaden, die unter freiem Himmel schlafen, ziehen sich abends noch eine Decke über den Kopf, um ein wenig Privatatmosphäre zu haben«, schrieb die Zeitung »Algemeen Dagblad«, und weiter: »Nicht so der Holländer. Wer über dem Amsterdamer Flughafen Schiphol kreist, kann ihn unten schon in Unterhosen und Pantoffeln durch sein hell erleuchtetes Wohnzimmer schlurfen sehen. In keinem einzigen zivilisierten Land der Welt wäre so etwas möglich.«

Suche nach dem Konsens

Ein auffälliges Merkmal des Miteinanders in Holland ist, dass man sich bei jeder Gelegenheit gemeinsam an einen Tisch setzt und anstehende Probleme so lange erörtert, bis eine von allen akzeptierte Lösung gefunden ist. Beratung, Mitsprache und Übereinstimmung sind in der niederländischen Gesellschaft Begriffe von hohem Stellenwert, und der gesellschaftliche Status von Personen hängt wesentlich davon ab, welchen Platz sie in Beratungsstrukturen innehaben.

Das gemeinsame Ringen um einen Konsens ist in Holland eine seit dem Mittelalter gepflegte Kultur. Darüber wurden Doktorarbeiten und Essays verfasst, ja sogar Romane wie »Het Bu-reau« (Das Büro, J. J. Voskuil), in dem die Figuren ihre Tage mit Beratungen, Versammlungen, Rücksprachen verbringen. Jeder weiß natürlich, dass Konsens meist den kleinsten gemeinsamen Nenner bedeutet und häufig mit einem Abrücken von eigenen Vorstellungen verbunden ist, doch das nimmt man gemäß einem bekannten Sprichwort zugunsten der Solidarität gelassen hin: »Benimm dich normal, das ist schon verrückt genug.«

Ein wichtiges Prinzip: Toleranz

Wo andere Länder auf knallharte Gesetze und deren strikte Einhaltung pochen, handelt man in Holland häufig nach der Einsicht, dass Verbote allein kaum etwas zum Besseren wenden — gedogen und moet kunnen sind die magischen Worte: Dulden und Gewährenlassen. Holland ist zudem das erste Land Europas, in dem schwule und lesbische Paare standesamtlich getraut wurden und dadurch steuerlich und erbrechtlich Eheleuten gleichgestellt sind. Zumindest ideenreich ist auch die Drogenpolitik. Statt ein striktes Verbot des Handels mit und Konsums von Drogen mit – wie die Geschichte lehrt – zweifelhaftem Erfolg knallhart durchzusetzen, versucht man den Konsum gewisser weicher Drogen in Coffeeshops zu kontrollieren. Ärzte, die unter bestimmten Bedingungen Sterbehilfe leisten, werden strafrechtlich nicht verfolgt. Prostitution war verboten, wurde jedoch geduldet, inzwischen ist sie sogar legalisiert. Zwischen den Buchstaben des Gesetzes und der Ausführung klafft meist eine Lücke, und die wird in Holland kreativ genutzt – oder das Gesetz geändert.

Ein Hoch auf die niederländische Literatur

Connie Palmen ist auch in Deutschland eine viel gelesene Autorin

Cees Nooteboom, Harry Mulisch, Leon de Winter, Maarten t'Hart ... Die niederländische Literatur kann auf eine beachtliche Anzahl gefeierter zeitgenössischer Autoren verweisen. Viele ihrer Werke sind übersetzt und damit auch dem deutschsprachigen Publikum zugänglich. Ein Segen!

Niederländische Bücherwürmer, von denen viele Fremdsprachen beherrschen, haben kaum Mühe, sich über die neue Literatur ihrer Nachbarländer auf dem Laufenden zu halten. In Feuilletons großer Zeitungen und Literaturzeitschriften werden sie ebenso ausführlich über die aktuellen Bücher bekannter ausländischer Autoren informiert wie über das Neueste ihrer eigenen Schriftsteller. Und wer dort Günther Grass, Martin Walser, Sten Nadolny oder Tanja Kinkel lesen möchte, geht in den nächsten größeren Buchladen, kauft und liest – in Originalsprache. Ganz anders in Deutschland, wo die Werke niederländischer Autoren in ihrer Sprache keinen Markt haben. Dennoch gelang zahlreichen niederländischen Autoren mit ihren neueren Werken dank ausgezeichneter Übersetzer und rühriger Verlage auch in Deutschland der Durchbruch, wonach meist auch zahlreiche ihrer früheren Werke übersetzt wurden.

Einer der ganz Großen

Einer der bekanntesten niederländischen Schriftsteller, von dem ein repräsentativer Teil des Gesamtwerkes in deutscher Sprache vorliegt, ist Cees Nooteboom. Sein erstes übersetztes Buch, der Vagabundenroman »Das Paradies von nebenan«, erschien bereits 1958 in Deutschland. Mit zahlreichen weiteren Werken, darunter »Rituale« und »In den niederländischen Bergen«, fasste der Meister der literarischen Reisereportage in Deutschland Fuß, doch der Durchbruch erfolgte erst 1991 mit den »Berliner Notizen«, Betrachtungen zu den Ereignissen um den Fall der Berliner Mauer, den der Autor in Berlin miterlebt hatte. Als ›Literaturpapst‹ Marcel Reich-Ranicki in der Fernsehsendung »Das Literarische Quartett« sich auch noch über »Die folgende Geschichte« überaus lobend äußerte (»… ich bin tief von diesem Nooteboom beeindruckt; sieh da, die Holländer haben einen solchen Autor!«) war der Senkrechtstart programmiert. Zu den neueren Werken Nootebooms zählen »Die Dame mit dem Einhorn. Europäische Reisen«, »Im Frühling der Tau. Östliche Reisen« sowie »Kinderspiele«.

Zu Nootebooms 75. Geburtstag erschien eine Auswahl von Auszügen aus dessen Romanen, Erzählungen, Gedichten und Reiseessays unter dem Titel »Ich hatte tausend Leben und nahm nur eins: Ein Brevier« – eine gute Möglichkeit das Werk des Autors kennenzulernen.

Galionsfiguren der Literatur

Harry Mulisch, 2010 verstorben, war eine weitere Galionsfigur der niederländischen Autorengilde, er hatte in seinem Land alle bedeutenden Literaturpreise abgeräumt. Er setzte sich insbesondere mit dem Zweiten Weltkrieg und dessen Folgen auseinander: in »Das steinerne Brautbett«, in dem die Reise eines ehemaligen Fliegers nach dem Krieg in das von ihm bombardierte Dresden zu seiner psychischen und physischen Zerstörung führt; in »Strafsache 40/61. Eine Reportage« über den Prozess gegen Eichmann; in »Das Attentat«, dessen Verfilmung 1987 den Oscar für den besten ausländischen Film erhielt, mit der schwierigen Vergangenheitsbewältigung; und auch in dem Theaterroman »Höchste Zeit« über einen erfolglosen Schauspieler, in dem, als er in hohem Alter seine eigene Biografie spielt, die verdrängte Kollaboration mit den Nationalsozialisten hochkommt. Zu den weiteren bekannten Büchern des Autors zählen »Augenstern«, »Die Entdeckung des Himmels« (2001 verfilmt u. a. mit Stephen Fry) und »Zwei Frauen«.

Leon de Winter, 1954 geborener Sohn niederländischer orthodoxer Juden, die den Holocaust in einem Versteck katholischer Priester überlebten, ist u. a. bekannt durch seinen Roman »Himmel von Hollywood« (1997), den Sönke Wortmann verfilmt hat, sowie »Malibu« (2002), eine mehrschichtige, so spannende wie komplizierte Story, in der es u. a. um Spionage für den israelischen Geheimdienst geht.

Einer der meistgelesenen und beliebtesten niederländischen Autoren ist Maarten t´Hart, der 1944 in Maassluis geboren und in einer streng calvinistischen Umgebung erzogen wurde. Mit Werken wie »Ein Schwarm Regenbrachvögel« (1978), »Das Wüten der ganzen Welt« (1993), »Die Netzflickerin« (1996) und »Der Psalmenstreit« (2008) gelingt ihm eine atmosphärisch dichte Schilderung seiner Heimat, wobei autobiografische Elemente in die Romane eingeflossen sind.

Humoristisch, satirisch, märchenhaft

Dem Volk in den Amsterdamer Eckkneipen liebevoll in die Seele geschaut hat der 1987 verstorbene Kolumnist der Zeitung »Het Parool«, Simon Carmiggelt. Was dabei herauskam, ist in »Heiteres aus Amsterdam«, das noch hier und dort im Buchhandel zu erhalten ist, nachzulesen. Wer Glück hat und noch eine seiner Anthologien wie »Hohe Schule«, »Einfach unerhört«, »Von Katzen und Kindern« oder »Die Kunst, Großvater zu sein« im Antiquariat aufspürt, sollte sich diese nicht entgehen lassen.

Humoristisch, satirisch, märchenhaft – das sind Attribute, die den beliebten Comic-Geschichten und Dauerbestsellern um Ollie B. Bommel von Marten Toonder zugeschrieben werden. Aus seiner Feder stammt auch der erste abendfüllende niederländische Zeichentrickfilm, »Falls Sie verstehen, was ich meine«, mit Ollie B. Bommel in der Hauptrolle.

Preisgekrönt

Sie schreiben Bestseller, räumen Preise ab, arbeiten als Kolumnisten – Herman Koch und Arnon Grünberg. Im Nachbarland schon lange als Literaturgrößen gefeiert, erfreuen sich die niederländischen Autoren auch in Deutschland einer zunehmenden Leserschaft: Herman Koch mit seinen Romanen »Angerichtet« und »Sommerhaus mit Swimmingpool«, Arnon Grünberg, der auch unter dem Pseudonym Marek van der Jagt publizierte, mit »Der jüdische Messias«, »Tirza« und »Mit Haut und Haaren«.

Frauen erzählen

Die in der indonesischen Hauptstadt Batavia, heute Djakarta, geborene Hella S. Haasse hat sich besonders durch Historienromane wie »Wald der Erwartung«, und »Die scharlachrote Stadt« profiliert; ihr wurde für ihre Arbeit 1988 die Ehrendoktorwürde der Universität Utrecht verliehen. In ihrer frühen Novelle »Urug« und in ihrem Roman »Die Teebarone«, der ihr international zum Durchbruch verhalf, griff sie Aspekte der ehemaligen niederländischen Kolonialmacht in Indonesien auf.

Zu den starken Frauen zählen auch Margriet de Moor mit ihren Romanen »Der Virtuose« und »Erst grau dann weiß dann blau«, Trude de Jong, eine der großen Kinderbuchautorinnen der Niederlande, und Tessa de Loo, die mit ihrem Roman »Die Zwillinge« das fragile deutsch-niederländische Verhältnis thematisiert. Die Romanfiguren, in den Niederlanden und Deutschland getrennt aufgewachsene Zwillingsschwestern, treffen sich erstmals als Erwachsene im belgischen Spa und stellen fest, dass sie Welten voneinander trennen. Gewiss darf auch Anne Frank (s. S. 69), deren Tagebuch in über 25 Mio. Exemplaren verkauft wurde und Weltruhm erlangte, und über die unlängst eine von der österreichischen Historikerin Melissa Müller geschriebene neue Biografie erschienen ist, zu den großen Schriftstellerinnen der Niederlande gerechnet werden.

Connie Palmen, der 1991 mit ihrem Roman »De Wetten« (dt. »Die Gesetze«) in den Niederlanden der Durchbruch gelang, hat inzwischen auch in Deutschland einen Namen. Zu ihren neueren Romanen zählen »Luzifer«, »Idole und ihre Mörder« sowie »Ganz der Ihre«.

Erinnerung an Anne Frank

Briefe an Miep, eine der Helferinnen der Familie Frank

»Es beklemmt mich doch mehr, als ich sagen kann, dass wir niemals hinaus dürfen, und ich habe große Angst, dass wir entdeckt und dann erschossen werden. Das ist natürlich eine weniger angenehme Aussicht.«
(Anne Frank, Tagebuch, 28. September 1942, Nachtrag)

Als die jüdische Familie Frank, Otto Frank, seine Frau Edith und die beiden Töchter Anne und Margot, am 4. August 1944 in einem Versteck im Hinterhaus der Prinsengracht 263 in Amsterdam von dem SS-Oberscharführer Karl Silberbauer verhaftet wurde, schütteten die Nazis auf der Suche nach Schmuck und Geld aus einer ledernen Aktentasche ein Bündel Papiere auf den Boden, darunter ein Tagebuch mit rot-weiß kariertem Umschlag, einige Schulhefte und Kassenbücher. Deren Inhalt wurde nach dem Krieg zu einem der ergreifendsten Zeitdokumente über das Leben der Verfolgten während des Naziregimes: das Tagebuch der Anne Frank. Die auf dem Boden verstreuten Dokumente wurden später von Freunden der Verhafteten aufgelesen und verwahrt, da man hoffte, dass die Franks bald zurückkehren würden. Wenige Tage darauf räumten die Nazis das Versteck völlig aus.

Gestorben 15-jährig

Familie Frank, die ebenfalls in dem Unterschlupf lebende Familie van Pels und der Zahnarzt Dr. Pfeffer wurden ins Konzentrationslager im niederländischen Westerbork deportiert und von dort nach Auschwitz oder in andere KZs gebracht. Bis auf Otto Frank kamen alle ums Leben. Anne Frank starb, gerade 15 Jahre alt, im Frühjahr 1945 im KZ Bergen-Belsen an Typhus, zwei Monate, bevor englische Soldaten das Lager befreiten.

Annes Vater überlebte das Vernichtungslager Auschwitz. Anfang Juni traf er in Amsterdam ein und erhielt, nachdem der Tod seiner Tochter Anne feststand, von Freunden ihre Tagebücher. Die Bedeutung dieser Aufzeichnungen ahnend, fand er einen Verlag, der das Dokument als Buch herausbrachte. 1946 erschien das Tagebuch unter dem Titel »Het achterhuis« (»Das Hinterhaus«). Das Buch, dessen Titel Anne Frank noch selbst festgelegt hatte, ist ein Weltbestseller, in 55 Sprachen übersetzt und in 25 Mio. Exemplaren verkauft.

Briefe an die verehrte Kitty

1933 war die Familie Frank von Frankfurt/M. nach Amsterdam geflohen und lebte, nachdem der Naziterror die Juden auch in Amsterdam eingeholt hatte, ab 1942 im Hinterhaus der Firma, die Otto Frank mit seinem Partner van Daan gegründet hatte. In dem Versteck, dessen Zugang sich hinter einem drehbaren Bücherschrank verbarg, schrieb Anne Frank ihre Gedanken in ein Tagebuch, das sie zu ihrem 13. Geburtstag von ihren Eltern geschenkt bekommen hatte. Als dieses voll war, dienten ihr Schulhefte und Kassenbücher für die Aufzeichnungen. In ihren Tagebuchbriefen, die sie ihrer erdachten Freundin Kitty widmete, erzählt das junge Mädchen von den Ängsten, Hoffnungen und Schwä-

chen, aber auch von der Stärke und Solidarität der Menschen, die zwei Jahre voller Angst in dem Versteck ausharrten.

»Het achterhuis«

Am 29. März 1944 hörte Anne Frank in der täglichen Radiosendung von Radio Oranje aus London eine Rede des dort im Exil lebenden niederländischen Ministers Bolkestein. Er teilte mit, dass Tagebücher und Briefe aus der Kriegszeit gesammelt werden sollen, um die Geschehnisse später zu dokumentieren. Dies im Ohr, beschloss die 15-Jährige, deren tiefster Wunsch es war, Journalistin oder Schriftstellerin zu werden, nach dem Krieg einen Roman mit dem Titel »Het achterhuis« auf der Grundlage ihres Tagebuches zu schreiben. Sie begann von ihrem Tagebuch eine zweite, verbesserte Ausfertigung auf dünnem Durchschlagpapier aus dem Büro anzufertigen. Beide Versionen dienten Otto Frank später als Grundlage für das anschließend veröffentlichte Buch.

Wegen der beeindruckenden literarischen Qualität wurde die Urheberschaft des Tagebuches oft angezweifelt: So etwas könne unmöglich ein 13 bis 15 Jahre altes Mädchen verfasst haben. Untersuchungen der Originalaufzeichnungen durch das Reichsinstitut für Kriegsgeschichte in den Niederlanden sowie des Bundeskriminalamtes, auf die Otto Frank selbst gedrungen hatte, bestätigten schließlich, dass die Tagebücher aus der Feder seiner Tochter Anne stammen.

Das Haus, in dem sich die beiden Familien versteckt hielten, ist heute als Museum Het Anne Frank Huis (s. S. 96) bekannt.

›Tulpenwahnsinn‹

Ein Frühlingsbote: die Tulpe

Man schreibt das frühe 17., das Goldene Jahrhundert: Ganz Holland scheint in eine Art Goldrausch verfallen zu sein. Zahlreiche Menschen versetzen ihr Hab und Gut, um an das Objekt ihrer Begierde zu kommen. Doch nicht etwa an Gold, sondern an Tulpenzwiebeln, die es in den Niederlanden zuvor nicht gegeben hatte.

Eine Zwiebel auf Reisen

Tatsächlich liegt die Heimat des weltberühmten niederländischen Symbols irgendwo zwischen Bosporus und Himalaja im innerasiatischen Raum. Augier de Busbecq, flämischer Diplomat und Gesandter von Kaiser Ferdinand I. am Hof Suleimans des Prächtigen, fand Gefallen an der Blume und schickte einige Knollen nach Wien zu seinem Freund Carolus Clusius, dem Verwalter der kaiserlichen Gärten. Dieser brachte die Zwiebeln nach Holland, als er im Jahr 1593 von Wien an die Universität von Leiden berufen wurde.

Wie sich die Tulpe von der honorigen Stätte der Wissenschaften in Leiden – das Interesse an der Blume war zunächst eher pharmakologischer Art – nach Frankreich verbreitete, lässt sich heute kaum mehr ermitteln. Dort nämlich soll der Virus des ›Tulpenwahnsinns‹ zuerst Opfer gefunden haben. Nach dem Jahr 1608 jedenfalls gab es kaum eine modebewusste Dame, aus deren tief ausgeschnittenem Dekolleté im Frühjahr kein Sträußchen Tulpen hervorlugte. Bald wechselten Tulpenzwiebeln für fantastische Summen den Besitzer. So gab ein Müller für eine Zwiebelart namens Mère brune seine Mühle her, ein anderer Franzose tauschte seine gut gehende Brauerei, Wert: 30 000 Francs, für eine Knolle des Namens Tulipe brasserie. Nach kurzer Zeit drang der Irrsinn über Flandern auch nach Holland – und der Run auf die bunte Frühlingsblume setzte ein.

Bauland gegen Zwiebel

Während große Teile Europas von Glaubenskriegen und von der Pest erschüttert wurden, breitete sich der ›Tulpenwahn‹ in den Niederlanden aus. Eine der berühmtesten Tulpen war die Semper Augustus mit rot-weiß gezeichneter Blüte, von der es lediglich ein Dutzend Zwiebeln gab. Sie wurden für 2000 bis 3000 Goldgulden verkauft. Als bekannt wurde, dass nur noch zwei Zwiebeln auf dem freien Markt waren, bot ein Spekulant zwölf Morgen Bauland für die eine, während die andere für 4600 Goldgulden, ein nagelneues Fuhrwerk samt zweier Grauschimmel und eine komplette Rüstung an ihren neuen Besitzer ging.

Tulpen – so weit das Auge reicht

Waren anfangs nur die Reichen vom ›Tulpenvirus‹ infiziert, breitete sich die Manie bald auch unter den einfachen Leuten aus. Ob Bauer, Torfstecher, Kaminkehrer oder Hausmädchen, jeder, der irgendwo über einen Flecken Erde verfügte, setzte Tulpenzwiebeln, in der Hoffnung, eine besonders schöne und seltene Blüte entstehe, denn die waren gefragt. In der Tat besitzt die Tulpe, wie kaum eine andere Blume, die Eigenschaft, neue Blütenvarianten hervorzubringen. Auf dem Höhepunkt des ›Tulpenwahns‹ zwischen 1634 und 1637 war die Tulpe zum Spekulationsobjekt geworden. Zwiebeln wechselten von Spekulant zu Spekulant, ohne jemals aus der Erde zu sprießen, oder existierten gar nur auf dem Papier.

Der Schwarze Freitag

Im Jahr 1637 schließlich kam der Schwarze Freitag. Die Amateurbörsianer überfluteten den Markt, jeder wollte verkaufen, doch kaufen wollte niemand. Menschen, die Haus und Hof eingesetzt hatten, um an die begehrten Objekte zu kommen, blieben auf ihren Zwiebeln sitzen. In der Wirtschaft brach ein totales Chaos aus, bis der holländische Staat die Tulpenspekulation schließlich unterband. Die Preise für die Tulpenzwiebeln stürzten binnen Stunden ins Bodenlose. Tausende von Menschen waren auf der Stelle ruiniert. Der ›Tulpenwahnsinn‹ hatte ein Ende, die Blume aber blieb den Holländern für die Zukunft erhalten.

Der berühmteste holländische Maler ist zweifellos Rembrandt Harmenszoon van Rijn (1606–69). Das Rembrandthuis in Amsterdam, in dem der Künstler fast 20 Jahre lang lebte und wo die meisten seiner Werke entstanden, widmet sich ganz dem Leben und Werk des einzigartigen Genies.

Der 1606 in Leiden geborene Sohn eines Müllers und einer Bäckerstochter studierte zunächst in seiner Geburtsstadt an der ersten Universität der Niederlande, an der Theologie und Naturwissenschaften gelehrt wurden. Doch schon nach weniger als einem Jahr brach

Kunsthändlers und lebte von der Porträtmalerei. 1634 heiratete er die vermögende Nichte des Kunsthändlers, Saskia van Uylenburgh. Mit der Ehe setzte für Rembrandt ein Jahrzehnt des Glücks und beflügelten Schaffens ein, das jedoch immer wieder von harten Schicksalsschlägen überschattet wurde. Drei seiner vier Kinder starben im frühen Kindesalter, von der Geburt des vierten, des Sohnes Titus, erholte sich Saskia nie. Sie starb 1642 im Alter von 30 Jahren.

Zu dieser Zeit arbeitete Rembrandt an der »Nachtwache«, die er trotz des schweren Verlustes im gleichen Jahr fertigstellte.

Rembrandt, das Malergenie

er sein Studium ab, um bei Jacob van Swanenburgh die Kunst der Malerei zu erlernen. Prägend war jedoch eine nur halbjährige Lehrzeit in Amsterdam bei Pieter Lastman, bei dem er in die Technik der Hell-Dunkel-Malerei (Chiaroscuro) eingeführt wurde.

Vom Schicksal geschlagen

Nach einer ersten Schaffensperiode in Leiden, wo er mit seinem Freund Jan Lievens in einem gemeinsamen Atelier arbeitete, zog Rembrandt 1631 nach Amsterdam, wohnte im Haus eines

»De Staalmeesters« im Rijksmuseum

Der Sammler

Die Heirat mit Saskia hatte Rembrandts beruflichen und gesellschaftlichen Aufstieg begünstigt, er war ein erfolgreicher Künstler und Lehrmeister. Im Jahr 1639 kaufte Rembrandt ein großes Haus in der heutigen Jodenbreestraat. Es diente ihm als Wohnung und Atelier und war bis unter das Dach mit Kunstwerken und Requisiten des leidenschaftlichen Sammlers angefüllt: Werke von Albrecht Dürer, Pieter Brueghel, Jan van Eyck, Raffael, Hans Holbein d. J. u. a., Büsten von römischen Kaisern, exotische Waffen, Musikinstrumente, ausgestopfte Tiere, Geweihe, Stoßzähne u. v. m. Heute beherbergt es das dem Künstler gewidmete Museum.

Meister der Dramatik

In der Tradition von Leonardo da Vinci und Caravaggio brachte Rembrandt die mystische Stimmung und dramatische Spannung erzeugende Technik der Hell-Dunkel-Malerei zu meisterhafter Vollendung. Seine Darstellung von Gruppenbildnissen war revolutionär. So gruppierte er beispielsweise in der »Anatomiestunde des Dr. Tulp« die zu Porträtierenden spannungsreich um das Objekt, sprich um die Leiche. Noch deutlicher tritt die durch seine Malweise erzeugte Dramatik in der »Nachtwache«, seinem berühmtesten Werk, zutage. Außer als Porträtist hat Rembrandt als Historien-, Genre- und Landschaftsmaler, Zeichner und Radierer Außerordentliches geleistet.

Rembrandts Konkurs

Schulden, ein aufwendiger Lebensstil und hohe Ausgaben für seine Sammlungen führten 1656 zum Ruin Rembrandts, Haus und Sammlungen wurden versteigert, er verarmte. Dass seine künstlerische Schaffenskraft ungebrochen war, zeigen einige seiner bedeutendsten Werke wie »Die Stahlmeister« (1661) und »Die Judenbraut« (1665, beide im Rijksmuseum, Amsterdam) deutlich. Rembrandt verstarb am 4. Oktober 1669 in Amsterdam.

»Die Nachtwache«

Eigentlich dürfte sein berühmtestes Gemälde gar nicht diesen Namen tragen, denn »Der Schützenaufmarsch der Kompanie des Hauptmanns Frans Banning Cocq und seines Leutnants Willem van Ruytenburch«, so der ursprüngliche Name des Werkes, fand wohl tagsüber statt. Doch weil das Gemälde im Lauf der Jahrhunderte durch gekochtes Öl und Firnis, das man von Zeit zu Zeit aufgetragen hatte, ziemlich dunkel geworden war, sahen viele im Aufmarsch der Büchsenschützen den einer nächtlichen Wache.

Gruppenporträts wie die »Schützenstücke« waren damals groß in Mode und eine gute Einnahmequelle für die Maler. Die meisten bestanden aus repräsentativen Aneinanderreihungen von Einzelporträts in steifen Posen. Außenstehende bildete man nicht ab, nur Mitglieder der jeweiligen Gruppe.

Rembrandt hat die darstellerische Tradition dieser Schützenstücke revolutioniert. Er bildet die Gruppe der rund 20 Schützen der Kloveniers-Gilde in jenem Augenblick ab, in dem Hauptmann Cocq den Marschbefehl erteilt, und führt damit ein dramatisierendes Element, eine Handlung, ein. Die Beteiligten werden zu Akteuren. Die Figuren im Vordergrund schreiten, so hat es den Anschein, auf den Betrachter zu, ein Dutzend Statisten in Bewegung, darunter Kinder und ein bellender Hund, füllen die Räume zwischen den Schützen und verleihen dem Ganzen Masse und Dynamik – man ist im Aufbruch. Mit der Figur der hell erleuchteten jungen Frau, an deren Taille ein totes Huhn baumelt, unterstreicht er das erzählerische Element zusätzlich. Sie gehört eigentlich nicht zur Schützengruppe. Übrigens: Zwei Personen sind auf dem Gemälde nicht mehr vorhanden. Sie fielen einem Beschnitt des Werks zum Opfer. Als das Gemälde 1715 im Rathaus am Dam aufgehängt werden sollte, erwies sich die vorgesehene Wand als zu klein, so dass das monumentale Werk verkleinert wurde, rechts um 30 cm und links, wo sich diese beiden Schützen befanden, gar um einen ganzen Meter.

Hollands Drogenpolitik – umstritten, aber erfolgreich

Wer meint, in den Coffeeshops der Niederlande, von denen es allein in Amsterdam rund 220 gibt, werde röstfrischer Kaffee serviert, liegt vollkommen falsch. Statt des Muntermachers werden dort beim Kellner Schläfrigmacher bestellt: Haschisch, Marihuana und andere weiche Drogen. Die Niederlande beschreiten in puncto Drogenpolitik einen ganz eigenen Weg – und haben im Vergleich zu anderen europäischen Ländern die wenigsten Junkies.

Drogen sind verboten

Um eines vorwegzunehmen: Das Rauchen von Tabak ist in Coffeeshops verboten. Und abgesehen vom Personal trifft man dort kaum Einheimische an.

Die Vergabe von Lizenzen für die Abgabe sogenannter weicher Drogen an Coffeeshops ist eine der Maßnahmen, mit denen man in Holland das Drogenproblem angeht. Um es deutlich zu sagen: Einnahme und Handel von Drogen sind in den Niederlanden verboten. Doch während

Nicht zwangsläufig heruntergekommen und ›spelunkig‹: Coffeeshop Greenhouse in Amsterdam

der Besitz von harten Drogen strafrechtlich streng verfolgt wird, stuft der Gesetzgeber den Erwerb von max. 5 g weicher Drogen pro Tag für den Eigenbedarf in Coffeeshops seit 1976 als Ordnungswidrigkeit ein und sieht von einer Strafverfolgung ab. *Gedogen* (Dulden) ist das Zauberwort. Was so viel heißt, wie das Übel in gewissen Maßen tolerieren, weil seine Bekämpfung, so fürchtet man, das kriminelle Drogenmilieu stärken würde.

Zurzeit dürfen Coffeeshops weiche Drogen nur an Niederländer verkaufen, die durch ihren nationalen Ausweis und einen Auszug aus dem Melderegister nachweisen können, dass sie ihren Wohnsitz tatsächlich in den Niederlanden haben.

Das ›Hintertürproblem‹

Wäre man konsequent, müsste auch die Beschaffung der Drogen legalisiert und kontrolliert werden. Denn einerseits kommen die Kunden der Coffeeshops straffrei durch die Vordertür zu ihrem Stoff, andererseits unterliegt die Anlieferung durch die Hintertür der Strafverfolgung. Ein Widerspruch in sich. Überlegungen in den Niederlanden gehen dahin, Cannabis kontrolliert anzubauen und die Coffeeshops damit zu beliefern. Damit würde man dem illegalen Handel einen Riegel vorschieben und auch noch Steuern einnehmen. Ein kleiner rechtlicher Schritt in Richtung Legalisierung des Anbaus ist bereits erfolgt. Nach dem Entscheid eines Berufungsgerichts in Den Bosch wird der Anbau von fünf Cannabispflanzen in der Wohnung nicht strafrechtlich verfolgt, unabhängig davon wie viel Cannabis die Pflanzen produzieren. In der Praxis betrachtet die Polizei schon seit Jahren den Anbau von max. fünf Pflanzen nicht als Vergehen. Vielmehr geht man davon aus, dass es sich um Zierpflanzen handelt bzw. dass die Pflanzen dem persönlichen Konsum von Cannabis dienen, nicht jedoch dem kommerziellen Anbau.

Ein wirksames Konzept

Dem Konsum von Drogen wird durch Aufklärungs- und Informationskampagnen entgegengewirkt. Im Mittelpunkt der niederländischen Drogenpolitik steht neben der Bekämpfung des organisierten Drogenhandels vor allem die Begrenzung der Gesundheitsrisiken bei den Betroffenen. In Fixerstuben können Heroinsüchtige ihre gebrauchten Injektionsnadeln gegen neue eintauschen und sich in ›Druckräumen‹ kontrolliert einen Schuss setzen, was zu einem starken Rückgang der Anzahl von mit HIV oder Hepatitis infizierten Fixern geführt hat. Die Abgabe von Methadon an langjährige Heroinabhängige ist eine weitere Maßnahme, um die gesundheitlichen Schäden möglichst gering zu halten. Das Konzept geht auf, die Zahl der Junkies in den Niederlanden zählt zu den niedrigsten in der ganzen Welt.

Das ›fiets‹ – Hollands Fahrzeug Number one

Autofreies Paradies für Radler: die Straßen Schiermonnikoogs

Mit dem ›fiets‹ zu fahren ist in Holland so etwas wie eine schnellere Art zu Fuß zu gehen, weshalb man sich auf dem fiets auch wie ein Fußgänger verhält: Man fährt bei Regen mit aufgespanntem Schirm, führt den Hund an der Leine Gassi, telefoniert mit dem Handy oder hält mit einer Hand den Diplomatenkoffer.

Nicht zuletzt übt sich das junge Paar Rad fahrend im Händchenhalten. Das klassische Hollandrad, die ›Hollandschaukel‹, ist dafür wie geschaffen, es begünstigt mit seiner typischen Form die aufrechte Sitzhaltung und das Lenken mit einer Hand.

Es gibt 16 Mio. Fahrräder in den Niederlanden, eines pro Einwohner (zum Vergleich: in China ein Fahrrad auf 2,6 Einw.). Was im Umkreis von 5 km zu besorgen ist, wird meist mit dem *rijwiel* – so die offizielle Bezeichnung – erledigt. Ob Minister, Fabrikdirektor, Student oder Großmutter, jeder ist mit dem Rad unterwegs. 16 000 km Radwege durchkreuzen das Land, es gibt unzählige ausgearbeitete Radwanderrouten.

›Fiets jatten‹ – der Fahrradklau geht um

Platter Reifen und kein Flickzeug dabei? Macht nichts, denn der holländische Automobilclub ANWB hat überall im Lande Pannenkoffer mit Flickzeug,

Prägen das Bild der Stadt: Amsterdams Fahrräder

Werkzeug und Verbandszeug deponiert, in Gaststätten, auf Campingplätzen, an Fahrradunterständen. Sie können gratis benutzt werden, den Schlüssel gibt's beim Anbieter. Unschönes zum Schluss: Der Fahrradklau geht um, weshalb abgestellte Räder unbedingt mit einer starken Kette oder einem Bügel festgemacht werden sollten.

Fahrradhochburg Amsterdam

Hollands Hochburg des *fiets* ist zweifelsohne Amsterdam, wo sich auf den 400 km durch die Stadt windenden Radwegen tagsüber bis zu 500 000 *fietsers* abstrampeln. Auf Hightech-Fahrräder mit 30 Gängen legt man dabei kaum Wert, hier kommt man mit schlappen drei Gängen aus oder verzichtet gleich ganz auf eine Schaltung. Diebe, die es auf Fahrräder aus dem höheren Preissegment abgesehen haben, werden kaum fündig, und dennoch werden in Amsterdam alljährlich gut 150 000 Stahlrösser geklaut. Von Junkies, Profis und manchem Gelegenheitsdieb, der das Rad nur für eine einmalige Fahrt nutzt und anschließend irgendwo abstellt oder in einer der Grachten versenkt, ein ideales Fahrradgrab ...

Ganz in Weiß

1965 hatten die Provos, eine niederländische anarchistische Protestbewegung gegen das Establishment in den 1960er-Jahren, im *witte fiets* eine Chance gesehen, dem kapitalistischen Autoverkehr ein Ende zu setzen. Der Plan war simpel: Man wollte einfach

in der ganzen Stadt weiße Fahrräder platzieren, die jeder kostenlos benutzen können sollte. Sie spendeten ein weißes Fahrrad, in der Hoffnung, dass nun die Stadt ihrerseits einige Tausende *witte fietsen* dazutun würde. Doch daraus wurde nichts, ihr weißes Musterfahrrad wurde unverzüglich von der Polizei konfisziert. Auch spätere, ernsthaftere Versuche verliefen im Sand.

Im National Park Hoge Veluwe indes funktioniert das Witte-Fietsen-System gut. Jeder Besucher des Parks kann sich einfach eines der 1700 Räder nehmen (es gibt auch Kinderräder und Kindersitze) – und ab geht's!

Konferenz auf Rädern

Was man mit Fahrrädern alles anstellen kann, zeigen ungewöhnliche Kreationen findiger Köpfe. Auf dem fietscafé (www.fietscafe.nl) kann eine ganze Gruppe von *fietsern* ihr *kopje coffie* oder sonst was trinken, während auf dem ConferenceBike bis zu sieben Personen konferieren können, während man gleichzeitig auf dem Vehikel durch die Gegend kurvt. Wohingegen das workcycle (www.workcycles.com) zum Transport von Lasten bis hin zum Kleinumzug eingesetzt werden kann.

Die Idee, auf bestimmten Strecken Radfahrröhren zu errichten, in denen Radfahrer dann durch künstlich erzeugten Rückenwind möglichst zügig vorankommen könnten, ist bisher aus dem Ideenstadium nicht herausgekommen. Vielleicht weil jeder, der einmal auf einem Rad unterwegs war, doch weiß, dass der Wind immer von vorn kommt, und sich daher in der Röhre nicht zurechtfinden würde.

Unterwegs in den Niederlanden

Blick auf den Nachbau des VOC-Segelschiffs, das in Amsterdam vor Anker liegt

Das Beste auf einen Blick

Amsterdam und Umgebung

Highlight!

Amsterdam: Die holländische Metropole wird unter anderem als »Venedig des Nordens«, »kosmopolitisches Dorf«, »Weltstadt mit Herz« und »Schatztruhe der Niederlande« bezeichnet – die Stadt hat viele Facetten. Mit ihrem multikulturellen Flair, ihren malerischen Grachten, historischen Bauwerken, großartigen Kunstschätzen und den tatsächlich auf Pfählen errichteten historischen Bauwerken in der Altstadt rund um den Dam ist sie einen mehrtägigen Besuch wert. S. 86

Auf Entdeckungstour

Über sieben Brücken musst du fahr'n ... : Das »Venedig des Nordens« ohne Brücken? Völlig unmöglich! Allein in der Innenstadt zählt man schon mehr als 250. Viele sind zwar grau, und man nimmt sie gar nicht wahr, doch einige sind von beachtlicher Schönheit und unbedingt eine Visite wert, am besten mit dem Rad. S. 108

Das historische Herz Hollands – die Zaanse Schans: Mit den adretten grünen Holzhäuschen, Windmühlen und dem Kolonialwarenladen zeigt dieses bewohnte Museumsdorf am Flüsschen Zaan ein Stück idyllisches Holland des 17./18. Jh. Hier kann man dem *klompenmaker*, Zinngießer und Senfmüller bei der Arbeit zusehen. S. 116

Kultur & Sehenswertes

Rembrandt & Van Gogh: Der Besuch des Rijksmuseums mit der berühmten »Nachtwache« ist ein Muss. Und gleich nebenan trumpft im Van Gogh Museum der Meistermaler mit Werken wie »Die Kartoffelesser« auf. 30 31 S. 99

Anne Frank Huis: Hier schrieb Anne Frank ihr berühmtes Tagebuch, hier hielt sie sich mit ihrer Familie zwei Jahre vor den Nazis versteckt. 19 S. 96

Zu Fuß & mit dem Rad

Spaziertour durch den Jordaan: Auf einem Spaziergang erschließt sich dem Besucher eines der schönsten Viertel der Stadt. S. 95

Radtour südlich von Haarlem: Industriemonumente, Windmühlen, Tulpenfelder und ein toller Aussichtspunkt – Pedale tretend lässt sich die Vielfalt dieses Natur- und Kulturraumes erkunden. S. 112.

Genießen & Atmosphäre

Magna Plaza: In der lichten, vierstöckigen Säulengalerie reiht sich Laden an Laden: Modeboutiquen, Confiserien, Musikshops, Cafés und mehr. 3 S. 92

Begijnhof: Ein Ort, an dem man für einen Moment der Hektik der Stadt entrinnen kann. 8 S. 92

Pittoreskes Zentrum von Haarlem: Der Grote Markt mit seinen netten Cafés und Kneipen lädt zur Rast. S. 110

Abends & Nachts

Leidseplein: Musikanten, Jongleuren, Feuerschluckern und Artisten zuschauen, beim Bier in einem der gemütlichen Cafés an diesem Platz – Vergnügen pur. Gute Ausgangsadresse für den Start ins Nachtleben. S. 99

Wohnzimmer der Amsterdamer: In den Bruine Cafés lernt man die Kneipenkultur Amsterdams von ihrer nettesten Seite kennen. 4 – 8 S. 104

Amsterdam! ►E6

Als »Venedig des Nordens«, »kosmopolitisches Dorf«, »Weltstadt mit Herz«, »Schatztruhe Hollands« und als »größte Pfahlsiedlung der Welt« wird Amsterdam bezeichnet – die Stadt hat viele Facetten. Mit malerischen Grachten, multikulturellem Flair, historischen Bauwerken, großartigen Kunstschätzen und den tatsächlich auf Pfählen errichteten historischen Bauwerken ist sie einen mehrtägigen Besuch wert. Abstecher zu Tulpenfeldern, Windmühlen und imposanten Schlössern bereichern das Programm.

In Amsterdam leben die »Bewohner wie die Raben auf den Wipfeln von Bäumen«, meinte einst Erasmus von Rotterdam und wies damit auf den riesigen Wald aus 5 Mio. 10–20 m langen Fichtenstämmen hin, die, senkrecht in den modrigen Boden gerammt, die Häuser der Altstadt vorm Versinken bewahren. Allein unterm Bahnhof sind es 8687, unter dem Königlichen Palast 13 659. Dieser Wald muss ständig bis über die Wipfel unter Wasser gehalten werden, um der Fäulnis vorzubeugen. Ein ausgetüfteltes System von Schleusen, durch die regelmäßig Frischwasser in die 165 Grachten gepumpt wird, dient diesem Zweck.

Erster Blick auf die Stadt

Verglichen mit anderen Städten ist Amsterdam noch recht jung. Erst 1275 taucht Amstelledamme in ei-

Infobox

VVV Amsterdam Tourist Office
Vor dem Hauptbahnhof, Tel. 020 201 88 00, Mo–Sa 9–17, So 10–17 Uhr. Weitere Büros: s. S. 106.

Infos im Internet
www.iamsterdam.com: Website des Tourist Office (u. a. dt., engl.).
www.amsterdam.nl: Website der Stadt (niederl.) mit interaktivem Stadtplan.
www.timeout.com/amsterdam: Infos zu Arts & Entertainment, Festivals & Events, Restaurants & Cafés, Museums & Attractions u. v. m. (engl.).

Hotelbuchungen
Vor Ort im VVV Amsterdam Tourist Office (Tel. 020 201 88 00, Fax 020 201 88 50, reservations@atcb.nl; außer bei Online-Buchungen fallen hohe Gebühren an). Easybook.com: Tel. 0800 664 90 24 (von Deutschland) oder 020 53 13 00 oder online über www.easytobook.com/de.

Anreise und Weiterkommen
Wer in Amsterdam ankommt, endet meist in der Centraal Station (CS, Hauptbahnhof). Mit dem Flugzeug kommen Sie auf dem Airport Schiphol an, 18 km südwestl. von Amsterdam. Von dort fährt alle 10–15 Min. ein Schnellzug zur Centraal Station.

Mit dem Auto in die Innenstadt? Parken im Zentrum? Ein Alptraum! Kostet bis zu 6 €/Std. Da lässt man doch besser das Auto auf einem der P + R-Plätze am Stadtrand stehen (s. S. 107, Park + Ride in Amsterdam).

Amsterdam

Mein Tipp

Free Amsterdam
Gibt es in Amsterdam auch etwas gratis für Besucher? Absolut! Es fängt schon mit der Anreise an: Wer auf einem **P&R** parkt, kann kostenlos mit öffentlichen Verkehrsmitteln in die Stadt. In der **Schuttersgallerie** können Sie faszinierende Gemälde aus dem 17. Jh. anschauen, im **Begijnhof** eine grüne Oase, umgeben von mittelalterlichen Häuschen und dem ältesten erhaltenen Haus Amsterdams. Im **Muziektheater** gibt es immer dienstags von 12.30 bis 13 Uhr ein Gratis-Mittagskonzert. Fahren Sie mit der kostenlosen **Fähre** – sie legt hinter dem Hauptbahnhof ab – übers IJ und schauen Sie sich die faszinierende Architektur des EYE-Filminstituts an. Das **Dach des NEMO** ist für Besucher frei zugänglich – herrliche Aussicht! Besuchen Sie den **buddhistischen Tempel** in Chinatown. Schauen Sie sich das **schmalste Haus von Amsterdam** am Singel 7 an. Im **Vondelpark** können Sie sich im Sommer entspannt ins Gras legen und die Musik einer der dort häufig auftretenden Gruppen genießen. Gaukler, Jonglierer, Pantomimen – **Straßenkünstler** geben sich häufig auf dem Platz vor dem Bahnhof, auf Dam und Leidseplein ein Stelldichein. Gehen Sie mit dem Fahrrad auf Entdeckungstour zu den schönsten Brücken Amsterdams (s. S. 108). Oder werfen Sie einen Blick ins Foyer des **Tuschinski-Theaters** mit toller Art-déco-Einrichtung!

nem Dokument auf, als Name einer Fischersiedlung an einem Damm an der Mündung der Amstel in die Zuiderzee. 1300 erhält sie Stadtrechte, wächst fortan rapide und steigt im Goldenen Zeitalter (1580–1700) zur bedeutendsten Wirtschaftsmetropole Europas auf. 1580 hat sie 15 000 Einwohner, 1620 bereits 100 000 und heute 790 100 (Großraum 1,28 Mio.).

Wer heute mit dem ältesten noch erhaltenen Stadtplan, der im Amsterdam Museum ausgestellten »Vogelvluchtkaart« von 1538, durch den alten Stadtkern wanderte, käme noch zurecht, die ursprüngliche Anlage der Stadt hat sich nicht sehr verändert. Wie ein halbkreisförmiges Spinnennetz durchziehen Straßen und Grachten das alte Amsterdam, in dessen Zentrum die Oude Zijde (Alte Seite) liegt. Dort, wo sich einst am Zeedijk kleinere Koggen und Leichter reihten und die Matrosen in Hafenspelunken, Bordellen und Opiumhöhlen ihre Heuer durchbrachten, ist Amsterdam am ältesten.

Bis heute ist in den engen Gassen um die Oude Kerk noch etwas von der verruchten Atmosphäre zu spüren, liegt diese älteste Kirche Amsterdams doch mitten im Rotlichtviertel. Der Zeedijk, die älteste Straße der Stadt, und eine Handvoll umliegender Gassen sind zur größten chinesischen Enklave Europas geworden, zu Amsterdams Chinatown.

Mit dekorativen Giebeln geschmückte Grachtenhäuser, die vom einstigen Wohlstand der Metropole zeugen, flankieren die Kanäle, auf denen an zahlreichen Stellen Hausboote festgemacht haben – Wohnen auf dem Wasser ist in Amsterdam nichts Ungewöhnliches. Fast 7000 der im Zentrum stehenden Häuser sind denkmalgeschützt – seit

Amsterdam

Amsterdam

Sehenswert

1. Centraal Station
2. Beurs van Berlage
3. Koninklijk Paleis
4. Nieuwe Kerk
5. Madame Tussaud's
6. Amsterdam Museum
7. Schuttersgalerij
8. Begijnhof
9. Munttoren
10. Stopera
11. Portugese Synagoge
12. Joods Historisch Museum
13. Het Rembrandthuis
14. Waaggebouw
15. Chinatown
16. Oude Kerk
17. Museum Ons' Lieve Heer op Solder
18. Westerkerk
19. Anne Frank Huis
20. Woonbootmuseum
21. Museum van Loon
22. Museum Willet-Holthuysen
23. Kattenkabinet
24. EYE, Film Instituut Nederland
25. Hortus Botanicus
26. Hermitage
27. Tropenmuseum
28. Het Scheepvaart-museum
29. NEMO
30. Rijksmuseum
31. Van Gogh Museum
32. Stedelijk Museum
33. Vondelpark
34. – 42 s. Karte S. 109

Übernachten

1. Ambassade
2. Le Coin
3. Maes B & B
4. Lloyd Hotel
5. Amstel Botel
6. Heren B & B
7. Sunhead of 1617 B & B
8. Amsterdam House
9. B & B Flynt
10. Hostel Stadsdoelen
11. Hostel Vondelpark
12. Hostel Zeeburg
13. Amsterdamse Bos
14. Zeeburg

Essen & Trinken

1. Greetje
2. Eetcafé de Fles
3. Nam Kee
4. Pancake Bakery
5. Bazar
6. Gartine
7. Hap Hmm
8. Dwaze Zaken
9. Café Américain
10. Amstelhoeck
11. Café De Jaren
12. De Kroon
13. Luxembourg

Einkaufen

1. Spiegelkwartier
2. P.C. Hooft-/v. Baerlestraat
3. Magna Plaza
4. Kalvertoren
5. Bloemenmarkt
6. Waterloopleinmarkt
7. Albert Cuyp Markt

Aktiv

1. Amsterdam Canal Cruises
2. Rederij Lovers
3. Mike's Bike Tours

Abends & Nachts

1. Bimhuis
2. Melkweg
3. Paradiso
4. Chris
5. Hoppe
6. 't Smalle
7. Karpershoek
8. 't Doktertje
9. Escape
10. Dansen bij Jansen
11. Sugar Factory
12. Holland Casino Amsterdam
13. Amsterdams Marionetten Theater
14. Boom Chicago
15. Koninklijk Theater Carré
16. Stadsschouwburg
17. Westergasfabriek
18. Concertgebouw
19. Muziektheater
20. Pathé Tuschinski
21. The Movies
22. Kriterion

2010 zählt der Amsterdamer Grachten-gürtel zum UNESCO-Weltkulturerbe.

Altstadt

Das alte Amsterdam lässt sich mühelos zu Fuß oder mit dem Rad, *dem* Verkehrsmittel der Amsterdamer, erkunden. Zu weiter entfernt gelegenen Sehenswürdigkeiten empfehlen sich Tram oder Museumboot. Die empfehlenswerte Tour mit dem Boot ist eine Grachtenrundfahrt, die man an verschiedenen Haltestellen unterbrechen kann.

Amsterdam: Altstadt

Centraal Station **1**

Stationsplein 9

Ein guter Ausgangspunkt ist der Hauptbahnhof; mit seiner mit Wappen und allegorischen Darstellungen geschmückten Fassade eines der prächtigsten Bauwerke Amsterdams. Im Innern unbedingt den schönen eichenholzgetäfelten Jugendstilwartesaal der 1. Klasse, heute das **Grand Café 1e Klas,** ansehen. Nebenan ist der königliche Wartesaal (Besichtigung nur am Open Monumentendag möglich; 360-Grad-Panoramaansicht: http://koninklijkewachtkamers. ns.nl/site/).

Beurs van Berlage **2**

Damrak 243, www.beursvanberlage. nl, Café Mo–Sa 10–18, So 11–18 Uhr

Roter Backstein, klare Linien – mit dem Bau der Koopmansbeurs ab 1898 setzte H. P. Berlage neue Maßstäbe für die niederländische Architektur. Heute ist sie Sitz des Philharmonischen Orchesters und Ausstellungszentrum. Bei einem Besuch des **Börsencafés** kann man die schönen von Jan Toorop und Roland Holst geschaffenen Wandmalereien und die Glasmalereien von Antoon J. der Kinderen betrachten.

Koninklijk Paleis **3**

Dam, www.paleisamsterdam.nl, tgl. 11–17 (häufig geschl.),10/9 €

Der Dam, auf dem das **Nationaal Monument** an die Opfer des Zweiten Weltkrieges erinnert, wird von der spätgotischen Nieuwe Kerk, der Krönungskirche des niederländischen Königshauses, und dem Koninklijk Paleis eingerahmt. In dem ab 1648 nach Plänen von Jacob van Campen als Rathaus erbauten Prunkstück des niederländischen Klassizismus residierte zeitweise der Bruder von Napoleon Bonaparte, König Louis Bonaparte. Als er 1810 abzog, ließ er eine Sammlung herrlicher Empire-Möbel

zurück. Mittelpunkt des Palastes ist der prunkvolle Bürgersaal. Auf seinem Marmorparkett stellen kupferne Einlegearbeiten die beiden Erdhälften und den nördlichen Sternenhimmel dar. Marmor auch an den Wänden und Säulen des Saals, obgleich die oberen Wandpartien nur mit hölzernem Marmorimitat bekleidet wurden, damit der Bau nicht zu schwer wurde. Zahlreiche allegorische Wand- und Deckengemälde sowie Marmorskulpturen und Reliefs schmücken den Saal. Heute wird der Palast nur noch zu Staatsempfängen genutzt.

Nieuwe Kerk **4**

Dam, www.nieuwekerk.nl, während Ausstellungen tgl. 10–17 Uhr, Eintrittspreis variiert je nach Ausstellung

Die Neue Kirche ist gar nicht so neu, sondern von 1408. Seit der feierlichen Amtseinsetzung von Wilhelm I. (1815) dient die Kirche den niederländischen Regenten als Krönungskirche. Gottesdienste werden in der Kirche nur noch selten abgehalten. Stattdessen nutzt man den imposanten Sakralbau regelmäßig für Orgelkonzerte, Kunst- und Antiquitätenausstellungen.

Mein Tipp

Tolle Aussicht auf die Stadt

Ein Besuch der **Openbare Bibliotheek Amsterdam** (Öffentliche Bibliothek, OBA) lohnt sich, auch wenn man kein Buch ausleihen will. Hier kann man für 1 € die halbe Stunde ins Internet. Das Restaurant mit Terrasse auf der obersten Etage des Gebäudes ist ausgezeichnet und bietet einen schönen Blick auf die Stadt (Oosterdokskade 143, www.oba.nl).

Amsterdam und Umgebung

Amsterdamer lieben Nicknames: Die Stopera wird gerne »Das weiße Gebiss« genannt

Zu den Kunstschätzen im Kircheninnern zählen die imposante barocke Kanzel von 1664 und die große Orgel von 1670, deren Front von Jacob van Campen stammt. In der Apsis prunkt das von dem berühmten Bildhauer Rombout Verhulst geschaffene barocke Grabmal des holländischen Seehelden Admiral de Ruyter.

Madame Tussaud's [5]
Dam 20, www.madametussauds.com/amsterdam, tgl. 10–18.30, in den Sommerferien bis 20.30 Uhr, 22/17 €, online 20/15 €
Die Herrscher der Niederlande, Rembrandt und Van Gogh, Willem der Schweiger oder Sylvie van der Vaart – hier sind die Großen des Landes versammelt, natürlich aus Wachs. Ausgestellt ist eine illustre Schar von über 100 bekannten Persönlichkeiten aus Geschichte, Politik, Wissenschaft und Showbusiness – inklusive Barack Obama.

Magna Plaza [3]
Nieuwezijds Voorburgwal 182, www.magnaplaza.nl, Mo 11–19, Di–Sa 10–19, Do bis 21, So 12–19 Uhr
Der rot-weiß gestreifte, neugotische Pracht-Backsteinbau der ehemaligen Hauptpost beherbergt eines der schönsten Shoppingcenter der Stadt mit rund 40 Läden und Cafés.

Amsterdam Museum [6]
Kalverstraat 92, www.amsterdammuseum.nl, tgl. 10–17, 10/5–7,50 €
An der vom Dam zum Muntplein führenden Kalverstraat, der größten Shoppingmeile Amsterdams, liegt in einem Ex-Waisenhaus das Historische Stadtmuseum. Anhand von alten Karten, Einrichtungs- und Gebrauchsgegenständen, Gemälden etc. wird der Museumsbesuch zu einer spannenden Zeitreise in die Vergangenheit der Stadt.

Vom Museum führt die **Schuttersgalerij** [7], eine überdachte Passage mit großformatigen Gruppenporträts von Schützengilden aus dem 17. Jh. an den Wänden, zum Begijnhof.

Begijnhof [8]
Begijnhof 30, Eingang Gedempte Begijnensloot, www.begijnhofamsterdam.nl, tgl. 9–18 Uhr, Eintritt frei
Im Begijnhof (Beginenhof) lebten seit seiner Stiftung im Jahr 1346 Frauen,

Amsterdam: Altstadt

die das Leben von katholischen Ordensfrauen gewählt hatten, ohne sich an den Orden zu binden. Kleine Giebelhäuser mit gepflegten Vorgärten sowie zwei Kirchlein umgeben eine Wiese mit Bäumen und Blumen. Das **Houten Huys** (Nr. 34), 1477 erbaut, ist das älteste Wohnhaus der Stadt und zugleich eines der beiden letzten erhaltenen Holzhäuser Amsterdams. Gegenüber der Kirche beherbergen zwei dieser Häuser eine **Geheimkirche,** in der Katholiken, als sie ihre Messen nicht öffentlich feiern durften, Gottesdienste abhielten.

Vom Spui zum Rembrandtplein

Am Spui, einem kleinen Platz hinter dem Begijnhof, laden Cafés und Bistros zur Rast bei einem *kopje koffie* ein. Von hier geht's über den bunten, teils schwimmenden **Bloemenmarkt** `5` am Singel zum Muntplein (Mo–Sa 9–17.30, So 11–17.30 Uhr). Der **Munttoren** `9` (Münzturm) war Teil der mittelalterlichen Stadtbefestigung. Und dann noch ein Blick auf die ›Alte Dame‹, wie das **Tuschinski Theater** `20` (Reguliersbreestraat 26), Amsterdams schönster Filmpalast mit seiner stilvollen Art-déco-Einrichtung aus den 1920er-Jahren, liebevoll genannt wird (s. auch S. 104).

Stopera `10`

Waterlooplein 22, www.het-muziek theater.nl, www.normaalamsterdams peil.nl, Ausstellung Mo–Fr 9–18 Uhr, 1 €.
Die Stopera ist Stadhuis und Opera zugleich – daher der Name. Sie beherbergt Muziektheater, Oper und Nationalballett. Originell ist die Bronze »**Macht der Musik«,** ein Geiger, der in der Eingangshalle des Muziektheaters den Marmorboden durchbricht. Dienstags finden im Boekmanzaal Gratis-**Lunchkonzerte** statt (12.30 Uhr). Im Stadhuis informiert eine interessante Ausstellung über den **Normaal Amsterdams Peil** – er dient

Landvermessern in Europa bis heute als geodätischer Referenzpunkt (Nullpunkt, Normal Null).

Waterloopleinmarkt `6`

Waterlooplein,
Mo–Sa 9–18 Uhr
Kram aller Art wird auf dem *vlooienmarkt* (Flohmarkt) angeboten. Früher war der Platz Zentrum des jüdischen Quartiers, dessen Häuser jedoch der Stadtsanierung zum Opfer fielen.

Portugese Synagoge `11`

Mr. Visserplein 3, www.portugesesy nagoge.nl, April–Okt. So–Fr 10–17, Nov.–März So–Do 10–16, Fr 10–14 Uhr, geschl. an jüdischen Feiertagen, Kombiticket mit Joods Historisch Museum, JHM Kindermuseum und Hollandsche Schouwburg 12/3–6 €
Auf dem J. D. Meijerplein erinnert die **Statue Dokwerker** (Hafenarbeiter) an den von den Nazis blutig beendeten Generalstreik am 25. Februar 1941, der einzigartigen Auflehnung der Dockarbeiter gegen die Deportation von Juden. Hinter dem Denkmal ragt die Portugese Synagoge auf. Von Elias Bouwman im Auftrag sephardischer Juden aus Portugal nach dem Vorbild des Salomontempels erbaut und 1675 eingeweiht, war sie damals die weltgrößte Synagoge. Die dreischiffige Halle des mächtigen Backsteingebäudes mit ihrer durch Pilaster und hohe Rundbögen strukturierten Fassade wird von hölzernen Tonnengewölben überdacht, die im Innern von ionischen Säulen getragen werden. In der Südostecke, Richtung Jerusalem, befindet sich die Heilige Arche mit den Thorarollen. Die bereits 1616 gegründete Bibliothek der Synagoge **Ets Haim** verfügt über eine der bedeutendsten Sammlungen jüdischen Schrifttums.

93

Amsterdam und Umgebung

Joods Historisch Museum [12]
Nieuwe Amstelstraat 1, www.jhm.nl, tgl. 11–17 Uhr, geschl. Jüdisches Neujahr und Jom Kippur, 9,50/3,50–6 €, Kombiticket mit Portugese Synagoge, JHM Kindermuseum und Hollandsche Schouwburg 12/3–6 €

An diesem Platz befinden sich zudem vier zwischen 1670 und 1752 errichtete Synagogen, die heute das Joods Historisch Museum, das bedeutendste jüdische Museum außerhalb Israels, beherbergen.

Die bemerkenswerte Sammlung von rituellen Gegenständen, Schriftstücken und Fotos dokumentiert eindrucksvoll Aspekte des jüdischen Glaubens, den Zionismus, das Leben der Juden in den Niederlanden und ihre Verfolgung während der nationalsozialistischen Besatzung.

Museum Het Rembrandthuis [13]
Jodenbreestraat 4, www.rembrandthuis.nl, tgl. 10–18 Uhr, 12,50/4 €

Hier lebte und arbeitete Rembrandt von 1639 bis 1658 während seiner größten Schaffensperiode, hier schuf er die »Nachtwache«. In der ersten Etage hatte der Maler sein Studio, unter dem Dachboden Arbeitsräume für seine Schüler eingerichtet – alles in allem die größte Malwerkstatt jener Zeit. Das Museum verfügt über die nahezu vollständige Sammlung von Rembrandts Radierungen sowie einige Gemälde seiner Schüler und seines Lehrmeisters Pieter Lastman.

Am malerischen alten **Sluishuis** (mit Café) an der Schleusenbrücke vorbei geht es über den Zwanenburgwal zum **Nieuwmarkt,** einem quirligen Platz.

Waaggebouw [14]
Nieuwmarkt 4

Die historische, mit sieben Türmen ausgestattete Waage (ursprünglich Stadtturm St. Antoniespoort von 1488) am Nieuwmarkt zählt zu den ältesten erhaltenen Bauwerken Amsterdams. In ihr befand sich neben Versammlungsräumen verschiedener Zünfte auch das **Theatrum Anatomicum,** der Vorlesungssaal der Chirurgen, denen Zar Peter der Große hier über die Schulter geschaut hat und in dem Rembrandt Vorstudien für sein Gemälde »Die anatomische Vorlesung des Dr. Tulp« betrieben hat. Heute beherbergt die Waag ein Café-Restaurant.

Chinatown [15]
Zeedijk und Seitenstraßen

Fernöstliche Küchendüfte, gebratene Enten in den Auslagen winziger Garküchen, bunte Asialäden und ein buddhistischer Tempel – am **Zeedijk,** der ältesten Straße Amsterdams, befinden wir uns mitten in Chinatown. Der **Tempel Fo Guang Shan He Hwa** (Zeedijk 106–118, www.ibps.nl, Di-Sa 12–17, So ab 10 Uhr, Juni–Sept. auch Mo, Eintritt frei) mit den Kuan-Yin- und Sakyamuni-Schreinen ist der Stolz der chinesischen Gemeinde.

Oude Kerk [16]
Oudekerksplein 1, www.oudekerk.nl, Mo–Sa 11–17, So 13–17 Uhr, 5/4 €

Chinesisches Neujahr

Zwischen dem 21. Januar und 20. Februar feiert die chinesische Gemeinde ihr wichtigstes Fest. Unterhaltsames Spektakel mit Umzug, Drachentanz und Feuerwerk auf dem Nieuwmarkt.

Amsterdam: Grachtengürtel

Mein Tipp

Idyllischer Jordaan
Jenseits der Prinsengracht liegt der Jordaan. Das einstige Armeleuteviertel war vom Abriss bedroht, bis es in den 1960er-/1970er-Jahren Künstler, Intellektuelle und Studenten entdeckten und viele Häuser in Eigeninitiative herrichteten. Nach einem drohenden Aufstand ließ die Stadt schließlich ihren Kahlschlagplan fallen und setzte auf Erhalt. Über 800 Häuser stehen hier jetzt unter Denkmalschutz und etwas von dem behaglichen Flair vergangener Tage ist auch noch bewahrt. Bei einem Bummel durch das Viertel stößt man auf idyllische Hofjes (Lindenhofje, Lindengracht 94, Suyckerhofje, Lindengracht 149, Claes Claesz Hofje, 1e Egelantierdwarsstr. 3), gemütliche Restaurants, witzige Kneipen, kleine, hippe oder ungewöhnliche Läden und auf alte Giebelsteine mit originellen Bildern (Browersgracht, Lindengracht). Idyllisch gibt sich die Bloemgracht, eine der schönsten Grachten des Viertels.

Die älteste Kirche Amsterdams liegt mitten im Rotlichtviertel. Sehenswert in dem sich eher schlicht ausnehmenden gotischen Gotteshaus, dessen einst prunkvolle Einrichtung im 16. Jh. Bilderstürmer zerstörten, sind vor allem das hölzerne Tonnengewölbe, die barocke Orgel (17. Jh.), das kunstvoll geschnitzte Chorgestühl (16. Jh.) und die Renaissance-Glasmalereien der Fenster im Frauenchor. In der Kirche fand u. a. Saskia van Uylenburgh, die im Jahr 1642 verstorbene Frau Rembrandts, ihre letzte Ruhestätte.

Museum Ons' Lieve Heer op Solder 17
Oudezijds Voorburgwal 40, www.opsolder.nl, Mo–Sa 10–17, So 13–17 Uhr, 8/4 €
›Unser lieber Herrgott auf dem Dachboden‹ ist ein ungewöhnlicher Name für eine Kirche. Sein Ursprung: Die im Jahr 1663 erbaute Geheimkirche, in der während der Religionswirren Katholiken heimlich Gottesdienste abhielten, erstreckt sich über die Dachböden von drei unscheinbaren Häusern. Sie ist das Herzstück des beeindruckenden Museums Amstelkring. Beeindruckend ist der Altaraufsatz, über dem »Die Taufe Christi« (1716) von Jacob de Wit prunkt. Wegen der Raumnot musste die Kanzel aus dem Altar herausgeklappt und Beichtstuhl und Taufbecken im Treppenhaus untergebracht werden. In den unteren Etagen gewähren die Räume faszinierende Einblicke in die Wohnwelt jener Zeit.

Grachtengürtel

Gemeinsam mit dem mittelalterlichen Festungsgraben Singel, der die Stadt im Westen bis Ende des 16. Jh. begrenzte, umgeben die Heren-, Keizers- und Prinsengracht den Kern des alten Amsterdam. In der Herengracht reihen sich die prachtvollsten Stadtpaläste wohlhabender Handelsherren. An der Keizers- und der Prinsengracht sind die Häuser etwas bescheidener, doch auch hier und im

Amsterdam und Umgebung

westlich der Prinsengracht gelegenen ehemaligen Arbeiterviertel Jordaan (s. S. 95) gibt es malerische Idyllen zu entdecken. Am besten lässt sich der Driegrachten-Gürtel mit dem Fahrrad erkunden.

Westerkerk 18

Prinsengracht 281, www.westerkerk. nl, April–Okt. Mo–Sa 11–15 Uhr, Eintritt frei
Mit ihrem von der Kaiserkrone Maximilians I. bekrönten Turm ist das Gotteshaus, der größte protestantische Kirchenbau der Niederlande, unübersehbar. Abgesehen von der monumentalen Orgel, deren Flügel Darstellungen aus dem alten Testament aufweisen, herrscht im Inneren calvinistische Schlichtheit. Noch immer birgt die Kirche ein Geheimnis: Rembrandt liegt hier begraben, doch konnte sein Grab bisher nicht gefunden werden.

Drei große Dreiecke aus rosa Granit auf dem Boden zwischen Kirche und Keizersgracht bilden das **Homomonument De Drie Driehoeke,** das an die Verfolgung und Vernichtung von Homosexuellen während der NS-Zeit erinnert. In den Konzentrationslagern hatten diese ein rosa Dreieck auf ihrer Kleidung zu tragen.

Anne Frank Huis 19

Prinsengracht 263, www.annefrank. org, 15. März–14. Sept. tgl. 9–21, Sa bis 22; Juli, Aug. tgl. bis 22; 15. Sept.–14. März tgl. 9–19, Sa bis 21 Uhr, letzter Einlass 30 Min. vor Schluss, 9/4,50 €; Tickets online
Im Anne Frank Huis befindet sich das authentisch belassene Versteck, in dem das jüdische Mädchen Anne Frank ihr berühmtes Tagebuch geschrieben hat. Nach zwei Jahren wurde der Unterschlupf verraten, Familie und Freunde wurden in Konzentrationslager verschleppt. Anne Frank starb 1945 15-jährig im Konzentrationslager Bergen-Belsen. Das Museum dokumentiert das Leben der Familien im Versteck, zudem werden Sonderausstellungen zu den Themenbereichen Nationalsozialismus, Antisemitismus und Rassismus veranstaltet.

Woonbootmuseum 20

Gegenüber Prinsengracht 296, www. houseboatmuseum.nl, März–Okt. Di–So, Nov.–Feb. Fr–So 11–17 Uhr, 3,75/3 €
Wie lebt es sich in einem kleinen Hausboot auf einer Amsterdamer Gracht? Eine Antwort finden Sie in diesem gemütlichen, zum Wohnboot umgebau-

---

Mein Tipp

Holland Pass

Mit dem Holland Pass sparen Sie Geld und Zeit. Er bietet kostenlosen Zugang (ohne anstehen zu müssen) zu über 100 Sehenswürdigkeiten, darunter das Van Gogh-Museum, das Rijksmuseum, Madame Tussauds und Keukenhof. Einschließlich Nutzung öffentlicher Verkehrsmittel in Amsterdam und anderen wichtigen Städten wie Utrecht, Den Haag und Rotterdam. Außerdem zahlreiche Rabatte. Den Pass gibt es in verschiedenen Varianten. Infos, Preise und Bestellung bei www.hollandpass.com.

Amsterdam: Noord

Im IJ angedockt, liegt das NEMO, ein Werk Renzo Pianos

ten Lastkahn mit seiner kleinen Kajüte mit Bettnische, dem heimeligen Wohnzimmer und der winzigen Küche. Man ist perplex, dass es so viel Platz und Komfort an Bord gibt. Nun ja, immerhin hat das Boot ja auch 80 m² Wohnfläche.

Etwas weiter südlich reihen sich an der Herengracht (Nr. 436–464) zwischen Leidse-und Vijzelstraat die stattlichsten Patrizierhäuser aneinander, was diesem Abschnitt den Namen Goldener Bogen, **Gouden Bocht,** eingebracht hat.

Museum van Loon 21 **und Museum Willet-Holthuysen** 22
Museum van Loon: Keizersgracht 672, www.museumvanloon.nl, Mi–Mo 11–17 Uhr, 8/4–6 €; Museum Willet-Holthuysen: Herengracht 605, www.willetholthuysen.nl, Mo–Fr 10–17, Sa, So 11–17 Uhr, 8/4–6 €
Salons, Esszimmer, Privatgemächer, edle Möbel, Kunst, stattliche Familienporträts – Eindrücke von der Wohnkultur Wohlbetuchter aus dem 18./19. Jh. vermitteln diese beiden Museen in den Häusern von Familien des gehobenen Bürgertums.

Kattenkabinet 23
Herengracht 497, www.kattenka binet.nl, Mo–Fr 10–16, Sa, So 12–17 Uhr, 6/3 €
Im Katzenkabinett ist man auf die Katz' gekommen – in Kunst und Kultur. Der Schnurbartträger mit den sanften Pfoten wird in Werken, die von Karel Appel bis Rembrandt reichen, präsentiert.

Amsterdam Noord

EYE Film Instituut Nederland 24
IJpromenade 1, www.eyefilm.nl, Tickets So–Do 10–22, Fr, Sa bis 23 Uhr,

Amsterdam und Umgebung

10/7,50–8,50 €, Ausstellung tgl. 11–18 Uhr, Gratis-Fähre Richtg. Buiksloterweg ab Centraal Station (3 Min.)
Licht, Raum, Bewegung, drei Bausteine filmischer Inszenierung kennzeichnen die Architektur des futuristischen Bauwerks EYE am Ufer des IJ, in der Tat ein Eyecatcher. Filmleckerbissen, vom live mit Pianoklängen begleiteten Stummfilm bis zu top-modernen Filmen aus aller Welt, Veranstaltungen zu berühmten Darstellern, Regisseuren und ausgewählten Themen, Filmplakate, eine exzellente Bibliothek – hier dreht sich alles um laufende Bilder. Entspannen lässt es sich prima im EYE Film-Café.

Plantage und Hafenviertel

Hortus Botanicus 25
Plantage Middenlaan 2a, www.dehortus.nl, tgl.10–17 Uhr, 8,50/1–4,50 €
Genießen Sie die Ruhe des Botanischen Gartens mit seinen über 4000 verschiedenen Pflanzen, den Gewächshäusern mit Schmetterlingen, Kakteen und Palmen, und erfrischen Sie sich im Café in der Orangerie.

Hermitage 26
Amstelhof 51, www.hermitage.nl, tgl. 9–(16.30) 17 Uhr, 15 €, bis 16 Jahre frei
Kunst aus dem berühmten russischen Staatsmuseum Hermitage in St. Petersburg. Faszinierende Wechselausstellungen.

Tropenmuseum 27
Linnaeusstraat 2, www.tropenmuseum.nl, Di–So, feiertags und in Ferien auch Mo 10–17 Uhr, 12/8 €
Kulturen Afrikas, Neuguineas und Lateinamerikas kennen lernen, den bolivianischen Karneval besuchen, etwas über Probleme der Dritten Welt erfahren, über exotische Riten, fern-

östliche Religionen und vieles mehr, das bietet das Tropenmuseum. Und im Museumsrestaurant gibt es leckere authentische Speisen und Getränke aus den Tropen.

Het Scheepvaartmuseum 28
Kattenburgerplein 1, www.hetscheepvaartmuseum.nl, tgl. 9–17 Uhr, 15/7,50 €
500 Jahre Seefahrtgeschichte der Niederlande in einem der größten maritimen Museen der Welt! Hier werden die Aktivitäten der Handelsflotte der VOC beleuchtet, samt ihrer düsteren Seiten wie Sklaverei und Menschenhandel. Spannende virtuelle Reisen führen zum berühmten Admiral de Ruyter, mitten in einen Sturm, eine Seeschlacht oder eine Segelregatta. Und dann: historische Globen, Malerei, Fotos, Kunsthandwerk, Schiffsornamente, Navigationsinstrumente und eine ganze Flotte maßstabgetreuer Modelle von Jachten machen die Geschichte der Seefahrt erfahrbar. Und begeben Sie sich auf den draußen vertäuten VOC-Segler Amsterdam und erleben Sie, wie es an Bord eines Handelsschiffes des 18. Jh. zuging. Der von einer spektakulären, einer Windrose nachempfundenen Glaskuppelkonstruktion überdachte Innenhof, die Bibliothek, der Museumsshop und das Restaurant sind übrigens auch ohne Ticket frei zugänglich.

NEMO 29
Oosterdok 2, www.e-nemo.nl, Di–So 10-17, in Ferien sowie Juni–Aug. auch Mo, 13,50/6,75 €; auf das Dach des NEMO (mit Gastronomie) kann man Di–So 10–17 Uhr kostenlos
Fünf Etagen gespickt voll mit Wissenschaft und Technik – in dem futuristischen Bauwerk mit dem Aussehen eines riesigen, grünen Schiffsrumpfs ist eigenes Tun angesagt. Anhand von interaktiven Medien und Experi-

menten können sich Besucher hier mit den Thematiken von Kommunikation, Mensch und Energie auseinandersetzen. Spannend! Vom Dach des Museums hat man einen tollen Blick auf das IJ und die Altstadt.

Museumsviertel

Rijksmuseum 30
Museumplein/Museumstraat 1, www. rijksmuseum.nl, tgl. 9–17 Uhr. 15 €/ bis 18 Jahre Eintritt frei
Lichtdurchflutet und geräumig, topmodern eingerichtet, die Galerien aufwendig restauriert, dazu ein neuer Asien-Pavillon – so präsentiert sich das Rijksmuseum seit 2013. Auch die weltberühmte Sammlung bietet Neues: 8000 Kunstwerke, in chronologischer Anordnung über 80 Galerien verteilt, erzählen 800 Jahre niederländische Geschichte, vom Mittelalter bis zum heutigen Tag – allein das Goldene Zeitalter nimmt über 30 Galerien ein. Und mittendrin die »Ehrengalerie« mit den berühmtesten Werken von Frans Hals, Jan Steen, Johannes Vermeer und Rembrandt.

Gemälde und Zeichnungen, Drucke und Fotos, Silber und Porzellan, Kleider und Schmuck sowie einzigartige Period Rooms hat man hier in zuvor nie dagewesener Weise zusammengestellt. Neu auch die Sammlungen von Objekten des 20. Jh. und die Spezialsammlungen mit Gegenständen aus Kunstgewerbe, Wissenschaft und Nationalgeschichte, die man hier nicht erwartet hätte. Schließlich der von Wasser umgebene Asien-Pavillon mit Hunderten asiatischer Objekte aus einer Zeitspanne von 4000 Jahren. Und draußen kann der Besucher im Museumsgarten zwischen Statuen und kleinen Teichen lustwandeln und sich an den verschiedenen Gartenstilen erfreuen.

Alles ist neu, einzig Rembrandts weltberühmte »Nachtwache« hängt wieder an ihrem ursprünglichen Platz.

Van Gogh Museum 31
PaulusPotterstraat7, www.vangogh museum.nl, tgl. 9–17,15 €, bis 17 Jahre Eintritt frei
Vincent van Gogh war sehr produktiv. Davon zeugen die 200 Gemälde, darunter seine berühmten »Sonnenblumen«, einige seiner Selbstporträts und 500 Zeichnungen, die in der chronologisch-thematisch ausgerichteten Ausstellung zu sehen sind und seine künstlerische Entwicklung aufzeigen. Werke von Zeitgenossen wie Gauguin, Monet und Toulouse-Lautrec ergänzen die Ausstellung. Im neuen Flügel des Museums wird ein breites Angebot an wechselnden Ausstellungen mit Werken von Künstlern geboten, die von van Gogh beeinflusst wurden.

Stedelijk Museum 32
Museumplein 10, www.stedelijk.nl, tgl. 10–18, Do bis 22 Uhr, 15/7,50 €
Dritter im Bunde der am Museumplein versammelten Kunsttempel ist das nach An- und Umbau auch architektonisch spektakuläre Stedelijk Museum. Es verfügt über eine der bedeutendsten Sammlungen moderner Kunst ab Mitte des 19. Jh. Zu den großen hier vertretenen Künstlern zählen Picasso, Chagall, Monet, Renoir, Cézanne, Kirchner, Kandinsky und Mark. Weitere Schwerpunkte bilden die Werke der Künstlergruppen De Stijl und CoBrA.

Am Leidseplein
Den Besuch der Museen kann man am Leidseplein, einem von Straßenkünstlern belebten und von Cafés gesäumten Platz, ausklingen lassen, und sich hier am Abend in den umliegenden Kneipen, Nachtclubs und Diskotheken in das Nachtleben stürzen.

Lieblingsort

Entspannung nach reichlich Kunstgenuss …

… bietet der **Vondelpark** 33 , die größte Grünanlage der Innenstadt. Spazieren gehen, sich ins Gras setzen, beim Spielen zusehen. Nach stundenlangem Kunstgenuss im Rijksmuseum oder in einem der anderen Kunsttempel. Oder um die anstrengende Sightseeingtour zu unterbrechen. Und vielleicht kommt man ja gerade an, wenn irgendwer sein Saxophon auspackt. Oder auf der Freilichtbühne Jazz abgeht.

Übernachten

Stilvoller Luxus – **Ambassade** **1** : Herengracht 335–353, Tel. 020 555 02 22, www.ambassade-hotel.nl, DZ ab 185 €, Frühstück 17,50 €. Kreative Geister haben acht schöne Grachtenhäuser des 17. Jh. zu einem edlen Hotel fusioniert, mit 59 individuell und charaktervoll eingerichteten Zimmern. Reichhaltiges holländisches Frühstück. Ein Float & Massage Center bietet *floating* – Entspannung pur.

Elegant – **Le Coin** **2** : Nieuwe Doelenstraat 5, Tel. 020 524 68 00, www. lecoin.nl, DZ ab 145 €, üppiges Frühstücksbüfett für 11,50 €. In dem über sieben Häuser verteilten Hotel übernachten Sie in lichtdurchfluteten, elegant mit Designermöbeln eingerichteten Zimmern, etliche mit Kitchenette.

Heimelig – **Maes B & B** **3** : Herenstraat 26 hs, Tel. 020 427 51 65, www.bedandbreakfastamsterdam. com, DZ ab 115 €. Schmale Treppen hinaufsteigen muss man hier schon, doch dann kann man im heimeligen Roten oder Gelben Zimmer prima entspannen. Ausgiebiges Frühstück in gemütlicher Gästeküche.

Design, Kunst und Kultur – **Lloyd Hotel** **4** : Oostelijke Handelskade 34, Tel. 020 561 36 36, www.lloydhotel. com, DZ ab 60 €. Das Haus: einst Emigranten-Hotel, Gefängnis und Heim von Künstlerateliers, seit 2004 ein 1- bis 5-Sterne-Hotel. Alle 117 originell, individuell und modern von namhaften einheimischen Designern gestalteten Zimmer unterscheiden sich in Design und Größe (und damit im Preis). Häufig im gleichen Haus: Kulturevents wie Konzerte, Gigs, Lesungen, Filme, Ausstellungen.

Originell – **Amstel Botel** **5** : NDSM-Pier 3, Tel. 020 626 42 47, www.amstel botel.nl, DZ 92 € bzw. 97 € (Blick aufs Wasser), Frühstück 10 €. Klein sind sie schon, die Kajüten, und etwas geräuschvoll geht es hier auch mitunter zu, aber so ist das nun mal auf einem Schiff. Alle Zimmer mit Bad und WC.

Atmosphärisch – **Heren B&B** **6** : Herenstraat 20, Tel. 020 427 51 65, www. herenbedandbreakfast.com, DZ 115–135 € (mind. 2 Nächte). Die Zimmer des denkmalgeschützten, schmalen Grachtenhauses des 18. Jh. sind heimelig. Das lichte Dachzimmer verbreitet mit seinem Gebälk ein besonderes Flair. Gefrühstückt wird in der gemütlichen Küche oder auf der Dachterrasse.

Unterm Dach – **Sunhead of 1617 B & B** **7** : Herengracht 152, Tel. 020 626 18 09, www.sunhead.com, DZ ab 99 €. Warme Farbtöne und das frei liegende Dachgebälk verleihen den Gästezimmern das besondere Etwas. Das Haus ist hübsch alt (1617), doch modern ausgestattet, mit freiem WiFi-Internet-Zugang, Kühlschrank, TV, Kaffee-/Tee-Kochern in den Zimmern, und natürlich hat jedes sein eigenes Bad.

Hotel oder Hausboot? – **Amsterdam House** **8** : 's Gravelandseveer 3–4, Tel. 020 624 66 07, www.amsterdamhouse. com, DZ 85 €, Frühstück 12,50 €. Gemütliche, helle Zimmer, etliche mit Blick auf die Amstel. Alle verfügen über ein eigenes Bad, TV, Telefon und Zimmertresor. Oder möchten Sie lieber einmal auf einem Hausboot übernachten? Amsterdam House (Hauptbüro 's Gravelandseveer 7, Tel. 020 626 25 77) hat an mehreren Stellen in Amsterdam komfortabel mit Küche und Bad, Telefon und TV ausgestattete ›schwimmende Bungalows‹ platziert. Ab 225 €.

Gemütlich – **B & B Flynt** **9** : 1e Helmersstraat 34, Tel. 0652 60 11 60, www.flyntbedandbreakfast.nl, DZ 85–120 €. Im renovierten Haus von 1919 übernachten Sie in hellen, modern und gemütlich eingerichteten Zimmern, mit eigenem Bad, WC, TV/VCR und Internetanschluss. Nur ein paar

Amsterdam und Umgebung

Mein Tipp

Hop on Hop off Museumline
Mit dem Schiff zu Museen und zum Shopping: täglich von 10 bis 17.30 Uhr zu zentral gelegenen Anlegestellen in der Nähe großer Museen und Einkaufsstraßen. Anlegestellen: Prins Hendrikkade, Hermitage, Rijksmuseum, Anne Frank Huis. Ticket (16/8 €) und Gutschein gewähren zudem einen Rabatt in zahlreichen Museen und Sehenswürdigkeiten. Ticketoffice: Prins Hendrikkade 25, Tel. 020 530 10 90, www.lovers.nl.

Blöcke von Vondelpark und Rijksmuseum entfernt.
Jugendherberge Stayokay – **Stadsdoelen** 10: Kloveniersburgwal 97, Tel. 020 624 68 32, www.stayokay.com, Schlafsaalbett ab 15 €.
Vondelpark 11: Zandpad 5, Tel. 020 589 89 96, www.stayokay.com, DZ ab 70 €, Schlafsaalbett ab 15,50 €.
Zeeburg 12: Timorplein 21, Tel. 020 551 31 90, www.stayokay.com, Schlafsaalbett ab 17,50 €.
Camping – **Amsterdamse Bos** 13: Kleine Noorddijk 1, Amstelveen, Tel. 020 641 68 68, www.campingamsterdamsebos.nl, April–Sept, ab 20 € (Zelt, 2 Pers., Auto). Im Amsterdamse Bos.
Zeeburg 14: Zuider IJdijk 20, Tel. 020 694 44 30, www.campingzeeburg.nl. Ganzjährig. Begrünte Anlage, nahe dem IJsselmeer. Ca. 16–23 € (Zelt, 2 Personen, Auto).

Essen & Trinken

Fast vergessene holländische Küche – **Greetje** 1: Peperstraat 23, Tel. 020 779 74 50, www.restaurantgreetje.nl, Di–So 18–22, Sa bis 23 Uhr, Hauptgericht 23–29 €. Gerichte mit Terschellinger Preiselbeer-Senfsauce, Brabanter Blutwurst, Friesischem Zuckerbrot und Friesischer Wurst, Amsterdamer Rauchwurst, hausgemachtem Apfelsirup, Aalsuppe, Beemster Knoblauchrahmsauce, Limburger Bauernpastete etc. Sehr gastliches Ambiente.
Leckeres vom Grill – **Eetcafé de Fles** 2: Prinsengracht 955, Tel. 020 624 96 44, www.defles.nl, Sa–Do 16–1, Fr–Sa bis 2 Uhr, Hauptgericht ab ca. 15 €. Gemütliche Eetcafé-Atmosphäre, ausgezeichnetes Grill-Restaurant.
Authentisch – **Nam Kee** 3: Zeedijk 111, Tel. 020 624 34 70 (auch in der Geldersekade 117, Tel. 020 639 28 48), www.namkee.nl, Mo–Sa 12–23, So bis 22 Uhr, Hauptgericht ab 9 €. Kühl-sachliche Deko, authentisch chinesische Küche – gut! Etwa Hühnchen oder Austern in Sauce von schwarzen Bohnen. Gut besucht.
75 Pfannkuchenvariationen – **Pancake Bakery** 4: Prinsengracht 191, Tel. 020 625 13 33, www.pancake.nl, tgl. 12–21.30 Uhr, 6–14 €. Insider schwören: Hier gibt es die besten Pfannkuchen in Amsterdam. Mit Früchten, Käse, Schinken und etlichem mehr. Dazu Ausgefallenes wie grönländischen, indischen oder chilenischen *pancake*.
Bizarr – **Bazar** 5: Albert Cuypstraat 182, Tel. 020 675 05 44, www.bazaramsterdam.com, Mo–Do, So 11–24, Fr, Sa bis 1 Uhr, Frühstück/Lunch ca. 4,50–12 €, Dinner 8,50–16 €. Erst über den Albert Cuypmarkt bummeln, dann nordafrikanisch speisen in diesem doch etwas kitschigen arabischen Café-Restaurant in einer ehemaligen Kirche.
Slow food – **Gartine** 6: Taksteeg 7, Tel. 020 320 41 32, www.gartine.nl, Mi–So 10–18 Uhr, Hauptgericht 6–10 €. Das schöne alte Geschirr, das Besteck, der portugiesische Kron-

leuchter, dazu N. Lancret's Werk »Hammaaltijd« (Schinkenfrühstück) an der Wand. Hier gibt es Frühstück, Lunch und High Tea, zubereitet und serviert von Willem-Jan und Kirsten, die das Gemüse und manches Gewürz im eigenen Garten anziehen. Lecker: die Kaninchen-Rillettes.

Großmutter lässt grüßen – **Hap Hmm 7** : 1e Helmerstraat 33, Tel. 020 618 18 84, www.hap-hmm.nl, Mo–Fr 16.30–20.45 Uhr, Hauptgericht 7,50–12,75 €. Unverfälschte holländische Küche in häuslicher Wohnzimmer-Atmosphäre auf den Tisch gebracht. Köstlich, aber nur freitags: Pangasius- oder Lachsfilet (9,50 €).

Kunst & broodjes – **Dwaze Zaken 8** : Prins Hendrikkade 50, Tel. 020 612 41 75, www.dwazezaken.nl, Mo–Sa 9–24 Uhr. Kunstmosaike und großflächige Wandmalereien, die Bar ist ein einziges Kunstwerk. Unbedingt auch die Toilette aufsuchen! Zum Lunch gibt's *lekker broodjes* (ab 4,60 €), Suppen und Salate, als Hauptgericht Steak (19,60 €) oder Bio-Quiche (16,90 €). Montags: 6-€-Dinner und *music for nothing.*

Grand Cafés

Art déco – **Café Americain 9** : Leidsekade 97. Schöne Art-déco-Ausstattung, großer Lesetisch.

Blick aufs Wasser – **Amstelhoeck 10** : Amstel 1, in der Stopera. Terrasse zur Amstel, freundliches Lokal.

Tolle Terrassen am Wasser – **Café De Jaren 11** : Nieuwe Doelenstraat 20. Großzügiges Grand Café, großer Lesetisch.

Beliebt bei Einheimischen – **De Kroon 12** : Rembrandtplein 17-1. Im Neo-Kolonialstil, Blick auf Rembrandtplein.

Locker & lässig – **Luxembourg 13** : Spui 24. Großes Bistro-Café, beliebter Studenten- und After-Work-Treff.

Einkaufen

Kunst & Antiquitäten – **Spiegelkwartier 1** : zwischen den Grachten am Rokin und auf und rund um die Nieuwe Spiegelstraat.

Exklusive Mode – **P. C. Hooft- und van Baerlestraat 2** : im Museumsviertel sowie um das Concertgebouw.

Shopping Malls – **Magna Plaza 3** : Nieuwezijds Voorburgwal 182, Geschäfte und Bistros auf vier Etagen im neogotischen Bau der ehemaligen Hauptpost. **Kalvertoren 4** : Kalverstraat/Singel, 50 Läden und Lokale, Restaurant in luftiger Höhe.

Blumen & Blumenzwiebeln – **Bloemenmarkt 5** : Singel, Mo–Sa 9–17.30, So 11–17.30 Uhr.

Flohmarkt – **Waterloopleinmarkt 6** : Waterlooplein, Mo–Sa 9–18 Uhr.

Multikulti – **Albert Cuyp Markt 7** : Albert Cuyp Straat, Mo–Sa 9–17 Uhr. Waren aller Art, nette Essstände.

Aktiv

Sightseeing auf dem Wasser – **Amsterdam Canal Cruises 1** : www.amsterdamcanalcruises.nl, Abfahrt: Stadhouderskade an Heineken Experience, Dauer 75 Min., April–Sept. tgl. 9.45–18.15 Uhr alle 30 Min., Okt.–März tgl. 9.45–16.45 Uhr, jede Stunde, 13/7 €. **Rederij Lovers 2** : www.lovers.nl, Abfahrt Westseite der Centraal Station, Dauer 1 Std., tgl. 10–18.30, im Winter 10–17 Uhr, alle 30 Min., 15/8 €.

Quer durch die Stadt – **Stadtführungen:** Beim VVV (s. S. 106) kann man zahlreiche Führungen buchen, etwa den Abendlichen Rundgang, die Amsterdamer Wallen Tour (Insider führen durch den Rotlichtbezirk), die Mystery Tour, Rembrandt Mysteries, Jordaan Journey etc.

Fahrradtouren – **Mike's Bike Tours 3** : Kerkstraat 134, www.mikesbiketour

103

Amsterdam und Umgebung

samsterdam.com. Mit dem Fahrrad oder mit Bike & Boat das alte und neue Amsterdam erkunden.

Abends & Nachts

Livemusik
Best of Jazz – **Bimhuis 1**: Piet Heinkade 3. Bestes Jazzlokal in Amsterdam.
Worldmusic & Kulturzentrum – **Melkweg 2**: Lijnbaansgracht 234a. Musik, Ausstellungen, Theater & mehr.
Poptempel – **Paradiso 3**: Weteringschans 6. Rock, Pop und Klassisches in einer ehemaligen Kirche. Auch Discothek.

Bruine Cafés
Das echte *bruine café* (Braune Kneipe) ist uralt und braun von Nikotin, spielt keine Musik und hat einen Wirt, der zügig einschenkt, anstatt viel zu reden.
Kurios – **Chris 4**: Bloemstraat 42. Seit 1624 Schankstube, kurios: Zugkette für WC außerhalb der Toilette.
Beliebt – **Hoppe 5**: Spui 18–20. Anno 1670, immer Sommer restlos überfülltes, bekanntes Bruin Café der Stadt.
Am Wasser – **'t Smalle 6**: Egelantiersgracht 12. Früher Likörbrennerei und Probierstube, sehr nette Terrasse.
Authentisch – **Karpershoek 7**: Martelaarsgracht 2. Hafenkneipe von 1629. Kacheln an den Wänden, Sand auf dem Boden – wie früher.
Kleinste Schenke der Stadt? – **'t Doktertje 8**: Rozeboomsteg 4. Eines der kleinsten und schönsten Bruine Cafés.

Diskotheken
In der Umgebung von Spui, Leidse- und Rembrandtplein finden sich zahlreiche Discos.
Riesig – **Escape 9**: Rembrandtplein 11. Größte Disco der Stadt, tolle Lasershow, Videoclips, ab und an Konzerte.
House – **Dansen bij Jansen 10**: Handboogstraat 11. Überwiegend Studenten, riesiger Dancefloor, sehr voll.

Vielfältig – **Sugar Factory 11**: Lijnbaansgracht 238. Musik, Improvisationstheater, Movies, Tanz.

Spielcasino
Rien ne va plus – **Holland Casino Amsterdam 12**: Max Euweplein 62, Tel. 020 521 11 11, tgl. 12–3 Uhr. Punte Blanco, Black Jack, Big Wheel, Roulette.

Theater, Oper und Konzert
Bewegte Figuren – **Amsterdams Marionetten Theater 13**: Nieuwe Jonkerstraat 8, Tel. 020 620 80 27, www.marionettentheater.nl.
Comedy – **Boom Chicago 14**: Rozentheater, Rozengracht 117, Tel. 020 423 01 01, www.boomchicago.nl.
Hochkarätiges Programm – **Koninklijk Theater Carré 15**: Amstel 115, Tel. 0900 252 52 55, www.carre.nl.
Stadttheater – **Stadsschouwburg 16**: Leidseplein 26, Tel. 020 624 23 11, www.ssba.nl.
Kulturfabrik – **Westergasfabriek 17**: Polonceaukade 27, Tel. 020 586 07 10, www.westergasfabriek.nl.
Kulturkathedrale – **Beurs van Berlage 2**: Damrak 243, Tel. 020 530 41 41, www.beursvanberlage.nl.
Klassisch bis modern – **Concertgebouw 18**: Concertgebouwplein 10, Karten: Tel. 0900 671 83 45 (1 € per Gespräch), www.concertgebouw.nl.
Ambitioniert – **Muziektheater 19**: Amstel 3, Tel. 020 625 54 55, www.het-muziektheater.nl.
Konzerte finden auch in **Oude Kerk 16**, **Westerkerk 18**, **Engelse Kerk** (im Begijnhof) und **Waalse Kerk** (Oudezijds Achterburgwal 159) statt.

Kinos
Infos: www.film1.nl und www.timeout.com. Filme in Originalsprache mit Untertiteln.
Mainstream – **Pathé Tuschinski 20**: Reguliersbreestraat 26, Tel. 0900 235 72

Lieblingsort

Berühmt: Café Américain 9

Art-déco-Malerei aus Shakespeares »Mittsommernachtstraum« an den Wänden, hohe Mauerbögen, 20er-Jahre Tiffany-Lampen, Bargello-gemusterte Samtpolsterung, 5-m-Fenster mit Glasmalerei – das Américain hat Atmosphäre, war und ist bei Intellektuellen, Theaterleuten und Künstlern beliebt. Vielleicht sitzt man ja auf dem Stuhl, auf dem einst Mata Hari saß. Oder am langen Lesetisch auf dem Platz, an dem Thomas Mann an seinem Mephisto gearbeitet hat (Leidsekade 97, tgl. ab 10 Uhr).

Amsterdam und Umgebung

I amsterdam City Card

Die Karte gewährt für 42, 52 bzw. 62 € für 24, 48 oder 72 aufeinanderfolgende Stunden freien oder ermäßigten Zugang zu vielen Museen (auch Zaanse Schans und in Haarlem), eine Gratis-Grachtenrundfahrt, freie Nutzung öffentlicher Verkehrsmittel der Stadt, 25 % Preisnachlass in vielen Restaurants, für Konzerte, Theater, auf das Ausleihen von verschiedenen Transportmitteln und für zahlreiche Attraktionen. Erhältlich beim VVV. Infos: www.iamsterdam.com.

84, www.pathe.nl. Traumhaft schöner Art-déco-Filmpalast aus den 1920er-Jahren.

Anspruchsvoll – **The Movies** `21`: Haarlemmerdijk 161, Tel. 020 638 60 16, www.themovies.nl. Schönes Art-déco-Kino (Programmkino) mit Filmmenü an einigen Tagen.

Kunst & Experimentelles – **Kriterion** `22`: Roetersstraat 170, Tel. 020 623 17 08, www.kriterion.nl.

Infos & Tickets

Infos zum Kulturprogramm findet man in den in Buch- und Zeitschriftenläden ausliegenden Monatsmagazinen »Uitkrant« (nl., kostenlos), »day-by-day« und »A-mag« (engl., auch beim VVV) und bei www.iamsterdam.com (»What's on«). Kartenvorverkauf beim VVV an der Centraal Station oder beim AUB Ticketshop, Leidseplein 26, www.amsterdamsuitburo.nl, tgl. 10–17 Uhr. Hier auch Last-Minute-Ticketshop, tgl. 12–17 Uhr, außerdem in der Zentralbibliothek, Mo–Fr 12–19.30, Sa, So 12–18 Uhr, www.lastminuteticketshop.nl (50 % Nachlass für Veranstaltungen am selben Abend).

Infos & Termine

Infos

Tourist Office Amsterdam: Tel. 020 201 88 00, www.iamsterdam.com, vor dem Hauptbahnhof (Mo–Sa 9–17, So 10–17 Uhr).

Weitere Büros: Ticketshop, Leidseplein 26 (Seite Terrasse, tgl. 10–17 Uhr), Muziektheater (Mo–Fr 12–18, Sa, So 12–15 Uhr) und Flughafen Schiphol, Arrivals 2 (tgl. 7–22 Uhr).

Termine

27. April: Koningsdag, Amsterdam feiert den Geburtstag des Königs mit Rummel, Musik, Flohmarkt. Dam, Spui, Vondelpark, Museumplein etc.

Ende April–ca. Mitte Juni: World Press Photo Exhibition, www.worldpressphoto.org, in der Oude Kerk.

Juni: Holland Festival, www.hollandfestival.nl, bedeutendes Kulturereignis mit Theater, Tanz, Musik.

Juni–Mitte Aug.: Vondelpark Openluchttheater, www.openluchttheater.nl, fast täglich Konzerte, Shows und Aufführungen im Vondelpark.

Wochenende Ende Juli/Anfang Aug.: Amsterdam Gay Pride, www.amsterdampride.nl, spektakuläre Schwulen- und Lesbenparade in 80 Booten auf der Prinsengracht.

Letztes Aug.-Wochenende: Uitmarkt, www.uitmarkt.nl, Vorgeschmack auf die kommende kulturelle Saison von Theater-, Oper-, Tanz- und Musik-Events – kostenlos.

Verkehr

Flugzeug: Airport Schiphol, 18 km südwestl. von Amsterdam. Von dort fährt ca. alle 10–15 Min. ein Schnellzug zur CS (= Centraal Station, Hbf.). Infos Schiphol Airport: Tel. 0900 01 41 (0,40 €/Min.), 020 794 08 00, www.schiphol.nl.

Connexxion Schiphol Hotel Shuttle: Bus zu über 100 Hotels in Amsterdam,

Amsterdam: Adressen

6–21 Uhr ca. alle 30 Min. von Platform A7, draußen vor der Ankunftshalle 2, Tel. 038 339 47 41, www.airportho telshuttle.nl, einfache Fahrt 16,50 €.
Bahn: schnelle ICE-Verbindungen von mehreren deutschen Städten, Info: www.bahn.de und www.ns.nl (Nederlands Spoorwegen, Niederländische Bahn, Tel. 0900 202 11 63).
Bus: Europabus von und nach Frankfurt, Düsseldorf, Stuttgart, Tel. 0049 (0) 69 790 35 01, www.eurolines.de.
Mietwagen: internat. Vermieter am Flughafen Schiphol sind z. B.: Avis, Tel. 020 655 60 50; Budget, Tel. 020 604 13 49; Europcar, Tel. 020 316 41 90; National, Tel. 020 316 41 90; Sixt, Tel. 020 405 90 90, und Hertz Tel. 020 502 02 40.
Tram (im Zentrum), **Metro** und **Bus** (zur Peripherie). Infos vorab im Internet bei GVB: www.gvb.nl.

Mit der GVB **1-uurskaart** (2,60 €) kann man eine Stunde mit Tram-, Busund Metrolinien fahren (nur GVB, keine Nachtbusse). Empfehlenswert sind die GVB **dag- und meerdagenkaarten** (Tages-/Mehrtageskarten) bis zu 7 Tage: 1/2/3/4/5/6/7 Tage zu 7,50/ 12/16,50/21/26/29,50/32 €). Erhältlich beim GVB Tickets & Infobüro gegenüber dem Hauptbahnhof, bei Fahrern und Schaffnern (nur Dagkaart), an Metro-Ticket-Automaten, beim Tourist Office, in vielen Hotels, Buchläden, Tabakläden und auf Campingplätzen. Wichtig: Bei Antritt der Fahrt am Automaten entwerten. Mit der wieder aufladbaren **OV-chipkaart** im Kreditkarten-Format kann man mit Bahn, Bus und Tram fahren. Die Karte kostet 7,50 €, ist 4–5 Jahre gültig und bei GVB-Büros erhältlich. ▷ S. 110

Park + Ride in Amsterdam

Günstig und bewacht: **P+R-Plätze** am Stadtrand: Sloterdijk (Piarcoplein 1, Westen); Bos en Lommer (Leeuwendalersweg 23b, Westen); World Fashion Center (Koningin Wilhelminaplein 13, Westen); Olympisch Stadion 44 (Südwesten); Transferium ArenA, AJAX Stadion (Burgemeester Stramanweg 130, Süden); Gaasperplaas (Loosdrechtdreef 4, Südosten); Zeeburg I und II (Zuiderzeeweg 46, Osten). Tarif für 24 Std. 8 € (max. 96 Std., 8 €/24 Std.) inkl. Hin- und Rückfahrkarte für bis zu 5 Personen mit dem öffentlichen Nahverkehr (Nachtbus kostet extra!). www.amsterdam.nl/parkeren-verkeer/parkeren.
Und so geht es: Bei Einfahrt in den P+R-Platz Parkkarte ziehen (Keine Kreditkarte benutzen!), Auto parken, die Parkkarte am P+R Schalter codieren lassen und je eine P+R Chipkarte (Gratis-Rückfahrkarte) für bis zu fünf Personen für den öffentlichen Nahverkehr empfangen. Wichtig: Die Chipkarte gilt nur für die Hin- und Rückfahrt, die Fahrten können nicht unterbrochen werden. Zum Einchecken die P+R-Chipkarte an den Chipkartenleser (bei Bus und Tram beim Fahrer und an den Türen, Metro: bei den Zugangstüren der Station) halten, bis die grüne Anzeige aufleuchtet bzw. ein Signalton ertönt. Vor dem Aussteigen unbedingt wieder auschecken. Der Check-in bzw. Check-out für die Metro ist bei den Zu- bzw. Ausgängen der Station. Nach Rückkehr am P+R-Platz die Parkkarte und die benutzten Chipkarten am Schalter vorlegen, andernfalls wird der reguläre Tarif von über 20 €/Tag fällig! Die Parkkarte wird codiert. Bezahlung am Schalter (nur Kartenzahlung!) oder bar am Automaten. An den P+R Olympisch Stadion und Sloterdijk kann man anstelle der Fahrkarten für die Fahrt in die Stadt kostenlos max. zwei Fahrräder leihen.

Auf Entdeckungstour:
Über sieben Brücken musst du fahr'n ...

Wie Fäden eines riesigen Spinnennetzes, dessen Zentrum bei der Centraal Station liegt, durchziehen Grachten das alte Amsterdam. Wo so viele Kanäle sind, braucht es auch viele Brücken, und in der Tat, davon hat die Stadt reichlich: An die 1700 sollen es sein, davon über 250 allein in der Innenstadt.

Länge der Radtour: ca. 9 km.

Start: Ein guter Ausgangspunkt für die Entdeckungstour ist die **Centraal Station** 1, der Hauptbahnhof. Hier kann man auch Fahrräder mieten (s. S. 91).

Einkehrmöglichkeiten gibt es an der Tour zahlreiche.

Wir radeln vom Hauptbahnhof auf der Prins Hendrikkade nach Westen, bis zur Brücke über die Prinsengracht. Sie bietet eine schöne Aussicht auf die Gracht, über die sich stadteinwärts etliche Brücken reihen: vorn die **Eenhoornsluis** 34, eine von einer alten Kanone bewachte Schleusenbrücke.

Hinter der Eenhoornsluis liegt die **Lekkeresluis** 35, eine stattliche Bogenbrücke mit steinernen Bögen. Ursprünglich waren Amsterdams Brücken aus Holz, im 17. Jh. wurden viele durch steinerne Bogenbrücken ersetzt. Diese wurden als Statussymbole zuerst in vornehmen Stadtteilen erbaut. Die Brücken im Arbeiterviertel Jordaan waren dagegen lange Zeit aus Holz.

Ein Häuserblock weiter die Straße entlang geht es links in die Binnen Oranjestraat und zur **Oranjebrug** 36, einer monumentalen Wippbrücke von 1899, die über die Brouwersgracht führt. Auf dieser Gracht geht es vorbei an zahlreichen Hausbooten stadteinwärts zur Singel und an dieser entlang bis zum Muntplein.

Mit Seil und Haken

Auf dem Fahrrad bemerkt man, dass viele kleine Brücken eine beachtliche Wölbung aufweisen. Sie bereiteten im 19. Jh. schwer beladenen Händlerkarren erhebliche Probleme. Weshalb einfallsreiche Burschen den Beruf des Kar-ga-door (Karren-geh-durch) erfanden, sich mit Seil und Haken an solchen Brücken postierten und die Karren über die Brückenwölbung zogen – nicht umsonst, versteht sich.

Vom Muntplein ist es nur ein kurzes Stück auf der Nieuwe Doelenstraat bis zur **Dwinger-** oder **Aluminiumbrug** 37, eine hübsche Zugbrücke über den Kloveniersburgwal mit einem Brückendeck aus Alu. Über die Brücke hinweg geht es auf der Staalstraat zur **Staalmeestersbrug** 38, einer weiteren schönen Zugbrücke.

Ein Hauch von Paris

Ein Stück weiter südlich überquert die **Blauwbrug** 39 die Amstel. Mit ihren an einen Schiffsbug gemahnenden, Laternen tragenden Pfeilern erinnert die reich dekorierte Brücke an Pariser Seinebrücken.

Einen Häuserblock entfernt führt an der Amstel die **Walter Süskindbrug** 40, eine doppelte Zugbrücke, über die Nieuwe Herengracht. Sie ist nach Walter Süskind benannt, der zahlreiche Menschen vor den Nazis rettete.

Die gewiss meist fotografierte Brücke Amsterdams ist die nachts hübsch beleuchtete **Magere Brug** 41, eine weiße Zugbrücke. Im 17. Jh. gab es hier nur eine Fußgängerbrücke, die so schmal war, dass der Volksmund sie Magere Brug nannte.

Die letzte Brücke der Tour, die rote **Borneobrug** 42, liegt etwas außerhalb am IJhaven. Wie eine Schlange windet sie sich auf 90 m über das Wasser zwischen den Halbinseln Borneo und Sporenbrug, was ihr den Spitznamen Anaconda eingebracht hat. Die spektakuläre Brücke aus 60 t Stahl hat im Jahr 2002 den internationalen Footbridge Award gewonnen.

109

Amsterdam und Umgebung

Der Fahrpreis wird nach gefahrenen Kilometern berechnet. Es gibt die persönliche, die anonyme die und Wegwerf-Chipkarte (nicht aufladbar). Weitere Infos: www.ov-chipkaart.nl.
Fahrradverleih: MacBike, Stationplein 5, Tel. 020 624 83 91, www.macbike. nl; Rent a Bike, Damstraat 20, Tel. 020 625 50 29, www.rentabike.nl; Star Bikes Rental, De Ruyterkade 127 (hinter der Central Station), Tel. 020 620 32 15, www.starbikesrental.com.
Taxi & Wassertaxi: Taxi-Zentralruf 020 777 77 77, Wassertaxi-Ruf 020 535 63 63. Beides ist teuer.
Canal Bus: Tel. 020 623 55 74, www.

canal.nl. Verkehrt u. a. zwischen Centraal Station und Rijksmuseum.

Hilfe im Notfall
Notfall: 112
Verlorenes wiederfinden! Haben Sie etwas in der Metro, im Bus oder in der Tram verloren? Das zuständige Fundbüro erreichen Sie unter Tel. 0900 80 11 oder 020 460 60 60. In der Bahn? Gevonden voorwerpen, Tel. 0900 321 21 00. Oder bitten Sie einfach an einem Fahrkartenschalter um Hilfe. Auf der Straße? Bureau Gevonden voorwerpen, Korte Leidsedwarsstraat 52, Tel. 020 251 02 22.

Umgebung von Amsterdam

Lisse ▶ D 6

Ab Mitte März verwandelt sich der Bollenstreek, Zentrum der Blumenzwiebelzucht zwischen Haarlem, Katwijk und Leiden, mit Lisse in seiner Mitte in einen farbenprächtigen Flickenteppich aus blühenden Feldern, die außer Bienenvölkern große Schwärme von Besuchern aus halb Europa anlocken.

Museum de Zwarte Tulp
Grachtweg 2A, www.museumde zwartetulp.nl, Di–So 13–17 Uhr, 5/3 €
Alles über Blumen im Allgemeinen und über die ›Queen of the Night‹, wie die schwarze Tulpe gerne tituliert wird, im Besonderen, erfahren Sie in diesem kleinen Museum. Mit kleinem Café.

Essen & Trinken

Beim Italiener – **Panini:** Kanaalstraat 31, Tel. 0252 41 60 91, www.panini.nl, Mo–Mi 10–21, Do–Sa bis 22, So 12–22 Uhr, Pizza ab 7 €, Antipasti ab 6,50 €. Gemütliches Restaurant mit offener

Küche. Bekannt für ausgezeichnete Pizza. Spezialität des Hauses ist Focaccia.
International-fusion – **A-muze:** Heereweg 238, Tel. 0252 42 46 00, www. a-muze.com, Di–Fr ab 12, Sa ab 11, So ab 13 Uhr, Lunchgericht ab 7 €, Hauptgericht ab 12 €. Grandcafé mit vielen Snacks. Gegen den großen Hunger werden in der offenen Küche Kalbsrouladen, gebackener Lachs, würzige Gambas nach thailändischer Art etc. zubereitet. Mit netter Straßenterrasse.

Infos

VVV Lisse: Grachtweg 53a, Tel. 0252 41 42 62, www.lisse.nl.
Bus: Verbindungen nach Haarlem, Leiden, Nieuw-Vennep, Schiphol.

Haarlem ▶ E 6

Prachtbauten aus dem Goldenen Jahrhundert zeugen vom einstigen Reichtum Haarlems, Namen wie Frans

Haarlem

Hals und Jacob van Ruisdal von ihrer kulturellen Blüte, doch weist die Historie der altholländischen Stadt auch düstere Zeiten auf: Belagerung und Gemetzel durch die Spanier kosteten im 16. Jh. Tausende das Leben, bevor Wilhelm der Schweiger die Stadt endgültig befreite. Das pittoreske Stadtzentrum ist der von der spätgotischen St. Bavokerk dominierte und von zahlreichen Cafés, kleinen Kneipen und Läden gesäumte Grote Markt.

St. Bavokerk

Oude Groenmarkt 23,
www.bavo.nl,
Mo–Sa 10–16, im Sommer bis 17 Uhr,
4/ab 1,25 €
Die spätgotischen Grote oder St. Bavokerk (14. Jh.), die durch eines der kleinen, an der Südseite angebauten Ladenhäuschen betreten wird, öffnet sich mit einer lichten, von mächtigen Säulen dominierten Halle, über der sich eine mit Intarsien verzierte Zedernholzdecke wölbt. Im Chor befindet sich die Gruft von Frans Hals (1580–1666), Haarlems berühmtestem Maler. Prunkstück ist die **Müller-Barockorgel,** auf der schon Händel und Mozart gespielt haben.

De Hallen

Grote Markt 16, www.dehallenhaar
lem.nl, Di–Sa 11–17, So, Fei 12–17 Uhr,
6/3 €
Neben der Kirche bilden De Hallen, der prachtvolle, 1602 errichtete Renaissancebau der Vleeshal (Fleischhalle) und die neoklassizistische Verweyhal (1879), ein beeindruckendes Ensemble. Sie werden als Dependancen des Frans Hals Museums für Ausstellungen moderner Kunst genutzt. Einen weiteren Blickfang bildet die Renaissancefassade des **Rathauses,** ehemals Jagdschloss, an der Westseite des Marktes.

Corrie ten Boom Museum

Barteljorisstraat 19, www.corrieten
boom.com, Rundgänge Nov.–März
Di–Sa 11–15, April–Okt. Di–Sa 10–
15.30 Uhr, Spenden sehr willkommen
Corrie ten Boom und ihre Familie boten während der NS-Zeit Verfolgten Unterschlupf, bis sie an die Gestapo verraten wurden. Mit dem authentisch erhaltenen Versteck, Fotos und Dokumenten wird die Erinnerung an jene Schreckenszeit wach gehalten.

Teylers Museum

Spaarne 16, www.teylersmuseum.eu,
Di–Sa 10–17, So, Fei 12–17 Uhr,
11/ab 2 €
Neben der Waag von 1595 stößt man auf Teylers Museum mit der Hinterlassenschaft eines gut betuchten Seidenhändlers. Die erstaunliche Sammlung umfasst neben wissenschaftlichen Apparaten, Fossilien, Mineralien und Münzen auch Zeichnungen und Drucke bedeutender Künstler wie Raffael und Michelangelo.

De Adriaan

Papentorenvest 1a, www.molenad
riaan.nl, Mo, Fr 13–16.30, Sa, So
10.30–16.30, März–Okt. Mo, Mi–Fr
13–17, Sa, So 10.30–17 Uhr,
Führung 3/1 €
Wandert man die Spaarne entlang nach Norden, so entdeckt man bald auf der anderen Flussseite die riesige Windmühle De Adriaan, seit dem Jahr 1779 eines der markantesten Bauwerke der Stadt. Bei einer Führung in der Mühle erfährt man vieles über diese Galeriemühle und andere Windmühlen.

Hofje van Bakenes

Wijde Appelaarsteeg 11, Mo–Sa
10–17 Uhr, Eintritt frei
In Haarlem gibt es noch 18 malerische *hofjes.* Das 1395 gestiftete Hofje ist das älteste des Landes.

Amsterdam und Umgebung

Frans Hals Museum
Groot Heiligland 62, www.franshals museum.nl, Di–Sa 11–17, So, Fei 12–17 Uhr, 10/4,50 €
Die sehenswerte Sammlung, deren Herzstücke acht Schützen- und Regentenporträts von Hals bilden, umfasst – neben weiteren Porträts – Stillleben, Genre- und Landschaftsbilder von Malern des 17. Jh.

Radtour südlich von Haarlem
Industriegeschichte, Windmühlen und Tulpenfelder – wer das Gebiet südlich von Haarlem erkundet, kann einen Tag voller spannender Vielfalt verbringen (40 km). Direkt am Startpunkt dieser Radtour, am Nordrand von Hillegom, lohnt der Besuch der Oldtimer im **Ford Museum** (Parkplatz, Haarlemmerstraat 36, Mi–So 11–17 Uhr, 9/7,50 €). Die Gegend um Heemstede ist bekannt für die schönen Häuser und Gärten wie das **Huis te Manpad** (Herenweg 9, nur Führungen, Feb.–15. Okt. Sa 10, Feb.–Mai Di 14 Uhr, Eintritt frei). Nördlich liegt ein einzigartiges industrielles Monument am Wegesrand: das **Pumpwerk De Cruquius** (Cruquiusdijk 27, Mo–Fr 10–17, Sa, So ab 11 Uhr, 6/ab 3 €) von 1849. Das Dampfschöpfwerk, mit dem das Haarlemmermeer trockengelegt wurde, ist heute ein Museum mit interessanter Ausstellung zum ewigen Kampf gegen das Wasser. Über die Zugbrücke geht es über den Kanal und an der **Hommel-Mühle** vorbei nach **Haarlem**. Bei der Rückfahrt passiert man das Gelände der internationalen Gartenschau **Floriade 2002** mit dem 40 m hohen, künstlichen Hügel **Big Spotters' Hill** (Aussicht!). Hier soll demnächst ein mächtiges Monument ähnlich dem Pariser Arc de Triomphe errichtet werden.

Übernachten

Besonders edel – **Stempels:** Klokhuisplein 9, Tel. 023 512 39 10, www.stempelsinhaarlem.nl, DZ ab ca. 113 €, Frühstück 12,50 €/Pers. Das Haus im Herzen der Stadt ist eine ehemalige Druckerei, in der das nationale Papiergeld gedruckt wurde. Die Zimmer sind luxuriös-elegant mit Designer-Interieur.
Klassisch – **Die Raeckse:** Raaks 1–3, Tel. 023 532 66 29, www.hoteldieraeckse.com, **DZ ab 55 €.** Preiswertes, zentral gelegenes Hotel mit 21 klassisch eingerichteten Zimmern, die alle über Bad, KTV und Telefon verfügen. Mit Grand Café, Brasserie und Terrasse.
Gemütlich – **My Dream B & B:** Leidsevaart 332, Tel. 023 542 35 10, www.bedbreakfast-mydream.nl, DZ 65–67 €. 2 hell eingerichtete Gästezimmer mit TV, eines mit Internetzugang. Es gibt allerdings nur ein Badezimmer für alle Gäste. Das Frühstück wird im Wohnzimmer serviert.
Hostel – **Stayokay Haarlem:** Jan Gijzenpad 3, Tel. 023 537 37 93, www.stayokay.com, 10 Min. vom Bahnhof Zantpoort Zuid, ab 18 €/Pers.

Mit dem Rad: südlich von Haarlem

Lieblingsort

Ein Fest der Farben: Keukenhof und Bollenstreek ▶ D 6
Das fängt schon draußen an, vor den Toren des berühmten Keukenhofs: Ein Patchwork-Teppich aus blühenden Blumenfeldern überzieht die Landschaft des Bollenstreek. Und im Keukenhof: Inseln aus Tulpen und Narzissen in allen Farbvarianten, kunstvoll zwischen Rasen und Schatten spendenden Bäumen drapiert, sogar ein Flüsschen aus blauen Hyazinthen schlängelt sich durch den Park … (Stationsweg 166a, www.keukenhof.nl, Mitte März. bis ca. 20. Mai tgl. 8–19.30 Uhr, Einlass bis 18 Uhr, 15/7,50 €, Parken 6 €, Tipp: Ticket online kaufen erspart viel Zeit!)

Amsterdam und Umgebung

Camping – **DroomPark Spaarnwoude:** Zuiderweg 2, Halfweg, Tel. 020 497 27 96, www.droomparkspaarnwoude.nl, April–Okt., 15–24 €. Geräumige Standplätze, Camper, Zelte, Wanderhütten.

Essen & Trinken

Klassisch französisch – **De Eetkamer van Haarlem:** L. Veerstraat 45, Tel. 023 531 22 61, Mi–So ab 17 Uhr, www.eetka mervanhaarlem.nl, Hauptgericht 18–25 €. An den Wänden zahlreiche Bilder zur Geschichte der Stadt, auf dem Teller klassische Gerichte der französischen Küche sowie kreative Variationen. Vegetarische Speisen runden die Speisekarte ab. Köstlich: Hirschfilet mit leichter Cherrysauce (23,50 €).
Türkisch – **Constantinopel:** Kennemeerstraat 68, Tel. 023 526 06 90, www.restaurantconstantinopel.nl, Di–Do 17–22, Fr bis 23 Uhr, Hauptgericht ab 18 €. Die Speisen sind authentisch raffiniert verfeinert, der Wein ist aus Anatolien.
Französisch-mediterrane Küche – **Noor:** Kleine Houtstraat 31, Tel. 023 532 47 81, www.restaurantnoor.nl, Di–Sa 17.30–22.30 Uhr, Hauptgericht 20–25 €. Bequemes Interieur, gute Weine – und mit Wein wird auch gekocht. Lecker zubereitete Fischsuppe (9 €).

Aktiv

Bootsrundfahrten – **Post Verkade Cruises:** Spaarne 11a, Tel. 023 535 77 23, www.postverkadegroep.nl, Rondje Haarlem, Dauer ca. 50 Min., Mo–So 12–16 Uhr, jede volle Std. Abfahrt gegenüber Teylers Museum.
Abenteuerlich – **Erlebnispark Linnaeushof:** in Bennebroek, Rijksstraatweg 4, Tel. 023 584 76 24, www.lin naeushof.nl, April–Sept. 10–18 Uhr, 11,50/9,50 €. Gruselig ist es in der Geistergrotte und arg verwirrend im Spiegelkabinett – das sind nur zwei

der Attraktionen, und dann gibt es noch mehr als 350 Spielgeräte.

Abends & Nachts

Infos zum aktuellen Kulturangebot im kostenlosen Lokalblatt »De Haarlem mer« und im »Luna« (s. auch www. uitgeverijluna.nl).
Music & Dance – **Patronaat:** Zijlsingel 2, Tel. 023 517 58 58, www.patronaat.nl, tgl. ab 21 Uhr. Pop, Rock, Folk, Techno, Latin, Ethno – die ganze Palette.
Musik live – **Café Stiels:** Smedestraat 21, Tel. 023 531 69 40, www.stiels.nl, ab 20 Uhr. Jazz, Rhythm und Blues – fast täglich.

Infos & Termine

Infos
VVV: Stadhuis, Groote Markt, Tel. 0900 61 61 600, www.haarlemmarke ting.nl.

Termine
April: Blumenkorso Bollenstreek. Großer Umzug von Noordwijk nach Haarlem. Start ist gegen 9.30 Uhr.

Verkehr
Bahn: Verbindungen nach Alkmaar, Amsterdam, Den Haag, Rotterdam, Zandvoort.
Bus: Verbindungen nach Amsterdam, IJmuiden, Schiphol, Zandvoort, während der Tulpenblüte auch zum Keukenhof.
Fahrradverleih: am Bahnhof, Tel. 023 531 70 66.

Zandvoort ▶ D 6

Beliebtes Seebad, dessen Strand im Sommer allerdings recht überfüllt ist, das nur eine halbe Stunde von Amsterdam entfernt ist. Vom 60 m hoch gele-

Zandvoort

genen Restaurant des Palace-Hotels hat man eine schöne Aussicht auf den Küstenstreifen, Abwechslung vom Sonnenbaden bieten die zahlreichen Shops, das Spielkasino und der Circuit, die einstige Formel-1-Rennpiste.

Abseits vom Trubel gibt der nördlich gelegene, 2500 ha große **Nationaal-park Zuid-Kennemerland** (▶ D 5/6) viel Raum zum Wandern und Radfahren. Das Besucherzentrum liegt mitten im Park (Zeeweg 12, Overveen, www.np-zuidkennemerland.nl).

Übernachten

Mit Meeresblick – **Zuiderbad:** Bd. Paulus Loot 5, Tel. 023 571 26 13, www.hotelzuiderbad.nl, DZ ab 89 €. Direkt am Strandboulevard nahe Kasino. Nett eingerichtete, helle Zimmer mit Bad (bei einigen liegt die Toilette direkt gegenüber im Flur zur privaten Nutzung mit eigenem Schlüssel). Am schönsten sind die Zimmer mit Balkon im zweiten Stock – traumhafter Meeresblick!

Komfortabel – **Hotel Amare:** Hogeweg 70, Tel. 023 571 22 02, www.hotelamare.nl, DZ ab 65 €. 15-Zimmer-Hotel im Zentrum und 250 m vom Strand. Geschmackvoll eingerichtete Zimmer mit Dusche, WC, Telefon, Radio und TV, einige mit Balkon. Im hübschen Frühstücksraum wird der Tag mit einem reichhaltigen Frühstück angegangen. Gäste haben übrigens freien Zugang zum Golfcourse von Open Golf Zandvoort!

Heimelig – **Pension Welsink:** Brederodestraat 75, Tel. 023 571 92 30, www.pensionwelsink.nl, DZ 50–75 €. Wunderschöne, ruhig gelegene Villa mit zwei DZ (Dusche/WC auf der Etage) und drei Studios mit privater Dusche /WC, TV und komplett eingerichteter Miniküche. Die gemütliche Terrasse lädt zum Faulenzen ein. Kostenloser Parkplatz.

Essen & Trinken

Zwischen den Spielen – **Circles:** Badhuisplein 7, Tel. 023 574 05 74, www.hollandcasino.nl, So–Do 17–22, Fr, Sa bis 23 Uhr, Hauptgericht ab 11 €. In Restaurant und Brasserie des Kasinos können Sie ein Häppchen essen oder ausgiebig dinieren, z. B. Lachsfilet (18,50 €).

Snacks und Fisch bei guter Aussicht – **Take five aan Zee:** Bd. Paulus Loot 5, Tel. 023 571 61 19, www.tfaz.nl, tgl. ab 8.30 Uhr. In dem Pavillon mit schönem Meerblick können Sie zum Lunch leckere *broodjes* (ca. 7–15 €) und andere Snacks und zum Dinner eine herzhafte Fischplatte (19,50 €) oder ›Geflügeltes‹ wie Entenbrust (21,50 €) genießen.

Am Strand – **Strandpaviljoen Thalassa:** Bd. Barnaart, Abgang 18, Tel. 023 571 56 60, www.thalassa18.nl, tgl. ab 9 Uhr. Gesellige Atmosphäre, spezialisiert auf Fisch, und der ist hier frisch. Tagsüber Snacks (2,50–9,50 €), Pfannkuchen, Omeletts (5–7,50 €), nach 17 Uhr übernimmt die Dinnerkarte, auf der sich Gerichte wie etwa *roggevleugel* (Rochenflügel, 18,50 €) oder *mosselpan* (Muschelpfanne, 19,50 €) sehen lassen können.

Abends & Nachts

Spielkasino – **Holland Casino:** Badhuisplein 7, Tel. 023 574 05 74, www.hollandcasino.nl, tgl. 12.30–3 Uhr.

Infos

VVV: Bakkerstraat 2b, Tel. 023 571 79 47, www.vvvzandvoort.nl.

Bahn: Verbindungen nach Amsterdam, Haarlem, Utrecht.

Bus: Verbindungen nach Amsterdam, Haarlem.

Fahrradverleih: Zandvoort Rijwielverhuur Taxicentrale, Stationsplein 10, Tel. 023 571 26 00.

115

Auf Entdeckungstour: Das historische Herz Hollands – die Zaanse Schans

Wo im 16. Jh. das Festungswerk Zaanse Schans stand, hat man in den 60er-/70er-Jahren des 20. Jh. zahlreiche Häuser und Windmühlen aus Zaandam und Umgebung originalgetreu wieder aufgebaut und ein Stück Holland des 17./18. Jh. geschaffen. Das Besondere ist, dass die Leute hier wirklich wohnen und traditionelle holländische Handwerke ausüben und vorführen.

Reisekarte: ▶ E 5

Besucherzentrum: Rezeptionshalle des Zaans Museum, Schansend 7, Tel. 075 681 00 00, www.zaanseschans.nl, 9/5–7,50 €. Für Museen (meist 10–17 Uhr) zusätzlicher Eintritt.

Günstig: Zaanse Schans Card, 10/6 €, gewährt Zugang zum Zaans Museum (tgl. 9–17 Uhr), einigen Museen, Mühlen sowie weitere Ermäßigungen.

Gewiss, sehr touristisch geht es auf der Zaanse Schans schon zu. Dennoch ist diese Topattraktion einen Besuch wert. Wir beginnen ihn im **Zaans Museum,** das sich mit Exponaten wie traditionellen Trachten, Gemälden, Möbeln und Gebrauchsgegenständen der Geschichte der Region widmet. Gleich am Anfang stößt man auf das skurrile Ölgemälde »Stier's Wreedheid« (»Grausamkeit des Stiers«), das ein Ereignis von 1647 zeigt: Eine von einem Stier in die Luft gewirbelte schwangere Frau verliert bei diesem Angriff ihr Kind, sie stirbt, das Kind überlebt. Sehr viel unaufgeregter präsentiert sich die Ausstellung zur Schokolade von Verkade mit nostalgischen Verpackungen und Maschinenanlagen zur Herstellung von Schokolade und Schokokeksen.

Idylle aus Holz

In der **Klompenmakerij** kann man zusehen, wie aus Pappelholz Holzschuhe gemacht werden. Zahlreiche ausgestellte Holzschuhe aus aller Herren Länder machen das Lagerhaus von 1721 zugleich zum Museum. Links um die Klompenmakerij herum geht es an einer kleinen **Schleifmühle** und der **Schiffswerft**, einem Schuppen aus dem 18. Jh., in dem Holzboote gebaut wurden, vorbei in das **Arbeiter-Wohnviertel**. Kleine Gärten umgeben die grün gestrichenen oder schwarz geteerten Häuser, deren Türen, Fenster und Giebel weiß umrahmt sind. Wie diese sind viele der Bauwerke der Anlage aus Holz, da schwere Gebäude einsinken würden.

Uhren, die nicht ticken

Über eine gewölbte *kippenbrug* (Hühnerbrücke) geht es über den Deichgraben zum Kalverringdijk, auf dem sich an der Zaan schmucke Häuser reihen. Ganz links am Flussufer kann man in der **Tinkoepel**, einem runden Teepavillon, einem Zinngießer bei der Arbeit zuschauen und im benachbarten **Uhrenmuseum** alle Arten von niederländischen Uhren, angefangen bei Sonnen- und Sanduhren, bestaunen. Benachbart liegt ein nostalgischer **Tante-Emma-Laden** von 1887, eine Rekonstruktion des ersten Ladens von Albert Heijn (heute eine große niederländische Supermarktkette), in dem man, ganz wie früher, Süßholz, Kandiszucker und Heilminze bekommt.

Schöner wohnen anno dazumal

Ganz gut speisen kann man im Restaurant **De Hoop Op d'Swarte Walvis** (Der Traum vom schwarzen Wal), das sich ein paar Häuser weiter in Richtung der großen Windmühlen in einem ehemaligen Waisenhaus des 18. Jh. befindet. Mit seiner authentischen Einrichtung gibt das **Museum Noorderhuis**, nebenan, Einblicke in das Leben einer Zaan'schen Kaufmannsfamilie des 19. Jh. Wie in anderen Häusern wurde übrigens auch hier die Haustüre nur bei Hochzeiten und Begräbnissen benutzt und hieß deshalb ›Totentür‹.

Senf und Salatöl aus der Mühle

Ein Stück weiter auf dem Deich kommt man am **Bootsanleger für Fahrten auf der Zaan** (April–Sept. Di–So 11–16 Uhr, 6 €) vorbei zur **Senfmühle De Huisman**, in der mithilfe der Windkraft der grobkörnige Zaandamer Senf hergestellt wird.

In den weiteren vier sich an der Zaan reihenden, imposanten Mühlen wird Holz zersägt, Farbstoff und Salatöl erzeugt. Gegen Ende der Tour führt der Rückweg an der **Käserei De Catharina Hoeve** vorbei, eine eher kommerziellen Verkaufshalle für holländischen Käse.

117

Das Beste auf einen Blick

Noord- und Zuid-Holland

Highlights!

Enkhuizen: Alte Kaufmanns- und Speicherhäuser bilden am Hafen den Rahmen, wo die Schiffe der ›Braunen Flotte‹ festmachen. S. 125

Afsluitdijk: Der 30 km lange Deich trennt die Nordsee vom IJsselmeer und schützt das Land bei schweren Stürmen vor Überschwemmungen. S. 127

Rotterdam: Imposante Hochhäuser und markante Brücken prägen seine Skyline. Das ›Manhattan an der Maas‹ ist Europas größte Hafenstadt. S. 133

Den Haag: Großzügige Plätze, elegante Geschäfte, eine blühende Kulturszene und Regierungshauptstadt. S. 147

Auf Entdeckungstour

›Lekker fietsen‹ im Rotterdamer Hafengebiet: Gewöhnlich wird der Hafen bei einer Rundfahrt mit Boot oder Auto erkundet – wir nehmen das Fahrrad, denn *lekker fietsen* bedeutet, frei übersetzt, »genüsslich in die Pedalen treten«. Diese rund 28 km lange Route im Hafengebiet von Rotterdam führt auf einer weitgehend schmalen Landzunge von Rozenburg am Ufer der Nieuwe Maas entlang und u. a. an der riesigen Maeslantkering, der Sturmflutwehr nahe Hoek van Holland, vorbei bis an die Spitze der Landzunge. Die Aussicht auf gewaltige Ozeanriesen sowie Flussschiffe ist garantiert. S. 140

›Lecker fietsen‹ im Rotterdamer Hafengebiet

Kultur & Sehenswertes

Leben an der Zuiderzee: Fischerhäuser, Werkstätten, Werften und eine Räucherei – in Enkhuizens Zuiderzeemuseum geben 130 authentische Gebäude Einblicke in das Leben an der Zuiderzee um 1900. S. 125

Windmühlen in Reih und Glied: Mit anderthalb Dutzend Mühlen hat man dem Land bei Kinderdijk einst eine Entwässerungskur verpasst – sie recken noch immer ihre Flügel gen Himmel. S. 144

Aktiv unterwegs

Mit Dampf und Wind reisen: Von Hoorn nach Medemblick in einer nostalgischen Dampfbahn und mit dem Boot weiter nach Enkhuizen. S. 124

Windjammern im IJssel- und Wattenmeer: Selbst Segel setzen – Segeltörns auf traditionellen Seglern starten in Enkhuizen, Hoorn und anderen IJsselmeer-Orten. S. 126

Genießen & Atmosphäre

Schlafen im Pipowagen: Zu Gast in hölzernen, Zirkuswagen ähnlichen Oldtimern auf dem Bauernhof bei Enkhuisen – origineller geht's kaum. S. 125

Platt, rund und lecker – zu Gast im Pannenkoekenland! Wie in vielen holländischen Städten gibt es in Rotterdam ein ausgezeichnetes Restaurant, das auf *pannenkoeken* spezialisiert ist. Und hier geht es zum Pfannkuchenessen sogar aufs Wasser! S. 139

Ein Augenschmaus: Das kleinstädtische Idyll Delft mit seinen schönen Patrizierhäusern, charmanten Grachten und belebten Plätzen sollte unbedingt auf dem Programm stehen. S. 145

Abends & Nachts

Mehr als 150 Biere: Was die Bier-Reklameschilder versprechen, hält die Bierkarte des De Tijd in Dordrecht bereit, u. a. Trappisten- und Abteibiere aus Belgien. S. 165

Provinz Noord-Holland

An der Zuiderzee, dem heutigen IJsselmeer, erblühten im Goldenen Zeitalter die Hafenstädte. Pittoreske, von prachtvollen Kaufmannshäusern und alten Speichern gesäumte Häfen mit historischen Plattbooten führen in das Holland vergangener Tage. An der Nordsee mit ihren aus Fischerdörfern entstandenen Seebädern laden Strände, Meeresbrandung und Dünen zu einem genussvollen Badeurlaub ein.

Das urbane Ballungsgebiet der Randstad in Zuid-Holland ist das politische, wirtschaftliche und kulturelle Zentrum des Landes. In den Städten zeugen prächtige Bauten, in den Museen großartige Kunstwerke vom Reichtum des Goldenen Jahrhunderts. Hübsche Seebäder bieten Strandkultur und Badespaß.

Alte Zuiderzeestädte am IJsselmeer

Broek in Waterland ▸ F 6

Malerische Holzhäuschen bilden den alten Dorfkern von Broek in Waterland. Bei einem Besuch der Kirche des Ortes sollte man einen Blick auf

---

Infobox

Infos im Internet
www.noord-holland.com: Homepage des VVV mit ausführlichen Infos zu Unterkünften, Veranstaltungen, Natur, Museen, Cityguides und mehr, u. a. in Deutsch.

---

die Kanzel werfen. Dort ist u. a. eine Sanduhr zu sehen, mit der früher die Länge der Predigt bemessen wurde.

Essen & Trinken

Gesellig und kinderfreundlich – **Pannenkoekenhuis De Witte Swaen:** Dorpstraat 11, Tel. 020 403 15 25, tgl. 12–21 Uhr, Pfannkuchen 4,50–9 €. Das kleine, ursprünglich 1596 erbaute Haus war einst Herberge und Schuhmacherei. Heute werden hier über 60 verschiedene Pfannkuchen gebacken, von süß bis herzhaft, es gibt aber auch leckeren Fisch und Steaks (ca. 15 €) oder belegte Ciabattas.

Marken ▸ F 5

Durch das Waterland, eine Landschaft aus saftigen Wiesen, Kanälen, Seen, führt der Weg nach Marken, einst eine Fischerinsel, die seit 1957 durch einen 8 km langen Deich mit dem Festland verbunden ist. Mit seinen grün-weißen, auf Holzpfählen und Warften stehenden Holzhäusern, dem kleinen Hafen und dem Leuchtturm am östlichen Ende der Halbinsel bietet Marken ein Stück Urholland, wie es sonst nur in Gemälden zu finden ist.

Marker Museum
Kerkbuurt 44, www.markermuseum. nl, April–Okt. Mo–Sa 10–17, So 12–16 Uhr, 2,50/1,25 €
Einige ehemalige Aalräucherhäuser bilden heute das Marker Museum. Eines dieser *rookhuisjes* ist als historisches Fischerhäuschen eingerichtet, in den anderen befindet sich eine Ausstellung zur Dorfgeschichte.

Übernachten

Nostalgisch – **Hof van Marken:** Buurt II, Nr. 15, Tel. 0299 60 13 00, www.hof vanmarken.nl, DZ ab 67 €, Frühstück 12,50 €/Pers. Sieben liebevoll nostalgisch eingerichtete Zimmer und eine Suite, die meisten mit Aussicht auf das IJsselmeer, bieten den Gästen allen Komfort. Ein Haus mit Wohlfühl-Atmosphäre. Mit ausgezeichnetem Restaurant.

Essen & Trinken

Am Hafen – **De Taanderij:** Havenbuurt 1, Tel. 0299 60 22 06, April–Okt. tgl. 10–21 Uhr, Hauptgericht 15–20 €. Nettes Restaurant, von dessen kleiner Terrasse man bei schönem Wetter die Aussicht auf die Schiffe genießen kann. Hier kann man ganz gut Fisch essen.

Monnickendam ▶ E 5

Weniger überlaufen ist Monnickendam mit seinen von schönen Giebelhäusern gesäumten Sträßchen, der alten Waag, dem Speeltoren von 1596 mit Glockenspiel und der St. Nicolaaskerk (um 1400), in deren Boden 1229 Grabplatten eingelassen sind. Heute ist der Ort ein beliebtes Wassersportzentrum. Außer über den Landweg gelangt man von hier mit dem Boot zu dem pittoresken Fischerort **Volendam** (▶ F 5) mit alter Holzkirche von 1685.

Übernachten

Bäuerlich – **De Overleekerhoeve:** Overleek 25 A, Tel. 020 436 13 87, www.overleekerhoeve.com, DZ ab 75 €, Frühstück 9,50 €/Pers. Schöner, im Moorweideland gelegener Bauernhof mit gemütlichen Gästezimmern und ebensolchen Apartments für bis zu 6 Pers., eines behindertengerecht.

Naturverbunden – **B & B Hoeve Meerzicht:** Monnickenmeer 4, Tel. 0299 65 43 36, www.hoevemeerzicht. nl, DZ 85–92 € (mind. 2 Nächte). In dem stattlichen Bauernhaus inmitten des Polderlandes übernachten Sie in geräumigen, modern mit TV, eigenem Bad und WC eingerichteten Gästezimmern. Die Hochzeitssuite hat sogar einen Whirlpool. Nach Monnickendam nur 2 km.

Tolle Lage – **Hotel van den Hogen:** Volendam, Haven 106, Tel. 0299 36 37 75, www.hogen.nl, DZ ab 85 €. Angenehmes, kleines Hotel-Restaurant, dessen kleine, aber feine Zimmer – die meisten mit schöner Aussicht auf den Hafen und das IJsselmeer – über eigene Dusche, WC und TV verfügen.

Essen & Trinken

Rustikal – **De Roef:** Noordeinde 40, Tel. 0299 65 18 60, www.deroef.info, Küche Juli–Sept. tgl. 16.30–21.30 Uhr, sonst Do–Di, Hauptgericht ab 16,50 €. Die Holzbalken, die alten Bilder und der alte, hölzerne Karren verbreiten eine rustikale Atmosphäre. Mächtige Steaks, viel Fisch.

Geräuchertes – **Paviljoen Smit-Bokkum:** Volendam, Slobbeland 19, Tel. 0229 36 33 73, www.smitbokkum.nl, Di–Fr 10–23.30, Sa, So bis 0.30, Küche bis 21 Uhr, Lunchhauptgericht ab 11 €. Mit schöner Aussicht direkt am Jachthafen bietet der Pavillon der Aalräucherei u. a. hausgemachte Aal- und Lachs-Delikatessen an.

Infos

VVV Monnickendam: Zuideinde 2, Tel. 0299 82 00 46, www.vvv-waterland.nl. **VVV Volendam:** Zeestraat 37, Tel. 0299 36 37 47, www.vvv-volendam.nl.

121

Noord- und Zuid-Holland

Blick hinter die Kulissen: bei der Käseproduktion in Edam

Bus: von Amsterdam nach Volendam, Edam, Monnickendam und Marken.
Verbindungen zwischen den Orten: von Hoorn nach Edam und Volendam.
Fähre: Marken–Volendam, Infos: www.marken-express.nl, nur Personen- und Fahrradbeförderung, Einzelfahrt 6,50/4,50 €, Fahrrad 1,50 €.

Edam ▶ F 5

Weltbekannt ist das alte Hafenstädtchen durch seinen Käse. Der seit dem 16. Jh. abgehaltene traditionelle Käsemarkt vor der alten Kaaswaag, heute nur noch eine Vorführung für Touristen, ist die größte Attraktion Edams.

Edams Museum
Damplein 8, www.edamsmuseum.nl, Mitte April–Okt. Di–Sa 10–16.30, So, Fei ab 13 Uhr, 4 /2–3 €
Die Sammlung des in einem schönen Giebelhaus von 1540 mit ›schwimmendem‹ Keller untergebrachten Museums widmet sich der Geschichte Edams. – Gegenüber liegt der **Damplein** mit dem 1737 im Stil Ludwigs XIV. erbauten Stadhuis und der ehemaligen Butterhalle (19. Jh.).

Kleine und Grote Kerk
Unter der Last des Glockenspiels aus dem Lot geraten ist der Speeltoren, der Turm der zerstörten Kleine Kerk (Lingerzijde 1). In der Grote Kerk (15. Jh., Grote Kerkstraat 59) sind 30 Fenster mit herrlichen Glasmalereien zu sehen.

Übernachten

Romantisch – **L'Auberge Damhotel:** Keizersgracht 1, Tel. 0299 37 17 66, www.damhotel.nl, DZ ab 125 €. Stilvolles Boutique-Hotel, dessen 11 Gästezimmer und Hochzeits-Suite individuell geschmackvoll mit antikem Interieur ausgestattet sind – natürlich mit allem Komfort einschließlich Internet-Connection. Nach vorn raus

Hoorn

hat man eine schöne Aussicht auf die Keizersgracht. Schöne Hotelterrasse, Brasserie, ausgezeichnetes Restaurant.

Ländlich – **B & B Edam:** Jacob Tonissenstraat 14, Tel. 0299 74 24 40, www.benb-edam.nl, DZ 69–72 €, bei nur einer Übernachtung zzgl. 7 €. Großes, am grünen Ortsrand von Edam gelegenes Haus. Von allen drei Zimmern – eines mit großem Balkon – haben Sie Aussicht auf Garten, Gracht und das grüne Hinterland. Nett eingerichtet, schöne Gartenterrasse.

Essen & Trinken

Spitze – **De Fortuna:** Spuistraat 3, Tel. 0299 37 16 71, www.fortuna-edam.nl, tgl. 12–15, 18–22, So ab 17.30 Uhr, Hauptgericht 22,50 €. Gemütliches altholländisches Interieur, mit Werken regionaler Künstler dekoriert. Schöne Terrasse an der Gracht. Großes Angebot an Fisch-, Fleisch-, Geflügel- und Wildspezialitäten auf französische oder niederländische Art zubereitet, auch Vegetarisches.

Festliches Ambiente – **L'Auberge Damhotel:** Keizersgracht 1, Tel. 0299 37 17 66, www.damhotel.nl, tgl. 12–17 Uhr, Hauptgericht 22–27 €. Bei offenem Kamin oder im Sommer auf der Terrasse speisen – ein Genuss für Gaumen und Auge.

Geschmackvoll – **De Beurs, eten en drinken:** Keizersgracht 6, Tel. 0299 31 64 71, www.debeursetenendrinken.nl, Mo, Do, Fr ab 17, Sa, So ab 12 Uhr, Hauptgericht 13–20 €. Eine kleine loungeartige Sitzecke im barocken Stil, ein kunstvoller portugiesischer Kachelfußboden, glasgemalte Fenster, Antikes und Trödel – und fast alles zu kaufen. In dem geschmackvoll eingerichteten Eetcafé kommt Leckeres von der Wiese und aus dem Meer auf den Tisch, auch Vegetarisches.

Infos & Termine

VVV: Damplein 1 (Stadhuis), Tel. 0299 31 51 25, www.vvv-edam.nl.

Juli bis ca. 20. Aug.: Mi 10.30–12.30 Uhr, historischer Käsemarkt, Jan van Nieuwenhuizenplein, www.kaasmarktedam.nl.

Bus: Verbindungen nach Amsterdam, Hoorn, Volendam.

Fahrradverleih: Schot, Grote Kerkstraat 7, Tel. 0299 37 21 55, www.ronaldschot.nl.

Hoorn ▶ F 5

Hoorn (71 000 Einw.) war im 16. Jh. die bedeutendste Hafenstadt an der Zuiderzee. Viele alte Speicher- und Handelshäuser, jetzt Wohnungen und Firmensitze, erinnern an die Blütezeit der Stadt. Auf dem Rode-Steen-Platz ragt das Standbild des Jan Pieterzoon Coen, einst Generalgouverneur der Vereinigten Oostindischen Compagnie (VOC), auf. Außer dem Westfries Museum (s. u.) lohnen das **Museum van de Twintigste Eeuw** (Museum des 20. Jh., Krententuin 24, www.museumhoorn.nl, Mo–Fr 10–17, Sa, So ab 12 Uhr, 7/3,50 €) und das **Speelgoedmuseum de Kijkdoos** (Spielzeugmuseum, Italiaanse Zeedijk 106, Di–So 11–17 Uhr, 4/2 €) einen Besuch. Ein Stadtspaziergang sollte einen Bummel durch den Hafen mit dem malerischen, 1532 als Wehrturm erbauten **Hoofdtoren** einschließen.

Westfries Museum

Roode Steen 1, www.westfriesmuseum.com, Di–Fr 11–17, Sa, So 13–17 Uhr, 6,50 €

Im Staten College (1632), dem Haus mit der prächtigsten Fassade am Platz, beleuchtet das Museum mit Ausstellungen zu VOC, Hoorn und Westfries-

Noord- und Zuid-Holland

Mein Tipp

»We zijn een restaurant«
Im historischen Bauwerk des Ridderikhoff wetteifern 30 Leute, u. a. zahlreiche mit einer geistigen Behinderung, darum, ihre Gäste zufriedenzustellen. »Wir spielen nicht Restaurant: Wir sind eines!« ist ihr Motto, und daran wird niemand zweifeln, der hier speist. Imposante Eichenbalken, ein herrlicher Wintergarten mit Resten von Wandmalereien und ein Raum im Louis-XVI-Stil warten. Ausgesprochen kinderfreundlich (Roode Steen 9, Tel. 0229 21 21 01, www.ridderikhoff.org, Di–Fr 11–19.30, Sa bis 21, So 13–19.30 Uhr, Lunch 5–13 €, 3-Gänge-Dinner nach 17 Uhr 24,50 €).

land sowie kunstvollen Möbeln und Gemälden Hoorns Vergangenheit. Die Waag (1609) gegenüber beherbergt heute das für seine leckeren Ciabattas bekannte **Grand Café La Bascule.**

Übernachten

Zentral – **De Keizerskroon:** Breed 31, Tel. 0229 21 27 17, www.keizerskroonhoorn.nl, DZ ab 85 €. Zentral gelegenes Hotel mit 28 modern eingerichteten Zimmern, alle mit KTV und WLAN. Café-Restaurant mit Pianomusik und geselliger Straßenterrasse. Gratis Parken für Hotelgäste.
Günstig – **B & B Hoorn:** Brik 124, Tel. 0229 75 66 24, www.bedandbreakfasthoorn.nl, DZ 50 €, Apartment 70 € (bei nur einer Nacht zzgl. 5 €). Modern und geschmackvoll eingerichtete Zimmer, das DZ unter dem Dach mit Mikrowelle und Kühlschrank, das Apartment, 50 m² groß, mit Küche und Balkon. Nur ein Bad für alle Gäste – dennoch: ein Schnäppchen!

Essen & Trinken

Exzellent – **De Hoornse Kogge:** Oude Doelenkade 7, Tel. 0229 21 33 62, www.dehoornsekogge.nl, Mi–So 17–22.30 Uhr, Hauptgericht 20–25 €. Gemütliches Restaurant mit Aussicht auf den alten Hafen, die man schön von einem Fensterplatz genießen kann – bei knusprigem Seebarsch, Perlhuhn mit Coquilles (beide um 20 €) oder Lasagne mit Aubergine (ca. 18 €) für Vegetarier.
In uralten Gemäuern – **De Hoofdtoren:** Hoofd 2, Tel. 0229 21 54 87, www.hoofdtoren.nl, tgl. 12–22 Uhr, Hauptgericht 22–33 €, tolle Vorspeisen 13–15 €. Wer in dem markanten uralten Wehrturm einen Fensterplatz bekommt, kann den in den Hafen ein- oder auslaufenden historischen Schiffen mit ihren rostbraunen Segeln zusehen und dazu Jakobsmuscheln (ca. 14 €), Lachs (ca. 13 €) oder geschmorten Heilbutt (ca. 24 €) genießen. Exzellente Küche.

Aktiv

Mit Dampf reisen – **Stoomtram:** Van Dedemstraat 8, Tel. 0229 21 48 62, www.museumstoomtram.nl (Auskunft auch beim VVV). Von Hoorn nach Medemblik mit der 100 Jahre alten nostalgischen Dampfkleinbahn, an historischen Bahnhofsgebäuden, pittoresken Dörfern und prächtigen Blumenfeldern vorbei. Per Boot geht es nach Enkhuizen und mit der Bahn zurück nach Hoorn.

Infos

VVV-ANWB: Veemarkt 44, Tel. 0229 21 83 43.

Enkhuizen

Bahn: Verbindungen nach Alkmaar, Amsterdam, Enkhuizen.

Enkhuizen! ▶F 5

Fassaden alter Kaufmannshäuser und Speicher, historische Segelboote Mast an Mast – der Hafen von Enkhuizen ist einer der reizvollsten am IJsselmeer. Er wird vom wuchtigen doppeltürmigen **Drommedaris** (Paktuinen 1), einem Überbleibsel der Stadtbefestigung von 1540, bewacht. Einst ein Kerker, beherbergt er heute ein Café. Zu den beeindruckenden historischen Bauwerken der Stadt (18 000 Einw.) gehören das im Stil des holländischen Klassizismus erbaute **Stadhuis** (1688, Hoogstraat 11), die mit Wappen und Statuen geschmückte **Waag** (1559, Waagstraat 1) am Kaasmarkt und die gotische **Westerkerk** (1519, Westerstraat 138) mit einer prachtvollen geschnitzten Chorschranke.

Zuiderzeemuseum

Wierdijk 12–22, www.zuiderzeemuseum.nl, tgl. 10–17 Uhr, Nov.–März sind die Gebäude im Museumspark geschl. (vorbehaltlich zeitl. Abweichungen), 14,50/8,70–14 €

Die Anlage ist eines der faszinierendsten Museen Hollands. Sie besteht aus dem Museum, das das Thema »Land und Wasser« zeigt, und dem Museumspark mit 130 historischen Gebäuden, u. a. Wohn- und Fischerhäuser, Krämerläden, Werkstätten, Werften und eine Räucherei aus der Zeit um 1900.

Übernachten

Prima Lage – **Die Port van Cleve:** Dijk 74, Tel. 0228 31 25 10, www.dieportvancleveenkhuizen.nl, DZ ab 93 €. Schöne, zentrale Lage am Hafen, gegenüber dem Drommedaris-Turm. Individuell eingerichtete Zimmer mit Bad, KTV, Telefon und Internetzugang. Café-Restaurant mit schöner Straßenterrasse.

Ein Traum – **RecuerDos:** Westerstraat 217, Tel. 0228 56 24 69, www.recuerdos.nl, DZ 88 €, bei mehreren Nächten günstiger. Sehr geschmackvoll eingerichtete Gästezimmer, opulentes Frühstück im herrlichen Wintergarten mit Blick in den schönen, begrünten Innenhof. Pieter Nanne Groot, einer der Gastgeber, ist ein begnadeter Gitarrist.

Essen & Trinken

Speisen in der Schmiede – **De Smederij:** Breedstraat 158, Tel. 0228 31 46 04, www.restaurantdesmederij.nl, Do–Di 17–22 Uhr, Sept.–Feb. Fr–Di, Hauptgericht ca. 26 €. Hierher kommt mancher Einheimische – und das aus gutem Grund. Sehr lecker: Polderentenfilet mit Grünkohl (25,50 €).

Kochen mit Leidenschaft – **De Admiraal:** Havenweg 4, Tel. 0228 31 92 56,

Originelle Unterkunft

Übernachten Sie zünftig auf dem Bauern-Campingplatz in einem der Pipowagen namens ›Snuitje‹, ›Dikke Deur‹ oder ›Snuf‹. So heißen die hölzernen, Zirkuswagen ähnlichen Oldtimer auf Rädern, die man hier liebevoll zu behaglichen Wohnwagen ausgebaut hat und denen es an bescheidenem Komfort nicht mangelt. (De Gouwe Stek, De Gouw 11, Bovenkarspel bei Enkhuizen, ▶ F 5, Tel. 0228 51 69 58, www.degouwestek.nl, 2 Pers. 40–70 €, Frühstück 7 €/Pers.)

Noord- und Zuid-Holland

www.deadmiraal.nl, tgl. ab 12 Uhr, Hauptgericht ab 19 €, kleines Lunchgericht 7–13 €. Ausgezeichnete französische und holländische Küche. Gute Wahl: Croque Admiraal (mit geräuchertem Wildlachs und Kräuterrahmkäse). Von der Terrasse schöne Aussicht auf den Hafen.

Am Wasser – **De Mastenbar:** Compagnieshaven 3, Tel. 0228 31 36 91, www.demastenbar.nl, Mi–So 10–22.30 Uhr, Hauptgericht 20–22 €. Schöne Terrasse mit Aussicht auf vorbeifahrende Schiffe. Fisch, Fleisch und Vegetarisches. Lecker: *Enkhuizer vissoep* (7,25 €).

Aktiv

Segeltörns – **Segeln auf traditionellen Schiffen:** auf IJssel- und Wattenmeer, als Tages- oder Mehrtagesfahrt oder Gruppencharter, z. B. Naupar, Tel. 088 252 50 00, www.naupar.nl, oder Windjammer weltweit, www.windjammer-weltweit.de.

Infos

VVV: Tussen Twee Havens 1, Tel. 0228 31 31 64, www.vvvhartvannoordholland.nl.
Bahn/Bus: Verbindungen nach Hoorn.
Fähre: Enkhuizen-Stavoren, Abfahrt nahe Bahnhof und VVV, Infos: Tel. 0228 32 66 67, www.veerboot.info.
Fähre: Enkhuizen-Urk, Info: Tel. 0651 49 19 43, www.willem-barentsz.nl.
Fahrradverleih: Dekker, Nieuwstraat 2, Tel. 0228 31 29 61.

Medemblik ▶ F 4

Medemblik, früher ein bedeutender Handelsplatz, jetzt Wassersportzentrum, ist eine der ältesten Hafenstädte am IJsselmeer. Zum Schutz vor aufständischen Westfriesen ließ Graf Floris V. um 1282 an der Hafeneinfahrt eine Zwingburg, das heutige Kasteel Radboud, errichten.

Kasteel Radboud

Oudevaartsgat 8, www.kasteelradboud.nl, Mai–15. Sept. Mo–Sa 11–17, So 14–17, sonst nur So 14–17 Uhr, 5,50/3,50 €
Die Wendeltreppe im Turm hinauf – und es öffnen sich Fenster ins Mittelalter, soll heißen in Kerker und Waffenkammer. Kinder können die alten Gemäuer per Schnitzeljagd erkunden.

Nederlands Stoommachinemuseum

Oosterdijk 4, www.stoommachinemuseum.nl, Mitte Feb.–Okt. Di–So 10– 17 Uhr, 6/4,50 €
In dem alten Dampfpumpwerk von 1869 ist eine einzigartige Sammlung von Dampfmaschinen aus Schifffahrt

Mit dem Großsegler über das IJsselmeer
Mehr als nur eine Fähre – segeln Sie mit dem Großsegler **Willem Barentsz** über das IJsselmeer! Und verbinden Sie damit eine Fahrradtour: erst mit dem Segler von Enkhuizen nach Urk, dann mit dem *fiets* nach Stavoren, von dort mit der Fähre (s. S. 126) nach Enkhuizen zurück – eine tolle Tagestour! Tel. 0651 49 19 43, www.willem-barentsz.nl, Anfang Juli–Mitte Aug. Mo–Sa, Abfahrt: Enkhuizen–Urk 10.45, Urk–Enkhuizen 15.15 Uhr, Tickets: VVV Enkhuizen, VVV Urk, einfache Fahrt 20/16 €, Retour Fahrt 30/24 €, Fahrrad 5 €, Retour 7,50 €.

Afsluitdijk

Die holländische Nordseeküste ist ein Garant für Strand- und Badespaß

und Industrie, die regelmäßig unter Dampf gesetzt werden, zu bestaunen.

Essen & Trinken

Fast exotisch – **De Artiest:** Achtereiland 12 a, Tel. 0227 54 80 80, www.deartiest.nl, Mi–So 17–22.30 Uhr, Hauptgericht ab 18 €. Eine kulinarische Reise durch die Weltmeere bietet die Trilogie (19,50 €), überhaupt stehen auf der Speisekarte diverse Fischspezialitäten, aber auch Fleisch und Vegetarisches. Im Speisesaal umgibt einen ein Hauch von Orient und Nordafrika, Terrasse am Hafen.

Romantisch maritim – **De Driemaster:** Pekelharinghaven 49, Tel. 0227 54 30 20, www.restaurantdedriemaster.nl, tgl. 11–21.30, im Winter Do–So, kleines Lunchgericht 3,50–12,50 €, Dinner-Hauptgericht 14.50–24.50 €. Gesellige, maritime Atmosphäre mit schöner Aussicht auf den Jachthafen. Lunchkarte mit Suppen, *broodjes*, Pfannkuchen, Strammem Max, Menükarte mit Fisch, Fleisch und Geflügel.

Infos

VVV: Kaasmarkt 1, Tel. 0227 54 28 52, www.vvvhartvannoordholland.nl.
Bus: von/nach Enkhuizen, Hoorn.
Museumstoomtram: historische Bahn von Medemblik nach Hoorn (s. S. 124).

Afsluitdijk! ▶ F 3/4

Nördlich von Medemblik verbindet der 30 km lange Abschlussdeich Noord-Holland mit Friesland und trennt zugleich die Nordsee vom IJsselmeer – seitdem gibt es die Zuiderzee nicht mehr. Jahrhundertelang trieb der ›Blanke Hans‹ in und um die Zuiderzee sein Unwesen – seit 1932 ist es damit vorbei. Bei KM 6,5, wo der Damm damals geschlossen wurde, steht ein Aussichtsturm, der einen ausgezeichneten Fernblick gewährt.

Noord- und Zuid-Holland

Entlang der Küste nach Norden

Egmond aan Zee ▸ E 5

Der kleine, von hohen Dünen umgebene Badeort besitzt einen der schönsten **Leuchttürme** (Vuurtorenplein 1) von ganz Holland. Im **Museum van Egmond** (Zuiderstraat 7, www.museumvanegmond.nl, Juni bis Aug. Di–Do 14–16, 19–21, Fr–So 14–16, Sept.–Okt Di–So 14–16 Uhr, 2,50/1 €) in der im eklektischen Stil erbauten Kirche (19. Jh.) wird die Geschichte des Ortes und im ehemaligen Seefahrerheim **Tehuis Prins Hendrik de Zeevaarder** (Voorstraat 41, Di–So 10–17 Uhr, gratis) die der Seefahrer beleuchtet.

Übernachten

Direkt am Strand – **Hotel de Vassy:** Bd. Ir. de Vassy 3, Tel. 072 506 15 73, www.vassy.nl, DZ 101–132 €. Die schöne Lage neben dem Leuchtturm, die Sonnenterrasse und die stilvoll eingerichteten Zimmer, z. T. mit Balkon, machen das Hotel zu einem der attraktivsten des Badeortes. Fahrradverleih.
Am Strandboulevard – **Hotel Golfzang:** Bd. Ir. de Vassy 21, Tel. 072 506 15 16, www.golfzang.nl, DZ ab 85 €. Nettes 3-Sterne-Hotel mit persönlicher Atmosphäre. Moderne, zeitgenössische Zimmereinrichtung mit allem Komfort. Mehrere Zimmer mit Balkon.
An den Dünen – **Neptunus:** Zeeweg 42, Tel. 072 506 21 80, www.hotelneptunus.nl, DZ ab 78 €. Ruhiges Hotel, 5 Min. von Meer und Zentrum. 14 gemütlich eingerichtete Zimmer mit Dusche, WC, TV, zwei davon sind größer und haben zusätzlich einen Balkon. Gemütlicher Frühstücksraum, Sonnenterrasse.
Hostel – **Stayokay Egmond:** Herenweg 118, Tel. 072 506 22 69, www.stayo

kay.com, ab 27 €/Pers. In Stadtnähe, mitten in den Blumenfeldern.

Essen & Trinken

Das Meer ruft – **Strandpaviljoen De Uitkijk:** Westeinde 5, Tel. 072 506 46 33, www.strandpaviljoendeuitkijk.nl, April–Okt. tgl. 9–ca. 23 Uhr, Hauptgericht 14–23 €. Wenige Meter von der bei Flut anbrandenden Nordsee gibt's auf der windgeschützten Terrasse leckere Wokgerichte.
Deftiges – **Zilte Zoen:** Bd. 2, Tel. 0900 945 83 96 36, www.ziltezoen.nl, tgl. ab 10 Uhr, Hauptgericht ca. 14–25 €. Hölzerne Bänke, runde und eckige Holztische, kleine Nischen, Sitzplätze auf verschiedenen Niveaus, zeitgenössisches Interieur, schöner Wintergarten und nur eine Straßenbreite vom Strand. Deftig: Langedijker Zuurkoolschotel (Sauerkrautgericht) mit Kasseler, Spanferkelkotelettchen und Rauchwurst.
Leicht verfeinerte französische Küche – **La Chatelaine:** Smidstraat 7, Tel. 072 506 23 55, www.lachatelaine.nl, Do–Mo ab 17.30 Uhr, Hauptgericht 16–25 €. Ein bisschen Barock, ein bisschen modern – das Interieur des Restaurants nahe dem Leuchtturm. Fisch, Meeresfrüchte, Wild (z. B. gebratenes Hirschsteak mit Krapfen von Kürbis und Salbei, ca. 24 €) und Geflügel.

Infos

VVV: Voorstraat 82a, Tel. 072 507 01 89, www.vvvhartvannoordholland.nl
Bus: von/nach Alkmaar, Castricum.
Fahrradverleih: Karels, Trompstraat 17, Tel. 072 506 12 50.

Alkmaar ▸ E 5

Enge Gassen mit manch altem Giebelhaus durchziehen das Zentrum des am Nordholland-Kanal gelegenen Alkmaar (94 000 Einw.), zu dessen schönsten historischen Bauwerken das spät-gotische Stadhuis (Langestraat 97) und die Grote Kerk (15. Jh., Koorstraat 2) zählen.

Am Waagplein

Kaasmarkt: www.kaasmarkt.nl, April–Anfang Sept. Fr 10–12.30 Uhr; Kaasmuseum: www.kaasmuseum. nl, April–Sept. Mo–Sa 10–16, Fr 9–16, Frühjahrsferien, Ostern, Himmelfahrt, Pfingsten 10.30–13.30 Uhr, 3/1,50 €; Biermuseum: Houttil 1, www.biermu seum.nl, Mo–Sa 13–16, während des Käsemarktes 10–16 Uhr, 4/2–3 €
Berühmt ist der historische **Käsemarkt,** auf dem die Käse von traditionell gekleideten Trägern auf Holzbahren zur Waage getragen werden. Um Käse geht es auch im **Kaasmuseum** in der Waag, einer umgebauten Kapelle. Am anderen Ende des Platzes gewährt das **Biermuseum** in einer alten Brauerei Einblick in die Braukunst.

Stedelijk Museum

Canadaplein 1, www.stedelijkmuseu malkmaar.nl, Di–So 10–17 Uhr, 8/5 €
Wer etwas über die Stadtgeschichte vom Goldenen Jahrhundert bis in die Moderne erfahren möchte, kann sich hier umschauen. Tauchen Sie auch in das ›Spielzeuguniversum‹ mit über 100 Jahre alten Spielzeugen ein.

Übernachten

Zentral – **Pakhuys:** Peperstraat 1, Tel. 050 317 55 10, www.alkmaarcitycen trehotels.nl, DZ ab 83 €. Von außen sehen die drei nebeneinander liegenden ehemaligen Lagerhäuser alt aus, – und sie sind es auch. Aber innen bietet das Hotel modernen Komfort mit allen Annehmlichkeiten.

Romantisches Häuschen – **Nassau B&B:** Nassauplein 19, Tel. 0622 39 14 01, www.nassau-bb.nl, 75 € für 2 Pers., bei 2 Nächten 70 €/Nacht, Frühstück 7,50/Pers., aber man kann es sich auch selbst zubereiten und auf der kleinen Gartenterrasse speisen. Kleiner Pavillon in schönem Garten, mit eigenem Eingang. Mit Schlafzimmer, Bad, WC und Küche. Große, helle Räume, komfortabel eingerichtet.

Essen & Trinken

Häppchen zwischendurch – **Grand Café Samen:** Houttil 34, Tel. 072 511 32 83, www.grandcafesamen.nl, Mo–Sa 10.30–24, Mi–Fr länger, So ab 12 Uhr, Lunch 5–23 €, Dinner-Hauptgericht ab 13 €. Geselliges Café am Waagplein mit Snacks, etwa ein Broodje Speciaal mit Filet Américain oder zum Lunch gebackene Champignons – die Auswahl ist beachtlich.
Eten en Drinken – **Zinin:** Houttil 14, Tel. 072 511 71 97, www.zininetenen drinken.nl, tgl. 10–2 Uhr. Draußen schöne Terrasse am Waagplein, innen trendy Café und Restaurant. Hierher kommt man für ein *broodje, tosti,* Süppchen oder Salat zum Lunch oder zum Dinner mit Leckerem aus dem Meer oder von der Weide oder für ein *bitterballen* zwischendurch. Gute Wahl: *Zinin Etagère* (verschiedene Vorspeisen, 14,50 €).
Grand Café – **Gulden Vlies:** Koorstraat 30, Tel. 072 512 24 42, www.gulden vlies.nl, tgl. 9.30–2, So ab 12 Uhr. Hauptgericht ab 13 €. Geselliges Grand Café im Zentrum, in dem Sie bei einem Tässchen Kaffee gemütlich Zeitung lesen oder speisen können, das Süppchen oder den Toast zum Lunch für 5–6 €, das wechselnde Tagesgericht (Mo–Do) für 14,50 €. Was dabei auf den Teller kommt findet man bei Facebook. Und an jedem

Noord- und Zuid-Holland

Stimmungsvoll: Der wolkenschwere Himmel scheint in die Nordsee zu fallen

ersten und dritten Samstag gibt es ab 22 Uhr Livemusik.

Infos & Termine

VVV: Waagplein 2, Tel. 072 511 42 84, www.vvvhartvannoordholland.nl.
April–Anfang Sept.: historischer Käsemarkt, Waagplein, Fr 10–12.30 Uhr.
8. Okt.: Jahrestag der Befreiung von den Spaniern.
Bahn: nach Amsterdam, Arnhem, Den Helder, Nijmegen, Utrecht.
Fahrradverleih: Stationsweg 43, am Bahnhof, Tel. 072 511 79 07.

Bergen und Bergen aan Zee ▶ E 5

Die von Eichen- und Kiefernwäldern umgebene Sommerfrische Bergen hat seit jeher zahlreiche Künstler angelockt, deren Werke hier auch zum Verkauf angeboten oder im **Museum Kranenburgh** (Hoflaan 26, www.museumkranenburgh.nl, zzt. wegen Rennovierung geschl.) ausgestellt werden. Beliebt ist der weiße **Sandstrand** von Bergen aan Zee.

Zee Aquarium
*Van der Wijkplein 16,
Bergen aan Zee,
www.zeeaquarium.nl,
April– Sept. tgl. 10–18, Okt.–März
11–17 Uhr, 9,50/7,50–8,50 €*
Vom riesengroßen, 14 m langen Skelett eines Pottwals über unzählige lebende Meeresbewohner in Dutzenden Aquarien und Hunderten von Muscheln wird hier etliches gezeigt, was in den Weltmeeren vorkommt.

Den Helder

Übernachten

Tolle Lage – **Meyer:** J. Kalffweg 4, Bergen aan Zee, Tel. 072 581 24 88, www.hotelmeyer.nl, DZ ab 95 €. Beliebtes Familienhotel nur 100 m von Strand, Wald und Dünen. Zimmer mit allem Komfort und Balkon, etliche mit Blick auf das Meer. Gemütliche Bar, stilvolles Café-Restaurant und Tennisplatz.
Tolle Aussicht – **Nassau-Bergen:** Van der Wijkplein 4, Tel. 072 589 75 41, www.strandhotelnassau.nl, DZ ab 92,50 €. Mitten auf einer Düne, nur ein Steinwurf vom Strand! Jedes der Komfortzimmer verfügt über Balkon/Terrasse. Mit Bar, beheiztem Pool und gutem Restaurant.
Kinderfreundlich – **Hotel Rasch:** Zeeweg 2, Tel. 072 581 30 94, www.hotelrasch.nl, DZ ab 45 €, Frühstück 8,50 €/Pers. Das gewölbte Dach erinnert an eine klassisch holländische Scheune, doch verbirgt sich darunter ein kleines, kinderfreundliches Familienhotel mit sechs gemütlichen Zimmern und einem Studio. Mit Spielplatz, 250 m zum Meer.

Essen & Trinken

Am Meer bieten mehrere **Strandpaviljoens** diverse Snacks, *broodjes* und Fisch, die man in entspannter Atmosphäre auf der Terrasse mit Blick über Strand und Wasser genießen kann.
Direkt am Strand – **Strandpaviljoen Zuid:** tgl. ab 10 Uhr, Snacks ab 3,50 €, Hauptgericht ab 15 €. Drei große Terrassen, z. T. windgeschützt.
Strandnah – **Zilte Zoen:** CF Zeilerboulevard 12, Tel. 0900 945 83 96 36, www.ziltezoen.nl, tgl. ab 10 Uhr, Snacks ab 4,50 €, Hauptgericht 12–21 €. Modernes, fast mediterranes Interieur, schöner Wintergarten, große Außenterrasse. Fisch des Tages, fangfrisch (19 €).

Infos

VVV: Bergen, Plein 1, Tel. 072 581 31 00, www.vvvhartvannoordholland.nl.
Bahn: nächster Bahnhof in Alkmaar.

Den Helder ▶ E 4

Die Stadt (57 000 Einw.) ist Fährhafen mit Booten nach Texel und Heimathafen der niederländischen Marine. Napoleon hat den Ort am nördlichsten Festlandspunkt Hollands 1811 befestigen lassen.

Marinemuseum
Hoofdgracht 3, www.defensie.nl/marinemuseum, Nov.–April Di–Fr 10–17, Sa, So 12–17, Ferien und Mai–Okt. auch Mo 10–17 Uhr, 6/3 €

Noord- und Zuid-Holland

Die Marine stellt sich vor: mit Uniformen, Waffen, Gemälden, Schiffsmodellen und drei (begehbaren) Originalschiffen: dem U-Boot »Tonjin«, einem Minenräumboot und dem Rammschiff »Schorpioen« von 1868.

Reddingsmuseum Dorus Rijkers

Willemsoord 60G, www.reddingmuseum.nl, Ende März–Anfang Nov. und Ferien tgl., sonst nur So 10–17 Uhr, 7,50/6 €, Rundfahrt 2,50 €
Schon mal Windstärke 10 erlebt? Hier können Sie's – im Windkanal! Hier erlebt man auch die Havarie zweier Boote und eine Fahrt auf einem Rettungsboot zu einem in Seenot geratenen Schiff und kann sich selbst im Computerspiel als Retter testen. Zudem kann man an einer Rundfahrt im Rettungsboot teilnehmen (tgl. 13–16 Uhr, außer im Winter).

Fort Kijkduin

Admiraal Verhuellplein 1, www.fortkijkduin.nl, tgl. 10–18, im Winter 11–17 Uhr, 8/5,50–7 €
In der Nähe des 69 m hohen roten Leuchtturms De Lange Jaap liegt Fort Kijkduin, dessen Museum die Geschichte dieser napoleonischen Festungsanlage dokumentiert. Sehenswert ist auch das ebenfalls hier untergebrachte **Meeresaquarium.**

Übernachten

Aussicht auf das Meer oder den Hafen – **Lands End:** Havenplein 1, Tel. 0223 62 15 70, www.landsend.nl, DZ 104 €. Komfortables und modernes Design auf den Zimmern, die alle über ein eigenes Bad und WC, KTV und WLAN verfügen. Gutes Café-Restaurant mit leckeren Spezialitäten, darunter Fisch.

Zentral – **Forest Hotel:** Julianaplein 43, Tel. 0223 61 48 58, www.foresthotel.nl, DZ 100 €. Mitten im Stadtzentrum gelegen, daher gute Basis fürs Shoppen in den umliegenden Einkaufsstraßen. Die Zimmer sind okay, das Restaurant bietet u. a. leckere Fischgerichte.

Camping, fast am Strand – **De Zwaluw:** Zandijk 17, in Julianadorp aan Zee, Tel. 0223 64 14 92, 18–25 €, www.campingdezwaluw.nl. Schöner Platz direkt am Aufgang zum Strand und Meer.

Essen & Trinken

Speisen mit Aussicht – **Het Veerhuis Lands End:** Havenplein 1, Tel. 0223 62 56 58, www.veerhuislandsend.nl, tgl. 11–21.30 Uhr, Lunch 5–22 €, Dinner-Hauptgericht 16–24 €. Prima Lage am nördlichsten Punkt Noord-Hollands, nahe Fährhafen nach Texel. Hübsche Terrasse. Holländische Küche (Fisch-, Fleisch-, vegetarische Gerichte).

Internationale Küche – **Kade60:** Willemsoord 60B, Tel. 0223 68 28 28, www.kade60.nl, Di–So ab 11 Uhr, Lunchgericht ab 3 €, Hauptgericht ab 15 €. In den Hallen einer ehemaligen Eisengießerei, direkt am Ufer des Innenhafens. Schönes rustikales Interieur; im Sommer kann man auch draußen sitzen. Pastas, Fingerfood, Salate, Suppen, Rippchen und mehr.

Infos & Termine

VVV: Bernhardplein 14, Tel. 0223 62 55 44, www.vvvdenhelder.nl.
Juni/Juli: Marinedagen, drei Tage der offenen Tür bei der Koniklijke Marine (Königliche Marine).
Bahn: Verbindungen nach Alkmaar, Amsterdam, Utrecht.
Fähre: nach Texel s. S. 173.

Provinz Zuid-Holland

Rotterdam! ▶ D 7/8

Imposante Hochhäuser und markante Brücken prägen die Skyline von Rotterdam (616 000 Einw.). Der Ort entstand im 13. Jh. an der Mündung der Rotte in die Nieuwe Maas als kleines Fischerdorf. 1940 wurde die Stadt durch Bomben, die die deutsche Wehrmacht trotz bereits laufender Kapitulationsverhandlungen abwarf, fast völlig zerstört. Ossip Zadkines beeindruckende Bronze »Verwüstete Stadt« am Churchillplein erinnert daran.

Im 17. Jh. war Rotterdam Hollands zweitgrößter Handelshafen, doch dann versandete die Maasmündung, und die großen Frachtensegler blieben aus. Als jedoch im 19. Jh. der Nieuwe Waterweg vom Hafen Rotterdams zur Nordsee angelegt war und die Binnenschifffahrt durch den Ausbau des Kanalnetzes neue Impulse erhielt, setzte ein enormer Aufschwung ein. Heute erstreckt sich Rotterdams Hafen mit seinen Kais von 40 km Länge bis Hoek van Holland und ist mit dem **Europoort,** wo die Supertanker anlegen, einer der größten Seehäfen der Welt.

St. Laurenskerk **1**

Grotekerkplein 27, www.laurenskerk rotterdam.nl, Di–Sa 11–17 Uhr, So zu Gottesdiensten, 1 €, Führungen 5 €, Ausstellung 5/3,50 €, Turmbesteigung 3,50/2,50 €
Hölzerne, bemalte Tonnengewölbe überdachen die spätgotische Kreuzbasilika (15. Jh.), die zu den wenigen 1940 nicht völlig zerstörten Bauwerken gehört; in ihr befinden sich Grabmäler von Seehelden. Auf dem Kirchplatz gedenkt man des berühmten Humanisten und Sohnes der Stadt, Erasmus von Rotterdam, mit einer Bronzestatue.

Maritiem Museum Rotterdam **3**

Leuvehaven 1, www.maritiemmu seum.nl, Di–Sa (Juli, Aug. auch Mo) 10–17, So, Fei 11–17 Uhr, 7,50/4 €
Am Ende des Leuvehavens, wenige Schritte von Ossip Zadkines riesiger **Plastik »De verwoeste stad«,** gibt das Museum Einblick in die Welt der Schifffahrt. Allein die Sammlung an Schiffsmodellen ist umwerfend. Deren Prunkstück, das Mataró-Model (15. Jh.), gibt noch immer Rätsel auf.

Havenmuseum **4**

Leuvehaven 50, www.havenmuseum. nl, Di–Fr 10–17, Sa, So, Fei 11–17 Uhr, Eintritt frei
Um 100 Jahre zurückversetzt fühlt man sich im Hafenmuseum mit seinem alten Dock, den Hafenkränen, Motoren, Dampfmaschinen und Schiffsoldtimern, die für Besucher zugänglich sind.

Infobox

Infos im Internet

www.zuid-holland.com: Homepage des VVV der Provinz mit ausführlichen Infos zu Unterkünften, Veranstaltungen, Natur, Museen, Citguides und mehr, u. a. in Deutsch.
Zusätzlich verfügen die einzelnen Touristenbüros (VVV) der Städte über Homepages, z. B. www.rotterdam. info, www.denhaag.nl und www.de lft.nl.

133

Rotterdam

Sehenswert
1. St. Laurenskerk
2. Blaakse Bos
3. Maritiem Museum Rotterdam
4. Havenmuseum
5. Wereldmuseum
6. Euromast
7. Kunsthal
8. Natuurhistorisch Museum
9. Nederlands Architectuurinstituut
10. Chabot Museum
11. Museum Boijmans van Beuningen
12. Nederlands Fotomuseum
13. Walk of Fame Star Boulevard

Übernachten
1. Art Hotel Rotterdam
2. Emma
3. Mizar Loftboat B & B Apartment
4. Maritime Hotel
5. Doornroos B & B
6. Bazar
7. Guesthouse B & B Kleiweg
8. Stayokay
9. Stadscamping Rotterdam

Essen & Trinken
1. De Ballentent
2. De Harmonie
3. Four Seasons
4. Elit
5. De Pannenkoekenboot

Einkaufen
1. Lijnbaan
2. Beursplein
3. Witte de Withstraat
4. Van Oldenbarneveltstraat
5. Nieuwe Binnenweg
6. West Kruiskade
7. De Groene Passage
8. Selexyz Donner
9. Centrum Markt
10. Zuidplein Winkelcentrum

Aktiv
1. Abseilen und Roop Sliding am Euromast
2. Spido-Havenrondvaarten
3. Klimcentrum Monte Cervino
4. Rebus Special Events

Abends & Nachts
1. Hollywood Music Hall
2. Club Vie
3. Corso
4. Concert- en congresgebouw De Doelen
5. Rotterdamse Schouwburg
6. Holland Casino
7. Pathé
8. Cinerama
9. O'Sheas
10. Locus Publicus
11. Melief-Bender

135

Lieblingsort

Blaakse Bos 2 – ein Wald aus Baumhäusern
Eine schräge Welt! Man steht auf der Lichtung des Blaakse Waldes und ist von Baumhäusern umgeben. Baumhäusern, die aus gekippten Würfeln bestehen. Würfeln, in denen Menschen wohnen. Das macht neugierig. Wirft Fragen auf. Wie hängen die Bewohner wohl ihre Bilder auf? Wie stellen sie ihre Regale an die Wand? Man kommt ins Sinnieren. Und dann haben die Häuser auf einmal Gesichter! Neugierig herabblickende Gesichter. Als wollten sie fragen: Muss denn immer alles gerade sein? Piet Blom, der Architekt – von ihm ist auch der zugehörige Wohnturm Het Potlood (Der Bleistift) – fand: Nein. Mehr zum Hintergrund der 38 Wohnkuben und wie es sich darin lebt, erfährt man im Kijk Kubus, dem Schau-Kubus (Overblaak 70, www.kubuswoning.nl, tgl. 11–17 Uhr, 2,50/1,50 €). Oder man quartiert sich im Stayokay-Hostel (s. S. 138) ein, das in einem Teil dieses ›Waldes‹ untergebracht ist.

Rotterdam

Wereldmuseum 5

Willemskade 25, www.wereldmuse um.nl, Di–So 10.30–17.30 Uhr, Eintritt frei

Jenseits der imposanten Erasmusbrücke können Sie im Weltmuseum eine spirituelle Reise durch die verschiedensten Kulturen, darunter die Indonesiens, Ozeaniens, Amerikas, Asiens, Afrikas und des islamischen Kulturgebietes unternehmen. Zum vielseitigen Angebot zählen zudem Themenausstellungen, ein Weltrestaurant, ein Welttheater und eine Weltmediathek.

Euromast 6

Parkhaven 20

Am Rand eines schönen Parks ragt der 185 m hohe Euromast auf, von dessen Panorama-Restaurant man eine ausgezeichnete Aussicht über Stadt und Hafen hat. Atemberaubend ist der raketenartige Aufstieg per Lift in die Turmspitze. Abenteuerlich: Von oben kann man sich abseilen oder am Seil hinuntergleiten (www.abseilen.nl).

Museumspark

Nördlich des Parks liegt der Museumspark mit der **Kunsthal** 7 (Westzeedijk 341, www.kunsthal.nl, Di–Sa 10–17, So 11–17 Uhr, 11/2 €), in der Wechselausstellungen zu Kunst, Architektur und Design zu sehen sind, dem **Natuurhistorisch Museum** 8 (Westzeedijk 345, www. hetnatuurhistorisch.nl, Di–So 11–17 Uhr, 6/3 €) mit einer umfangreichen Sammlung von präparierten Tieren, Muscheln, Fossilien und Skeletten, dem **Nederlands Architectuurinstituut** 9 (Museumpark 25, www.nai. nl, Di–Sa 10–17, So, Fei 11–17 Uhr, 6,50–10/3,50–6,50 €) mit Wechselausstellungen zu Architektur, Stadt- und Landschaftsgestaltung sowie einer großen Bibliothek und dem **Chabot Museum** 10 (Museumpark 11, www.chabotmuseum. nl, Di–Fr 11–16.30, Sa 11–17, So 12–17 Uhr, 6,50/3,50 €), das Werke des gleichnamigen Expressionisten ausstellt. Absolutes Highlight am Platz ist das **Museum Boijmans van Beuningen** 11 (Museumpark 18, www. boijmans.nl, Di–So 11–17 Uhr, 12,50/ 6,25 €) mit einer umfangreichen Sammlung berühmter Meisterwerke aus Malerei und Bildhauerkunst vom 14. bis 20. Jh., darunter Glanzstücke wie Rembrandts Gemälde »Titus am Lesepult« oder Pieter Brueghels »Turm zu Babel«.

Delfshaven

Vom historischen und sehr idyllischen Delfshaven, dem mittelalterlichen Außenhafen von Delft, starteten im Jahr 1620 die Pilgrim Fathers ihre Fahrt nach Amerika.

Nederlands Fotomuseum 12

Wilhelminakade 332 (Gebäude Las Palmas), www.nederlandsfotomu seum.nl, Di–Fr 10–17, Sa, So, Fei 11–17 Uhr, 9/4,50 €

Eines des interessantesten Museen der Stadt ist das Fotografiemuseum, das seit 2007 in der ehemaligen Fertigungshalle der Holland-Amerika-Linie untergebracht ist.

Walk of Fame Star Boulevard 13

Metroplein

Im Straßenpflaster am Metroplein (bei der Zuidplein Mall) sind die Fuß- oder Handabdrücke von Joe Cocker, Bryan Adams, Bon Jovi, Fats Domino und zahlreichen weiteren Berühmtheiten zu entdecken.

Übernachten

Kunstvoll – **Art Hotel Rotterdam** 1: Mijnsherenlaan 9, Tel. 010 279 41 11, www.arthotelrotterdam.com, DZ ab

Noord- und Zuid-Holland

85 €, Frühstück extra. Farbenfrohe, geräumige und individuell designte Komfortzimmer mit viel Kunst an den Wänden. Tolle Aussicht auf den Rotterdamer Hafen. Restaurant mit internationaler Küche, holländisch angehaucht.

Modern – **Emma** **2**: Nieuwe Binnenweg 6, Tel. 010 436 55 33, www.hotelemma.nl, DZ ab 100 €. Schallgedämpfte Zimmer mit allem Komfort (u. a. WiFi und Internetecke), luxuriöse Badezimmer. Schöne Dachterrasse mit Aussicht auf die Skyline.

Stylish – **Mizar Loftboat B & B Apartment** **3**: gegenüber Wijnkade 58, Tel. 062 122 50 13, www.apartmentmizar.nl, 2 Pers. ab 95 €. Der Bauch eines umgebauten Frachtschiffes beherbergt voll ausgestattete Designer-Apartments – eine originelle Alternative zum Hotel. Tolle Lage mit Aussicht auf den Museumshafen mit seinen Schiffen, die man an Deck genießen kann.

Am Wasser gebaut – **Maritime Hotel** **4**: Willemskade 13, Tel. 010 201 09 00, www.maritimehotel.nl, DZ ab 85 €. Tolle Lage nahe der imposanten Erasmusbrücke direkt an der Maas. Klassisch-modern eingerichtete Zimmer mit WiFi-Internet. Großes Frühstücksbuffet, Café mit maritimem Hauch.

Geschmackvolle Wohnwelt – **Doornroos B&B** **5**: Liduinaplein 6, Tel. 010 418 29 63, www.doornroos.eu, 2 Pers. 85 €, bei 2 Nächten 75 €/Nacht. Die Gastgeber haben hier einen Traum verwirklicht. Das B&B iegt im grünen Vorort Hillersberg, im Norden Rotterdams.

Spektakulär – **Bazar** **6**: Witte de Withstraat 16, Tel. 010 206 51 51, www.hotelbazar.nl, DZ 85–125 €. Zimmer wie in 1001 Nacht. Außer den orientalischen Zimmern gibt es in dem ungewöhnlichen Hotel überm Wereldeethuis Bazar (s. u.) afrikanische und südamerikanische Gästezimmer (z. T. sehr klein).

Im Grünen – **Guesthouse B & B Kleiweg** **7**: Kleiweg 367, www.guesthouserotterdam.nl, 2 Pers. 110 € (2 Nächte 160 €). Gemütliches Gartenhaus im Grünen am Rand des Stadtzentrums, modern und komfortabel, mit Wohnzimmer, Küche und Bad. Nicht jedermanns Sache ist vielleicht das niedrige Dachboden-Schlafzimmer, zu dem man über eine steile Dachbodentreppe aufsteigen muss.

Hostel – **Stayokay** **8**: Overblaak 85, Tel. 010 436 57 63, www.stayokay.com, ab ca. 25 €/Pers. (s. auch S. 136).

Camping im Grünen – **Stadscamping Rotterdam** **9**: Kanaalweg 84, Tel. 010 415 34 40, www.stadscamping-rotterdam.nl, 2 Pers. ab 17 €. Ruhiger Platz, wenige Autominuten vom Zentrum, Wanderhütten, Restaurant, gute sanitäre Einrichtungen.

Essen & Trinken

Trendy Welt-Eethuis – **Bazar** **6**: Witte de Withstraat 16, Tel. 010 206 51 51, www.hotelbazar.nl, Mo–Do 8–1, Fr 8–2, Sa 9–2, So 9–24 Uhr, Snack 5–12 €, Hauptgericht (ab 17 Uhr) 9–16 €. Türkische Pizza, tunesische Fischsuppe, iranischer Salat, Garnelen nach libanesischer Art, algerische Pfannkuchen – die Speisekarte ist so bunt wie das Volk, das hierher kommt. Günstig.

Typisch holländisch – **De Ballentent** **1**: Parkkade 1, Tel. 010 436 04 62, www.deballentent.nl, tgl. 9–23 Uhr, ab 5 €. Gemütlich auf einer der beiden Terrassen oder drinnen speisen, am besten ein, zwei *ballen* (Gehacktesbällchen) mit entsprechenden Saucen – sie zählen zu den leckersten in Rotterdam.

Französische Küche – **De Harmonie** **2**: Westersingel 95, Tel. 010 436 36 10, www.restaurantdeharmonie.nl, Mo–Fr 12–14.30, 18–21.30, Sa 18–22 Uhr, Hauptgericht ab 15 €, 3-Gänge-Lunchmenü 35 €. Frische Zutaten sind das Geheimnis dieses Lokals. Tipps: gebackener Seeteufel mit Rote-Zwiebel-Risotto sowie Beef Consummé. Schöne schattige Gartenterrasse.

Chinese Fusion – **Four Seasons** ❸: Noordmolenwerf 171, Tel. 010 414 40 99, www.restaurantfourseasons.com, Mo, Mi–Fr 12–16, 17–22.30, Sa, So 17–22.30 Uhr, Hauptgericht ab 14 €. Authentische asiatische Küche, modern an den westlichen Geschmack angepasst. Köstlich: Seebarsch oder Entenbrust (auch vegetarische Variante!). An Sommertagen sitzt man sehr schön draußen am Wasser.

Food & Cocktails – **Elit** ❹: Wijnhaven 3 a, Tel. 010 213 17 66, www.elitrotterdam.nl, Mo–Sa ab 17 Uhr, Hauptgericht ab 10,50 €. Trendy Lokal am Oude Haven, in dem Sie leckere italienische Gerichte genießen können – und tolle Cocktails.

Pfannkuchen – **De Pannenkokenboot** ❺: Parkhaven beim Euromast, Tel. 06 24 62 75 56, www.pannenkoekenboot.nl, Essen im Fahrpreis enthalten, ›Uurvaarten‹ (1 Std.): Abfahrten Mi, Fr–So (in Ferien Di–So) 16.30, 18 Uhr, 16/11 €, 2,5 Std. Pancake Cruise, Sa 20–22.30 Uhr: 23,50/18,50 €. Vom Boot die Aussicht genießen und dabei unbegrenzt Pfannkuchen essen – ein Traum!

Einkaufen

An der **Lijnbaan** ❶, am **Beursplein** ❷ und in den umliegenden Straßen im Zentrum gibt es eine Vielzahl von Kaufhäusern und Geschäften (Haute Couture und High Design).

Shoppingwelten – Exklusives Shopping und trendy Boutiquen finden sich v. a. in der **Witte de Withstraat** ❸, **Van Oldenbarneveltstraat** ❹ und am **Nieuwe Binnenweg** ❺.

Rotterdam Welcome Card

Die Karte für 1, 2 bzw. 3 aufeinanderfolgende Tage für 10, 13,50, bzw. 17,50 € (Kinder 4–11 / 65+: 7, 8,75, 10 €) bietet freie Nutzung öffentlicher Verkehrsmittel (RET), mindestens 25 % Rabatt für mehr als 50 Attraktionen, Museen, Restaurants und verschiedene Ausgehmöglichkeiten. Erhältlich beim VVV, Use-it, Stadtcamping, Stayokay, in vielen Hotels und online.

Aus fernen Ländern – Chinesische, surinamische, mediterrane, arabische Läden: **West Kruiskade** ❻ & Umgebung.

Öko & Bio – **De Groene Passage** ❼: Mariniersweg 1–33, www.degroenepassage.nl. Bioläden, New-Age-Shop, Öko-Wohnen und ein Dritte-Welt-Laden sind hier versammelt.

Nicht nur Bücher – **Selexyz Donner** ❽: Lijnbaan 150. Größte Buchhandlung der Niederlande.

Markt – **Centrum Markt** ❾: Binnenrotte und Umgebung, Di, Sa 9–17, 465 Stände mit Pflanzen und Blumen, Fisch, Büchern, Getränken und Speisen, Secondhand und mehr.

Shopping Mall – **Zuidplein Winkelcentrum** ❿: Zuidplein Hoog 420, Mo 13–17.30, Di–Do ab 9.30, Fr bis 21, Sa bis 17, So 12–17 Uhr. Größte Shopping Mall der Niederlande mit 155 Läden und zahlreichen Restaurants.

Aktiv

Abseilen & Roop Sliding – Vom **Euromast** ❶ runter: www.abseilen.nl.

Hafenrundfahrten – **Spido-Havenrondvaarten** ❷: Abfahrt Willemsplein 85, www.spido.nl, Tel. 010 275 99 88. Rundfahrten durch die Häfen und Music Dinner Cruise. Im Som-   ▷ S. 142

Auf Entdeckungstour: ›Lekker fietsen‹ im Rotterdamer Hafengebiet

Gewöhnlich wird der Hafen bei einer Rundfahrt mit Boot oder Auto erkundet. Doch wir nehmen das Fahrrad – »lekker fietsen« heißt »gemütlich Rad fahren«. Die Route führt auf der schmalen Landzunge von Rozenberg zwischen dem Nieuwe Waterweg und dem Calandkanaal entlang und an der riesigen Sturmflutwehr Maeslantkering vorbei bis zur Breediep.

Reisekarte: ▶ C/D 7/8

Infos zum Hafen: www.portofrotter dam.com, und **zur Maeslant kering:** Neringhuis, Nieuwe Oranjekanaal 139, www.keringhuis.nl, Mo–Fr 10–16, Sa, So, Fei 11–17 Uhr, Eintritt frei.

Länge der Tour: 28 km

Hafenatmosphäre prägt den Ort, wo man das Auto im Nordosten von Rozenburg am Ende des Professor Gerbrandywegs auf einem winzigen **Parkplatz** am Ufer des Nieuwe Waterwegs abstellt. Das Hämmern kommt von der **Keppel Verolme Werft**. Dort werden Schiffe und Bohrinselplattformen repariert – und mit etwas Glück kann man sehen, wie eine solche Monsterinsel die Werft verlässt und in die Nordsee geschleppt wird. Auf dem

Uferpfad am Nieuwe Waterweg geht es nach Westen. Große Überseepötte, kleinere Küstenschiffe, auf der Hafenzufahrt herrscht reger Schiffsverkehr. Nach einiger Zeit taucht der **Anleger für die Fähre** nach Maassluis auf. Hier bietet ein **Restaurant** die Möglichkeit zur Einkehr. Oder man picknickt an dem ›Sandstrand‹, der kurz nach dem Fähranleger passiert wird. Hier trifft man häufig auf *jutter*, Strandgutsammler.

Wunder der Wasserbautechnik

Der Pfad wird an der **Maeslantkering**, einem gewaltigen Sturmflutwehr, unterbrochen. Mit seinen beiden 180 m langen, beweglichen Armen wird der Nieuwe Waterweg bei Sturmflut abgeriegelt. Ihre Kugelgelenke, menschlichen Hüftgelenken abgeguckt, sind die größten der Welt. Im **Keringhuis**, jenseits des Gewässers, erfährt man alles über dieses technische Wunderwerk.

Bei Wind spektakulär

Am Ende der **Landzunge** liegt ein runder Platz, eine Windrose in seiner Mitte. Eine Schautafel verdeutlicht, welche Schiffstypen hier vorbeikommen. Besonders interessant ist die **Breediep**, die schmale Passage vor der Landzunge. Bei starkem Wind sind die Schiffsmanöver, um durch die Passage zu kommen, mitunter spektakulär. Die Straße führt auf einen kleinen Hügel und endet dort. Von der Anhöhe sieht man im Süden den Beneluxhaven für die großen Fähren nach Hull und Felixstowe.

Ein Wald aus Baumskeletten

Am Calandkanaal entlang geht's zurück nach Rozenburg. Rechts taucht ein Wald aus farbigen Baumskeletten auf. Sie markieren die Stelle, an der einst ein Wald angepflanzt wurde. Kurz dahinter liegt der **Scheurhaven** mit den Lotsenbooten. Während der Fahrt an großen Windrädern vorbei erblickt man jenseits des Kanals den riesigen **Petroleumhafen,** an den sich der Europoort anschließt.

Einfach riesig

Am Ufer liegt eine riesige Arbeitsplattform für Offshore-Installationen; häufig macht hier der **Thialf,** einer der größten Schwimmkräne der Welt, fest. Die Tour führt nun Richtung **Caland-Brücke**, einer großen Hebebrücke, deren Durchfahrt 50 m angehoben werden kann, gerade hoch genug für die riesigen, jährlich über 250 Autoschiffe, die im dahinterliegenden **Brittaniëhaven** festmachen. Damit die Schiffe auch noch bei Windstärke 5 und mehr passieren können, hat man hier einen gewaltigen, 1750 m langen, 25 m hohen Windschutz errichtet – weltweit einzigartig. – Vor der Brücke kann man links durch Rozenburg zum Ausgangspunkt zurückkehren.

141

Noord- und Zuid-Holland

mer Fahrten zum Europoort, zu den Flutbrechern und Deltawerken.

Klettern – **Klimcentrum Monte Cervino** **3**: Hoekse Kade 141c, Bergschenhoek, Tel. 010 522 10 92, www.montecervino.nl. Klettern auf 27 m hohem Beton-Kletterfelsen.

Bootsausflüge – **Rebus Special Events** **4**: Boompjeskade, Tel. 010 218 31 31, www.rebus-info.nl, Bootsausflüge Rotterdam–Kinderdijk, April–Sept. tgl. 10.45 und 14.15 Uhr.

Abends & Nachts

Informationen zu Ausgehen & Kulturprogramm: Magazin »R'uit«, erhältlich beim VVV.

Discos und Nachtclubs

Spektakulär – **Hollywood Music Hall** **1**: Delftsestraat 15, Tel. 010 411 49 58, www.hmh.nl, Fr, Sa 22–5 Uhr. Eine der größten Dance Halls der Niederlande.

Trendsetter – **Club Vie** **2**: Maasboulevard 300, Tel. 010 280 0238. House, Eklectisch, Hiphop und R 'n' B.

Musik live – **Corso** **3**: Kruiskade 22, Tel. 010 737 13 40, www.corsorotterdam.nl. Große Bandbreite von Ausstellungen, Talkshows und Livemusik.

Theater und Konzert

Konzerte – **Concert- en congresgebouw De Doelen** **4**: Kruisstraat 2, Tel. 010 217 17 00 (Reservierungen), www.dedoelen.nl. Von Klassik bis Moderne, z. B. das Philharmonische Orchester, Tel. 010 217 17 07, www.rpho.nl.

Theater – **Rotterdamse Schouwburg** **5**: Schouwburgplein 25, Tel. 010 404 41 11 (Infos), Tel. 010 411 81 10 (Tickets), www.rotterdamseschouwburg.nl. Theater, Musicals, Modern Dance, Ballett, Familien- und Jugendtheater.

Einarmige Banditen, Black Jack & Co. – **Holland Casino** **6**: Plaza Complex, Weena 624, Tel. 010 206 82 06, www.hollandcasino.nl, tgl. 12–3 Uhr.

Kino – **Pathé** **7**: Schouwburgplein 101, Tel. 0900 14 58, www.pathe.nl. Mainstream.

Programmkino – **Cinerama** **8**: Westblaak 18, Tel. 010 411 53 00, www.cineramabios.nl.

Kneipen

Irischer Pub – **O'Sheas** **9**: Lijnbaan 37, Tel. 010 413 36 01, www.osheasrotterdam.nl. Häufig Livemusik.

Urige Kneipe – **Locus Publicus** **10**: Oostzeedijk 364, Tel. 010 433 17 61, www.locus-publicus.com. Unzählige Bier-Reklameschilder an den Wänden, offener Kamin, rund 200 verschiedene Biere.

Rustikaler Charme – **Melief-Bender** **11**: Oude Binnenweg 134 b, Tel. 010 414 54 56, www.meliefbender.nl. Braune, über 125 Jahre alte Kneipe.

Infos & Termine

Infos

VVV: Coolsingel 197, Tel. 010 790 01 85, www.rotterdam.info.

Use-it Rotterdam: Mathenesserlaan 173, Tel. 010 436 25 44, www.use-it.nl, Di–Sa 13–17. Info- und Service-Punkt für junge Leute und Rucksackreisende.

Termine

www.cultuurinrotterdam.nl
Juni: Rotterdam Unlimited, 5 Tage Musik Tanz, Literatur, Theater, Karneval. Innenstadt.
Juni: Parade, Theater, Tanz, Musik und Unterhaltung für Jung und Alt. Museumpark.
Juni/Juli: North Sea Round Town, zwei Wochen Jazz, überall in der Stadt.
Juli: Metropolis Festival, gratis Popfestival, im Zuiderpark.
Sept.: Wereldhavendagen, Rotterdams Hafen stellt sich vor.

Schieda

Blick auf die Rotterdamer Skyline

Verkehr
Flugzeug: Rotterdam Airport, Airportplein 60, 4 km nordwestl. vom Zentrum, Tel. 010 446 34 44, www.rotterdamthehagueairport.nl. Mit dem Bus (Nr. 33, tagsüber alle 10 Min.) 25 Min. bis/von Hauptbahnhof.
Bahn: nach Amsterdam, Den Haag, Dordrecht, Utrecht, Schiedam.
Bus: Verbindungen zu zahlreichen europäischen Städten mit Eurolines, Tel. 088 076 17 00, www.eurolines.nl.
Fähre: Waterbus nach Dordrecht, Anlegestelle: Rotterdam-Erasmusbrug, www.fastferry.nl.
ÖPNV: Rotterdam verfügt über ein weit gespanntes Bus-, Metro- und Tramnetz (www.ret.nl). Zu empfehlen: **Tageskarte** (1, 2, 3 Tage), online erhältlich, bei RET-Servicepunkten und an Aufladeautomaten *(oplaadpunten)*. Muss auf die OV Chipcard geladen werden.
Fahrradverleih: am Bahnhof, Conradstraat 18, Tel. 010 412 62 20. Fahrräder, E-Bikes, Mofas.

Taxi: Tel. 010 462 60 60.
Parken: Im gesamten Stadtgebiet kostenpflichtig, an allen Tagen bis 23 Uhr. Je näher am Zentrum, desto teurer.
Park & Ride am Stadtrand: kostenloses Parken auf den P+R-Plätzen Alexander, Hoogvliet, Kralingse Zoom, Noorderhelling, Capelse Brug und Slinge. Von dort kann man mit Metro/Bus in die Stadt fahren.

Schiedam ▶ D 7

Eindrücke vermitteln die Grote Kerk (1400), die alte Waag, das Rathaus, die einstige Getreidebörse, das Zakkendragershuisje (Sackträgerhäuschen) – sie alle stammen aus dem 18. Jh. – und fünf riesige Windmühlen.

Jenevermuseum
Lange Haven 74, www.gedistilleerdmuseum.nl, Di–Fr 12–17, Sa, So, Fei 13–18 Uhr, 5,50/4,50–5 €

Lieblingsort

UNESCO-Weltkulturerbe Kinderdijk – Windmühlen im Ruhestand
Schilf und Seerosen, grasende Pferde, Jogger und *fietser* auf schmalen Wegen zwischen den Kanälen. Und 19 Windmühlen aus dem 18. Jh. Jahrzehntelang haben diese das Land am Kinderdijk (▶ D 7) entwässert, jetzt sind sie im Ruhestand. Und der Name? 1421 soll hier nach der St.-Elisabethflut eine Wiege mit einem unversehrten Kind angespült worden sein. Der Mühlenpark ist jederzeit kostenlos zugänglich. Eine der Windmühlen kann besichtigt werden (www.kinderdijk.nl, tgl. 9.30–17.30, Nov.–März Sa, So 11–16 Uhr, 6/4 €).

Delft

Noch heute wird in einigen der einst 390 Brennereien nach alter Tradition Genever gebrannt – wie, das erfährt man in diesem Museum, wo man den Selbstgebrannten auch probieren kann.

Museumsmühle
De Nieuwe Palmboom

Noordvest 34, www.schiedamsemo lens.nl, April–Okt. Di–So 11.30–17, Nov.–März Sa 11.30–17, So, Fei 12.30–17 Uhr, 3,50/2,50 €
19 Windmühlen (s. auch links, Kinderdijk), die größten der Welt, lieferten für die Brennereien gemahlenes Getreide, fünf sind noch erhalten, in der Mühle Nieuwe Palmboom können Sie deren Innenleben studieren.

Stedelijkmuseum

Hoogstraat 112, www.stedelijkmu seumschiedam.nl, Di–So 10–17 Uhr, 9/4,50 €
Das Museum für lokale Geschichte und moderne Kunst überrascht u. a. mit erlesenen CoBrA-Werken.

Infos

VVV: Buitenhavenweg 9, Tel. 010 473 30 00, www.ontdekschiedam.nu.
Bahn: Verbindungen von Rotterdam Centraal Station nach Schiedam.

Delft ▶ D 7

Delft (99 000 Einw.) ist berühmt für die Herstellung von blau bemalten Fayencen, eine Kunst, zu der sich die Delfter im 17. Jh. durch das von der VOC ins Land gebrachte Porzellan aus China anregen ließen. Schon zuvor erfreute sich die Stadt, die ab 1389 über ihren Kanal mit ihrem Außenhafen Delfshaven an der Maas Zugang zum Seehandel hatte, beträchtlichen Wohlstandes, zu dem besonders die Webereien und Brau-

ereien beitrugen. 1654 wurde Delft durch die Explosion eines Pulverlagers zerstört. Das Stadtzentrum hat sich seit seinem Wiederaufbau kaum verändert und präsentiert sich heute als kleinstädtisches Idyll mit schönen Patrizierhäusern, von Linden gesäumten Grachten und belebten Plätzen wie dem Markt mit der Nieuwe Kerk und dem Stadhuis im Renaissancestil. Hendrik de Keyser erbaute es ab 1620, nachdem ein Feuer das alte Rathaus vernichtet hatte.

Nieuwe Kerk

Markt 80, www.oudeennieuwekerk delft.nl, April–Okt. Mo–Sa 9–18, Nov.–Jan Mo–Fr 11–16, Sa 10–17, Feb.–März Mo–Sa 10–17 Uhr, 3,50/1,50–2 €
Die spätgotische Basilika ist die Grabeskirche des Hauses von Oranien-Nassau, hier ruhen die niederländischen Könige und Königinnen, auch Prinz Claus fand hier seine letzte Ruhestätte. Im Chor beeindruckt das von Hendrik de Keyser gestaltete Prunkgrab von Wilhelm dem Schweiger, der 1584 in Delft von einem fanatischen Katholiken ermordet worden war, nachdem die Spanier ihn für vogelfrei erklärt und 25 000 Goldkronen auf seinen Kopf ausgesetzt hatten. Enge Wendeltreppen ermöglichen den Aufstieg im schlanken, 108 m hohen Turm, der schöne Aussichten auf die Stadt bietet.

Waag, Vleeshal und Oude Kerk

Ein Stadtbummel führt an der Waag, erbaut 1770 und heute ein Café (Markt 11), und der mit zwei Ochsenköpfen verzierten Vleeshal (Fleischhalle, 1650, Voldersgracht 1) vorbei zu der ab 1250 erbauten Oude Kerk (Heilige Geestkerkhof 25) mit den Grabmälern berühmter Delfter, darunter jener der Admiräle Piet Heyn und Maarten Tromp sowie des Malers Jan Vermeer, dessen berühmte »Ansicht von Delft«

Noord- und Zuid-Holland

im Mauritshuis in Den Haag (s. S. 148) hängt.

Gemeindemuseen von Delft
Di–So 11–17 Uhr; Museum Prinsenhof 8,50/5 €
Im Prinsenhof (St. Agathaplein 1), einem Frauenkloster aus dem 15. Jh., das den Oraniern später als Residenz diente, zeugen Einschusslöcher in einer Wand vom tödlichen Attentat auf Wilhelm den Schweiger. Jetzt befindet sich hier das **Museum Het Prinsenhof** mit Werken von Delfter Malern des 16. bis 17. Jh., Delfter Fayencen, Silber und zeitgenössischer Kunst. Bäume und noble Häuser säumen die Gracht Oude Delft, darunter das Gemeenlandhuis van Delfland (Nr. 167) und das Wohnhaus des Industriellen Lambert van Meerten, heute ein **Museum** (Oude Delft 199, zzt. wegen Renovierung geschl.), das **Delfter Fayencen** zeigt. In seiner Nähe liegt der einstige **Bagijnhof Hofje van Almonde** (Bagijnhof 10–22, Eingang mit schönem Portal: Oude Delft 217) mit der Oud-Katholieke Kerk, einer Geheimkirche.

Vermeer Centrum
Voldersgracht 21, www.vermeerdelft. nl, tgl. 10–17 Uhr, 8/4–6 €
Das Zentrum ermöglicht eine interessante Entdeckungsreise durch das Leben und Werk von Jan Vermeer, dem berühmten ›Meister des Lichtes‹.

Hofjes (Innenhöfe)
Von den sieben meist malerischen Hofjes aus dem 16.–18. Jh., einst von reichen Kaufleuten als kostenlose Altenwohnungen gespendet, sind noch einige erhalten. Nahe dem Oostpoort, dem einzigen erhaltenen Stadttor, liegt das malerische **Klaeuwshofje** (Oranje Plantage 58–77), beim Paardenmarkt stößt man

auf das **Pauwhofje** (Paardenmarkt 54–62) und das **Hofje van Gratie** (Van der Mastenstraat 26–38).

Übernachten

Grachtenhotel – **Leeuwenbrug:** Koornmarkt 16, Tel. 015 214 77 41, www.leeuwenbrug.nl, DZ Mo–Fr 99–135, Fr–So 83–115 €. Mittelgroßes 36-Zimmer-Hotel an einer der schönsten Grachten im historischen Zentrum. Die etwas teureren Zimmer haben Grachtenblick.

Komfortabel – **De Koophandel:** Beestenmarkt 30, Tel. 015 214 23 02, www. hoteldekoophandel.nl, DZ 104–114 €. Altholländisches Haus, das an einem im Sommer recht lebhaften Platz liegt. Hübsch eingerichtete Zimmer mit eigener Dusche, WC, TV und Telefon.

Romantisch – **Emauspoort:** Vrouwenregt 9, Tel. 015 219 02 19, www. emauspoort.nl, DZ 107,50 €, Wohnwagen 99,50 €. Im historischen Zentrum im Schatten der Nieuwe Kerk erwarten 23 gemütlich altholländisch eingerichtete Zimmer und zwei romantisch hergerichtete, historische Zirkuswohnwagen den Gast – absolut komfortabel. Frühstück backfrisch aus der eigenen Bäckerei.

Camping – **Delftse Hout:** Korftlaan 5, Tel. 015 213 00 40, www.delftsehout. nl. Im Osten Delfts, 2 Pers. 23–28 €. Ruhig. Auch Wander-, Grashütten, Chalets.

Essen & Trinken

Fisch & Meeresfrüchte – **'t Crabbetje:** Verwersdijk 14, Tel. 015 213 88 50, www.crabbetje.nl, Di–Sa 17–22.30 Uhr, Hauptgericht ab 17 €, Spezialität der Saison etwas günstiger. Gemütlich eingerichtetes Fischrestaurant (auch Fleischgerichte und Vegetarisches).

Historisch – **Boterhuis:** Markt 15, Tel. 015 213 49 96, www.boterhuis.nl, tgl. ab 10/11 Uhr, Lunchspeise ab 4 €, Hauptgerichte ab 13 €. Das einstige Lagerhaus (1765) beherbergt heute ein Grand-Diner-Café, in dem man zum Lunch Kleinigkeiten wie *broodjes,* Salate und Suppen bekommt. Romantisch ist es in dem alten Kellergewölbe und draußen direkt an der Gracht.

Preigekrönt und Bio?Logisch! – **Stads-koffyhuis:** Oude Delft 133, April–Sept. Mo–Fr 9–20, Sa bis 18, Okt.–März bis 19 Uhr, Lunchgericht ab 6 €, Pfannkuchen 6–13 €. Das Team hat bereits etliche Preise eingeheimst – die *(stok)broodjes* schmecken einmalig lecker. Gut ist auch die *Bieslandse Bol* (ca. 12 €) mit 100 % Biofleisch.

Leckere broodjes – **Café Diner Vlaanderen:** Beestenmarkt 16, Tel. 015 213 33 11, www.vlaanderen.nl, Mo–Do 12–1, Fr, Sa bis 2, So 11–1 Uhr. Im Sommer gemütlich draußen sitzen bei einem der leckersten (preisgekrönten!) *broodjes* (ab 7 €).

Einkaufen

Warenmarkt – **Markt:** Do auf dem Marktplatz, Sa auf dem Brabantse Turfmarkt.

Antiquitäten und Bücher – **Markt:** Hippolytusbuurt, Voldersgracht, Wijnhaven, Mitte April–Mitte Okt., Do und Sa.

Blumen – **Markt:** Bloemenmarkt, Brabantse Turfmarkt, Do.

Aktiv

Auf Grachten – **Rundfahrten:** Koornmarkt 113, Tel. 015 212 63 85, www.rondvaartdelft.nl, April–Okt. tgl. 11–17 Uhr.

Mit dem Kickbike unterwegs – **Selbst treten:** 't Karrewiel, Paardenmarkt 74,

Tel. 015 213 68 76. Verleih von Kickbikes.

Per Pedes – **Rundgänge:** VVV, an verschiedenen Tagen, Infos beim VVV.

Keramikherstellung live – **Koninklijke Porceleyne Fles:** Rotterdamseweg 196, Tel. 015 251 20 30, www.royaldelft.com, Mitte März–Okt. tgl., Nov.–Mitte März Mo–Sa 9–17 Uhr, 12 €. Älteste Keramikfabrik, Führungen, Demonstration der Handwerkskunst. **De Delftse Pauw:** Delftweg 133, Tel. 015 212 49 20, www.delftpottery. com, April–Okt. tgl. 9–16.30, Nov.– März Mo–Fr 9–16.30, Sa, So 11–13 Uhr, kostenlose Führungen alle 10 Min. **Candelaer:** Kerkstraat 13, Tel. 015 213 18 48, www.candelaer.nl, April–Okt. Mo–Sa 8.30–18, So 9–18, Nov.–März Mo–Sa 9–17 Uhr. Kleiner Keramikhersteller im Stadtzentrum.

Infos

Touristen-Info: Kerkstraat 3, Tel. 015 215 40 51, www.delft.nl.

Bahn: von/nach Amsterdam, Den Haag, Rotterdam, Schiedam, Vlissingen.

Fahrradverleih: am Bahnhof, Tel. 015 214 30 33.

Parken: www.parkingdelft.nl.

Den Haag! ▸ D 7

Dort, wo sich die 501 000-Einwohner-Stadt Den Haag erstreckt, lag einst der Jagdsitz der Grafen von Holland, daher der amtliche Name 's-Gravenhage (Gehege der Grafen). Heute ist Den Haag Regierungshauptstadt mit Parlament, Residenz der Königin und ausländischen Botschaften. Durch den Internationalen Gerichtshof ist die Stadt zudem zum Synonym für internationale Gerichtsbarkeit geworden: Kriegs-

Noord- und Zuid-Holland

verbrechern wird hier der Prozess gemacht.

Historische Bauwerke, umgeben von großzügig angelegten Plätzen, elegante Geschäfte und eine anspruchsvolle Kulturszene tragen zur typischen Haager Atmosphäre bei.

Binnenhof 1

Besucherzentrum ProDemos, Hofweg 1, www.prodemos.nl, Führungen (in Niederl.) Mo–Sa 10–16, So 12.30–14.45 Uhr, 5–10 €, Führung in Engl. (Rittersaal und Filmvorführung) nur So 14 Uhr, 5 €.
Gebäude des Parlaments mit den Sitzungssälen der Ersten und Zweiten Kammer und dem **Ridderzaal** (1280), in dem der Regent die Thronrede hält. Eine Führung durch das majestätische Bauwerk lohnt.

Mauritshuis 2

www.mauritshuis.nl, Korte Vijverberg 8, bis Mitte 2014 geschl., bis dahin sind ca. 100 Meisterwerke des Museums im Gemeentemuseum zu sehen.
Das klassizistische Mauritshuis beherbergt den bedeutendsten Teil der auf mehrere Museen verteilten »Hague Collection« (Haager Gemäldesammlung), darunter Rembrandts »Anatomie des Dr. Tulp«, Vermeers »Ansicht von Delft« und P. Potters »Der Stier«.

Haags Historisch Museum 3

Korte Vijverberg 7, www.haags historischmuseum.nl, Di–Fr 10–17, Sa, So, Fei 12–17 Uhr, 7,50/2,50-3,75 €
Der Geschichte der Stadt widmet sich dieses Museum mit Gemälden, Karten und Dokumenten, ferner wird das Haager Alltagsleben mit Möbeln, Silber, Porzellan und anderen Objekten – auch aus der Jetztzeit – dargestellt, nach dem Motto »Was heute Alltag ist, ist morgen Geschichte«.

Museum Bredius 4

Lange Vijversberg 14, www.museumbredius.nl, Di–So 11–17 Uhr, 6 €
Schönes Patrizierhaus (1757), in dem Teile der Sammlung von A. Bredius, dem ehemaligen Direktor des Mauritshuis, zu sehen sind. Zu den Highlights zählen Rembrandts »Christuskopf« und Jan Steens »Satyr unter Bauern«.

Gevangenpoort 5

Buitenhof 33, www.gevangenpoort. nl, Di–Fr 10–17, Sa, So 12–17 Uhr, 7,50/5,50 €
Das einstige Vorportal der Grafenburg diente früher als Gefängnis. Sein prominentester Insasse, der Staatsmann Hugo Grotius, entkam diesem Verließ, versteckt in einer Bücherkiste. Als Museum beherbergt der Bau heute eine Sammlung von Folterwerkzeugen.

Haagse Passage und Umgebung

Am Buitenhof liegt auch die älteste Geschäftsgalerie des Landes, die elegante, im Jahr 1885 im Neorenaissancestil erbaute und glasüberdachte **Haagse Passage** 6 (Hofweg 5). Ein Abstecher führt zur **Nieuwe Kerk** 7 (Spui 175) von 1679, die das Grab des Philosophen Spinoza birgt. Am Vorgiebel des 1565 im Renaissancestil errichteten **Oude Stadhuis** 8 (Grote Halstraat 1) ist der weise Spruch »Ne Jupiter Quidem Omnibus« (Selbst Jupiter kann es nicht jedem recht machen) zu lesen.

Paleis Noordeinde 9

Noordeinde 68
Der weiße klassizistische Stadtpalast des Königs beherbergt dessen Büros, sein Wohnsitz ist jedoch das im Jahr 1647 erbaute Lustschloss Huis ten Bosch im Haagse Bos (Haager Wald). Der an das Paleis Noordeinde grenzende Palastgarten steht jedermann offen.

Den Haag

Panorama Mesdag 10 und De Mesdag Collectie 11
Panorama Mesdag: Zeestraat 65, www.panorama-mesdag.com, Mo–Sa 10–17, So, Fei 12–17 Uhr, 8,50/4,50–7,50 €; De Mesdag Collectie: Laan van Meerdervoort 7, www.demesdagcollectie.nl, Mi–So 12–17 Uhr, 8,50 € (Erw.)
Über eine außergewöhnliche Rarität verfügt das sehenswerte **Panorama Mesdag:** ein 1680 m² großes, in einem Rundbau aufgehängtes Panoramagemälde des alten Fischerhafens Scheveningen von 1881. Es stammt von Hendrik Willem Mesdag, einem bekannten Maler der Haager Schule. In **De Mesdag Collectie** sind Werke dieser und der Schule von Barbizon zu sehen.

Vredespaleis 12
Carnegieplein 2, www.vredespaleis.nl, Besucherzentrum Di–So 10–16 Uhr, Führungen 8,50 €
Der neogotische, vom 80 m hohen Belfried überragte Friedenspalast (1913) ist Sitz des Internationalen Gerichtshofs. Der Palast mit seinen zahlreichen kostbaren Kunstwerken und einem Museum mit einer Ausstellung zur Historie des Palastes kann nur während der Führungen besichtigt werden.

Omniversum 13
President Kennedylaan 5, www.omniversum.nl, Mo 10–15, Di, Mi 10–17, Do, So 10–21, Fr, Sa 10–22, Schulferien, Fei 9.30–21 Uhr, 10,50/8,50–9,50 €
Spektakuläre Filmerlebnisse, u. a. Ausflüge in den Grand Canyon, in die Alpen, in Afrikas Elefantenreich, Expeditionen in die Tiefsee und zu den Delfinen – alles auf einer gigantischen Leinwand.

Gemeentemuseum 14
Stadhouderslaan 41, www.gemeentemuseum.nl, Di–So 11–18 Uhr, 14,50/11 €

Mein Tipp

Der höchste Balkon der Niederlande
Genießen Sie atemberaubende Aussichten über Den Haag, über die Küste, bis nach Rotterdam und Leiden. Schauen Sie den Film »The Hague Impressions« an. Dinieren Sie im höchsten Restaurant oder lunchen Sie im höchsten Café der Niederlande, wo man bei schönem Wetter sogar draußen sitzen kann. Und vergessen Sie Ihre Kamera nicht! Am Wochenende abends ausgehen in Den Haag? Nehmen Sie abends den Lift hinauf zum Restaurant, das sich dann in einen Nachtclub verwandelt. Wo Sie den höchsten Balkon des Königreichs finden? Im **Haagse Toren** 17, dem mit 42 Stockwerken und 132 m höchsten Wolkenkratzer der Niederlande (Rijswikseplein 786, Den Haag, tgl. 10–22 Uhr, www.haagsetoren.nl).

Das Gebäude ist ein Meisterwerk der modernen Architektur Berlages. Es bietet Besuchern einen Überblick über Malerei und Bildhauerei ab dem 19. Jh. Besonders stolz ist man auf die Sammlung von Werken Piet Mondriaans, die größte der Welt. Auch wer sich für Mode und Musikinstrumente begeistert, ist hier richtig.

Madurodam 15
George Maduroplein 1, www.madurodam.nl, tgl. 9–18 Uhr, im Sommer länger, 15/10,50 €
Selbst Kinder überragen hier Windmühlen und Häuser um Haupteslängge, dies ist die kleinste Stadt der Welt. Hier sind die bekanntesten Bauwerke

149

Den Haag

Sehenswert
1 Binnenhof
2 Mauritshuis
3 Haags Historisch Museum
4 Museum Bredius
5 Gevangenpoort
6 Haagse Passage
7 Nieuwe Kerk
8 Oude Stadhuis
9 Paleis Noordeinde
10 Panorama Mesdag
11 De Mesdag Collectie
12 Vredespaleis
13 Omniversum
14 Gemeente-museum
15 Madurodam
16 Louwman Museum
17 Haagse Toren

Übernachten
1 Sebel
2 Maurits
3 Apartment Royal Den Haag
4 B & B at the Beach
5 Fulton
6 Stayokay
7 Kijkduinpark

Essen & Trinken
1 Garoeda
2 Viszooi
3 Le Bistrot de la Place
4 Mochi
5 Lapsang
6 Zebedeus
7 't Kleinste Winkeltje

Einkaufen
1 Haaglanden Mega-Stores

2 Haagsche Passage
3 New Babylon
4 Kunst- und Antiquitätenmarkt
5 Plein

Aktiv
1 Erlebnispark Duinrell
2 De Uithof
3 Stadtführungen und -wanderungen
4 De Ooievaart

Abends & Nachts
1 O'Casey's Irish Pub
2 De Paas
3 Havana
4 Het Plein
5 Lucent Dans Theater
6 Filmhuis Den Haag
7 Muziekcafé De Paap

---

des Landes vereint – maßstabsgetreu im Miniaturformat erbaut.

Louwman Museum 16
Leidsestraatweg 57, Tel. 070 304 73 73, www.louwmanmuseum.nl, Di–So 10–17 Uhr, 13,50/7,50 €
240 Auto-Oldtimer, darunter die von Elvis, James Bond und Prinz Bernhard.

Übernachten

Vom Standard- bis zum Gartenzimmer – **Sebel** 1 : Prins Hendrikplein 20, Tel. 070 345 92 00, www.hotelsebel.nl, ab 109 €, Frühstück 9 €/Pers. Angenehmes Mittelklasse-Hotel mit 33 komfortabel und modern eingerichteten Zimmern (Bad, WiFi) vom Standardübers Turmzimmer hoch oben bis zum Gartenzimmer mit eigener Terrasse.

Komfortabel – **Maurits** 2 : Van Aerssenstraat 65, Tel. 070 352 23 41, www.hotelmaurits.nl, DZ 99 €. Modernes Interieur, alle Zimmer mit Bad, kosten-

loses WiFi und die ruhige Lage sind einige Pluspunkte des Hotels. Gute Alternative zum DZ sind die Studios (2 Pers. 109 €) mit Kitchenette.

Königlich – **Apartment Royal Den Haag** 3 : Repelaerstraat 35, Tel. 0628 16 66 80, www.royal-denhaag.nl, 2 Pers. 95 €. Elegant und harmonisch eingerichtetes Familien-Apartment mit Wohn-/Schlafzimmer, Küche und Designerbad, recht zentral gelegen. Fahrradvermietung.

Spitze – **B & B at the Beach** 4 : De Savornin Lohmanlaan 467, Tel. 070 325 42 42, www.bbbdenhaag.com, 2 Pers. ab 95 €, bei 2 Nächten ab 90 €/Nacht. Nominiert als bestes B & B in den Niederlanden und erstes mit 5 Tulpen (höchstes Niveau der B & B-Klassifizierung in Holland) ausgezeichnetes! Erlesenes Quartier in schickem Vorort, strandnah.

Nettes Apartment – **Fulton** 5 : Fultonstraat 113, Tel. 070 351 30 99, 2 Pers. 70 €. Helles und stilvoll eingerichtetes

Apartment mit Bad, eigenem Eingang und einer voll ausgestatteten Küche.
Hostel – **Stayokay** 6 : Scheepmakersstraat 27, Tel. 070 315 78 88, www.stayokay.com, ab 25 €/Pers.
Camping – **Kijkduinpark** 7 : Machiel Vrijenhoeklaan 450, Tel. 0180 588 60 01, 2 Nächte 64 €. Familiencamping, 500 m vom Strand im Dünengebiet.

Essen & Trinken

Indonesisch – **Garoeda** 1 : Kneuterdijk 18A, Tel. 070 346 53 19, www.garoeda.nl, Mo–Sa 11–23, So, Fei ab 16 Uhr, Lunchgericht ab 9 €, Reistafel ab 21 €. Indonesische A-la-carte-Gerichte und authentische Reistafel, serviert im Jugendstilhaus. Monat-

151

Noord- und Zuid-Holland

Rembrandts »Die Anatomiestunde des Dr. Nicolaes Tulp« im Mauritshuis in Den Haag

lich wechselndes Lunchmenü ›Chef's Choice‹ inkl. einem Glas Wein und Kaffee/Tee (ca. 15 €).

Ausgezeichneter Fisch – **Viszooi** 2 : Nieuwe Schoolstraat 9, Tel. 070 346 04 11, www.viszooi.nl, Di–Sa 17.30–22 Uhr, Hauptgericht ab 24 €. Hier kommt fangfrischer Fisch aus Scheveningen auf den Tisch, wahlweise als Vor- oder Hauptgericht. Bei der Kombi-Variante gesellt sich zum Fisch auch noch Fleisch wie etwa köstliche Gänseleber.

A la Paris – **Le Bistrot de la Place** 3 : Plaats 27, Tel. 070 364 33 27, www.bistrotdelaplace.nl, ab 12 Uhr Lunch, ab 18 Uhr Dinner, Hauptgericht ab 24 €. Charmantes Interieur, mit französischen Chansons im Hintergrund, vorzügliche französische Küche. Eine sehr gute Wahl sind die Tournedos Rossini.

Fusionküche – **Mochi** 4 : Mallemolen 12 a, Tel. 070 326 06 12, www.mochirestaurant.com, ab 18 Uhr, ab 7 €. Interessante Ost-West-Cuisine, soll heißen, japanische Küche mit holländischem und französischem Einschlag. Trendy-ansprechendes Interieur. Empfehlenswert: Yokan (japanische Speise mit süßen Bohnen) und gebackene Gänseleber.

Lecker Lunchen – **Lapsang** 5 : Oude Molstraat 11a, Tel. 070 360 35 98, www.lapsang.nl, Di–Fr 10–16, Sa, So bis 17 Uhr, Menü ca. 13 €. Nettes Lunchlokal: Quiches, Suppen, knackfrische Salate, Landbrot mit geräuchertem Lachs oder Rauchfleisch. Süße Sünden: hausgemachte Apfel- oder Schokotorte, Karottenkuchen.

Natürlich – **Zebedeus** 6 : Rond de Grote Kerk 8, Tel. 070 346 83 93, www.zebedeus.nl, tgl. ab 11 Uhr, Lunchgericht ab 5 €, Hauptgericht ab 19 €. Sommertags sitzt man zu Füßen der Grote Kerk gemütlich auf der Terrasse.

Den Haag: Adressen

Internationale Küche, etliche vegetarische Speisen spiegeln das Bemühen, die Natur möglichst zu respektieren.
Die besten Fritten der Stadt – 't **Kleinste Winkeltje** **7** : Papestraat 1a.

Einkaufen

Zahlreiche Läden, elegante Bekleidungsgeschäfte und Modeboutiquen finden sich in der Umgebung der Haager Paläste. Die Geschäfte in der Haager Innenstadt sind auch sonntags ab 12 Uhr geöffnet.

Den Haag ist ein Mekka für Liebhaber von **Antiquitäten** und **Kunst.** Es gibt unzählige Galerien und Läden.
Mehr als 80 Geschäfte – **Haaglanden Mega-Stores** **1** : Van der Kunstraat 123, hinter Bahnhof Hollands Spoor. Große Einkaufspassage.
Vielerlei – **Haagsche Passage** **2** : am Buitenhof, älteste glasüberdachte Einkaufspassage Hollands.
Shoppingcenter – **New Babylon** **3** : beim Hauptbahnhof
Antikes – **Kunst- und Antiquitätenmarkt** **4** : Lange Voorhout, Mitte Mai–Mitte Sept. Do 10–18, So 10–17 Uhr, während der übrigen Monate auf dem **Plein** **5** , Do 10–17 Uhr. Gut für das eine oder andere Schätzchen.

Aktiv

Wasserspaß – **Erlebnispark Duinrell** **1** : Duinrell 1, Wassenaar, Tel. 070 515 52 55, www.duinrell.nl, Mitte April–Okt. tgl. 10–17/18 Uhr, Tikibad ganzjährig bis 22 Uhr. Wasserbahn Splash, Whirlpools, Lazy River, Wellenbad, Wasserspinne, tropisches Tikibad u.v.m.
In- & Outdoor Center – **De Uithof** **2** : Jaap Edenweg 10, Tel. 0900 33 84 84 63, www.deuithof.nl. Breites Sportangebot: Skifahren, Gocard-Rennen, Eislaufen, Klettern und mehr.

Geführt – **Stadtführungen und -wanderungen** **3** : Unterschiedliche geführte Touren wie »Art and Antiques Walk«, Architektur-Touren und mehr, meist in Niederländisch oder Englisch. Infos: VVV.
Grachtenfahrt – **De Ooievaart** **4** : www.ooievaart.nl. Schiffsrundfahrt inkl. spannender Geschichten.

Abends & Nachts

Infos zu Kunst und Entertainment, mit wöchentlichem Kalender, finden Sie bei www.thehagueonline.com (engl.) und www.haagsuitburo.nl (nl.).
Gemütlich – **O'Casey's Irish Pub** **1** : Noordeinde 140, www.ocaseys.nl. Tel. 070 363 06 98.
Romantisch – **De Paas** **2** : Dunne Bierkade 16A, Tel. 070 36 00 19, www.depaas.nl. 150 Biersorten.
Disco – **Havana** **3** : Buitenhof 19, Tel. 070 356 29 00, www.havana-cafe.nl. Salsa und Disco-dancing.
Angesagt – **Het Plein** **4** : Ausgehviertel neben den Regierungsgebäuden.
Modern dance – **Lucent Dans Theater** **5** : Spuiplein 150, Tel. 070 880 03 33, www.ldt.nl. Hausbühne des weltberühmten Nederlands Dans Theater.
Movies – **Filmhuis Den Haag** **6** : Spui 191, Tel. 070 365 60 30, www.filmhuis denhaag.nl.
Best off Den Haags Life Music – **Muziekcafé De Paap** **7** : Papestraat 32, Tel. 070 365 20 02, www.depaap.nl.

Infos & Termine

Infos

VVV: Spui 68, Tel. 0900 340 35 05 (0,45 €/Min., max. € 22,50/Gespräch), www.denhaag.nl.

Termine

Mai: Tong Tong Festival, www.tong tongfair.nl, multikulturelles Festival.

153

Noord- und Zuid-Holland

Mai–Mitte Juli: The Hague Festivals, www.thehaguefestivals.com, 14 Tage mit zahlreichen und vielfältigen Veranstaltungen, Konzerten und Aufführungen.

Mitte Juli: North Sea Jazz Festival, www.northseajazz.com, Jazzer aus aller Welt geben sich die Ehre.

3. Di im Sept.: Prinsjesdag, König Willem-Alexander eröffnet im Rittersaal mit seiner Thronrede das Parlamentsjahr.

Verkehr

Bahn: Verbindungen nach Amsterdam, Arnhem, Eindhoven, Gouda, Haarlem, Rotterdam, Utrecht und Vlissingen.

Direktverbindung zum Flughafen Amsterdam-Schiphol (30 Min.).

Tram: von/nach Delft, Scheveningen.

Bus: Verbindungen nach Scheveningen, Hoek van Holland, Naaldwijk, Wassenaar, Katwijk, Leiden.

Tram & Bus: gut ausgebautes Netz.

Fahrradverleih: Bahnhof Den Haag, Centraal Station, Julianaplein 10, auch E-Bikes und E-Scooters, Tel. 070 385 32 35; Bahnhof Den Haag Hollands Spoor, Stationsplein 29, Tel. 070 389 08 30, auch E-Bikes.

Parken: günstig im Q-Park-Haus hinter Centraal Station. Gutes Parkleitsystem.

Scheveningen ▶ D 7

Wahrzeichen von Den Haags Seebad-Ableger sind das mondäne, 1885 im Empirestil errichtete Kurhaus, jetzt ein Luxushotel, und der 400 m lange Pier mit Aussichtsturm. Im Sommer tummeln sich Tausende Badegäste am 3 km langen Sandstrand, flanieren auf dem Strandboulevard und erfrischen sich in den zahlreichen Strandcafés.

Beelden aan Zee

Harteveltstraat 1, www.beeldenaan zee.nl, Di–So 11–17 Uhr, 12/6 €
Abseits vom Trubel stoßen Sie in diesem Skulpturenmuseum auf den Menschen: mal groß, mal klein, hier aus Bronze, dort aus Stein, als fröhliches oder inniges oder trauriges Wesen dargestellt.

Muzee Scheveningen

Neptunusstraat 92, www.muzee.nl, Di–Sa 10–17, So 12–17 Uhr, 7/3,50–5 €
Das Leben der Fischer auf einem Küstensegler, die historische Einrichtung eines Krämerladens, das Strandleben von anno dazumal, Muscheln und Meeresbewohner, das Leben im Korallenriff – hier wird die Geschichte des Fischerdorfes Scheveningen erzählt und das Leben im Meer beleuchtet.

Übernachten

Gemütlich – **Mimosa:** Renbaanstraat 18–24, Tel. 070 354 81 37, www.hotel mimosa.nl, DZ ab 70 €. Nettes, kleines Familienhotel mit hellen, modernen Zimmern, einem gemütlichen Frühstücksraum und einem schönen französischen Terrassengarten.

Nostalgisch – **Strandhotel:** Zeekant 111, Tel. 070 354 01 93, www.strand hotel-scheveningen.nl, DZ ab 70 €. Kleines Familienhotel am Norden-de des Boulevards mit zutreffendem Namen. Etliche Zimmer sowie der charmante Frühstückssaal gewähren schöne Ausblicke aufs Meer. Augenschmaus: die Eingangsdiele mit offenem Kamin und der nostalgische Salon im viktorianischen Stil. Ein kleiner Hund pro Zimmer darf hier auch übernachten (15 €).

Jugendstil – **Het Sonnehuys:** Renbaanstraat 2, Tel. 070 354 61 70, www.son nehuys.nl, DZ ab 70 €. Die charmante Villa wurde 1897 erbaut. Alle 6 Gäs-

154

Scheveningen

tezimmer verfügen über Dusche oder Bad, WC, KTV, Radio, Telefon, Gratis-WiFi. Im Preis sind Freikarten bzw. Ermäßigung für einige lokale Attraktionen enthalten. Haustiere erlaubt.

Camping – **Duinhorst:** Buurtweg 135, Wassenaar, Tel. 070 324 22 70, www. duinhorst.nl, 2 Pers. ca. 18 €. April–Sept. Wanderhütte vorhanden. Zum Strand 4 km.

Essen & Trinken

Speisen ohne Grenzen – **Pasta Company:** Dr. Lelykade 24 a, Tel. 070 306 24 44, www.pastacompany.nl, tgl. ab 11 Uhr, Pizza, Pasta ab 10 €, Hauptgericht ab 15 €. Speisen aus Frankreich, Italien, Amerika und Asien, darunter etliches an Pasta. Semimodern eingerichtet mit schöner Aussicht auf den Hafen. Freies Parken!

Wein & Fisch – **Lemongrass:** Dr. Lelykade 24, Tel. 070 352 02 95, www.lemongrass-gastronomie.nl, Mo–Sa 12–22, So bis 21 **Uhr**, 2-Gänge-Lunch 19,50 €, Hauptgericht ca. 18–23 €. Einen guten Tropfen Wein passend zu Fisch oder Fleisch genießen! 20 verschiedene Arten frischer Fisch, aber auch Lamm und Beef, unterschiedlichste Zubereitungsarten. Trendy, mit schöner Terrasse am Hafen.

Strandpavillon – **Culpepper:** Zwarte Pad, tgl. 10–22 Uhr, *broodjes* ab 6 €, Pizza 13–15 €. Fast mediterran und direkt am Strand beim Pier. Broodjes, Salate, Pizza und Pasta etc. Tipp: der Sundowner (Häppchen und Cocktail).

Tex-Mex-Cooking – **Chicoleo:** Strandweg 155, Tel. 070 358 86 42, www.chicoleo.nl, tgl. 9–24 Uhr, Lunchgericht 6–8 €, Hauptgericht ab 15 €. Zwischen Kakteen, Livemusik und Flamencotänzern genießt man Grillspezialitäten oder Cocktails auf der Terrasse, mit Blick aufs Meer.

Beachclub – **Naturel:** Noorderstrand Noord 2, Tel. 06 21 55 57 77, www. naturel.info, März–Okt. tgl. 10–1 Uhr, *broodjes* ab 6 €, Hauptgericht 14–20 €. Trendy, balinesisches Interieur, leichte und schwere Speisen, lockere Beachclub-Atmosphäre, direkt am Strand.

Einkaufen

Gut shoppen ist auf der Palace Promenade, dem Gevers Deynootplein und dem Boulevard.

Aktiv

Surfschule – **Hart Beach Surf School:** Strandweg 3 b (beim Leuchtturm), www.hartbeach.nl. Auch Vermietung von Surfbrettern und Ausrüstung.

Geführte Radtouren – **City Cycle Tours:** Keizerstraat 27, www.citycycletours.nl, Tel. 070 350 46 48.

Abends & Nachts

Bars und Diskotheken findet man vor allem auf dem Boulevard.

Exotisch – **Tahiti Club:** Strandweg 43, Tel. 070 350 20 68, www.tahiticlub.nl, Do, Fr und Sa abends verwandelt sich das Café in eine exotische Disco.

Rien ne vas plus – **Casino:** Kurhausweg 1, Tel. 070 306 77 77, www.hollandcasino.nl, tgl. 10–3 Uhr. Punte Blanco, Black Jack, Big Wheel, französisches und amerikanisches Roulette.

Musicals – **AFAS Circustheater:** Circusstraat 4, Tel. 070 416 76 00, www.afascircustheater.nl

Kino in acht Sälen – **Pathé:** Kurhausweg 2, Tel. 0900 14 58, www.pathe.nl.

Infos & Termine

Infos
VVV: Hofweg 1, Keizerstraat 50, Tel. 0900 340 35 05   (0,45 €/Min.,   max.

Noord- und Zuid-Holland

22,50 € pro Gespräch), www.denhaag.nl.

Termine
Anfang Juni: Vlaggetjesdag, Fischerfest u. a. mit Fischständen und Rundfahrten.
Aug.: Feuerwerk Festival, Fr, Sa am Pier.

Verkehr
Tram: Verbindungen nach Den Haag Centraal Station und Den Haag Bahnhof Holland Spoor. Linie 1 fährt über Den Haag bis Delft.
Bus: Verbindung nach Den Haag.
Fahrradverleih: Du Nord Rijwielen, Keizerstraat 27, Tel. 070 355 40 60.

Katwijk und Noordwijk

▶ D 6

Lange Sandstrände laden in den beiden Badeorten zum Sonnenbaden und Spazierengehen ein. Strahlend weiß überragen die Witte Kerk (16. Jh.) und der Leuchtturm Vuurbaak (17. Jh.) das einstige Fischerdorf **Katwijk** an der Nordseemündung des Alten Rhein, während in **Noordwijk** der weiße Leuchtturm (1921) den Ort dominiert.

Katwijks Museum
Voorstraat 46,
www.katwijksmuseum.nl,
Di–Sa 10–17 Uhr, 6/2–5 €
Eine nachgebaute Schiffskommandobrücke, eine Böttcherei, eine Segelmacherei, Gemälde, Bilder, Trachten – ein Blick in den Rückspiegel der Katwijker Vergangenheit.

Space Expo
Keplerlaan 3, Noordwijk,
www.spaceexpo.nl, Di–So 10–17 Uhr,
in den Schulferien auch Mo, 10/6 €

Am Ortsrand von Noordwijk liegt das Zentrum der europäischen Weltraumorganisation ESTEC. Packende Raumfahrtausstellung mit Trägerraketen, Satelliten, Apollo-Mondlandefähre, Gestein vom Mond und mehr.

Übernachten

Gemütlich – **Noordzee:** Boulevard 72, Katwijk aan Zee, Tel. 071 401 57 42, www.hotelnoordzee.nl, DZ 105–165 €. Freundlich eingerichtete Gästezimmer (alle mit Bad/Dusche und WC), z. T. mit Blick aufs Meer.
Rooms with view – **Zee en Duin:** Boulevard 5, Katwijk aan Zee, Tel. 071 401 33 20, www.zeeenduin.nl, DZ 80–90 €. Direkt am Strandboulevard gelegen. Freundlich wirkende Zimmer, nach vorn heraus mit kleinem Balkon, von dem Sie die Aussicht aufs Meer genießen können. Hotelbar mit 200 verschiedenen Whiskysorten.
Stimmungsvoll – **Hogerhuys:** Emmaweg 25, Noordwijk aan Zee, Tel. 071 361 73 00, www.hogerhuys.nl, DZ 99–129 €. Luxuriöses Hotel mit stilvollem Ambiente und Komfortzimmern, alle mit Balkon. Schöne Lounge mit Kamin.
Gemütlich – **Pension 't Hofje:** Golfbaan 42, Tel. 071 361 33 43, www.pensionhethofje.nl, DZ 50–60 €. 50 m vom Leuchtturm und Strand, kleine Familienpension, alle Zimmer mit Bad, TV, freies Parken.
Jugendherberge – **Stayokay Noordwijk:** Langevelderlaan 45, Tel. 0252 37 29 20, www.stayokay.com, ab ca. 22 €/Pers.
Camping – **De Noordduinen:** Campingweg 1, Katwijk aan Zee, Tel. 071 402 52 95, www.noordduinen.nl, 2 Pers. 17–36 €. In den Dünen, mit Laden und Café.

Katwijk und Noordwijk

Eine der Hauptattraktionen Scheveningens: die 381 m lange Seebrücke

Essen & Trinken

Gutbürgerlich – **De Zwaan:** Boulevard 111, Katwijk aan Zee, Tel. 071 401 20 64, www.restaurantdezwaan.nl, Di–So 11–21.30 Uhr, Lunchspeise ab 6 €, Hauptgericht ab 18 €. Typisch holländisches Restaurant in schöner Lage direkt am Strand. Schöner Ausblick aufs Meer von windgeschützter Terrasse. Fisch-, Grill- und Fleischspezialitäten.

Borrels, uitsmijters und mehr – **The Comedy:** Boulevard 70, Katwijk aan Zee, Tel. 071 407 76 24, www.thecomedykatwijk.nl, Di–So 11–24 Uhr, Hauptgericht ab 15 €. Grand Café mit großen und kleinen Speisen. Schöne Lage am Strand.

Große Vielfalt – **Friends:** Boulevard 68, Tel. 071 401 00 09, Katwijk aan Zee, www.friendskatwijk.nl, tgl. 10–24 Uhr, kleine Lunchspeise ab 3 €, Hauptgericht ab 12 €. Gemütliches Grand-Café-Restaurant am Strand. Pastas, Pfannkuchen, Suppen, Omelettes, Hamburger, Fisch, Fleisch und Vegetarisches.

Vielseitig – **Zuiderbad:** Koningin Astridboulevard 104, Noordwijk aan Zee, Tel. 071 362 05 51, www.zuiderbad.nl, März–Okt. Mo–Fr ab 10, Sa, So 9.30–22, Nov.–Feb. Mo–Do 10–18, Fr–So 9.30–24 Uhr, kleine Lunchspeise ab 5 €, Hauptgericht ab 18 €. Im Winter Glühwein oder Erbsensuppe am offenen Kamin, im Sommer eine Erfrischung auf der Terrasse am Strand. Die Speisekarte ist vielseitig und reicht von *broodjes* über *pannenkoeken* und Fisch- und Fleischgerichte bis zu Vegetarischem.

Grand Café – **Binnen op Zee:** Parallel Blvd. 4, Noordwijk aan Zee, Tel. 071 361 56 20, www.binnenopzee.nl, Di–Fr 16–21.30, Sa, So ab 12 Uhr, Lunchspeise ab 3,50 €, Hauptgericht ab 15 €. Abwechslungsreiche Speisekarte mit Evergreens, großen und kleinen Salaten, Quiches, Geflügel, Fisch und Fleisch. Mit Lesetisch.

Noord- und Zuid-Holland

Eetcafé – **De Klucht:** Abraham van Royenstraat 108, Noordwijk aan Zee, Tel. 071 361 91 72, www.deklucht noordwijk.nl, Do–Di 17–24 Uhr, Hauptgericht ab 17 €. Einfache Speisen; ein vegetarisches Tagesgericht findet man auf der Tafel.

Abends & Nachts

Musisch – **Theater de Muze:** Wantveld 2, Noordwijk aan Zee, Tel. 071 364 62 26, www.demuzenoordwijk. nl. Cabaret, Musicals, Tanz, Konzerte etc.

Infos & Termine

VVV: Voorstraat 41, Katwijk aan Zee, Tel. 071 407 54 44, www.vvvkatwijk.nl.
Visitor Center: De Grent 8, Noordwijk aan Zee, Tel. 071 361 93 21, www. noordwijk.info
April: Blumenkorso im Bollenstreek, www.bloemencor so-bollenstreek.nl, von Noordwijk nach Haarlem.
Bus: Verbindungen nach Den Haag, Haarlem, Leiden.
Fahrradverleih: Nico's Fietsplus, Zuidstraat 65, Katwijk aan Zee, Tel. 071 407 16 68, www.nicosfietsplus.nl, Di, So geschl.; Mooijekind, Schoolstraat 45, Noordwijk aan Zee, Tel. 071 361 28 26, www.mooijekind-fietsen.nl.

Leiden ▶ D 6

Die älteste Universitätsstadt des Landes (120 000 Einw.) hat sich den reizvollen Charme eines alt-holländischen Ortes bewahrt. Bereits die Römer hatten hier eine Siedlung errichtet: Lugdunum Batavorum. Im 14. und 15. Jh. kam Leythen (»an den Wasserläufen«) durch Tuchmacherei zur wirtschaftlichen Blüte, im 16. Jh. war es die größte Stadt Hollands.

1574 wurde Leiden monatelang von den Spaniern belagert, über 4000 Einwohner starben. Dennoch trotzte die Bevölkerung weiterhin dem Feind. Wilhelm der Schweiger bereitete der Belagerung schließlich ein Ende. Zur Belohnung für ihre Tapferkeit durften die Leidener zwischen Steuerfreiheit und einer Universität wählen – sie wählten Letzteres. Gelehrte aus ganz Europa kamen fortan nach Leiden, so zum Beispiel der französische Philosoph Descartes.

Doch war Leiden nicht nur ein Ort der Wissenschaft, sondern auch der Kunst. Die Maler Lucas van Leyden, Jan Steen, Wilhelm van de Velde der Ältere und der Jüngere und vor allem Rembrandt van Rijn erlangten große Berühmtheit.

De Burcht
Burgsteeg 14
Am Zusammenfluss von Oude und Nieuwe Rijn liegt auf einem 12 m hohen, um 1150 aufgeschütteten Hügel diese Zitadelle, von deren Ringmauer man eine schöne Aussicht auf die Stadt hat. 1574 war von hier der spanische Belagerungsring zu überblicken, und von hier leitete der damalige Bürgermeister Van der Werff die Verteidigung der Stadt.

Hofjes in der Middelstegracht
Östlich liegt das idyllische, um 1500 erbaute **St. Annahofje** (Middelstegracht 2), dessen Kapelle den Bildersturm unbeschädigt überstanden hat. Malerisch ist auch das **Schachtenhofje** (Middelstegracht 27).

St. Pieterskerk
Kloksteeg 16, www.pieterskerk.com, im Sommer: Mo–Fr 10–16, Sa, So 13.30–16, sonst tgl. 13.30–16 Uhr
Am Pieterskerkhof ragt, von zahlreichen Cafés, Restaurants und An-

158

Leiden

tiquitätenläden umringt, die spätgotische St. Pieterskerk empor. In ihr findet man etliche interessante Grabsteine: den ältesten Hollands mit dem Relief zweier Leidener Bürger des 15. Jh.; den des Ludolf van Ceulen, der das Ergebnis seiner Forschung, die bis zur 35. Stelle hinter dem Komma errechnete Zahl Pi, in seinen Grabstein meißeln ließ, und den des Oberhauptes der Puritaner, John Robinson, der die Pilgrim Fathers nach Amerika schickte, selbst zu krank war und zurückblieb.

Gegenüber der Kirche steht das **Gravensteen** (13. Jh.) genannte ehemalige Gefängnis, heute Sitz der Juristischen Fakultät.

Hortus Botanicus
Rapenburg 73, www.hortus.leiden univ.nl, April–Okt. tgl. 10–18, Nov.–März Di–So 10–16 Uhr, 6/2–3 €
Jenseits der schönsten Gracht im Lande, der **Rapenburg,** liegt der berühmte, 1590 angelegte Botanische Garten der Universität, in dem über 6000 verschiedene Pflanzen wachsen. Hier pflanzte Carolus Clusius 1594 die ersten Tulpen Hollands.

De Put und Morspoort
Nicht versäumen sollte man zwei der beliebtesten Fotomotive der Stadt: die **Mühle De Put** (Park de Put 11, am Zusammenfluss von Witte Singel und Rhein) und das dahinter liegende **Morspoort,** ein Festungstor aus dem Jahr 1669.

Leiden American Pilgrim Museum
Beschuitsteeg 9, Mi–Sa 13–17 Uhr, 4 €
Winziges Museum, dokumentiert das Leben der nach Leiden emigrierten englischen Puritaner, die 1620 mit der »Mayflower« in die Neue Welt segel-

ten und als Pilgrim Fathers in die Geschichte eingingen.

Rijksmuseum van Oudheden
Rapenburg 28, www.rmo.nl, Di–So (in den Ferien tgl.) 10–17 Uhr, 9,50/3–7,50 €
Topmuseum mit unzähligen archäologischen Grabungsfunden aus Ägypten, Mesopotamien, Griechenland und dem Römischen Reich.

Museum Boerhaave
Lange St. Agnietenstraat 10, www. museumboerhaave.nl, Di–So 10–17 (in den Ferien Mo–Sa), Fei 10–17 Uhr, 9,50/4,50–5,50 €
400 Jahre Naturwissenschaften und Heilkunde unter einem Dach, mit Schwerpunkt Niederlande. Zu den Top-Exponaten zählen Leeuwenhoeks Mikroskope und die älteste Pendeluhr von Christiaan Huygens.

Museum de Lakenhal
Oude Singel 32, www.lakenhal.nl, Di–Fr 10–17, Sa, So, Fei 12–17 Uhr, 7,50/4,50 €
Eine kulturgeschichtliche Reise in die Vergangenheit der Stadt vom 16. Jh. bis heute. Unter den Exponaten sind auch Meisterwerke von Rembrandt, Lucas van Leyden und Jan Steen.

Molenmuseum De Valk
2. Binnenvestgracht 1, http://molen devalk.leiden.nl, Di–Sa 10–17, So, Fei 13–17 Uhr, 4/2–3 €
Windmühle von 1743 mit Wohnung, Werkstatt und Schmiede des Müllers. Außerdem gibt es hier die größten Delfter Kacheln und manches mehr.

Museum Volkenkunde
Steenstraat 1, www.volkenkunde.nl, Di–So, Fei 10–17 Uhr, 11/5–8 €
Faszinierende ethnografische Sammlungen, häufig Sonderausstellungen.

159

Noord- und Zuid-Holland

Leiden besticht durch sein altholländisches Stadtbild

Übernachten

Jugendstil – **Marienpoel:** Marienpoelstraat 1 a, Tel. 071 528 35 39, www.marienpoelhotel.nl, DZ 117–158 €. Wunderschönes Jugendstilhaus von 1907, mit stilvollem modernen Komfort. In den 9 geschmackvoll eingerichteten Gästezimmern und Apartments mit Kitchenette fühlt man sich schnell wohl. Schöne Terrasse.
Romantisch – **Nieuw Minerva:** Boommarkt 23, Tel. 071 512 63 58, www.nieuwminerva.nl, DZ ab 116 €. In einem der sechs historischen Grachtenhäuser des 16. Jh., aus dem das Hotel besteht, wohnte 1830 J. R. Thorbecke, der Vater der niederländischen Verfassung. Romantiker sollten unbedingt eines der 13 luxuriösen Stilzimmer wählen.
Fürstlich – **De Doelen:** Rapenburg 2, Tel. 071 512 05 27, www.dedoelen.com, DZ 105–135 €, Frühstück 7,50 €/Pers. Gelegen an einer der schönsten Grachten der Stadt, zählt das in einem stattlichen Patrizierhaus von 1638 eingerichtete

Leiden

Hotel zu den besten der Stadt. Hohe Stuckdecken und offene, von Kacheln eingerahmte Kamine im Frühstückssaal und in einigen der Zimmer versprühen eine Note von Noblesse.

Großzügig – **Bed en Beschuit:** Beschuitsteeg 10, Tel. 06 44 86 22 20, www.bedenbeschuit.nl, 2 Pers. 95 €. Im Schatten der Hooglandse Kerk und nur 50 m von der Burcht, ebenerdig und mit eigenem Eingang bietet das Apartment einen idealen Ausgangspunkt für die Erkundung der Stadt Leiden. Die Zimmer – ein lichtdurchflutetes und stilvoll eingerichtet großes Wohn-/Schlafzimmer, eine Kitchenette und ein luxuriöses Bad – sind wahrlich ein Gedicht.

Essen & Trinken

Koffiebar – **Catwalk:** Steenstraat 30, tgl. 9–18.30, Mo ab 10 Uhr, Speisen 3–10 €. Zwei Dutzend verschiedene Kaffees und ein Dutzend Tees, dazu Toasts, *pistoletjes,* Sandwiches und Bagels – gut geeignet für eine Pause während des Bummels.

Niveauvoll – **Mangerie de Jonge Koekop:** Lange Mare 60, Tel. 071 514 19 37, www.koekop.nl, Mo–Sa ab 17.30 Uhr, Hauptgericht ab 23 €. Schwarz-weißes Interieur, zwar ein bisschen eng, aber gemütlich. Klassische französische und internationale Cuisine, sehr schmackhaft, außerdem niveauvolle Hausweine.

Pfannkuchen – **Pannekoekebacker:** Steenstraat 45–47, Tel. 071 514 23 43, tgl.12–20.30 Uhr, ab 7 €. Dutzende Sorten Pfannkuchen.

Mehr als nur ein Eetcafé – **Troubadour:** Breestraat 56, Tel. 071 514 10 00, www.troubadour.nu, Di–Sa ab 17.30 Uhr, 3-Gänge-Menü 23,50 €, Hauptgericht 17,50 €. Burgundische Küche, gemütlich eingerichtet, absolut faire Preise.

Pfannkuchen – **Oudt Leyden:** Steenstraat 49, www.oudtleyden.nl, tgl. 11.30–21.30 Uhr, 7–12 €. Köstliche Pfannkuchen – Durchmesser 40 cm! – und Pfannkuchenspezialitäten, serviert auf Delfter Blau. Hier haben schon Winston Churchill und der Dalai Lama gespeist.

Aktiv

Per pedes – **Stadtführungen**: verschiedene Themen, vom Visitor Centre (s. u.) organisiert.

Bootsfahrten – **Rederij Rembrandt**: Tel. 071 513 49 38, Grachtenrundfahrten, Abfahrt vom Beestenmarkt.

Selbst Schippern – **Bootjes en Broodjes:** Blaupoortbrug 1, Tel. 0622 61 05 52, www.bootjesenbroodjes.nl. Selbst mit dem Motorboot die Stadt erkunden.

Abends & Nachts

Großes Angebot – **Theater:** In der Universitätsstadt gibt es zahlreiche kleine Theater, Infos und Karten beim VVV.

Auf ein Bierchen – **North End:** Noordeinde 55, www.north-end.nl. Typisch englischer Pub – the dutch way.

Dancing – **In Casa:** Lammermarkt 100, www.incasa.nu. Livemusik, Dancing und Party.

Vielerlei Kultur – **De Burcht:** Burchtsteeg 14, Tel. 071 514 23 89, www.deburchtleiden.nl. Livemusik, Theater und Lesungen.

Infos & Termine

Infos

Visitor Centre: Stationsweg 41, Tel. 071 516 60 00, http://portal.leiden.nl.

Termine

Jan.: Leidse Jazzweek, Innenstadt.
Juni/Juli: Leidse Lakenfeesten, Fischer-

161

Noord- und Zuid-Holland

umzug, Wettstreit der Straßenmusiker, Jahrmarkt, Tuchmarkt.
2./3. Okt.: Leidse Ontzet, großer historischer Umzug zum Gedenken an die Befreiung von den Spaniern im Jahr 1574, mit großem Eintopf-Essen.

Verkehr
Bahn: von/nach Amsterdam, Den Haag, Gouda, Haarlem, Schiphol, Utrecht.
Bus: von/nach Katwijk, Wassenaar.
Fahrradverleih: am Bahnhof, Stationsplein 3–5, Tel. 071 512 00 68.
Günstig parken: Parkplatz Haagweg am Stadtrand, Pendelbusse fahren.

Gouda ▶ E 7

Pittoreskes Zentrum der Käsestadt ist der Marktplatz mit dem prunkvollen flämisch-gotischen Stadhuis von 1450 und der Käsewaage von 1668. Hier findet im Sommer der berühmte **Käsemarkt** statt, bei dem Träger die Käse auf Holztragen zur Waage bringen.

St. Janskerk
www.sintjan.com, März–Okt. Mo–Sa 9–17, Nov.–Feb. 10–16 Uhr, 3,50/2–2,50 €
Die spätgotische und mit 123 m die längste Kirche der Niederlande ist berühmt für die **Goudse Glazen**, 70 wunderschöne, teils aus dem 16. Jh. stammende glasgemalte Fenster mit biblischen Szenen, die den Bildersturm überstanden haben.

Museum Gouda
Catharina Gasthuis, Achter de Kerk 14, www.museumgouda.nl, Di–Fr 11–17, Sa, So 12–17 Uhr, 7/5 €
Das **Catharina Gasthuis** war einst Krankenhaus und Herberge. Außer der alten Stadtapotheke, der Krankenhausküche

und Räumen der Chirurgengilde ist die Dolcel, in der geistig Behinderte eingeschlossen wurden, zu sehen. Exponate zur Geschichte Goudas, historisches Spielzeug und beachtliche Gemälde, u. a. von Ferdinand Bol und Jan Steen, ergänzen die Ausstellung.

Übernachten

Gemütlich – **B&B De Kamer Hiernaast:** Komijnsteeg 1, Tel. 0182 58 28 55, www.dekamerhiernaast.nl, DZ 80 €. Nur wenige Schritte vom Herzen der Stadt bieten Sandra und Arnaud den Gästen eine gemütliche Unterkunft mit geräumigem, stilvoll dekoriertem Wohn-/Schlafbereich, Internetzugang, eigenem Bad/WC. Eine Minibar und alles, um selbst Kaffee oder Tee aufzusetzen, gibt es auch. Leckeres Frühstück in der gemütlichen Küche der Gastgeber.
Freundlich und zentral – **Hotel de Keizerskroon:** Keizerstraat 11, Tel. 0182 52 80 96, www.hotelkeizerskroon.nl, DZ 55–75 €. Angenehmes kleines Hotel mit 10 Zimmern, davon 4 Budget-Zimmer, alle freundlich eingerichtet. Auf dem Zimmer können Sie Kaffee oder Tee zubereiten, es gibt Gratis-WiFi und Fahrradverleih. Den Tag können Sie in der geselligen Bar ausklingen lassen.
Camping – **De Reeuwijkse Hout:** Oudeweg 9, Reeuwijk, Tel. 0182 39 59 44, www.campingreeuwijk.nl, 2 Pers. ab 16 €. Stellplätze am See, Sand strand, Wassersport, Spielplatz.

Essen & Trinken

Mediterran – **Lavendel:** Achter de Kerk 5, Tel. 0182 68 62 02, www.restaurant lavendel.nl, tgl. 17–22 Uhr, Monatsmenü ca. 28 €, A-la-carte-Gericht ab 16 €. Einrichtung und Essen mit mediterranem Hauch, schöne Terrasse. Fisch und Fleisch, auch Vegetarisches.

Eetcafé – **Tante Tee:** Markt 16, Tel. 0182 52 95 22, www.eetcafetantetee.nl, Mo–Mi, So 11–24, Do bis 2.30, Sa 10–2.30 Uhr, Hauptgericht ab 15 €. Kaffee und Kuchen, Lunch, *Borrels* (mit gratis *borrelhapjes*) und Dinner in lockerer Atmosphäre, spätabends Musik zum Mitsingen und Swingen, samstags mit DJ. Schöne Lage am Markt.

Prima Pfannkuchen – **Brasserie 't Bakhuys:** Markt 3, Tel. 0182 58 09 10, www.bakhuysgouda.nl, Mi–Sa ab 11, So ab 15 Uhr. Leckere Pfannkuchen aller Art (ab 6 €), Kindergerichte (ca. 4–6,50 €) wie den Piraten- oder Prinsessenpannenkoek, außerdem Brasseriegerichte (ca. 14 €). Im Sommer sitzt man auch draußen mit schöner Aussicht auf das Rathaus.

Infos & Termine

VVV: Goudse Waag, Markt 35, Tel. 0182 58 91 10, www.welkomingouda.nl.

Ende Juni–Ende Aug.: Käse- und Handwerkermarkt, Marktplatz, Do 10–13 Uhr. Historischer Käsehandel, Vorführungen von Käse-, Holzschuh- und Pfeifenherstellung, Fayencenmalen.

Bahn: Verbindungen nach Amsterdam, Den Haag, Rotterdam, Utrecht.

Fahrradverleih: am Bahnhof, Burgemeester Jamesplein 1, Tel. 0182 51 61 11.

Dordrecht ► E 8

In der Stadt (118 500 Einw.) mit dem bedeutenden Hafen am Zusammenfluss mehrerer Wasserläufe mit der Oude Maas wurde Geschichte geschrieben: Hier verbündeten sich 1572 die Städte Hollands unter Wilhelm I. von Oranien gegen die Spanier, und hier tagte 1618 die Dordtse Synode, auf der sich im Glaubenszwist die strengen Calvinisten durchsetzten. Im Hafengebiet mit seinen historischen Patrizier- und Speicherhäusern steht am Maasufer das Stadttor Groothoofdspoort (17. Jh.). Von hier hat man einen herrlichen Blick auf die rege befahrenen Gewässer. Das alte Dordrecht findet man auch in Werken des großen Malers Albert Cuyp in Dordrechts Museum. Übrigens: Dordrechter nennen ihre Stadt kurz und knapp Dordt.

Dordrechts Museum

Museumstraat 40, www.dordrechts museum.nl, Di–So 11–17 Uhr, 10/5–6 €
Interessante Sammlung von Werken berühmter Dordrechter Maler wie Albert Cuyp, Samuel van Hoogstraten, Nicolaas Maes, Ferdinand Bol und der Gebrüder Van Strij, aber auch Werke der Amsterdamer Impressionisten und der Haager Schule.

Grote Kerk

Lange Geldersekade 2, www.grote kerk-dordrecht.nl, April–Okt. Di–Sa 10.30–16.30, So, Fei 12–16, Nov., Dez. bis zum Weihnachtsmarkt Di, Do, Sa 14–16 Uhr, Turm 1/0,50 €
Sehenswert im markanten Wahrzeichen der Stadt, der im Stil Brabanter Gotik erbauten Grote Kerk (15. Jh.), ist vor allem das im Renaissancestil geschnitzte Chorgestühl mit biblischen Szenen und Darstellungen der Triumphzüge Kaiser Karls V. Besonderheit der Kirche: Ihr wuchtiger Kirchturm (schöne Aussicht!) trägt anstelle einer Spitze barocke Turmuhren.

Huis Van Gijn

Nieuwe Haven 29, www.simonvangijn.nl, Di–So 11–17 Uhr, 7/3,50 €
Den Reichtum der Patrizier bezeugt das am Hafen gelegene Kaufmannshaus von Simon Van Gijn (1836–1922) mit seinen authentisch möblierten

163

Noord- und Zuid-Holland

 Mein Tipp

Mit dem Flüsterboot in den Biesbosch
Langsam und geräuschlos über das Wasser gleiten und dabei der Natur nahe sein – die Naturführerin Edith van de Merwe kennt den Biesbosch wie ihre Westentasche und bietet kundige Flüsterbootfahrten an. (Infos: Tel. 0634 25 18 20 oder 078 622 49 34, www.pakjebiezen.nl.)

Salons und Sälen, dem Wintergarten, der Küche, dem altholländischem Arbeitszimmer und der Bibliothek. Eine Rarität ist das Zimmer mit vergoldeter Ledertapete.

Übernachten

Originell – **Hotel de Watertoren:** Kromme Zandweg 80, Tel. 078 622 44 11, www.hoteldewatertoren.nl, DZ ca. 120 €. Hotel mit stylish eingerichteten Gästezimmern im Wasserturm (luxuriöse Badezimmer). Im Café De Waterjuffer unten im Turm gibt's Frühstück, hier kann man auch lecker speisen.
Naturnah – **De Kop van't Land:** Zeedijk 32, Tel. 078 630 06 50, www.kopvanhetland.nl, DZ 89 €. Wer hier auch zu Abend speist oder mehr als eine Nacht bleibt, zahlt nur 79 €/Nacht. Heimelige Herberge mit 3 Gästezimmern und 2 Apartments – alle mit eigenen Badezimmern – am Rand des Nationalparks De Biesbosch (s. S. 165; Fahrräder stehen bereit). Ausgezeichnetes vegetarisches Herbergsrestaurant.
Idyllisch – **B & B Het Tuinhuis:** Dubbeldamseweg Zuid 362, Tel. 078 614 99 24, www.bedandbreakfasthettuinhuis.nl, Apartment für 2 Pers. 80 €. Gackernde Hühner, deren frisch gelegte Eier morgens zum Frühstück serviert werden, ein Garten mit schattigen Bäumen und Rhododendron, und mitten drin ein schmuckes, hölzernes Gartenhäuschen – Ihr temporäres Zuhause (Schlaf- und Wohnzimmer, Küche).
Hostel – **Stayokay Dordrecht:** Baanhoekweg 25, am Rand des Hollandse Biesbosch, Tel. 078 621 21 67, www.stayokay.nl, ab ca. 20 €/Pers.

Essen & Trinken

Poffertjes & Pannenkoeken – **Pim's:** Nieuwstraat 19, Tel. 078 631 27 09, www.pimspofenpan.nl, Mi, Fr 12–19.30, Do, Sa bis 20.30, So 13–20.30 Uhr. Leckere Pfannkuchen (ab 4 €), außerdem Poffertjes (ab 5 €) und gefüllte Flensjes (ab 9 €). Gemütliches Lokal.
Sicht auf die Maas – **Zomerlust:** Zomerlust 9, Zwijndrecht, Tel. 078 682 21 45, www.restaurantzomerlust.nl, Brasserie tgl. ab 11, Restaurant Di–Fr Lunch und Dinner ab 12, Sa nur Dinner ab 17 Uhr, Brasserie-Lunch (3 Gänge) 20–25 €, à la carte ab 17 €. Schöne Aussicht auf die Oude Maas und das alte Dordrecht vom ersten Stock und den Terrassen. Französisch-holländische Küche mit Leckereien wie Entenbrust- und Lammfilet. Die Spezialität ist Entrecôte (23 €).
Tapasbar – **Het Vlak:** Vlak 11, Tel. 078 613 10 88, www.hetvlak.nl, Di–So 16–24 Uhr. Tapas ab 4 €. Kleines, gemütliches Lokal mit freundlichem Personal, im Sommer sitzt man auch draußen.
Niederländisch-belgisch – **Knollen Citroenen:** Groenmarkt 8, Tel. 078 614 05 00, www.knollen-citroenen.nl, Mi–Fr ab 18, Sa, So ab 17, Küche bis 22 Uhr, Hauptgericht ab 19 €. Niederländische Küche wie bei Großmutter, verfeinert und mit regionalen Einflüs-

sen. Saisonale Zutaten wie Spargel, Muscheln und Wild.

Einkaufen

Kunstroute – **Kunstrondje Dordt:** www.kunstrondjedordt.nl. Dordrecht – ein Eldorado für Kunstinteressierte und -sammler. Entlang der Route (Broschüre beim VVV) liegen Galerien, Antiquitäten-, Kunsthandwerks- und Kuriosaläden sowie Antiquariate.

Aktiv

Auf Gracht und Fluss – **Fahrten:** Waterrondje Dordt, De Stroeper, Wijnbrug 3, Tel. 078 613 00 94, April/Mai und Sept./Okt. tgl. 14–17, Juni–Aug. tgl. 11–17 Uhr, Abfahrt: Wijnbrug, jede volle Stunde. Kartenverkauf im Restaurant Stroper am Ableger.

Abends & Nachts

Theater – **Schouwburg Kunstmin:** St. Jorisweg 76, Tel. 078 639 79 79, www.kunstmin.nl.
Mehr als 150 Biere – **De Tijd:** Voorstraat 170, Tel. 078 613 39 97, www.detijd.nu, Mi–Mo ab 16 Uhr. Was die Bier-Reklameschilder versprechen, hält die Bierkarte bereit, u. a. Trappisten- und Abteibiere aus Belgien, die in ihren spezifischen Gläsern auf den Tisch kommen.

Infos & Termine

Infos
VVV Zuid-Holland Zuid: Spuiboulevard 99, Tel. 0900 463 68 88, www.vvvdordrecht.nl.

Termine
Mai/Juni: Dordt in stoom, www.dordtinstoom.nl, größtes Dampffest Europas, mit allem, was dampft: Dampfschiffen, Dampfzügen, Dampfmaschinen und Veteranenbussen. Das Fest hat zuletzt 250 000 Besucher angelockt.
Mai/Juni: Keltfest, www.keltfest.nl. Großes keltisches Fest im Hollandse Biesbosch mit Keltischem Dorf, Tanz und Musik, Highland Games und vielem mehr.
Juli: Academica Big Rivers, www.bigrivers.nl, großes Festival mit zahlreichen Bands, Musikfilmen, Poeten und Sängern.
Juli: Dordtse Boekenmarkt, www.dordtseboekenmarkt.nl, großer jährlicher Büchermarkt in der historischen Innenstadt.

Verkehr
Bahn: von/nach Amsterdam, Arnhem, Breda, Den Haag, Eindhoven, Vlissingen.
Fahrradverleih: am Bahnhof, Stationsplein 6, Tel. 078 635 68 30.

Nationaal Park De Biesbosch ▶ E 8

Biesboschcentrum in Dordrecht: Baanhoekweg 53, Tel. 078 630 53 53, Besucherzentrum in Drimmelen: Biesboschweg 4, Tel. 0162 68 22 33, www.np-debiesbosch.nl
Von Binsen gesäumte Wasserläufe durchziehen das Sumpfland des 7100 ha großen Naturschutzgebietes, in dem zahlreiche Wasservögel, Eulen, Fledermäuse, ja sogar Biber heimisch sind. Das Sumpfland entstand nach der St. Elisabethflut im Jahr 1421.

Den Nationalpark kann man zu Fuß oder mit dem Fahrrad erkunden. Zu einem besonderen Erlebnis wird eine Fahrt mit dem Kajak, Kanu, Ruder- oder Elektroboot (s. auch S. 164) auf den Wasserläufen dieser Landschaft.

Das Beste auf einen Blick

Westfriesische Inseln

Highlight !

Texel: Die größte der Westfriesischen Inseln ist nur einen Katzensprung vom Festland entfernt und besticht durch ihre Vielseitigkeit: Ihre unendlich langen Sandstrände laden zum Baden im Meer, hübsche Badeorte zum Bummel und über 100 km lange Rad- und Wanderwege zu ausgedehnten Erkundungstouren in die herrlichen, naturbelassenen Gebiete ein. Wer möchte, kann sich tagsüber aus mehreren Tausend Metern am Fallschirm auf die Insel stürzen und später dann ins Disco-Nachtleben eintauchen; sogar ein Kino hat man hier – das einzige von allen Inseln. S. 168

Auf Entdeckungstour

Inselhüpfen von Texel nach Vlieland: Mal eben von Texel nach Vlieland hüpfen, das ist schon ein kleines Abenteuer. Die Reise führt über wackelige Bootsstege auf das alte Motorfrachtschiff ›De Vriendschap‹, das der Kapitän auch noch bei Windstärke 6 durch den Sturm über das Engelschmangat steuert. Anschließend geht es mit dem ›Vliehors Expres‹, einem umgebauten Militärlaster, durch die ›Sahara von Vlieland‹ zum Posthuys, und von dort mit dem *fiets* in den einzigen Ort der Insel, nach Oost-Vlieland. Stunden später nimmt man die gleiche Route zurück. S. 174

Kultur & Sehenswertes

EcoMare (Texel): Interessantes zu allem, was im Watt und in der Nordsee kreucht und fleucht. Attraktion: die Seehundauffangstation, in der kranke Seehunde gepflegt und elternlose Heuler aufgepäppelt werden. Täglich kann man öffentlichen Seehundfütterungen zusehen! S. 170

Pferde-Rettungsboot (Ameland): Früher Realität, heute für Besucher der Insel inszeniert: Zehn Pferde schleppen ein Rettungsboot im Eiltempo zum Strand, durch die Brandung und ins Meer. S. 183

Aktiv unterwegs

Fallschirmspringen (Texel und Ameland): Hier kann man den Sprung aus dem Flugzeug erlernen und sich die Welt von oben anschauen. S. 173, 188

Zu Fuß zu den Inseln: Mit Führern durchs Watt zu den Inseln wandern – ein einmaliges Naturerlebnis! S. 188

Genießen & Atmosphäre

Fruchtige Cranberries (Terschelling): In der Cranberry Cultuur Skylge werden sie angebaut und zu Cranberrysaft, -wein, -sirup, -marmelade und -senf verarbeitet. »Komm probieren«. S. 179

Das Graceland der Inseln (Terschelling): Jukebox, alte Transistorradios, Red-Indian Benzinzapfsäule und fetziger Rock 'n' Roll: Im Strandpavillon Heartbreak-Hotel erinnert alles an die 1950er-Jahre und an Elvis. S. 182

Abends & Nachts

Theater-Restaurant Klif 12 (Texel): In der restaurierten Scheune in Den Hoorn wird beim Diner-Cabaret zwischen den vier Gängen Cabaret, Gesang und Tanz dargeboten. S. 172

Discofieber (Texel): Wenn in den anderen Inseldörfern das Licht ausgeht, geht es in De Koogs Ausgehmeile erst so richtig los. S. 173

Westfriesische Inseln

Sonnenbaden und Schwimmen, Surfen, Strand- und Wattwandern, *fietsen* durch Wälder und Wiesen, Natur entdecken in Dünen und Watt, Bummeln durch Hafenstädtchen, Meeresfrüchte schlemmen – man kommt zum Auftanken auf die Waddeneilanden.

Infobox

www.wadden.nl
Informationen über die niederländischen Watteninseln (u. a. Dt.).

www.texel.net, www.vlieland.nl, www.vvvterschelling.nl, www.vvvameland.nl, www. vvvschiermonnikoog.nl
Infos (auch in dt.) über die Inseln und über das touristische Angebot (Last Minute, Buchung von Unterkünften, Arrangements etc.).

www.waddenkiosk.nl
Infos zu den Inseln, zudem die Möglichkeit, Bücher (nl.) und Produkte der Watteninseln wie Cranberry-Delikatessen zu ordern (nur nl.).

Anreise und Weiterkommen
Die Anreise erfolgt mit der Fähre, nach Vlieland und Terschelling auch mit dem teureren Personen-Schnellboot. Wer seinen Wagen nach Ameland oder Terschelling mitnehmen möchte, muss weit im Voraus reservieren, nach Texel ist das nicht nötig. Vlieland und Schiermonnikoog sind autofrei, man muss sein Fahrzeug auf dem Festland zurücklassen. Im Sommer kann man mit dem Boot von Insel zu Insel hoppen. Auf den Inseln kommt man mit dem Bus von Ort zu Ort. Oder man mietet sich ein *fiets;* einen Fahrradverleih findet man in jedem Ort.

Schöne Kommandeurshäuser und manch Walfischknochen im Gartenzaun erinnern an frühere Zeiten. Ab dem 14. Jh. boten die an der Zufahrt zu den großen Handelshäfen in der Zuiderzee gelegenen Inseln den Kauffahrern, darunter die legendären Ostindienfahrer, Schutz vor Sturm und Piraten. Hier wurden Trinkwasser und Proviant gebunkert und Schäden an Schiffen repariert. Walfang und das *strandjutten* (Strandgut sammeln) trugen zum Wohlstand der Insulaner bei, die Seekriege gegen England im 17. Jh. füllten die Geldbeutel der Schiffsbauer und Ausrüster. Einheimische Kapitäne, die es zu etwas gebracht hatten, errichteten in den Siedlungen stattliche Kommandeurshäuser.

Als Napoleon Ende des 18. Jh. die Kontinentalsperre gegen England verhängte, leitete er damit den Niedergang von Schiffbau und Seehandel auf den Inseln ein. Die Fertigstellung des Noordzeekanals zwischen Amsterdam und IJmuiden im Jahr 1824 machte die meisten inselansässigen Lotsen brotlos und bedeutete einen weiteren Wirtschaftseinbruch. Heute leben die Insulaner von Fischfang, Schafzucht, ein wenig Ackerbau und Milchwirtschaft, insbesondere aber vom Tourismus.

Texel!

Nur 20 Min. mit der Autofähre von Den Helder – und Sie sind auf der westlichsten und mit 25 x 8 km größten der Watteninseln. Die schönsten Badeorte sind De Koog an der Nordseeküste und De Cocksdorp am Nordende der Insel. Gebadet werden darf (fast) überall an dem 25 km langen Sandstrand, der sich entlang der ganzen Westseite der Insel erstreckt.

Im **Nationalpark Texelse Duinen** mit den Naturgebieten De Slufter und De

Muy lassen sich herrliche Rundwanderungen unternehmen und zahlreiche Vogelarten beobachten, am besten während geführter Exkursionen.

Die Insel lässt sich mühelos mit dem *fiets*, dem Bus und per pedes erkunden. 135 km Radwege und zahlreiche Wanderwege führen durch Dünen, Wälder, Wiesen und Marschen. Die schönsten Routen sind in Broschüren zusammengestellt, die beim VVV erhältlich sind.

Im Inselinneren fallen die *skijpeboetes* ins Auge, wie halbierte Bauernhäuser aussehende Schafställe, deren Bewohner die Insel zu Tausenden bevölkern. Lammfleisch, das durch das von den Tieren verspeiste salzhaltige Gras einen würzigen Eigengeschmack hat, steht ganz oben auf der Speisekarte.

Den Hoorn ▸ E 3

Dem Fährhafen 't Horntje am nächsten liegt das im Frühjahr von bunten Blumenfeldern umgebene Den Hoorn mit zahlreichen historischen Lotsenhäusern und der 500 Jahre alten Dorfkirche mit ihrem weißen Turm.

Den Burg ▸ E 3

Kleinstädtisch wirkt Texels größtes Dorf Den Burg mit seinen zahlreichen Geschäften, Restaurants und Lokalen, es gibt sogar ein Kino. Im Zentrum bietet der Turm der **Hervormde Kerk** (15. Jh.) eine schöne Aussicht. In der ringförmig um die Kirche angelegten Fußgängerzone lässt es sich herrlich flanieren.

Oudheidkamer
Kogerstraat 1, April–Okt. Mo–Fr 11–17, Sa, So 14–16 Uhr, 3,25/1,50 €

Eine Wohnstube, in der auch geschlafen wurde, die Küche mit Wasserpumpe und der prächtige Salon, alles altholländisch eingerichtet, alte Gemälde und Trachten, in einem der ältesten Häuser (1599) der Insel – schöner Wohnen im 19. Jh. Ein kleiner Kräutergarten ist auch dabei.

Oudeschild ▸ E 3

Direkt am Wattenmeer liegt Oudeschild, Heimathafen der Texeler Fischereiflotte und Jachthafen für 300 Schiffe. Bei der nahe dem Hafen stehenden **Kornmühle Traanroeier** befindet sich das Museum der Strandgutsammler.

Kaap Skil Museum van Jutters & Zeelui
Heemskerckstraat 9, www.kaapskil.nl, Di–Sa 10–17, So ab 12 Uhr, Juli, Aug. auch Mo, 8,50/6,50 €
Strandgut zu sammeln *(jutten)*, ist auf Texel ganz normal. Man sammelt etwa Holz zum Hausbau oder zum Feuern, aber auch alles, was noch brauchbar oder nett anzusehen ist. Über ihre Funde erzählen die *jutter* gerne so manche Story. Hier sieht man aus dem Meer geborgene archäologische Schätze, teils unter Meerwasser, damit sie nicht zerfallen; hier werden Seilemachen und Fischräuchern demonstriert, man kann sich in alten Fischerhäuschen umsehen und das weltgrößte maritime Modell, das der Reede von Texel, bestaunen. Auch das Museum selbst ist den Besuch wert – das spektakuläre Gebäude von Mecanoo Architecten hat schon mehrere Architekturpreise gewonnen.

De Koog ▸ E 3

Einst ein winziges Fischernest, duckt sich das während der Badesaison stark

Westfriesische Inseln

Erst auf den Steg, dann aufs Boot: Ausflügler auf dem Weg nach Vlieland

besuchte De Koog hinter die Nordseedünen. Nur wenig entfernt liegt seine Hauptattraktion: das überaus sehenswerte Zentrum für Meeresökologie EcoMare.

EcoMare
Ruijslaan 92, www.ecomare.nl, tgl. 10–17 Uhr, 12/8 €
Interessantes zu allem, was so im Watt und in der Nordsee kreucht und fleucht. Führungen durch den 70 ha großen Dünenpark sowie in die Naturschutzgebiete und empfehlenswerte Naturexkursionen. Ein echter Clou ist der Wassersaal mit Fischbassins, Streichelbecken und Infos rund ums Wasser. Die absolute Attraktion ist allerdings die Seehundauffangstation, in der kranke Seehunde gepflegt und elternlose Heuler aufgepäppelt werden. Fütterung: 11 und 15 Uhr!

Schipbreuk- en Juttersmuseum
Pontweg 141, Abfahrt an Pfahl 13, Mo–Sa 10–17 Uhr, 4,50/2,50 €
Stolz präsentieren *jutter* im »ersten echten und größten Juttersmuseum der Welt«, eingerichtet auf dem einstigen Bauernhof Flora, ihre Schätze, wozu auch etliche uralte Traktoren und Landmaschinen gehören.

De Cocksdorp ▶ E 3

Das Dorf hat sich, an der Vielzahl der Hotels, Restaurants und Sportanlagen erkennbar, ganz dem Tourismus verschrieben. Am nördlichen Ende der Insel, gebildet aus der bis 1835 separaten Insel Eierland, weist Texels roter **Leuchtturm** den Schiffen den Weg durch das Eierlandse Gat. Am Strand bei der Rettungsstation werden **Bootsausflüge** zur Nachbarinsel

Texel

Vlieland (s. S. 176) und zu den See-hundbänken angeboten.

Cultuurhistorisch Museum
Hogereind 6, in De Waal, www.cultuurmuseumtexel.nl, 2 Wochen vor Ostern bis niederl. Herbstferien Di–Sa 10–17, So, Fei 13.30–17 Uhr, 4,50/2,50 €
Pferdewagen aller Art, authentisches Bauerngerät, Schmiede etc. – in und um den schönen, alten Bauernhof im Winzdorf De Waal wird das Landleben auf der Insel beleuchtet, wechselnde Kulturausstellungen gehen noch darüber hinaus.

Oosterend ▸ E 3

Mit seinen vielen alten, mit typischen grünen Holzgiebeln versehenen Häusern und der frühromanischen Kirche mit wuchtigem Turm (12. Jh.) ist das ruhige Dorf eine Zierde der Insel. Östlich steht die Poldermühle **'t Noorden** (Stuifweg 4), mit der der 1876 angelegte gleichnamige Polder trockengelegt wurde. Drehen sich die Flügel oder ist eine blaue Flagge gehisst, kann die Mühle besichtigt werden.

Übernachten

Harmonisch – **Op Diek:** Diek 10, Den Hoorn, Tel. 0222 31 92 62, www.opdiek.nl, DZ 88–150 € (auch HP möglich), bei nur 1 Nacht zzgl. 10 €, günstige Pauschalangebote. Übernachten Sie in einem riedgedeckten, ehemaligen Gülfhaus in einem der hellen, harmonisch eingerichteten Komfortzimmer. Gemütliche Hausbar, schöne windgeschützte Gartenterrasse.
Rooms with view – **Strandhotel Noordzee:** Badweg 200, De Koog, Tel. 0222 31 73 65, www.noordzee.nu, DZ ab 140 €. Die einmalige Lage direkt am Meer, die geräumigen, luxuriös und mit allem Komfort ausgestatteten Gästezimmer – einige mit Wasserbett und Dampfdusche – machen den besonderen Reiz dieses Hotels aus. Einladendes Restaurant mit schöner Terrasse und Wintergarten, leckerer Apfelkuchen, köstliche Fisch- und Lammgerichte.
Angenehm – **Pension Duinblick:** Ruijslaan 19, De Koog, Tel. 0222 31 74 66, www.duinblick.nl, DZ ab 60 €, am WE mind. 2, an langen WE und in den Ferien mind. 3 Nächte. In den 6 gemütlichen Gästezimmern – fast alle mit Dusche/WC – finden Sie auch Kühlschrank und Kaffeekocher. Einige haben einen kleinen Balkon. Am Ortsrand.
Gemütlich – **Carels Kamers:** Zeekral 8, De Koog, Tel. 0222 31 87 60, www.bedandbreakfasttexel.nl, DZ 65–75 €. In Carels gemütlichen Gästezimmern, jedes mit Bad/WC, TV, WiFi, Safe und Kühlschrank, kann man sich wohlfühlen. Unten gibt es eine Terrasse, im Obergeschoss einen Dachgarten. In 5 Min. ist man zu Fuß am Strand, im Wald oder Stadtzentrum.
Kleines B&B – **Ruysduyne B&B:** Ruijslaan 21, De Koog, Tel. 0222 32 71 00, www.ruysduyne.nl, DZ 57–62 €, an WE mind. 3, an Feiertagen mind. 4 Nächte, Juli/Aug. mind. 1 Woche. 4 lichte Gästezimmer, modern und komfortabel, eins mit kleinem Balkon. Frühstück auf dem Zimmer. Liegt am Ortsrand, 5 Min. zu Fuß zum Strand. Eigener Parkplatz.
Komfortabel – **Molenbos:** Postweg 224, De Cocksdorp, Tel. 0222 39 01 12, www.krim.nl, DZ ab 120 € (häufig auch reduziert). Modern und in warmen Farben eingerichtete Gästezimmer, denen es an nichts mangelt, mit schöner Aussicht vom Balkon oder einer Terrasse (besonders hintere Zimmer). 500 m vom Ort im Grünen gelegen. Café-Restaurant.
Sportlich – **Hotel Texel:** Postweg 134, De Cocksdorp, Tel. 0222 31 12 37, www.hoteltexel.com, DZ ab 95 €.

Westfriesische Inseln

Mein Tipp

Speisen und Spaß am laufenden Band
In einer restaurierten Scheune wird im **Theater-Restaurant Klif 12** beim Dinner-Kabarett (ca. 50 €) zwischen den vier Gängen Kabarett gespielt, gesungen und getanzt. Hier finden auch das ganze Jahr über Kabarett- und Musikveranstaltungen statt und im Juli und August ist das Kindertheater-Restaurant Klojo en Tante Ko geöffnet. (Klif 12, Den Hoorn, Tel. 0222 31 96 33, www.klif12.nl, Mai–Okt. Mi, Fr, Sa, Nov.–März Sa, weitere Termine s. Website.)

Sport und Entspannung bietet das nahe dem Flugfeld (Fallschirmspringen!) gelegene Hotel mit Tennisplatz, Sauna, Schwimmhalle und Beautysalon. Die Gästezimmer sind komfortabel eingerichtet, WiFi in der Lounge. Idyllische Gartensuite. Gutes Restaurant.

Günstig – **Casa della Masa**: Molenlaan 20, De Cocksdorp, Tel. 0222 31 63 78, www.casadellamasa.texel.com, DZ 48 € (bei nur 1 Nacht zzgl. 7 €). Ruhig am Dorfeingang und nahe Naturgebiet gelegenes B&B mit 3 gemütlichen, in warmen Tönen gehaltenen Zimmern. Frühstück im Wintergarten. Hunde sind nach Absprache herzlich willkommen!

Hostel – **Stayokay Texel**: Haffelderweg 29, Den Burg, Tel. 0222 31 54 41, www.stayokay.com, ab 22 €.

Camping – **De Krim**: Roggeslootweg 6, De Cocksdorp, Tel. 0222 39 01 12, www.krim.nl, ab 28 €. Gut ausgestatteter Platz: Sportmöglichkeiten, Golfplatz, Reitstall, Schwimmbad, Restaurants, Supermarkt. Trekkershut ab 42 €. **Loodsmansduin**: Rommelpot 19, Den Hoorn, Tel. 0222 31 72 08, www.texelcampings.nl, April bis Okt., ab 13 €. Schöner, teils windgeschützter Platz im Dünengebiet. Sportmöglichkeiten, Freibad mit Jetstream. Vier Wanderhütten (42 €).

Essen & Trinken

Vielseitig – **Dennenoord**: Grensweg 114, Den Burg, Tel. 0222 31 36 99, www.restaurantdennenoord.nl, Mi-Mo 12–22 Uhr, Lunch 2,50–16 €, Dinner 16–29 €. Einfach eingerichtetes Café/Eethuis mit 61 verschiedenen Pfannkuchensorten und 21 Sorten Pizza, aber auch diverse Spezialitäten mit Texeler Lamm, Fisch und Gegrilltem.

Ein Hauch von Italien – **De Worsteltent**: Smitsweg 4, Den Burg, Tel. 0222 32 26 79, www.14sterren.nl, tgl., Lunch 3,50–9,50 €, Hauptgericht ab 18,50 €. Freiliegendes Balkenwerk, blanke Holztische – ein urig-romantisch in einer alten Scheune eingerichtetes Restaurant mit weiträumigem Garten. Die italienisch angehauchte Küche bietet u. a. Pommes, *pannenkoeken* zum Lunch und Pasti, Pesce und Carne zum Dinner.

Fantastische Aussicht – **Havenzicht**: Haven 6, Oudeschild, Tel. 0222 31 26 02, www.havenzichttexel.nl, Mo–Sa 10–21, So ab 10.30 Uhr, Lunch 3–11 €, Hauptgericht 13–25 €. Alteingesessenes Familien-Restaurant, in dem Sie bei Kaffee, Mittag- oder Abendessen den Blick auf den Hafen genießen können. Frisches aus dem Meer wie gebackener Lachs, Klische, roter Knurrhahn, die Sie auch zusammen als Fischplatte bekommen.

Texelse Lamm – **De Compagnie**: Haven 20, Oudeschild, Tel. 0222 31 36 08, www.decompagnietexel.nl, April–Nov. tgl. ab 11, Sommerferien ab 10, sonst nur Fr ab 11, Sa, So ab 11 Uhr, Lunch 5–14 €, Hauptgericht ab 17 €. Gemütliches Café-Restaurant mit schöner Hafensicht. Fisch-/Fleischgerichte, z. B.

Lammfilet mit Honig-Senfsauce, ab 20 €.

Pfannkuchen & mehr – **Eethuis Klif 23:** Klif 23, Den Hoorn, Tel. 0222 31 95 15, www.klif23.nl, tgl. Di–So ab 11 Uhr, Pfannkuchen ab 4,50 €. 125 verschiedene Sorten, zubereitet u. a. mit einheimischen Zutaten wie Texeler Käse und Kräutern von der Insel.

Texeler Zutaten – **Topido:** Kikkertstraat 23, De Cocksdorp, Tel. 0222 31 62 27, www.topido.nl, Juli/Aug. tgl. ab 10 Uhr, sonst Mo geschl., Lunch ab 5 €, Dinner ab 22 €. Garnelen aus dem Wattenmeer, Käse vom Texeler Bauern, Texeler Lammfleisch und Aal aus dem Texeler Naturreservat. Lecker: der Fischeintopf.

Aktiv

Strandvergnügen – **Baden:** Der Orientierung am Strand dienen nummerierte *paalen* (Pfähle). Rettungspersonal überwacht die Strände bei den *paalen* 10, 12, 15, 17, 19–21 und 28, FKK ist nur südlich Pfahl 9 nahe Den Hoorn und südlich Pfahl 27 erlaubt.

Surfschule – **Ozlines:** bei Pfahl 17, Tel. 06 10 95 69 59, www.ozlines.com.

Fallschirmspringen – **Paracentrum Texel:** Flugplatz Texel, De Cocksdorp, Postweg 128, Tel. 0222 31 14 64, www.paracentrumtexel.nl. Kurse jeglichen Niveaus; Tandemsprung für Anfänger.

In die Natur – **Exkursionen:** EcoMare bietet zu verschiedenen Themen geführte Ausflüge an (s. S. 170).

Inselhüpfen – **Vlieland-Tour:** mit Kutter *(beurtscheepje)* und ehemaligem Armeelaster nach Vlieland (s. S. 176).

Auf dem Meer – **Fangfahrten auf dem Garnelenkutter:** Abfahrt im Hafen von Oudeschild. Infosund und Reservierungen sind hier erhältlich: De Zeester TX 35, Tel. 06 51 52 81 74, www.zeestertx35.nl; TX 10 Emmie: Tel. 0651 49 86 14, www.garnalenvissen.nl.

Hop on, hop off – Von Insel zu Insel hüpfen
Mit Inselhüpf-Fähren von Texel nach Schiermonnikoog oder umgekehrt, und dabei keine Insel auslassen – von Mai bis Mitte Sept. sind alle Inseln verbunden. Infos, Fahrpläne und Wattenhop-Arrangements erhält man unter: www.texel.net/de/nach-texel/wadden hoppen/.

Abends & Nachts

Wenn in den anderen Dörfern abends die Bürgersteige hochgeklappt werden, geht es in De Koog, wo die meisten Discos zu finden sind, gerade los.

Dancing – **De Wijsneus:** Dorpsstraat 22, De Koog. Disco.

Discotheek – **Toekomst Dance Factory:** Dorpsstraat 22, De Koog, www.toe komsttexel.nl. Licht- und Lasershow.

Kino – **Cinema Texel:** Gravenstraat 33, Den Burg, Tel. 0222 31 20 27, www.ci nematexel.nl. Es ist das einzige Kino der Insel.

Infos & Termine

Infos
VVV Texel: Emmalaan 66, Den Burg, Tel. 0222 31 47 41, www.texel.net.

Termine
Juni: Ronde om Texel (www.round texel.com). Größtes Katamaranrennen der Welt.

Juli: SunBeats, Großes Dancing Event am Strand von Texel, Pfahl 17.

Sept., 2. Wochenende: Texel Culinair in De Koog, kulinarisches Wochenende.

Verkehr
Fähre: Den Helder–Texel: Teso-bootdienst, Tel. 0222 36 96 00, www.teso.nl.
Bus: Bahnhof Den Hel- ▷ S. 176

Auf Entdeckungstour:
Inselhüpfen von Texel nach Vlieland

Mit dem Boot geht es von der Nordostspitze Texels nach Vlieland. Weiter mit dem Vliehors Expres, einem umgebauten Militärlaster, durch den Vliehors, die ›Sahara‹ Vlielands. Am Posthuys mietet man sich ein Rad, fährt durch Dünen und Wälder zum Dörfchen Oost-Vlieland. Gemütliche Cafés laden dort zur Rast. Später geht's retour.

Reisekarte: ▶ E 2/3–F 2

Reederij De Vriendschap:
De Cocksdorp, Texel, Vuurtorenweg 100, Tel. 0222 31 64 51, www.waddenveer.nl, Ende Mai–Sept. Di–Do, So, Juli/Aug. mehrere Fahrten tgl., Tickets: bei De Noorman, gegenüber der Rettungsstation KNRM, **De Cocksdorp**, Abfahrt: Paal 33, hin und zurück 24/14 €.

Der Sprung von Texel nach Vlieland – Inselhopping genannt – startet in **De Cocksdorp**, am nordöstlichen Zipfel der Insel Texel. Dort wartet, an einem Ponton festgemacht und über einen ziemlich fragil wirkenden Holzsteg auf Stelzen zu erreichen, **De Vriendschap**. Der grün-weiß gestrichene altehrwürdige Kutter tuckert schon seit über 80 Jahren über die Nordsee. Das *hopping* nach Vlieland findet bei fast jedem Wetter statt – selbst wenn Landratten meinen, es falle aus, weil es ein bisschen windet und auf den Wellen weiße Schaumkrönchen tanzen, so liegen sie völlig daneben. Erst bei Windstärke 7 fällt die Fahrt ins Wasser.

Ein Juttertje gefällig?
Die Flagge mit dem Totenschädel über den gekreuzten Knochen vorn am Mast ist natürlich ein Gag, Piraten gibt es auf dem Schiff nicht. Im Gegenteil. Der Kapitän erweist sich als netter Seebär, der während der Überfahrt schalkhaft lächelnd den Juttertje, den beliebtesten texelschen Kräuterbitter, serviert. Der es in sich hat. Besonders, wenn das Schiff bei der starken Gezeitenströmung zwischen den Inseln rollt und krängt. Die Fahrt durch das etwa 13 km breite **Eierlandse Gat** endet an einem staksigen Holzgerippe, das im Sand steckt, dem **Landungssteg** auf Vlieland. Jetzt heißt es umsteigen.

Wenn die Waffen schweigen …
Am landseitigen Ende des Landungssteges wartet ein eidottergelbes Unikum, der Vliehors-Expres. Dabei handelt es sich um einen ehemaligen Militärlaster, den Besitzer Maarten Nijman mit überdachter Pritsche zum Bus umgebaut hat. – Auf einem Schild in der Nähe des Anlegers heißt es: »Bei roter Fahne wird geschossen!« Damit wird deutlich, wo man hier ist: nämlich auf militärischem Übungsgelände. Ist die rote Fahne gehisst, donnern Düsenjäger über die Ebene und feuern ihre Geschosse auf herumstehende Panzerwracks ab. Ungeachtet der Knallerei dösen häufig Seehunde auf den Sandbänken, als ob sie wüssten, dass große Teile des Areals Naturschutzgebiet sind. Wenn Maarten den Militärs per Funk seine Abfahrt ankündigt, schweigen – so die Absprache mit dem Kommandanten – die Waffen, und der Laster fährt mit dröhnendem Diesel durch den Wüstensand der ›holländischen Sahara‹, den **Vliehors.**

Trauen Sie sich!
Er nimmt die gesamte Südwesthälfte der Insel ein und ist an Wochenenden, wenn das Militär schweigt, frei zugänglich. Von einer Tour auf eigene Faust ist jedoch abzuraten, wegen der Gefahr, die von herumliegenden Blindgängern ausgeht. Empfehlenswerter ist da schon eine der Touren mit dem Vliehors-Expres, die zu den **Seehundbänken** oder zum ehemaligen **Reddingshuisje** führen. Die 100 Jahre alte kleine weiße Holzhütte auf Stelzen, einst Zufluchtsstätte für gestrandete Seeleute, ist inzwischen zum **Strandjuttermuseum** mutiert. Hier stapelt sich allerlei angeschwemmter Kram. Und hin und wieder wird Maarten hier auch in ganz anderer Funktion tätig: als Trauzeuge. Die Rettungsstation gilt nämlich als eine der Top-10-Traustätten weltweit (www.vliehorsexpres.nl).

Die Fahrt durch die ›Sahara‹ endet am **Posthuys** (s. S. 177). In der ehemaligen Poststation kann man rasten, sich ein Rad mieten und durch Dünen und Wälder zum Dorf **Oost-Vlieland** radeln. Dort warten gemütliche Cafés und im Heimatmuseum **Tromp's Huis** (s. S. 176) viele Infos zur Insel.

175

Westfriesische Inseln

der–Fährhafen, Linie 33, Abfahrt ca. 10 Min. nach jeder vollen Stunde. Verbindung vom Fähranleger nach Den Burg, von dort Verbindungen zu den anderen Inselorten.
Fahrradverleih in allen Orten.

Vlieland

Mit nur 12 x 2 km ist Vlieland die kleinste der Westfriesischen Inseln. Hinzu kommt im Westen die bei Flut überspülte 8 km lange Sandplatte Vliehors, ein Naturschutzgebiet, das auch militärisches Übungsgelände ist. Auf der Insel gibt es nur das Dorf Oost-Vlieland, eine 26 km lange Ringstraße mit einer Handvoll Autos – Besucher dürfen keinen Wagen mitbringen – und viel Natur: Wiesen, Wälder und einen 12 km langen Sandstrand.

An warmen Sommertagen bummeln zahlreiche Besucher durch die reizvoll mit Bäumen und hübschen historischen Häuschen gesäumte Dorpsstraat von **Oost-Vlieland** (▶ F 2), an der sich auch zahlreiche Restaurants, Cafés und Geschäfte befinden. Vom Dorf, das seit 1971 unter Denkmalschutz steht, führt der Postweg durch Dünen und Wälder zum **Posthuys** (▶ E 3; s. S. 175, 177), einem beliebten Ausflugsziel mit Restaurant und Café.

Tromp's Huys ▶ F 2
Dorpsstraat 99, www.trompshuys.nl, Schulferien Di–Sa 10–17, So 14–16, sonst Di–Do 14–17, Fr 10–13, Sa 14–17 Uhr, 4/2,50–3 €
Im ältesten Haus der Insel, erbaut 1575, ehemal Admiralitätskontor, erhielten berühmte Admiräle wie De Ruyter und Maarten Tromp einst Instruktionen.

Ab 1896 lebte die norwegische Malerin Betzy Berg in dem Haus, einige ihrer Meeres- und Küstenbilder sind hier zu sehen, und ihr stilvolles Wohnzimmer ist noch erhalten. Besonders imposant ist die blaue Fliesenkammer. Mit Ausgrabungsfunden und Exponaten aus der Walfangzeit wird Vlielands Vergangenheit dargelegt.

Nicolaaskerk ▶ F 2
Kerkplein, Mai–Sept. Mi 10–12 Uhr
Kirchenbänke aus Treibholz, Stützpfeiler aus Schiffsmasten, einen riesigen kupfernen Kerzenleuchter (ein Geschenk Admiral De Ruyters) sowie Grabsteine aus Walfischzähnen findet man in dem Gotteshaus des 17. Jh.

Armhuis ▶ F 2
Gegenüber der Kirche, www.armhuis. com, in der Regel tgl. 11–19 Uhr
In dem schmucken Haus aus dem 17. Jh. fanden alte Menschen bis 1950 ihre letzte Unterkunft. Heute birgt es ein Restaurant mit Galerie. Es lohnt sich, einen Blick in die mit offenen Kaminen oder alten Öfen ausgestatteten Räume zu werfen.

Vuurtoren ▶ F 2
Am Dorfrand, Juli/Aug. Mo–Fr 10.30–12, 14–16, Sa, So 10.30–12 Uhr, sonst seltener
Einen schönen Blick über die Insel erhält man von der 55 m hohen Plattform oben am roten Leuchtturm.

Übernachten

Gemütlich – **De Wadden:** Dorpsstraat 61, Tel. 0562 45 26 26, www. westcordhotels.nl, DZ ab 112 €. Einst Seefahrerschule, erinnert im Innern noch manches authentische Detail an jene Zeit. In der persönlichen, entspannten Atmosphäre fühlt man sich schnell zu Hause. Gästezimmer mit dem Komfort eines 3-Sterne-Hotels, einige mit hölzernem Balkon oder Terrasse.

Vlieland

Gemütlich lässt es sich in einem der Cafés an der Vlielander Dorpsstraat sitzen

Entspannend – **De Bosrand:** Duinkersoord 113, Tel. 0562 45 12 48, www.hoteldebosrand.nl, DZ ab 74 €. Herrliche Lage zwischen Dünengürtel und Wald, nur wenige 100 m vom Meer. Helle, komfortable Gästezimmer, gemütlicher Frühstücksraum. WiFi-Internet, Sauna und Solarium versüßen den Aufenthalt.

Camping strandnah – **Stortemelk:** Kampweg 1, Tel. 0562 45 12 25, www.stortemelk.nl, ab 20 €/2 Pers. Riesige Anlage, und das Meer liegt direkt hinter der nächsten Düne. Großer Kinderspielplatz, Tischtennis, Basketballanlage und Cafeteria sind nur einige der Annehmlichkeiten des Platzes.

Essen & Trinken

Schöner Zwischenstopp – **Posthuys:** Postweg 4, Tel. 0562 45 12 82, www.posthuysvlieland.nl, Mitte Feb. bis ca. Ende Nov. tgl. 10.30–17, Küche 12–16 Uhr, Gerichte 4–13 €. Beliebter, im Westen der Insel gelegener Zwischen-

Westfriesische Inseln

stopp bei Wander- oder Radtouren (s. auch S. 175). Pasta, Pfannkuchen, Hamburger, Salate, Suppen und mehr kann man im modern eingerichteten Speisesaal oder auf der großen Terrasse genießen. Zahlreiche Gerichte für Kinder.

Strandpaviljoen – **'t Badhuys:** Badweg 6, Tel. 0562 45 19 92, www.westcord culinair.nl, tgl. 12–21.30 Uhr, Lunchspeise ab 6 €, Hauptgericht ab 16 €. Speisen – und dabei die herrliche Aussicht auf Strand und Meer genießen. Kleine Lunchgerichte, Wraps und *bittergarnituuren,* leckere Süppchen, Fisch oder Filet vom Lamm, auch vegetarische Gerichte.

Eetcafé – **De Lutine:** Dorpsstraat 114, Tel. 0562 45 14 77, www.de-lutine. nl, in der Saison tgl. ab 10 Uhr geöffnet, Lunchgericht ab 6 €, Hauptgericht 12–25 €. Schiffsgemälde und ein eingerahmter, rostiger Schiffsnagel der »Lutine« erinnern an das 1799 bei Vlieland gesunkene Schiff. Hier können Sie eine Tasse Kaffee genießen, lunchen und dinieren. Internationale Küche und saisonale Spezialitäten wie Spargel, Wild, Muscheln werden aufgetischt.

Aktiv

Auf Wanderpfaden – **Exkursionen und Ausflüge:** Ob allein oder geführt, auf der Insel gibt's ein vielfältiges Angebot, zu wandern und sich umzuschauen: Exkursionen im Watt und in den Dünen, Vogelbeobachtungen, ja sogar ein nächtlicher Gang mit dem Nachtwächter. Infos: VVV und Besucherzentrum De Noordwester.

Abends & Nachts

Nachtschwärmer werden auf der **Dorpsstraat** schnell fündig:

Bar & Dancing – **De Oude Stoep:** Dorpsstraat 81, www.deoudestoep.nl, sommertags ab 22 Uhr.
Gemütlich – **Tante Pé:** Dorpsstraat 83, tgl. ab 17 Uhr. Gemütliches Tapas-Café, ab und an Swingnights.

Infos

Infos
VVV: Havenweg 10, Tel. 0562 45 1111, www.vlieland.net.
Bezoekerscentrum De Noordwester: Dorpsstraat 150, Tel. 0562 45 17 00, www.denoordwester.nl. Besucherzentrum zum Einstimmen auf die Insel: mit Infos über Insel, Flora und Fauna, Seeaquarien, einem Pottwalskelett und jeder Menge Strandgut.

Verkehr
Fähre: Harlingen–Vlieland (Reederei Doeksen), Tel. 0031 562 44 20 02, www.rederij-doeksen.nl. Bewachter, kostenpflichtiger **Parkplatz** am Fährterminal (www.harlingenparkeren.nl, Tel. 0571 42 01 03).
Bus: Verbindung zwischen Oost-Vlieland und dem Posthuys am Rande des Vliehors 3–5 x tgl.
Fahrradverleih: Zeelen, in der Dorpsstraat 2, Tel. 0562 45 10 90, und am Jachthafen, Havenweg 73, Tel. 0562 45 34 59, www.zeelenfiets.nl.

Terschelling

Die rund 30 km lange und bis zu 5 km breite, zweitgrößte der Inseln hat 5000 Bewohner, die im Hafenort West-Terschelling und einigen kleineren Dörfern im Innern der Insel leben. Entlang der ganzen Nordseeseite erstreckt sich ein herrlicher Sandstrand, an dem überall gebadet werden kann, Rettungspersonal bewacht jedoch nur im Juli und August den Bereich von *paal* 8 bis 12. An den Strand schließt sich nach Süden eine Landschaft neuer und alter Dünen an, die hier und dort von dichten Nadelwäldern bedeckt sind. Den Süden der Insel haben die Bewohner in eine fruchtbare Polderlandschaft verwandelt.

Die große Sandplatte am Westende, **De Noordvaader** (▶ F 2), und **De Boschplaat** (▶ G 2), einst eine östlich der Insel liegende etwa 10 km lange Sandbank, die man durch einen Deich mit ihr verbunden hat, sind Biotope einer artenreichen Vogelwelt und stehen unter Naturschutz.

West-Terschelling ▶ F 2

Stimmungsvolle Hafenatmosphäre, zu der bunte Fischkutter und hölzerne Tjalken, Kuffen und Aaken der Braunen Flotte in besonderer Weise beitragen, empfängt den Besucher. Etliche historische Commandeurshäuser reicher Kapitäne zeugen vom Wohlstand des 16./17. Jh., als Walfang, Schiffsbau und Seehandel der Insel eine wirtschaftliche Blütezeit bescherten. Aus jener Zeit stammt auch der 1594 im Ort erbaute, viereckige **Brandaris,** der 54 m hohe, älteste Leuchtturm der Niederlande.

Museum 't Behouden Huys

Commandeursstraat 30, www.behou den-huys.nl, April–Okt. Di–Fr 10–17, Sa, So 13–17, 15. Juli–Aug. auch Mo 13–17, Nov.–März Mi, Sa 13–17 Uhr, 4/2 €

Zimmer, im Stil des 19. Jh. eingerichtet, Terschellinger Trachten, wechselnde Ausstellungen über die Insel, Exponate zur Seefahrerei und dem Lotsenwesen – die eine Seite des Heimatmuseums. Die andere ist dem auf der Insel geborenen Kapitän und Polarreisenden Willem Barentsz gewidmet, u. a. mit dem Nachbau seiner Kapitänsbrücke – mit Blick auf Spitzbergen.

Natuurmuseum en Zeeaquarium

Burgemeester Reedekerstraat 11, www.natuurmuseumterschelling. nl, April–Okt. Mo–Fr 9–17, Sa, So, Fei 14–17, Nov.–März Di, Sa, So 14–17, Weihnachts- und Frühlingsferien tgl. 14–17 Uhr, 5,50/4 €

Wie entstehen eigentlich Dünen? Wie baut man einen standfesten Deich? Wie ist Terschelling entstanden? Wieso gibt es auf der Insel Wälder? Welche Vögel leben oder rasten auf dem Zug in den Süden hier? Antworten finden Sie in diesem Museum. Im Aquarium blickt man tief in die Nordsee. Attraktion: In offenen Becken

Mein Tipp

›Kom proeven‹ – kosten Sie Terschellings Cranberries

Eigentlich findet man Cranberries, eine Unterart der Heidelbeere, eher in Nordamerika. Offenbar gelangten sie in einem gestrandeten Fass auf die Insel, das ein Strandjutter um 1840 gefunden und achtlos in die Dünen entleert hatte. Inzwischen werden sie auf Terschelling in der **Cranberry Cultuur Skylge** (▶ F 2) großflächig angebaut und zu Cranberrysaft, -wein, -sirup, -marmelade und -senf verarbeitet. Hier können Sie kosten und einkaufen (Formerum 51A, www. terschellingercranberry.nl, Präsentation Mai–Okt. Mo–Fr 14 Uhr).

Westfriesische Inseln

Abendstimmung auf einem Segler der Braunen Flotte in West

kann man gefährliche Stechrochen streicheln.

Midsland ▶ F 2

Außer ›West‹, wie der Hafenort kurz genannt wird, besitzt nur Midsland einen richtigen Dorfkern. Mit zahlreichen Restaurants, Bars, Kneipen und Diskotheken ist es das touristische Zentrum der Insel.

Formerum ▶ F 2

Formerum ist der Geburtsort des Seefahrers und Entdeckers Willem Barentsz, nach dem die Barentssee benannt ist. Im **Mühlencafé** der **Koffiemolen** aus dem Jahr 1838 lässt es sich gemütlich bei einer Tasse Kaffee entspannen. Oder bei einem Bierchen in der Kneipe des Wrackmuseums De Boerderij (s. u.).

Wrakkenmuseum De Boerderij
Zuid 13, www.wrakkenmuseum.nl, in der Saison tgl. 10–17 Uhr, 3/1,50 €
In dem kleinen, in einem alten Bauernhof eingerichteten Museum stapelt sich der tonnenweise von Tauchern aus dem Meer geborgene Schiffskram. Strandgut, einschließlich Flaschenpost, ist auch zu bestaunen. Außerdem eine

Ausstellung über die mit einem Goldschatz beladene, 1799 bei Terschelling gesunkene Fregatte »Lutine«.

Übernachten

Ländlich – **Hotel De Walvisvaarder:** Lies 23, Lies, Tel. 0562 44 90 00, www.walvisvaarder.nl, DZ ab 80 €. Schöner, restaurierter Bauernhof, den einst der Kapitän eines Walfängers erbaut hat. Gemütlich eingerichtete Zimmer mit Bad, WC, TV, Telefon. Großer Speisesaal mit offenem Kamin, Sonnenterrasse, Sauna, schöner Garten. Familiensuite (162,50 € für 2 Erwachsene und 2 Kinder), mit eigener Piratenkammer für Kinder.

Modern – **Paal 8 Hotel aan Zee:** Badweg 4, West aan Zee, Tel. 0562 44 90 90, www.sandton.eu, DZ ab 90 €. Modernes Haus in sehr schöner Lage direkt am Meer, stilvoll modern eingerichtete Zimmer. Ausgezeichnetes Gourmet-Restaurant De Grië.

Budget bis Luxus – **Hotel NAP:** Torenstraat 55, West-Terschelling, Tel. 0562 44 32 10, www.hotelnap.nl, DZ ab 120 €. Eines der ältesten Hotels auf der Insel, nahe dem Leuchtturm. Zimmerausstattung von Budget bis Luxus, manche mit gesonderter Schlafempore (über Wendeltreppe). Günstige Arrangements.

Hauch von Irland – **Hotel-Pension De Koegelwieck:** Dorpsstraat 35, Hoorn, Tel. 0562 44 94 96, www.koegelwieck.nl, DZ ab 77 € (bei nur 1 Nacht zzgl. 7,50 €/Pers.). Die Gastgeber ließen sich von ihren Irlandreisen inspirieren. Einfache, aber komfortable Zimmer. Geräumige Irland-Suite (97 €). Romantisches Gartenhäuschen hinterm Hotel (97 €) mit eigener Terrasse. Restaurant mit irischem Bier und Whiskey.

Gutes Hostel – **Stayokay Terschelling:** West-Terschelling, 't Land 2, Tel. 0562

44 23 38, www.stayokay.com, 16 €/Pers. Schön gelegene Jugendherberge.

Camping – **'t Wantij:** Oosterend, Duinweg Oosterend 24, Tel. 0562 44 85 22, www.wantij-terschelling.nl, April bis Okt., 2 Pers. ab 22 €. Klein, am Fuße der Dünen und am Rand des Naturreservats De Boschplaat.

Nieuw Formerum: Duinweg Formerum 13, Tel. 0562 44 89 77, www.nieuwformerum.nl, April bis Okt., 2 Pers. ca. 22 €. Im bewaldeten Naturgebiet.

Essen & Trinken

Eet- en terrascafé – **De Rustende Jager:** Molenweg 2, Formerum, Tel. 0562 44 85 89, www.rustendejager.com, Küche tgl. 11–21.30 Uhr, Tagesgericht 9,25 €, Hauptgericht ab 13 €. Tapas, *broodjes,* Pfannkuchen, Fisch, Fleisch, Vegetarisches – etwas für jeden Geschmack. Rustikale Einrichtung mit den Porträts von Bluesgruppen an den Wänden, häufig Livemusik. Gemütliche Terrasse.

International – **De Heeren van Der Schelling:** Oosterend 43, Oosterend, Tel. 0562 44 87 80, www.deheerenvanderschelling.nl, Juli/Aug. Mi–Mo 11–16, 18–21 Uhr, sonst seltener, Hauptgericht 24 €. Rustikales, gemütliches Interieur mit offenem Kamin und Terrasse, auf der man ein leckeres Bauernbrot-Sandwich, Süppchen, Garnelenkroketten, aber auch vorzügliche Gerichte der internationalen Küche essen kann.

Eethuis – **De Koegelwieck:** Dorpsstraat 35, Hoorn, Tel. 0562 44 94 96, www.koegelwieck.nl, Mitte Feb. bis Mitte Nov. Do–Mo 17.30–21.30 Uhr, Hauptgericht ab ca. 19 €. Kleines Restaurant mit niederländischer und irischer Küche, da dürfen auch Fish 'n' Chips (in Guinness frittierte Kabeljaufilets mit hausgemachter Sauce Ravigotte) nicht fehlen.

Westfriesische Inseln

Mein Tipp

Das Graceland von Oosterend auf Terschelling
Folgen Sie einfach dem Osterender Badweg bis zu den Dünen, dann sind es nur noch ein paar Schritte zum 2 km von Oosterend entfernt, einsam am Strand gelegenen Pavillon **Heartbreak Hotel**. Eine Jukebox, alte Transistoradios und Plattenspieler, eine Red-Indian-Benzinzapfsäule, Mobiliar und Bilder erinnern an die 1950er-Jahre und an Elvis. Und natürlich die Musik: fetziger Rock 'n' Roll. Wer hier einen Patsy Cline bestellt, bekommt gebackene Muscheln, bei einem Chuck Berry ist es die Pfanne mit diversen Fischsorten – die Gerichte sind nach Rock-'n'-Roll-Stars benannt. Lecker sind die hausgemachten Hamburger, und bei frischer Brise ist die heiße *snert* (Erbsensüppchen) genau richtig. Während der Sommersaison jedes Wochenende Livemusik (Oosterender Badweg 71, Oosterend, ▶ F 2, Tel. 0562 44 86 34, www.heartbreak-hotel.nl, tgl. ab 11 Uhr, kleines Lunchgericht 3–8,50 €, Dinnergericht 13–22 €).

Aktiv

Stiefeln in Gummi – **Wattwandern:** geführte Wanderungen, aber auch Wanderungen entlang markierter Routen, die man allein unternehmen kann. Infos und Broschüren beim VVV.

Abends & Nachts

Dancing – **Danscafé De Stoep:** Oosterburen 5, Midsland, Tel. 0562 44 91 45.
Muziek & Eetcafé – **De Groene Weide:** Dorpsstraat 82, Hoorn, Tel. 0562 44 84 59, www.hessel.nl. Refugium des holländischen Sängers Hessel, der hier auch mehrmals pro Woche auftritt.
Romantisch – **De Walvis:** am Groene Strand, West, www.walvis.org, Frühjahr–Herbst 10–24, sonst bis 22 Uhr. Sonnenuntergang über dem Meer bei Cocktails im Strandpavillon – schön! Und traumhaft gelegen.

Infos & Termine

Infos
VVV: Willem Barentszkade 19 a, Terschelling-West, Tel. 0562 44 30 00, www.vvvterschelling.nl.

Termine
Juni: Oerol-Festival, www.oerol.nl, 10-tägiges Sommerfestival auf der ganzen Insel, Theater, Musik, Tanz und mehr.

Verkehr
Autofähre: Harlingen–Terschelling (Doeksen), Tel. 0031 562 44 20 02, www.rederij-doeksen.nl.
Bus: Verbindungen zwischen den Inselorten.
Fahrradverleih: in allen Inselorten möglich.

Ameland

Die Geschichte Amelands verleitet zum Schmunzeln, gelang es den gewitzten Inselfriesen doch immer wieder, durch geschickte Neutralitätspolitik das Beste für ihr Eiland herauszuholen: 1396 überließen sie beim Kampf um Friesland die Insel widerstandslos dem Gra-

Ameland

fen Albrecht von Bayern und durften deshalb weiterhin über sie bestimmen; als im 17. Jh. auf dem Festland der Achtzigjährige Krieg gegen Spanien tobte, erlangte die Insel 1629 die Unabhängigkeit von Spanien, weil sie den Katholiken auf der Insel Religionsfreiheit zusicherte. Und als sich die Holländer 1654 im Seekrieg mit England befanden, rangen die Insulaner Oliver Cromwell die Anerkennung ihrer Unabhängigkeit ab und konnten, während die niederländische Handelsflotte in den Häfen der Zuiderzee festsaß, mit ihren Schiffen unbehelligt Handel treiben. Vom Wohlstand durch Handel und Walfang im 17./18. Jh. zeugen noch heute zahlreiche stattliche Kommandeurshäuser, manche mit Zäunen aus Walfischknochen.

Heute locken der schöne, 27 km lange Nordseestrand und die ausgedehnten Dünen- und Waldlandschaften jährlich Tausende von Sommergästen auf die Insel – die ca. 3500 Insulaner leben weitgehend vom Tourismus. Große Teile der Insel sind artenreiche Vogelschutzgebiete, wo aber auch – einzigartig für die Westfriesischen Inseln – Rehe äsen. Touristen dürfen zwar Autos mit auf die Insel bringen, doch lässt sich diese auch bequem mit dem *fiets* erkunden.

Nes ▶ G 2

Trotz des starken Tourismus hat sich die Hafensiedlung Nes in ihrem historischen Zentrum noch einiges von ihrer malerischen Ursprünglichkeit bewahrt. Um den 1664 erbauten und 1732 zum **Leuchtturm** erhöhten Kirchturm scharen sich kleine Häuschen; das am Rixt van Doniaweg 8 erbaute **Commandeurshuiz** (1625) ist das älteste.

Natuurcentrum
Strandweg 38, www.amelandermu sea.nl, Sommersaison Mo–Fr 10–17, Sa, So, Fei 11–17 Uhr, für andere Zeiten s. Homepage, 6,25/4,50 €
Im neu gestalteten Naturzentrum werden Jung und Alt auf eine Reise in die Amelander Natur mit faszinierender Tier- und Pflanzenwelt mitgenommen. Im Wassertheater mit dem riesigen Meeresaquarium ist versammelt, was in der Nordsee kreucht und fleucht.

Buren ▶ G 2

Buren besteht aus einigen Bauernhöfen, die sich locker um den Dorfplatz scharen. Auf diesem leuchtet die bronzene **Rixt van Oerd,** die mit Hakennase und Laterne bewaffnete Hauptdarstellerin einer einheimischen Legende, heute Autos und Radfahrern den Weg. Zu ihren Lebzeiten soll die alte Fischerwitwe mit ihrem Irrlicht – sie hatte eine Laterne an die Hörner ihrer Kuh gebunden und diese nachts in die Dü-

Mein Tipp

Mit 10 PS durch die Brandung
Hufe donnern über den Strand, zehn schwere Pferde legen sich kraftvoll ins Zeug, schleppen das blau-weiße Rettungsboot »Abraham Fock« im Eiltempo über den Strand und durch die Brandung ins Meer. Bis 1988 war das Lancieren des Amelander *paardenreddingboot* mit Pferden zur Rettung Schiffbrüchiger Realität, heute wird es bis zu 14 Mal im Jahr für Besucher inszeniert – faszinierend! Früh vor Ort sein! (Infos/Termine: www.amelander musea.nll)

183

Lieblingsort

Strandvergnügen auf Ameland
Sand unter den Sohlen, eine leichte Brise um die Ohren, Meeresrauschen, Strand und Wasser – Weite bis zum Horizont. Hier und dort bunte Tüpfelchen: sonnenhungrige Urlauber und spielende Kinder. Am Strand von Ameland, oben am Dünenrand, kann man das ›am Meer sein‹ so richtig auskosten.

Westfriesische Inseln

nen getrieben – Schiffe zum Stranden gebracht haben. Bis sich eines Tages ihr Sohn unter den Opfern befand.

Landbouw- en Juttersmuseum Swartwoude

Hoofdweg 1, www.amelandermu sea.nl, Sommersaison Mo–Fr 10–12, 13–17, Sa, So 13.30–17 Uhr, für ande re Zeiten s. Homepage, 4,25/3 €
Stallluft schnuppern, Schafskäse pro bieren und anschauen, wie man im 19. Jh. auf der Insel zurechtkam. Für die Bauern der Insel gab die Scholle noch nie genug her, weshalb sie sich zusätzlich mit Fischfang und Strand jutten über Wasser halten mussten.

Ballum und Hollum ▸ G 2

Schöne alte, von Gärten eingerahmte Häuschen und Höfe bestimmen das Dorfbild von **Ballum**. Das schönste Dorf der Insel ist jedoch **Hollum**, mit dem mächtigen Bau der Hervormde Kerk (14. Jh.), auf deren *kerkhof* noch zahlreiche mit Abbildungen von Se gelschiffen verzierte Grabsteine an die Walfangzeiten erinnern, und mit von Bäumen gesäumten Straßen, an denen sich viele alte Kapitänshäuser reihen.

Cultuurhistorisch Sorgdrager Museum

Heerenweg 1, Hollum, www.amelan dermusea.nl, Sommersaison Mo–Fr 11–17, Sa, So 13.30–17 Uhr, für weite re Zeiten s. Homepage. 4,25/3 €
Ausgebleichte Walfischknochen in der Umfriedung des Sorgdragershuuske lassen keinen Zweifel: Dieses Haus gehörte einst einem Walfängerkom mandeur, nämlich Pieter Sorgdrager, der es 1751 erbaut hat. Ein Rundgang durch die Wohnung gibt interessante Einblicke in den Amelander Lebensstil

jener Zeit. Noch mehr über die Ge schichte der Insel und über den Wal fang erfahren Sie in der Ausstellung im benachbarten Bauernhaus.

Maritiem Centrum Ameland

Oranjeweg 18, Hollum, www.ame landermusea.nl, Sommersaison Mo–Fr 10–17, Sa, So 13.30–17 Uhr, für weite re Zeiten s. Homepage, 4,50/3,25 €
Navigieren mit Sternen, Kompass und Küstenlinien? Wie das funktioniert, kann man hier herausfinden. Und man erfährt, wie es bei atemberaubenden Rettungsaktionen Schiffbrüchiger ver gangener Tage zuging. Hauptattrakti on ist das alte, von zehn Pferden ins Meer gezogene *paardenreddingboot* (s. S. 183).

Übernachten

Nobel – **Hotel Nobel:** Gerrit Koster weg 16, Ballum, Tel. 0519 55 41 57, www.hotelnobel.nl, DZ ab 145 €. In dividuell und in verschiedenen Farben gehaltene Zimmer mit allem Komfort, am schönsten sind die im englischen Stil eingerichteten. Ebenerdige Gäs tezimmer haben eine Gartenterrasse. Entspannung bieten Türkische Bäder und eine Sonnenbank.

Familiär – **Hofker:** J. Hofkerweg 1, Nes, Tel. 0519 54 20 02, www.hotel-hofker. nl, DZ ab 92,50 € (bei nur 1 Nacht oder 2 Nächten zzgl. 3 €/Pers./Nacht). Soli des Familienhotel, geräumige Zimmer mit Bad, WC, TV, Kühlschrank, Kaffee bar und kleinem französischen Balkon mit Aussicht auf den Garten. Ausge dehntes Frühstücksbuffet.

Modern – **Hotel Nes:** Strandweg 39, Nes, Tel. 0519 54 21 83, www.hotel nes-ameland.nl, DZ ab 63 €. Modern eingerichtetes Familienhotel, helle mit Bad, WC, Minibar, Telefon und Wasserkocher ausgestattete Zimmer, alle mit Balkon oder Terrasse.

Ameland

Logies en ontbijt – **Huize Sonja**: Oosterlaan 6, Hollum, Tel. 0519 55 43 05, www.huizesonja.nl, DZ 55 €, bei mehreren Nächten günstiger. 3 Gästezimmer in einem Einfamilienhaus mit gemütlicher Atmosphäre, Zimmer mit Waschbecken, gemeinschaftliche Dusche und WC auf dem Gang, gemeinschaftliches Wohnzimmer mit Kochblock und TV.

Gemütlich – **Ambla**: Westerlaan 33A, Hollum, Tel. 0519 55 45 37, www.ambla.nl, DZ 78 €, Studio ab 98 €, bei nur 1 Nacht plus 10 €, HP möglich. Nett und stilvoll eingerichtet, mit Balkon oder Terrasse.

Hostel – **Stayokay Ameland**: Oranjeweg 59, Hollum, Tel. 0519 55 53 53, www.stayokay.com, ab 22,50 €/Pers.

Camping – **Ferienpark Klein Vaarwater**: Klein Vaarwaterweg 114, Buren, Tel. 0519 54 21 56, www.kleinvaarwater-ameland.nl, im eigenen Zelt oder Camper bei 2 Pers. ca. 20 €. Gut ausgestatteter Platz zwischen Buren und dem Strand, Bungalows, Mietwohnwagen. **Duinoord**: Jan van Eijkweg 4, Nes, Tel. 0591 54 20 70, www. campingduinoord.eu, 2 Pers. ab 27 €. Riesiges, komfortabel ausgestattetes Areal in den Dünen nahe dem Strand.

Essen & Trinken

Eetcafé – **De Boerderij**: Camminghastraat 22, Ballum, Tel. 0519 55 42 14, www.eetcafedeboerderij.nl, tgl. 11–22 Uhr, Hauptgericht ab 19 €. Ehemaliger Bauernhof mit schöner Terrasse, wo man leckeres Ameländer Apfelgebäck, aber auch köstliche Spareribs oder Scholle bekommt.

Ausgezeichnete europäische Küche – **Herberg de Zwaan**: Zwaneplein 6, Hollum, Tel. 0519 55 40 02, www.herbergdezwaan.nl, tgl. ab 11, in der Hochsaison ab 10 Uhr, Hauptgericht ab 16 €. Bei etlichen Gerichten kann man statt der ganzen eine halbe Portion bestellen. Tipp: Lammrücken mit Honig-Thymian-Sauce. Speisen Sie in der prächtigen *heerskamer* im nordniederländischen Rokokostil

Das Wahrzeichen Amelands ist rot-weiß geringelt

Westfriesische Inseln

oder auf der Terrasse im Schatten uralter Bäume.
Urgemütlich – **De Klimop:** Johan Hofker Weg 2, Nes, Tel. 0519 54 22 96, www.restaurantdeklimop.nl, Mi–Mo 12–21.30 Uhr, kleine Lunchgerichte ab ca. 3 €, Hauptgericht ab ca.17 €. Gebälk an der Decke, rustikale Holzstühle und Tische, offener Kamin mit Rehbocktrophäe, der Speisesaal erinnert an ein Jagdgasthaus. Tatsächlich gibt es neben Spareribs, Fisch und Vegetarischem hier auch Wildgerichte wie Fasan.
Piratennest – **De Piraat:** Oude Steiger 5, Nes, Tel. 0519 54 31 38, www.restaurantdepiraat.nl, während der Hochsaison tgl. 10–22 Uhr, Lunchspeisen ab ca. 3 €, Hauptgericht ab 16 €. Kinderspielhöhle und Speisesaal mit großer Kogge, draußen ein Spielplatz – das richtige Lokal für quirlige Kinder, die hier leckere Pfannkuchen, *poffertjes* und dicke Piraten-Burger vertilgen können. Schöner Blick von der Terrasse auf den Hafen.

Aktiv

Im Watt und am Strand – **Wandern:** Geführt durch den Schlick wandern und dabei das Ökosystem Watt kennenlernen oder zum Muschelsammeln an den Strand. Infos beim VVV.
Am Strand – **Fischen:** bei Ballum. Mit dem Schleppnetz am Strand entlang: Krabben, Schollen und mit Glück Seesterne ›fischen‹. Informationen beim VVV.
In der Luft unterwegs – **Fallschirmspringen:** Paracentrum Ameland, Flugplatz Ballum, Strand 21, Tel. 0519 55 48 80, www.skydive-ameland.nl. Kurse im Fallschirmspringen oder den Tandemsprung sofort.

Abends & Nachts

Disco – **De Lichtboei:** Kerkplein 3, Nes, Tel. 0519 54 24 84, www.delichtboei-ameland.nl.

Infos & Termine

Infos
VVV: Hollum, O. P. Lapstraat 6; Nes, Bureweg 2, Tel. 0519 54 65 46, www.vvvameland.nl.

Termine
Juni: Rugby-Festival, weltweit größtes Beach-Rugby-Festival mit Teams aus ganz Europa.
August: Roggenfest in Nes, mit Straßentheater, Musik und Kabarett.
November: Kunstmonat, Künstler aus dem In- und Ausland präsentieren ihre Werke in Museen, Kirchen und in der Landschaft.

Verkehr
Autofähre: Holwerd–Ameland/Nes (Wagenborg), Auskunft und Reservierung (Buchungen auch online) Tel. 0900 92 38 oder 085 401 10 08, www.wpd.nl. Gebührenpflichtiger, unbewachter **Parkplatz** am Fähranleger (Holwerd, Grandyk 2b, Tel. 085 401 10 08).

Mein Tipp

Zu Fuß zu den Inseln
Vom Festland durch das Watt nach Schiermonnikoog oder auch Ameland (▶ G/H 2) wandern, auf Touren mit erfahrenen Führern – ein einmaliges Naturerlebnis, das wegen der Länge der Strecken Stehvermögen erfordert und nicht ungefährlich ist. (Infos und Anmeldung: Wadloopcentrum Fryslân, www.wadlopen.net.)

Bus: Busse haben Anschluss an die Fähren und fahren alle Dörfer und Campingplätze an.
Fahrradverleih: Kiewiet, direkt auf dem Fährdamm in Nes, Tel. 0519 54 21 30, www.fietsverhuurkiewiet.nl.

Schiermonnikoog

▶ H 2

Die Insel misst 16 x 4 km und wurde, wie auch ihr einziger Ort, nach friesischen Mönchen benannt, die das kleine Eiland im 12. Jh. in eine fruchtbare Scholle umzuwandeln versuchten. Später wurde sie mehrmals an Privatleute verkauft. Der letzte Besitzer, Graf von Bernstorff, in dessen einstigem Gutssitz De Rijsbergen sich heute ein B&B befindet, wurde 1945 ohne Federlesen enteignet, die Insel gehört jetzt zu Friesland.

Die Insel ist besonders bei Naturliebhabern beliebt. Besucher müssen ihre Autos auf dem Festland zurücklassen, die meisten Straßen enden ehedem am Ortsrand oder setzen sich als Rad- oder Fußwege fort. Drei Viertel der Insel sind Nationalpark. Die drei Naturreservate **Westerplas, Kapeglob** und **Kobbeduinen** sind auf den vorgegebenen Wegen frei zugänglich, ausgenommen während der Brutzeit der Vögel.

Auf Schiermonnikoog geht es ruhiger zu als auf den anderen Inseln. Das eher bescheidene Nachtleben spielt sich in einigen wenigen Lokalen ab. Mit architektonischen Attraktionen ist die Insel nicht gesegnet, da wird der rote **Leuchtturm** schon zur Sehenswürdigkeit. Hässlich ist der **Wassermann,** ein auf der höchsten Düne gelegener Bunker, von dem man jedoch eine schöne Aussicht hat. Zu Füßen der Düne liegt der **Vredenhof,** ein

kleiner Friedhof, auf dem vom Meer angeschwemmte Tote zahlreicher Nationen begraben sind.

Bezoekerscentrum Nationaal Park
Torenstreek 20, Feb.–Juni, Sept, Okt., Weihnachtferien Mo–Sa 10–12, 13.30–17, So 10–14, Juli, Aug. Mo–Sa 10–17, So 10–14 , Nov.–Jan. Mi, Sa 10–12, 13.30–17, So 10–14 Uhr, 1 €
Hier werden Biologie und Ökologie von Wattenmeer und Insel beleuchtet und vogelkundliche Führungen und Naturexkursionen in die sonst unzugänglichen Gebiete angeboten.

Übernachten

Geschichtsträchtig – **Hotel Van der Werff:** Reeweg 2, Tel. 0519 53 12 03, www.hotelvanderwerff.nl, DZ ab 115 € (HP und VP möglich). Gäste werden um 1960er-Jahren mit dem Oldtimer-Bus aus den 1960er-Jahren, ist ein Baseler Stadtbus, vom Boot abgeholt und zu dem 1726 erbauten Anwesen, vormals Rathaus, Posthaus und Gericht, gebracht. Hier haben schon Prins Bernhard, Prinzessin Juliana und Kronprinz Willem Alexander logiert. Im einstigen Ballsaal ist heute das Restaurant untergebracht.
Ein bisschen altholländisch – **Duinzicht:** Badweg 17, Tel. 0519 53 12 18, www. hotelduinzicht.nl, DZ ab 112 €. Geselliges Familienhotel in schöner Lage am Rand des Dorfes und zu Füßen des Leuchtturms. Es ist nicht zu verfehlen, denn der mächtige Unterkiefer eines Wals markiert den Hoteleingang. Viele der Zimmer haben Balkon oder Terrasse, von wo man auf eine Grünanlage blickt. Tennisplatz und Schwimmbad gehören zum Komfort.
Fernsehlose Herberge – **Rijsbergen:** Knuppeldam 2, Tel. 0519 53 12 57, www.rijsbergen.nl, DZ 86 €, Buchungen Fr, Sa und in Ferien mind. 2 Näch-

Westfriesische Inseln

te, Ostern, Himmelfahrt, Pfingsten mind. 3 Nächte. 1757 von den Besitzern der Insel erbaut, stehen von der alten ›Burcht‹ nur noch die Außenmauern, innen ist alles renoviert. Einbis Vierbettzimmer mit Dusche und WC, Aufenthaltsräumen und Hausbar, schöne, von Wiesen und Bäumen gesäumte Terrasse, Spielterrain.

Komfortabel – **Pension Westerburen:** Middenstreek 32, Tel. 06 52 21 22 87, www.westerburen.nl, DZ 66–82 €. Nahe dem Dorfzentrum und dennoch ruhig gelegen, verfügt die Pension über 10 DZ, einige in einem Nebengebäude hinter dem Haupthaus. Helle, nett eingerichtete Zimmer mit Dusche, WC, TV, Radio und Telefon. Die Pension verfügt über Internetzugang und bietet den Gästen einen Laptop für den allgemeinen Gebrauch.

Camping – **Seedune:** Seeduneweg 1, Tel. 0519 53 13 98, April–Sept., 2 Pers. ca. 19 €. Schöner, im Nationalpark gelegener Platz mit Kantine, allerdings nur Zelte.

Essen & Trinken

International – **De Tjattel:** Langestreek 94, Tel. 0519 53 11 33, www.detjattel.nl, tgl. 12–15, 16.30–21 Uhr, Lunchgericht ab 4 €, Hauptgericht ab 19 €. Zwischen der Kirche und dem weißen Leuchtturm gelegen, große Terrasse. Gegrilltes und Gerichte aus der internationalen Küche, gute Auswahl an Fisch, auch vegetarische Gerichte, große Salatbar.

Strandpaviljoen – **De Marlijn:** Prins Bernhardweg 2, Tel. 0519 53 13 97, www.demarlijn.com, tgl. ab 10–17/18.30, Lunchgericht 5–19 €, Hauptgericht ab 18 €. Beliebter Stopp bei Inselwanderungen und Radtouren bei Paal 7, wo man sich bei einem *stokbroodje* (Baguette) oder einem Salat stärken kann. In der Hochsaison kann man abends auch eines der A-la-carte-Fischgerichte genießen.

Pizzas, Vis & Vlees – **De Ware Jakob:** Langestreek 46, Tel. 0519 53 16 87, www.dewarejakob.nl, tgl. ab 16 Uhr, Pizza ab 8 € und Fleisch ab 17 €. Pizzeria mit einfacher Einrichtung, schönem Wintergarten und Terrasse. Auch Fisch und Fleisch.

Aktiv

Baden – Gebadet werden darf überall am Strand, allerdings ist Nacktbaden zwischen Paal 2 und 7 verboten. Bei Paal 6 wird der Strand im Sommer von Rettungspersonal bewacht, gesurft werden kann bei Paal 3 und 4. Die Sandbänke vor der Insel, Kinderstuben der Seehunde, dürfen nicht betreten werden.

Abends & Nachts

Disco – **De Toxbar:** Reeweg 7, Tel. 0519 53 13 73, www.toxbar.nl.

Infos

Infos
VVV: Reeweg 5, Tel. 0519 53 12 33, www.vvvschiermonnikoog.nl.

Verkehr
Fähre: Lauwersoog–Schiermonnikoog (Wagenborg), Auskunft und Buchung Tel. 0900 92 38 und 085 401 10 08, www.wpd.nl. **Parkplatz** am Fährterminal, Zeedijk 11, (www.scheepspark.nl), Tel. 0519 34 91 39).
Bus: zwischen Fährhafen und Ort.
Fahrradverleih: Schierfiets, Noorderstreek 32, Tel. 0519 53 17 00, www.fietsenverhuurschiermonnikoog.com.

Landmarke: der Witte Toren, der ehemalige Leucht- und Wasserturm

Das Beste auf einen Blick

Provinzen im Norden

Highlight!

Groningen: Schmale Gassen, Einkaufsstraßen, belebte Plätze, beschauliche Innenhöfe, historische Bauwerke, die sich mit Konstruktionen der Moderne vermischen – die Stadt ist das kulturelle und wirtschaftliche Herz der gleichnamigen Provinz. Und die *stadjers*, wie die Bewohner – darunter Tausende Studenten –, genannt werden, fühlen sich hier pudelwohl. Kein Wunder ist es also, dass Groningen 2005 den Titel ›Beste Binnenstad van Nederland‹ eingeheimst hat. Ganz nebenbei wurde sie auch schon zur Fahrradstadt Nummer eins erklärt, und wer sie besucht, merkt sofort, warum. S. 207

Auf Entdeckungstour

Das Planetarium unter der Wohnzimmerdecke: Sieben Jahre, von 1774 bis 1781, arbeitete der Wollkämmer und Amateur-Astronom an seinem Werk, noch heute funktioniert es – und zwar präzise: das berühmte Planetarium Eise Eisingas. Bei einem Besuch Franekers ein absolutes Muss! S. 204

›Hunebedden‹ – von Hünen keine Spur: Im Hondsrug findet man über 50 *hunebedden* (Hünengräber), das größte in Borger, wo auch das Nationaale Hunebedden Informatiecentrum liegt. Hier erfährt man alles über diese ungewöhnlichen Relikte und ihre Erbauer. Eine Radtour führt zu weiteren in der Nähe liegenden beeindruckenden Hünengräbern. S. 216

Kultur & Sehenswertes

Aldfaers-Erf-Route: Krämerläden, Bäckerei, Tischlerei, Schmiede, Tagelöhnerbehausung, Dorfschule, Kirche und Bauernhof – hier entdeckt man das Friesland von ›damals‹. S. 201

Groninger Museum: Das Gebäude ist eine lustvolle Komposition aus Farben und Formen, der Inhalt eine erstklassige Sammlung von Exponaten zur regionalen Geschichte, von Kunsthandwerk und bildender Kunst des 16. bis 20. Jh. Best of Groningen! S. 208

Mit dem Rad unterwegs

Die Healandspaad-Route: Diese Tour, vorbei an kleinen Dörfern und traumhaften Moor-, Fluss- und Seenlandschaften, steht ganz im Zeichen des nassen Elements. S. 198

Rund um das Lauwersmeer: Eine 40 km lange Route durch ein Vogelparadies und Dörfer mit Fischfangtradition. S. 214

Genießen & Atmosphäre

Über Nacht im Hafenkran: Schlafen im Leuchtturm, Rettungsboot oder Hafenkran, in Harlingen ist das, abgesehen vom Preis, kein Problem. S. 203

Erinnerungen an Kuba: In ›Hemingway's Cuba‹ in Groningen wird es einem auch in der holländischen Provinz ganz warm ums Herz. Schön die Atmosphäre, lecker die Grillgerichte, spritzig die Musik und ein Traum die Cocktails … S. 211

Hortus Haren: Vom chinesischer Garten der Mingdynastie bis zum englischen Landhausgarten – kurz: exquisite Gartenkultur. S. 213

Abends & Nachts

Disco Dancing: Auf Groningens Poele- und Peperstraat liegen etliche Diskotheken. S. 212

193

Provinz Friesland

Hollands Norden, das sind – abgesehen von den Westfriesischen Inseln und Noord-Holland – die Provinzen zwischen IJsselmeer und Ems: Friesland, Groningen und Drenthe. Freslân, wie das Land auf Friesisch heißt, kann auf verschiedene Weise entdeckt werden: mit dem Boot auf Meeren, Kanälen und Flüssen, per *fiets* zwischen saftig grünen Weiden, auf Schusters Rappen in rauschenden Wäldern und Marschland, in historischen Städten, belebten Häfen, stillen Weilern. Hier lässt sich Ruhe und Weite des Nordens genießen.

Leeuwarden (Ljouwert) ▶ G 3

Leeuwarden, schöne Hauptstadt und kulturelles Zentrum der Provinz Friesland, hat es mit über 200 Schreibweisen ins »Guinness Book« geschafft. Weithin bekannt ist die Stadt durch den berühmten Eislaufmarathon Elfstedentocht (s. S. 201).

Vom Bahnhof zum Waagplein

Schiffe auf dem Kanal, rechts in einiger Entfernung den auffälligen Glaskuppelbau einer Bank im Blick, der einem riesigen Globus ähnelt, geht es von der Centraal Station zum Wilhelminaplein.

Fries Museum 1

Wilhelminaplein 92, www.friesmuse um.nl, Di–So 11–17 Uhr, 10/5 €
Das bedeutendste Heimatmuseum der Niederlande beleuchtet 50 000 Jahre friesischer Kultur und Geschichte, angefangen bei archäologischen Funden bis hin zur modernen Kunst. In einer Sonderausstellung gedenkt man der legendären Tänzerin Mata Hari.
Der Weg führt nun an der 1880 erbauten **Beurs** 2 (Börse, Wirdumerdijk 34, heute Stadtbibliothek) und an der **Mercuriusfontein** 3 , einem 1923 aufgestellten Springbrunnen mit symbolischen Tierfiguren, vorbei zum Waagplein. Blickfang auf dem belebten Platz ist der pittoreske Renaissancebau der **Waag** 4 (1598, Nieuwestad 148), wo früher Butter und Käse gewogen wurden.

Mata-Hari-Denkmal 5

Auf der Vischmarktpijp stößt man auf ein Denkmal für Mata Hari, deren Ge-

Infobox

Infos zu Friesland
www.frieslandtotaal.nl: Alles über Tourismus in der Region, Infos zu Unterkünften, einzelnen VVVs etc.
www.frieslanderleben.nl: Beleef Friesland – Wassersport, Attraktionen.

Infos zu friesischen Regionen
www.friesekust.nl: IJsselmeer-Küste.

www.vvvlauwersland.nl: Nordostfriesland.
www.friesemeren.nl und **www.friesland.org:** Friesische Seenplatte.
www.vvv-terpelan.nl: Terpenland.

Infos zu den Westfriesischen Inseln
s. S. 168.

Leeuwarden

burtshaus ganz in der Nähe liegt (Op de Kelders 33). Margaretha Geertruida Zelle, so der richtige Name der legendären Tänzerin, wurde 1917 nach einem dubiosen Prozess in Paris wegen Spionage für die Deutschen verurteilt und hingerichtet.

Grote Kerk `6`

Unter dem Chor mit seinen schönen glasgemalten Fenstern liegt in der Grote Kerk (15. Jh., Bredeplaats 4) seit 1588 die Familiengruft der friesischen Nassauer. An den Wänden der Grabstätte sind die Wappen und Namen aller Beigesetzten angebracht. An der Südostseite des Chors gewährte das **Oranjepoortje** den Mitgliedern des Hauses Oranien-Nassau separaten Zugang zur Kirche.

Natuurmuseum Fryslan `7`

Schoenmakersperk 2, www.natuurmu seumfryslan.nl, Di–So 11–17 Uhr, 7/5 €
Hier lernt man Friesland ›unter Wasser‹ kennen, steht staunend vor dem 15 m langen Skelett eines Pottwals und kann im Reisekabinett des Kapitäns Severein Schätze bewundern, die dieser von seinen Fahrten mitgebracht hat, darunter exotische Muscheln und Beuteltiere – und viele Attraktionen mehr.

Pier Pander Museum `8`

Groeneweg 1, www.pierpander.nl, Juni–Sept. Sa, So 13–17 Uhr, 2/1 €
An die glanzvolle Zeit friesischer Statthalter erinnert der Prinsentuin, ein 1648 als Lustgarten angelegter, durch zahlreiche Skulpturen verschönerter Park, in dem sich das Pier Pander Museum mit Werken dieses friesischen Bildhauers befindet.

Keramiekmuseum Princessehof `9`

Grote Kerkstraat 11, www.princesse hof.nl, Di–So 11–17 Uhr, 8/6 €
Im schönen Stadtpalast lebte bis 1765 Prinzessin Maria-Louise, die Witwe des ertrunkenen Statthalters Johan Willem Friso. Jetzt sind hier eine einmalige Sammlung von asiatischem und modernem Porzellan sowie die weltgrößte Sammlung von Fliesen zu sehen.

Oldehove Toren `10`

Torenstraat 1, Mitte April–Okt. Di–So 13–17 Uhr, 3,50/1,50 €
Leeuwardens Wahrzeichen, der schiefe Turm ohne Spitze, neigt sich bedenklich zur Seite. Daher war der Bau des 1529 begonnenen spätgotischen Kirchturms bei 40 m Höhe gestoppt worden. Der schiefe Turm ist 1,68 m aus dem Lot, doch nicht nur das: Er ist auch leicht krumm erbaut worden, um die Neigung auszugleichen.

Stadhuis `11`

Hofplein 38
Am Nieuwesteeg stößt man auf so manches altmodische Lädchen. An der säkularisierten Westerkerk vorbei geht es zu einem der markantesten Gebäude der Stadt: dem im Stil des klassizistischen Barock erbauten Stadhuis mit einem Glockenturm von 1715.

Auf dem Raadhuisplein spendet die von Königin Wilhelmina gepflanzte **Wilhelminalinde** Schatten.

Übernachten

Top – **Paleis Stadhouderlijk Hof `1`**: Hofplein 29, Tel. 0347 75 04 24, www. hotelstadhouderlijkhof.nl, DZ ab ca. 100 €. 4-Sterne-Tophotel im Herzen der Stadt. Elegant und komfortabel eingerichtete Zimmer – bis 1971 im Besitz der königlichen Familie.
Modern – **Leeuwarder Eurohotel `2`**: Europaplein 20, Tel. 058 213 11 13, www.eurohotel.nl, DZ ab 90 €. Elegant und modern eingerichtete 45 Zimmer, mit Internet und Hosenpres-

195

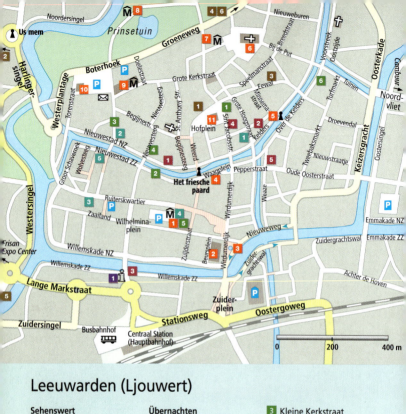

Leeuwarden (Ljouwert)

Sehenswert
1. Fries Museum
2. Beurs
3. Mercuriusfontein
4. Waag
5. Mata-Hari-Denkmal
6. Grote Kerk
7. Natuurmuseum Fryslan
8. Pier Pander Museum
9. Keramiekmuseum Princessehof
10. Oldehove Toren
11. Stadhuis

Übernachten
1. Paleis Stadhouderlijk Hof
2. Leeuwarder Eurohotel
3. Hotel 't Anker
4. B & B De Hedera
5. MS Elisabeth
6. De Kleine Wielen

Essen & Trinken
1. Humphrey's
2. Onder de Kelders
3. 't Pannekoekschip
4. Yucatan
5. Pompeï

Einkaufen
1. Sint Jacobsstraat
2. Nieuwestad
3. Kleine Kerkstraat
4. Nieuwesteeg
5. Winkelcentrum Zaailand
6. Wochenmärkte

Aktiv
1. Grachtenrundfahrten

Abends & Nachts
1. Club Hemingway
2. Fire Palace
3. Stadsschouwburg Harmonie
4. Slieker Film
5. Cinema

Leeuwarden: Adressen

se, sodass Sie den Tag faltenfrei angehen können. Restaurant mit ›Frysk menu‹.

Schlicht – **Hotel 't Anker 3** : Eewal 69, Tel. 058 212 52 16, www.hotelhetanker.nl, DZ mit Etagendusche/WC 55 €, DZ mit Dusche/WC 70 €. Einfaches Hotel mit 23 Zimmern (Standard bis Luxus). Gratis-WiFi, Abstellplatz für Fahrräder.

Günstig – **B & B De Hedera 4** : Goudenregenstraat 1 c, Tel. 06 53 77 24 31, www.dehedera.nl, DZ ab 59 €. 5 Gehmin. vom Zentrum. Geschmackvoll eingerichtete Zimmer mit modernem Interieur inkl. Kühlschrank, schöner Frühstücksraum, stimmungsvolle Terrasse. Gemeinschaftsdusche/-toilette.

Zünftig – **MS Elisabeth 5** : Harlingertrekweg 57, Tel. 06 24 58 88 57, www.collagecharter.nl, DZ 55 €. B & B auf einem ehemaligen Frachtschiff, 4 luxuriöse Schiffskabinen, jede mit großem Doppelbett und Waschbecken. 2 Toiletten, 1 Bad und 1 Dusche, Gemeinschaftsraum mit großem Frühstückstisch, TV mit Internetzugang, freies Parken nahe dem Schiff.

Camping – **De Kleine Wielen 6** : De Groene Ster 14, www.dekleinewielen.nl, Tel. 0511 43 16 60, ab 18 €/2 Pers. Am See gelegen, 5 km östl. Cafeteria, Laden, Snackbar, Sportmöglichkeiten.

Essen & Trinken

Qual der Wahl – **Humphrey's 1** : Nieuwestad 91, Tel. 058 216 49 36, www.humphreys.nl, So–Do 17–22, Fr, Sa bis 22.30 Uhr, 3-Gänge-Menü ca. 25 €. Gemütlich, aus der Menükarte lassen sich aus 6 Vorspeisen, 6 Hauptgerichten und 6 Desserts ein Menü zusammenstellen – der Preis ist immer derselbe, nur die Karte wechselt jeden Monat.

Rustikal – **Onder de Kelders 2** : Bierkade 1, Tel. 058 844 20 20, www.onderdekelders.nl, Di–So 11.30–24 Uhr,

Hauptgericht ab 12 €. Rustikales, in Kellern eingenistetes Restaurant, Terrasse direkt auf der Gracht. Französisch-mediterrane Küche, lecker: Texeler Lamm.

Mehr als 100 Sorten Pfannkuchen – **'t Pannekoekschip 3** : Willemskade 69, Tel. 0511 212 09 03, www.pannekoekschipleeuwarden.nl, Di 17–20, Mi–So ab 12, Ferien und Juli, Aug. auch Mo ab 17 Uhr, *pannenkoeken:* für Kinder um 5 €, für Erw. 9–14 €. Im Herzen der Stadt auf einem Zweimastklipper.

Mexikanisch – **Yucatan 4** : St. Jacobsstraat 18, Tel. 058 212 38 08, www.yucatan.nl, tgl. ab 16.30 Uhr, Hauptgericht um 17 €. Nett dekoriert wie in einer mexikanischen Cantina – und so sind auch die Speisen: leckere Totillas, Tacos, Enchiladas und Burritos.

Neapolitanisch – **Pompeï 1** : Groentemarkt 7, Tel. 058 212 40 92, www.pizzeriapompei.nl, Mo–Fr 16–22, Sa, So ab 14 Uhr, ab 13 €. Dem Pizzabäcker zuschauen und dann die Pizza genießen, oder Scaloppina, Canelloni, Lasagne …

Einkaufen

Vielfalt – In der **Sint Jacobsstraat 1**, **Nieuwestad 2** und **Kleine Kerkstraat 3** findet man vielerlei Läden, Galerien, Cafés, Snackbars und Restaurants.

Nostalgisch – **Nieuwesteeg 4** : Sträßchen mit vielen nostalgischen Läden.

Shopping Center – **Winkelcentrum Zaailand 5** : Zaailand. Shopping Center nach Art einer amerikanischen Mall mit zahlreichen kleinen Shops.

Markttage – **Wochenmärkte 6** : Wilhelminaplein, Fr 8–16; Waagplein: Mo mittags. Ab Mitte April Sa Bauernmarkt.

Aktiv

Quer durch die Stadt – **Grachtenrundfahrten 1** und **Stadtführungen** im Juli und Aug., organisiert vom VVV.

197

Provinzen im Norden

Radtour auf dem Healanspaad

Abends & Nachts

Trendy Disco – **Club Hemingway** 1 : Grote Hoogstraat 13, www.clubhemingway.nl.
Dance-trance – **Fire Palace** 2 : Nieuwestad 47-49, www.fire-palace.nl. Ausgehzentrum mit drei Diskotheken, Pub und Café.
Konzerte, Theater, Kabarett – **Stadsschouwburg Harmonie** 3 : Ruiterskwartier 4, www.harmonie.nl, Reservierung Tel. 058 233 02 33.
Movies – **Slieker Film** 4 : Wilhelminaplein 92, Tel. 058 205 03 20, www.sliekerfilm.nl. **Cinema** 5 : Nieuwestad 38-42, Tel. 058 212 52 20, www.leeuwarderbioscopen.nl.

Infos

VVV: Sophialaan 4, Tel. 058 234 75 50, www.vvvleeuwarden.nl.
Bahn: Verbindungen nach Groningen, Harlingen, Sneek, Utrecht und Zwolle.
Bus: von/nach Dokkum, Drachten, Holwerd (Auto-/Personenfähre nach Ameland) und Lauwersoog (Personenfähre nach Schiermonnikoog; keine Autos).
Fahrradverleih: am Bahnhof, Stationsweg 3, Tel. 058 213 98 00.

Rund um die friesische Seenplatte

Mit dem Rad unterwegs

Healanspaad-Route
Südöstlich von Leeuwarden liegen reizvolle Moor-, Fluss- und Seenlandschaften mit Dörfern und Gehöften, die seit jeher mit den *healânspaden*, den Heuwegen, verbunden sind – ideal um das Gebiet per Rad auf der sog. Healanspaad-Route (ca. 38 km) zu erkunden. Wir starten am Jachthafen von **Drachten**, orientieren uns an den *fietsknooppunten* (s. Karte) und radeln nach Westen. Südlich des Hafens und der Wijde Ee geht es zum Wassersportzentrum **De Veenhoop**. Mit Glück kann man auf dem Fluss einem *skutsjesilen*, der traditionellen friesischen Segelregatta der *skutsjes* (umgebaute historische Segelfrachtschiffe mit rostbraunen Segeln), zuschauen. In De Veenhoop setzen wir mit einer Fähre über die Ee (Mai–Sept. 11–20 Uhr) und fahren weiter nach **Oudega**, einem Dorf mit einer stattlichen romanischen Kirche von 1090. In

Earnewoude (Earnewâld) informiert das Infozentrum des **Nationaal Park De Alde Feanen** über die Natur und im gleichen Pavillon das **Fries Landbouwmuseum** (Koaidyk 8b, April–Okt., sonst nur in Ferien tgl. 10–17 Uhr, 6/3 €), über die Geschichte der regionalen Landwirtschaft. Mit der kleinen Fähre »Hin' en wer« geht es über das Wied. Auf dieser Seite des Gewässers können Sie das kleine **Heimatmuseum It Kokelhûs fan Jan en Sjut** (Wiidswei 10, Juni–Aug. tgl. 14–17 Uhr) und die historische **Schiffswerft mit Skûtsjemuseum** (De Stripe 12, Ende April–Okt. Sa, So, Juli–Aug. Di–So 13.30–17 Uhr) besuchen. In einer Schleife nach Nordosten fahren wir zurück nach Oudega und weiter in Richtung Drachten. Rechts des Weges liegt der **Blauwe Steen**, ein großer, bläulicher Findling. Er soll einst als Grenzstein zwischen den Dorfgebieten von Oudega und Nijega gedient haben. Oder hatte er etwas mit einem heidnischen Kultplatz zu tun? Die Kratzer auf dem Stein sollen jedenfalls von Schwertern der Soldateska des Bischofs Bernard van Galen stammen, die 1672 diese Strecke absteckten.

Sneek (Snit) ▶ G 3

Im Mittelalter lag Sneek, heute die zweitgrößte Stadt der Provinz Friesland, noch an der Zuiderzee und war stark befestigt, woran das beeindruckende Waterpoort von 1613, das Wahrzeichen Sneeks, noch erinnert. Das nette Städtchen mit dem großen Jachthafen ist das Tor zu den friesischen Seen, einem riesigen Segelrevier.

Fries Scheepvaart Museum
Kleinzand 16, www.friesscheepvaartmuseum.nl, Mo–Sa 10–17, So 12–17 Uhr, 6/2 €

Mein Tipp

Ganz schön bitter!
In dem kleinen, nostalgischen Wein- und Spirituosenhandel **De Weduwe Joustra** in Sneek findet man alles, was die Haus-Destillerie produziert, u. a. den berühmten Kräuterbitter Beerenburg und den etwas leichteren Beerinnenburg für Damen (Kleinzand 32, www.weduwejoustra.nl).

Zu sehen sind Dutzende Buddelschiffe und Schiffsmodelle des 18./19. Jh. – wahre Wunderwerke. Dazu Gemälde und Drucke zur Schifffahrt, nachgebildete Jachtinterieurs. Zudem wird das Schlittschuhlaufen einschließlich der Elfstedentocht, beleuchtet. Einen wahren Schatz stellt die Sammlung friesischen Silbers dar.

Übernachten

Dekorativ – **Amicitia Hotel Sneek:** Graaf Adolfstraat 37, Tel. 0515 43 68 00, www.amicitiahotel.nl, DZ ab 75 €. Übernachten im echten Hindelooper-Zimmer? Oder lieber mit Schlossinterieur ? Oder eher im orientalischen Zimmer? Oder 1960er-Jahre-Zimmer? Hier hat man die Wahl.
Gleich am Bahnhof – **Daaldersplaats:** Stationsstraat 66, Tel. 0515 41 31 75, www.daaldersplaats.nl, DZ ab 75 €. Modern eingerichtete Zimmer, kostenloses Parken. Mit Restaurant und Terrasse.
Zentral – **De Wijnberg:** Marktstraat 23, Tel. 0515 41 24 21, www.hoteldewijnberg.nl, DZ 75–125 €. Helle, modern eingerichtete Zimmer mit Bad/Dusche, Toilette, Telefon, TV. Überdachte Terrasse, kleine Garage und

Provinzen im Norden

Vor der Regatta auf dem Sneeker Meer (Friesische Seenplatte)

abschließbarer Unterstand für das Fahrrad. Schöne, alte Lounge und Pub aus dem 19. Jh.
Hostel – **Stayokay Sneek:** Oude Oppenhuizerweg 17, Tel. 0515 41 21 32, www.stayokay.com, ab 24,50 €/Pers.

Essen & Trinken

Friesisch – **Onder De Linden:** Marktstraat 30, Tel. 0515 41 26 54, www.restaurantonderdelinden.nl, Di–Sa 10–21, So ab 13 Uhr. Gute Wahl: Frysk Menü (ca. 25 €), Hauptgericht ab 17 €. Gemütlich Speisen auf der großen Terrasse oder im schönen Wintergarten, niederländisch-französische Küche.
Gesellige Atmosphäre – **De Albatros:** Oppenhuizerweg 50, Tel. 0515 43 06 62, www.de-albatros.nl, tgl. ab 10, Okt.–Mitte April Di–So ab 11 Uhr, Lunch ab ca. 5 €, Hauptgericht ab 11 €. Resto-Brasserie, schöne Terrasse mit Blick aufs Wasser. Von italienischen Ciabattas über friesische Senfsuppe zu Steingegrilltem, Fisch und Fleisch.

Einkaufen

Markt: Di, Sa morgens auf dem Grootzand, Kram aller Art.

Infos & Termine

VVV: Marktstraat 20, Tel. 0515 75 06 78, www.vvvsneek.nl.
August: Sneekweek, www.sneekweek.nl, internationale Segelregatta auf dem Sneeker Meer.
Bahn: Verbindungen nach Leeuwarden, Stavoren.
Bus: Verbindungen mit Bolsward, Emmeloord, Heerenveen.

Sloten (Sleat) und das Gaasterland ▶ G 4

Infozentrum Mar en Klif, Gaasterland, Oudemirdum, De Brink 4, www.marenklif.nl, April–Okt. Mo–Sa 10–17, So 11–17, Nov.–März Sa 11–16 Uhr
Stadtwälle, von Giebelhäusern gesäumte Grachten, die Wassertore Wou-

senderpoort und Lemsterpoort sowie eine Holländermühle von 1755 bestimmen das Bild von **Sloten,** der kleinsten Stadt Frieslands. Südwestlich von Sloten lädt das **Gaasterland,** ein Wald- und Hügelgebiet mit etlichen steilen Kliffs, zum Wandern und Radfahren ein.

Infos

Bus: von/nach Bolsward und Workum.

Stavoren (Starum) und Hindeloopen (Hylpen)

▶ F 4

Stavoren gehörte im 14. Jh. der Hanse an, doch dann versandete die Zufahrt zum Meer und die Stadt wurde vom Seehandel abgeschnitten. Heute ist die Hafenstadt ein Zentrum für Wassersport und Sportfischerei. Enge Straßen, schmale Kanäle, rustikale kleine Holzbrücken und schöne Kapitänshäuser tragen zum Reiz von **Hindeloopen** bei, das ebenfalls einst Hansestadt war.

Museum Hindeloopen

Dijkweg 1, Hindeloopen, www.muse umhindeloopen.nl, April–Nov. Mo– Fr 11–17, Sa, So, Fei 13.30–17 Uhr, 4/2,50 €
Im 18. Jh. griff man in Hindeloopen gern zum Pinsel und bemalte Möbel, Alkoven, Kistchen und Koffer in charakteristischer Weise, schuf aber auch Gemälde – heute als Hindeloper Malkunst bekannt. Neben solchen Exponaten wird hier mit Hindeloopener Trachten, Interieur, Gemälden und Fotos auf die lokale Geschichte eingegangen.

Eerste Friese Schaatsmuseum

Kleine Weide 1, Hindeloopen, www. schaatsmuseum.nl, Mo–Sa 10–18, So 13–17 Uhr, 3 €

Stavoren und Hindeloopen

Hier finden Sie die größte Schlittschuhsammlung der Welt, alles über Eislaufen und alles rund um den Schlittschuh und den berühmten Elfstedentocht, ein volksfestartiges, spektakuläres Eisschnelllaufereignis.

Übernachten

Einstmals Stadtbauernhof – **De Stadsboerderij:** Hindeloopen, Nieuwe Weide 7–9, Tel. 0514 52 12 78, www.destads boerderij.nl, DZ 72 €. In renoviertem Stadtbauernhof von 1797, das beste Zimmer ist das luxuriöse Brautzimmer mit Alkoven im Hindelooper Stil.
Einfach und gemütlich – **Hotel-Pension De Twee Hondjes:** Paardepad 2, Hindeloopen, Tel. 0514 52 28 73, www.detweehondjes.nl, DZ 78 € (ab 2 Nächte 65 €), Hund 10 €. Nett eingerichtete Zimmer mit Waschbecken, gemeinschaftliche Duschen und Toilette auf dem Flur, Fahrradverleih.
Camping – **Hindeloopen:** Westerdijk 9, Tel. 0514 52 14 52, www.campinghin deloopen.nl, April–Okt., ab 10 €. Nur durch den Deich vom IJsselmeer getrennt, Spiel- und Tennisplätze, Kin-

Mein Tipp

Friesland anno dazumal

Auf der **Museumsroute Aldfaers Erf,** auf Deutsch: Erbe unserer Vorfahren, lässt sich das Friesland von anno dazumal entdecken: verteilt über die Dörfer Ferwoude, Piaam, Exmorra und Allingawier findet man Tante-Emma- und Krämerläden, Dorfbäckerei und -tischlerei, Schmiede, Dorfschule, Tagelöhnerbehausung, Kirche und Bauernhof (www.aldfaerserf.nl, April–Okt. Di–So 10–17 Uhr).

201

Provinzen im Norden

Originalgetreue Werkstätten im Eerste Friese Schaatsmuseum in Hindeloopen

derbauernhof, Supermarkt, Snackbar in 200 Jahre altem Bauernhof.

Essen & Trinken

Pannenkoeken – **De Friese Doorloper:** Hindeloopen, Kleine Weide 1, am Schaatsmuseum, Mo–Sa 10–18/20, So 13–17/20 Uhr, 50 Sorten Pfannkuchen, 3–10 €.

Infos

Infos
VVV Hindeloopen: Nieuwstad 26, Tel. 0514 85 12 23, www.toeristinfohindeloopen.nl.
VVV Stavoren: Stationsweg 7, Tel. 0514 68 24 24, www.stavoren.nl.

Verkehr
Bahn: Stavoren–Hindeloopen–Sneek–Leeuwarden.
Bus: Verbindungen zwischen Hindeloopen und Bolsward.
Fähre: Stavoren–Enkhuizen, Tel. 0228 32 66 67, www.veerboot.info.

Bolsward (Boalsert) ▶ G 3

Kaum zu glauben: Bolsward (10 000 Einw.) hatte einst Zugang zum Meer, denn es lag an der Middelzee, war sogar Hansestadt und nutzte den heute mit einem Satteldach versehenen Turm der Martinikerk als Leuchtturm.

Oudheidkamer
Jongemastraat 2, April–Okt. Mo 14–16, Di–Fr 9–12, 14–16, Eintritt frei
Eindrucksvolles Zeugnis friesischer Architektur ist das Stadhuis (1614), in dessen Oudheidkamer die Historie der Stadt dargelegt wird.

Einkaufen

Hochprozentig – **Distilleerderij Sonnema:** Stoombootkade 12, www.sonnema.nl. Berenburger Kräuterschnaps.

Übernachten

Zentral – **De Wijnberg:** Marktplein 5, Tel. 0515 57 22 20, www.wijnberg

bolsward.nl, DZ ab 75 €. Gemütliches Hotel, 27 komfortable Zimmer. Sauna, Solarium, Hotel-Restaurant, Brasserie (u. a. Fischgerichte). Regionaltypische Küche.

Einfach – **Hotel de Groene Weide:** Snekerstraat 2, Tel. 0515 57 22 84, www.hoteldegroeneweide.nl, DZ 69 €. Einfaches Hotel-Restaurant im Zentrum in einem Grachtenhaus, 10 Gästezimmer mit Dusche, Bad und TV.

Historisches Haus mit Luxus von heute – **Heeremastate:** Heeremastraat 8, Tel. 0515 57 30 63. www.heeremastate.eu, DZ 68 €. Im Herzen der Stadt. Fast hätte ein schwerer Sturm 1972 das Haus weggefegt. 4 gemütlich eingerichtete Zimmer, jeweils mit Dusche und WC.

Essen & Trinken

Steaks & Tapas – **Pickwick's:** Rijkstraat 7, Tel. 0515 57 77 98, www.tapasinbolsward.nl, Mi–So ab 17 Uhr. Leckere Tapas ab 5,10 €.

Infos & Termine

Toeristisch Informatiepunt: Wipstraat 6.
Mai/Juni: Elf-Steden-Tour, Fahrradtour durch elf friesische Städte.
Bus: Verbindungen nach Heerenveen, Leeuwarden, Sneek.
Fahrradverleih: Molenmaker Tweewielers, Witherenstraat 20, Tel. 0515 57 28 63.

Harlingen (Harns) ▶ F 3

Namen wie Java und Sumatra an ehemaligen Lagerhäusern des Noorderhaven erinnern an die Kolonialzeit, als die Hafenstadt Harlingen ihre Hochblüte erlebte. Gut 500 historische Giebelhäuser, der weiß getünchte Leuchtturm, der alte Hafen, wo im Sommer die historischen Frachtsegler festmachen, und der belebte Jachthafen verleihen der Fährstadt besonderes Flair.

Het Hannemahuis

Voorstraat 56, www.hannemahuis.nl, Di–Fr 11–17, Sa, So 13.30–17 Uhr, 5/2,50 €
Gemälde, Schiffsmodelle, Stadtpläne, Fliesen und ganze Stilzimmer beleuchten hier die Vergangenheit Harlingens als Festungsstadt und Walfanghafen.

Übernachten

Luxuriös – **Hotel Almenum:** Kruisstraat 8–14, Tel. 06 25 03 11 73, www.hotelalmenum.nl, D Z70–90 €, Apartment 103–108 € für 2 Pers. 10 luxuriöse Hotel-Apartments und Gästezimmer in einem renovierten Lagerhaus aus dem 17. Jh., dem ältesten Gebäude in Harlingen, und 4 Arbeiterhäuschen. Schöne Lage um einen Garten im historischen Zentrum.

Zimmer mit Aussicht – **Hotel Zeezicht:** Zuiderhaven 1, Tel. 0517 41 25 36, www.hotelzeezicht.nl, DZ ab 115 €. Stilvoll eingerichtete Zim-   ▷ S. 206

Mein Tipp

Übernachten extrem
Übernachten Sie doch einfach in Harlingens altem, außer Dienst gestelltem **Leuchtturm,** im ehemaligen **Rettungsboot** oder im **Hafenkran** – so extrem wie die Lokalitäten sind auch die Preise, dennoch sind die Quartiere gut ausgebucht (Buchungs-Tel. 0517 41 44 10, www.vuurtoren-harlingen.nl, 319 €/Tag).

Auf Entdeckungstour: Das Planetarium unter der Wohnzimmerdecke

Beim Rathaus von Franeker steht ein unscheinbares Haus. Wäre da nicht das Schild über der Tür, niemand wüsste, dass sich hinter der Backsteinfassade ein technisches Kunstwerk von besonderer Faszination befindet: das berühmte Planetarium des Eise Eisinga.

Reisekarte: ▶ G 3

Planetarium Eise Eisinga: Eise Eisingastraat 3, www.planetarium-friesland.nl, Nov.–März Di–Sa 10–17, So 13–17, April–Okt. auch Mo 13–17 Uhr, 4,50/ ab 3,75 €.

Eisingas Lebenswerk
Die Wohndiele des Häuschens bildet den Eingangsbereich des Museums. Nebenan dann die einstige **Wohnkammer,** in der die Familie auch schlief: Eise Eisinga und seine Frau im Bettkasten, darunter in Schubladen die Kinder, solange sie noch klein waren. Staunend blickt man zur Wohnzimmerdecke, denn dort befindet sich Eisingas Lebenswerk: das Planetarium.

Sonne statt Kronleuchter
Von 1774 bis 1781 hat Eisinga daran gebastelt, nachts bei Kerzenschein und im Geheimen, sieben Jahre lang. Wo sich in Wohnzimmern gewöhn-

lich Kronleuchter befinden, hängt eine goldbepinselte Holzkugel als Sonne. Drumherum kreisen Kügelchen, die durch Ritzen von der Decke hängen: die Planeten Merkur, Venus, Erde, Mars, Jupiter und Saturn. Für jeden hat Eisinga einen ellipsenförmigen Schlitz in seine Wohnzimmerdecke gesägt – die Planetenbahnen.

Das Ganze wird von einer Pendeluhr über dem Bettkasten angetrieben. Ihre Größe hatte Eisinga präzise berechnet. Doch dabei war dem Genie ein Fehler unterlaufen: Das Pendel war zu lang. Man hätte einen Schlitz in die Decke des Alkovens sägen müssen und es hätte sich ständig über den Köpfen der im Bett Liegenden hin und her bewegt. Dagegen hatte Frau Eisinga vehement protestiert. Schließlich wurde das Pendel um ein Viertel gekürzt. Das wiederum wirkte sich auf die gesamte Uhr aus – sie tickte zu schnell. Also musste die ganze Mechanik angepasst werden ...

Saturn kreist nunmehr zum achten Mal

Nun aber zurück auf den Flur und die steile Holztreppe hinauf. Oben breitet sich die **Mechanik** über der Wohnzimmerdecke aus: eine verwirrende Ansammlung von Achsen, Scheiben und Zahnrädern mit 10 000 handgeschmiedeten Stiften.

Den Antrieb des Räderwerks besorgt eine Pendeluhr, nur sie wurde von einem Uhrmacher gebaut. Sie bewegt die Planeten in exakt dem Zeitraum um die Sonne, die sie auch im All benötigen. Der Saturn, beispielsweise, braucht für eine Runde 29 Jahre und 164 Tage und dreht seit Fertigstellung des Planetariums erst seine achte Runde durch das Wohnzimmer.

Weltuntergang und Aufklärung

In einem der weiteren Räume – das Nachbarhaus gehört ebenfalls zum Museum – erfährt man dann etwas über den eigenwilligen Tüftler Eise Eisinga. Der im Jahr 1744 geborene Friese war Wollkämmer und ein – wen wundert's – Mathematikgenie. Er hatte zwar nur die Volksschule besucht, doch schon mit 17 Jahren ein 665-seitiges Mathematikbuch verfasst. Es folgten weitere Werke über Astronomie.

Anstoß zum Bau seines Planetariums war der bevorstehende Weltuntergang. Den nämlich hatte ein gewisser Pfarrer aus Bozum, eine Art friesischer Nostradamus, für den Mai des Jahres 1774 prophezeit, als Folge einer katastrophalen Konstellation der Himmelskörper. In der Bevölkerung brach Panik aus. Das Unwissen seiner Mitbürger über die Vorgänge im All verursachte bei Eise Eisinga Kopfschütteln, und so baute er ein Modell des Planetensystems – zwecks Aufklärung.

Erst wäg's, dann wag's

Damit nach seinem Ableben das Planetarium auch weiterhin präzise funktioniert, erließ Eisinga Vorschriften. So muss etwa die Länge des Pendels vom Uhrwerk bei starken Temperaturschwankungen verändert werden.

Auch nach mehr als 200 Jahren hat der Mechanismus des nun ältesten in Betrieb stehenden Planetariums nichts von seiner Präzision eingebüßt. Offenbar hatte Eise Eisinga tatsächlich nach der Inschrift gehandelt, die oberhalb von seiner Hauspforte angebracht ist: »Voersint eer Ghy begint« (Erst wäg's, dann wag's).

Provinzen im Norden

mer, einige mit Hafenblick. Im Zeekasteel direkt am Seehafen gegenüber dem Anleger für die Fähren gelegen. Cafébar mit viel Atmosphäre und überdachter, windgeschützter Terrasse sitzt man mit Blick auf die Schiffe.

Stilvoll – **Anna Casparii:** Noorderhaven 69, Tel. 0517 41 20 65, www.annacasparii.nl, DZ 97,50–120 €, HP, VP mögl., Hund 10 €. 14 Zimmer mit Dusche/Bad, Toilette, Telefon, TV, Minibar. In 3 stattlichen Grachtenhäusern im Herzen von Harlingen mit schöner Aussicht über den Jachthafen. Stilvolle Lounge. Ein Restaurant mit diversen Fischspezialitäten gehört zum Haus.

Essen & Trinken

Chinesisch-indisch – **Xin-Hua:** Grote Bredeplaats 2, Tel. 0517 41 57 81, www.xinhua.nl, tgl. 11.30–22 Uhr, Nov.–Feb. Mo geschl. Reistafel ab 18 €, Hauptgericht ab 12 €. Riesiges Angebot aus der chinesischen und indischen Küche, z. T. zum Mitnehmen.

Trendy – **Eigentijds:** Grote Bredeplaats 29, Tel. 0517 41 25 98, www.eigentijds.com, Mi–Sa ab 12, So ab 13 Uhr, Lunchgericht ab 4 €. Trendy bis klassisches Interieur, das Richtige für einen Lunch mit leckerem *broodje,* Toast, *uitsmijter* oder Salat – hinterher ein schönes Eis.

Infos & Termine

Toeristisch Informatiepunt: Grote Bredeplaats 17 B, Tel. 0517 43 02 07, www.harlingen-friesland.nl.
Aug.: Visserijdagen, Fischereifest mit Schiffsparade und traditionellem Ringreiten.
Bahn: von/nach Franeker, Leeuwarden.
Fähren: Harlingen-Hafen nach Vlieland (s. S. 176) und Terschelling (s. S. 178).
Fahrradverleih: Jelle Dijkstra, Schritsen 1, Tel. 0517 43 15 14, www.rijwielhandeljelledijkstra.nl.

Franeker (Frjentsjer) ▸ G 3

Das nette, von Ringwall und Stadtgraben umgebene Städtchen Franeker war über 200 Jahre eine renommierte Universitätsstadt, bis Napoleon dem ein Ende bereitete. Die Studentenkneipe **De Bogt fen Genú** (1589), die älteste Kneipe der Niederlande (Vijverstraat 1), existiert noch immer.

Museum Martena

Voorstraat 35, www.museummartena.nl, Di–Fr 10–17, Sa, So, Fei 13–17 Uhr, 5/3 €
Schauen Sie sich unbedingt das Orrery, ein Mini-Planetarium, und die 158-bändige Xylotheek an, beide erinnern an die einstige Universität. Auf der Beletage dieses ehemaligen Stadtschlosses befinden sich Sammlungen von Gemälden und Porzellan und unterm Dach die Kirmes von Jacob Kooistra. Ein sehenswertes Museum!

Planetarium Eise Eisinga

s. Entdeckungstour S. 204

Übernachten

Am Wasser – **De Stadsherberg:** Oud Kaatsveld 8, Tel. 0517 39 26 86, www.stadsherbergfraneker.nl, DZ 90–97,50 €. 10 nette Hotelzimmer (5 mit Dachterrasse und Aussicht auf die Stadtmauer). Auch Bootsverleih, Kanus, Motorboot. Café-Restaurant mit Kanal-Blick.

Außerhalb gelegen – **B & B Lutje Lollum:** Lutje Lollum 1, Tel. 0517 39 11 84, www.bedandbreakfastlutjelollum.nl, DZ 77,50 €, bei mehreren Nächten günstiger. Umgebaute Ställe, deren Charakter noch zu erkennen ist. 2-Personen-Suiten und 1 Familiensuite. Man ist auch mit Pferden und Hunden willkommen (vorher absprechen). Ein paar Minuten außerhalb Franekers. Mit Internet und Terrasse.

Essen & Trinken

Burgundische Küche – **De Grillerije:**
Groenmarkt 13, Tel. 0517 39 70 44,
www.degrillerije.nl, Di–So 17–21 Uhr,
Hauptgericht ab 19 €. Trendy zeitgenössisches Ambiente, hier und dort moderne Fotokunst an den Wänden. Während man auf die Spezialitäten vom
Grill wartet, kann man sich an alten
holländischen Spielen versuchen. Auf
Wunsch kocht Mona salz-, laktose- oder
glutenfrei (bitte vorab bestellen).

Infos

Bahn und Bus: von und nach Harlingen und Leeuwarden.
Fahrradverleih: Zandberg, L. Homan-
straat 4, Tel. 0517 39 70 38, www.zand
bergfietsen.nl.

Nationaal Park Drents-Friese Wold ▶ H 4

*Besucherzentrum in Appelscha: Ter
wisscha 6a, Tel. 0516 46 40 20, www.
np-drentsfriesewold.nl, April–Okt.
sowie in den niederländischen Schulferien tgl. 10–17, Nov.–März Mo–Fr
11–16, Sa, So 10–17 Uhr; Info-Cen-
trum in Diever, Bosweg 2a, Tel. 0521
59 17 48, Mai–Okt. Mo–Sa 10–16, Juli–
Aug. bis 17, Nov.–April Mo–Fr 11–15,
Sa 10–16 Uhr*

Der 6100 ha große Nationalpark und
das nördlich daran anschließende
Fochteloёrveen, eines der letzten
erhaltenen und heute geschützten
Hochmoore der Niederlande, lassen
sich am besten per pedes oder per
fiets erkunden.

Provinz Groningen

Die dynamische Universitätsstadt
Groningen, Nabel und Hauptstadt
der gleichnamigen Provinz im Norden des Landes, überrascht mit modernen und historischen Bauwerken,
reichen Museen und von viel jungem
Volk belebten Plätzen. Alte Warften,
feudale Gutshöfe, beeindruckende
Landsitze und alte Moorkolonien
im Umland erzählen die Geschichte
dieser Provinz im Nordosten der Niederlande.

Groningen❗ ▶ I 3

Die Provinzhauptstadt Groningens
(195 000 Einw.) sprüht nur so vor Le-
bensfreude. Zu ihrem lustvollen Flair
tragen insbesondere – seit 1614 gibt
es hier eine Universität – die vielen
Studenten, gemütlichen Kneipen,
Cafés, Restaurants und Shoppingwelten bei. Die Stadt ist alt, bereits
1040 taucht sie als Villa Cruoninga in
einer Urkunde auf. Doch sie erneu-
ert sich ständig. Sichtbare Zeichen
jüngster Frischzellenkuren sind die
zahlreichen, Preise einheimsenden
Prachtexemplare der Toparchitektur.
Da darf auch ein Architekturfestival
nicht fehlen.

Infobox

Infos zu Groningen
www.provinciegroningen.nl: Wissenswertes zur Provinz.
http://portal.groningen.nl: Alles über
die Stadt Groningen (auch dt.).
www.groningeruitburo.nl: Uitburo
Groningen. Möchten Sie wissen, wo
wann was los ist? Hier sind Sie richtig!

Groningen

Sehenswert
1 Centraal Station
2 Groninger Museum
3 Grote Markt
4 Martinikerk
5 Provinciehuis
6 Prinsenhof
7 Pepergasthuis
8 Anthonygasthuis
9 Pelstergasthuis
10 Korenbeurs
11 A-Kerk
12 Noordelijk Scheepvaartmuseum
13 Wall House #2

Übernachten
1 Martini
2 De oude Nadorst
3 B & B Cessinas
4 Stee in Stad
5 Museum Guesthouse
6 Stadspark

Essen & Trinken
1 Muller
2 De Zevendehemel
3 Hemingway's Cuba
4 Eetcafé d'Ouwe Brandweer
5 Goudkantoor

Einkaufen
1 Herestraat
2 Waagstraat-complex
3 Vismarkt
4 Blumenjahrmarkt: A-Kerkhof, Oude Ebbingestraat

Aktiv
1 Rondvaartbedrijf Kool – Grachten-rundfahrten
2 Stadtführungen vom VVV

Abends & Nachts
1 Casino
2 Pathé
3 Wolff Groningen
4 Grand Theatre

Centraal Station 1
Die schönste Art in Groningen anzu-kommen, ist mit der Bahn – die Halle des 1896 erbauten Bahnhofs mit ihren kunstvollen Holzschnitzereien, den prächtigen Kachelwänden und der faszinierenden Stuckdecke ist eine der schönsten der Niederlande. Und drau-ßen vor der Tür wartet schon das abso-lute Highlight, das Groninger Museum.

Groninger Museum 2
Museumeiland 1, www.groningermu seum.nl, Di–So 10–17 Uhr, 13/3–10 €
Schon das Gebäude, eine lustvolle Komposition aus Farben und Formen von Alessandro Mendini und ande-ren Architekten, ist ein Kunstwerk. Es liegt »wie ein Hochseeschiff, das aus Versehen in die Stadtgracht gefah-ren ist« mitten im Wasser. Im Inneren stößt man auf Exponate zur regiona-len Geschichte und auf eine erlesene Sammlung von Kunsthandwerk und bildender Kunst des 16. bis 20. Jh. Zu den Highlights zählen Werke von Rembrandt, Paul Gauguin, van Gogh, G. H. Breitner und Andy Warhol.

Grote Markt 3
Grote Markt 1
Mittelpunkt des von einem Kanalring umgebenen Zentrums ist der von zahl-reichen Cafés gesäumte Grote Markt mit dem neoklassizistischen **Stadhuis** von 1810 und dem prächtigen Renais-sancebau des **Goudkantoor.** Dem eins-tigen Goldprüfamt aus dem Jahr 1635, heute ein Restaurant-Café, hat der italienische Architekt Adolfo Natalini eine moderne, spektakuläre Glas- und Stahlkonstruktion, den **Waagstraat-komplex,** zur Seite gestellt.

Martinikerk 4
www.martinikerk.nl, April–Okt. Mo–Sa 11–17, Juli, Aug. auch So 11–16, Nov.–März Mo–Fr 12–16, Sa 11–17, Führungen um 13.30, Mi auch um 15 Uhr, 2,50 €
Die romanisch-gotische Basilika des 13. Jh. verfügt über eine der größten **Barockorgeln** des Landes, beeindru-ckende Fresken aus dem 16. Jh. schmü-cken den Chor. ›D'Olle Grieze‹ (der alte Graue), wie der Volksmund ihren Turm nennt, bietet eine schöne Aussicht.

Sein **Glockenspiel** entstammt der berühmten Hemony-Werkstatt, und auf der Turmspitze sitzt, anstelle der Wetterfahne, das Ross des hl. Martin.

Provinciehuis 5 & Prinsenhof 6
*Prinsenhoftuin: April–Mitte Okt.
tgl. 10 Uhr bis Sonnenuntergang*
Am Martinikerkhof liegt der Neorenaissancebau des **Provinciehuis**, dem Sitz der Provinzregierung. Der **Prinsenhof**, ein ehemaliges Kloster aus dem 15. Jh., war Bischofs- und Statthalterresidenz. Im prächtigen Prinsenhoftuin, dem Rosen- und Kräutergarten, kann man an der Sonnenuhr von 1731 die Zeit ab-

lesen und in der Theeschenkerij einen leckeren Tee genießen.

Hofjes und Gasthuizen
Über die Stadt sind mehr als 30 *hofjes* und *gasthuizen,* ehemalige soziale Einrichtungen, verteilt, das **Pepergasthuis** 7 (Peperstraat 22), das **Anthonygasthuis** 8 (Rademarkt 27) und das **Pelstergasthuis** 9 (Pelsterstraat 43) zählen zu den schönsten. In der Fassade der **Korenbeurs** 10 (Vismarkt) von 1865 findet man Standbilder von Ceres, Merkur und Neptun, den Gottheiten für Ackerbau, Handel und Schifffahrt. Nebenan erhebt sich die

Provinzen im Norden

A-Kerk 11 mit ihrer schönen Turmbekrönung.

Noordelijk Scheepvaartmuseum 12
Brugstraat 24, www.noordelijk scheepvaartmuseum.nl, Di–Sa 10–17, So 13–17 Uhr, 6/3,50 €
Von Schiffen, so groß, dass sie draußen bleiben mussten, oder so winzig, dass sie in Flaschen passen, von Schiffsmotoren und Seemännern, von Torf-, Küsten-, Watten- und Binnenschifffahrt mit Segel und Motor und Schiffbau seit dem Mittelalter erzählt dieses Museum.

Wall House # 2 13
A.J. Lutulistraat 17, www.wallhouse.nl
Zum wohl ungewöhnlichsten Wohnhaus in Groningen – eine riesige Betonwand teilt es in zwei Hälften – pilgern Architekturbegeisterte aus aller Herren Länder. Häufig finden in dem »spacigen Bau« des amerikanischen Architekten John Hejduk Kunstprojekte statt, dann ist es auch für Besucher zugänglich.

Übernachten

Stilvoll – **Martini** 1 : Gedempte Zuiderdiep 8, Tel. 050 312 99 19, www.martinihotel.nl, DZ ab 70 €, Frühstück 12,50 €/Pers. Modernes Hotel mit luxuriös eingerichteten Gästezimmern, Treppenhaus mit schönen, bleiverglasten Fenstern, einladende Bar. Im Grand Café im Stil der 1950er-Jahre kann man gemütlich bei einer Tasse Kaffee Zeitung lesen, im Winter am offenen Kamin.

Ländlich-romantisch – **De oude Nadorst** 2 : Oude Adorperweg 4, Tel.

Rette sich, wer kann: Ein Schiff wird in Groningens Schiffbauwerft zu Wasser gelassen

Groningen: Adressen

0617 10 98 17, www.denadorst.eu, DZ 87,50 €. Übernachten in einem der ältesten Bauernhöfe Groningens, am Stadtrand. Oder in einem Pipowagen, einem Zirkuswagen (65 €). Romantisch!

Komfortabel – **B & B Cessinas** 3 : Winschoterdiep 33, Tel. 050 311 26 39, DZ ab 60 €. Zentral in der Stadt am alten Kanal nach Winschoten gelegen. 2 nett eingerichtete kleine Apartments mit eigenem Bad, Küche und/oder Kochnische, Terrasse. Kaffee und Tee gratis. Internet-Zugang. Fahrräder können untergestellt oder gemietet werden.

Außergewöhnlich – **Stee in Stad** 4 : Florisplein 21, Tel. 050 577 98 96, www. steeinstad.nl, DZ 53–70 €. »Übernachten im Stadtteil« – in einem von 9 Zimmern, verteilt auf 3 Wohnungen. Die Rezeption ist am Florisplein in einem ehemaligen Ladengeschäft eingerichtet, hier wird auch gefrühstückt. Sie bekommen den Schlüssel und einen Stadtplan. Ein Mitarbeiter erklärt Ihnen den Weg zu »Ihrer Wohnung«. Diese befindet sich in höchstens 400 m Entfernung von der Rezeption.

Günstig – **Museum Guesthouse** 5 : Ubbo Emmiussingel 25, Tel. 050 313 62 26, www.museumguesthouse.nl, DZ 65 €. B&B mit 1 DZ und 1 EZ direkt gegenüber dem Groninger Museum. Das helle, gemütlich eingerichtete DZ hat eine eigene Dusche, TV, Internet-Zugang und ein Regal voller Bücher, viele in English. WC auf dem Flur.

Camping – **Stadspark** 6 : Campinglaan 6, Tel. 050 525 16 24, www.campingstadspark.nl, ca. 18 €. Ca. 2,5 km vom Stadtzentrum, Zelte, Camper, Caravans – ein sehr gut ausgestatteter Campingplatz.

Essen & Trinken

Sternenküche – **Muller** 1 : Grote Kromme Elleboog 13, Tel. 050 318 32 08, www.restaurantmuller.nl, Di–Sa 18–22 Uhr, Menü ca. 62 €, Hauptgericht ab 28 €. Das Spitzenrestaurant wartet mit elegantem, klassischem 1930er-Jahre-Interieur und gepflegter klassischer Küche auf.

Auf Wolke 7 – **De Zevendehemel** 2 : Zuiderkerkstraat 7, Tel. 050 314 51 41, www.zevendehemel.nl, Di–Sa ab 17 Uhr, vegetarisches Hauptgericht ca. 19 €, Fisch oder Fleisch ca. 20 €. Stimmungsvolles Restaurant, französisch-italienische Küche, Fleisch vom Biobauern, auch vegetarische und veganische Gerichte, gute Weine. Do, Fr, Sa meist Pianomusik live.

Kubanisch – **Hemingway's Cuba** 3 : Gedempte Kattendiep 23/1, Tel. 050 589 34 09, www.viaromanica.nl, tgl. 17–22 Uhr, Grillspezialitäten ab 19 €, andere Hauptgericht ab 14 €. Fotos von Hemingway und Castro an den Wänden, kubanisch-karibische Musik, gemütliche Terrasse. Tapas, knackige Salate, Leckeres vom Grill und natürlich Kaffee mit einem Schuss Rum.

Eetcafé – **Eetcafé d'Ouwe Brandweer** 4 : Gedempte Zuiderdiep 75–77, Tel. 050 318 03 23, www.ouwebrandweer.nl, Café So–Do ab 17, Fr/Sa ab 16, Küche ab 17 Uhr, Hauptgericht ab 13 €. Stimmungsvolles Eetcafé in einer ehemaligen Feuerwache, in der noch manches an die Feuerwehr erinnert, so die Namen der Speisen: *rookmelder* (Rauchmelder) beispielsweise sind gefüllte Burritos.

Historisch – **Goudkantoor** 5 : Waagplein 1, Tel. 050 589 18 88, www.goudkantoor.nl, Mo ab 12, Di–Sa ab 10, So 12–18 Uhr, Lunchgericht ab 5 €, Dinner ab 14 €. Gemütliche Atmosphäre im weit über 300 Jahre alten, einstigen Goldprüfamt (s. S. 208), nettes Café-Restaurant für ein *kopje koffie* zwischendurch oder am mittags oder abends eine Kleinigkeit zu essen. Lecker: Groninger Senfsuppe mit Speck und Gartenkräutern.

211

Provinzen im Norden

Einkaufen

Shoppingstraßen – Zahlreiche **Läden** findet man in der **Herestraat** [1] und im modernen **Waagstraatcomplex** [2], stimmungsvoll ist es in der alten **Korenbeurs** [10] (s. beide auch S. 209).
Märkte – **Obst, Gemüse, Blumen etc.: Grote Markt** [3] und **Vismarkt** [3], Di, Fr, Sa 9–17 Uhr.
Blumenjahrmarkt – **Grote Markt** [3], **Vismarkt** [3], **A-Kerkhof** [4], **Oude Ebbingestraat** [4]. Karfreitag.

Aktiv

Grachtenrundfahrten – **Rondvaartbedrijf Kool** [1]: Stationsweg 1012, Tel. 050 312 83 79, www.rondvaartbedrijfkool.nl, ganzjährig zu verschiedenen Zeiten, Dauer 1 Std., Abfahrt gegenüber dem Hauptbahnhof, 11/6 €.
Außerdem: Reitdieptour – Bootsausflug mit Stopp in Zoutkamp zum Lauwersmeer, an verschiedenen Tagen im Juli/Aug., 35 €
Touren – **Stadtführungen** [2]: Paulien-Exkursions, Tel. 050 313 18 59, www.paulienexcursions.nl, Sa, So. »Architektuurroute op de fiets«: Mit dem Fahrrad zu den architektonischen Highlights, Büchlein (nl., engl., 12,50 €) erhältlich beim VVV.

Kunst in der Stadt
Durch Groningens Innenstadt wandern und dabei die vielen **Straßen-Kunstwerke** entdecken, beispielsweise das »Kunstpissoir« des berühmten Architekten Rem Koolhaas. Büchlein (auf Niederländisch) mit Infos beim VVV (s. S. 212).

Abends & Nachts

Die quirlige Universitätsstadt erfreut sich eines lebhaften Nachtlebens. **Kneipen** häufen sich um den Grote Markt, um den Kromme Ellebogen und die Gedempte Zuiderdiep. Auf etliche **Diskotheken** trifft man in der Poelestraat und Peperstraat.
Was wann wo los ist steht in »Uitgaanskrant Groningen« und »Uit loper« (beim VVV; www.uitgaanskrantgroningen.nl, www.uitloper.nu).
Rien ne va plus! – **Casino** [1]: Gedempte Kattendiep 150, Tel. 050 317 23 17, www.hollandcasino.nl, tgl. 12–3 Uhr. American und französisches Roulette, Black Jack, Punto Blanco etc.
Kinos – **Pathé** [2]: Gedempte Zuiderdijk 78, Tel. 0900 14 58, www.pathe.nl. Mit 9 Kinos das größte in der Stadt. **Wolff Groningen** [3]: Boumaboulevard 53, Tel. 050 750 42 00, www.wolff.nl.
Theatralisches – **Grand Theatre** [4]: Grote Markt 35, Tel. 050 314 05 50, www.grandtheatregroningen.nl.

Infos & Termine

Infos
VVV-Infoladen und **Uitshop** (Last Minute Ticket Shop): Grote Markt 29, Tel. 0900 20 230 50, www.toerisme.groningen.nl.
Uitburo: Gedempte Zuiderdiep 22, Tel. 050 319 97 50, www.groningeruitburo.nl.Termine
Jan.: Popfestival Noorderslag.
Juni/Juli: Musikfestival Swingin' Groningen.
Aug.: Theaterfestival Noorderzon, der kulturelle Höhepunkt des Sommers.
28. Aug.: Bommen Berend, große Feier anlässlich der Befreiung von den Truppen des Bischofs von Münster.

Umgebung von Groningen

Verkehr

Bahn: Verbindungen nach Amersfoort, Assen, Delfzijl, Harlingen, Leeuwarden, Winschoten, Zwolle.

Bus: Verbindungen nach Holwerd (Fähre nach Ameland, s. S. 188), Lauwersoog (Fähre nach Schiermonnikoog, s. S. 190), Stadskanaal, Veendam.

Parken: P&R-Plätze am Stadtrand.

Fahrradverleih: am Bahnhof, Tel. 050 312 41 74.

Umgebung von Groningen

Hortus Haren ▶ I 3

Kerklaan 34, Haren, www.hortusha ren.nl, tgl. 9.30–17 Uhr, 5/ab 3 €

Den Garten eines englischen Landhauses, einen Wildkräutergarten, einen chinesischen Garten der Mingdynastie, einen Steingarten und einen keltischen Garten der Mythologie – im Hortus Haren ist all dies zu finden.

Dorfkirche von Midwolde und Nationaal Rijtuigmuseum ▶ H 3

Kutschenmuseum: Burg Nienoord, Leek, Nienoord 1, www.museumni enoord.nl, April–Okt. Di–So 11–17 Uhr, 6/3 €

Ein Juwel der Bildhauerei birgt die **Dorfkirche von Midwolde:** das 1669 von Rombout Verhulst geschaffene Prunkgrab eines Adligen von der nahe gelegenen Burg Nienoord. Das Kasteel selbst beherbergt das **Nationaal Rijtuigmuseum** (Kutschenmuseum) mit 250 Kutschen und Schlitten von Bauern, Bürgern, Adeligen und Mitgliedern des Königshauses.

Openluchtmuseum Het Hoogeland ▶ I 2

Warffum, Schoolstraat 4, www. hethoogeland.com, Ende März–Okt. Di–Sa 10–17, So 13–17 Uhr, 6/ab 2 €

Nördlich von Groningen kommt man durch das malerische, denkmalgeschützte Dorf Winsum nach **Warffum,** wo das Freilichtmuseum Het Hoogeland mit 20 Gebäuden, darunter Dorfladen, Schänke und Fischerhaus, Eindrücke vom dörflichen Leben und Arbeiten von vor 100 Jahren vermittelt.

Menkemaborg ▶ I 2

Uithuizen, Menkemaweg 2, www. menkemaborg.nl, März–Sept. Di–So, Juli–Aug tgl. 10–17, Okt.–Dez. Di–So 10–16 Uhr, 6/ab 2 €

Die Menkemaborg hat ihren Ursprung im 14. Jh., ist komplett von Wasser umgeben und die schönste ihrer Art in der Provinz Groningen. Das edle Interieur der Räume, darunter der Große Saal mit imposantem Kamin und das Schlafgemach mit Himmelbett, vermittelt Eindrücke vom Lebensstil des Landadels im 17./18. Jh. Und im schönen **Rosengarten** mit Heckenlabyrinth lässt es sich herrlich lustwandeln.

Appingedam ▶ I 2

Der Ort ist besonders wegen der ›hängenden Küchen‹ bekannt, Küchenanbauten, die über dem Wasser ›schweben‹. Sehenswert sind außerdem die Wand- und Deckenmalereien in der **Nikolaikerk** (13. Jh.), einer der eindrucksvollsten Kirchen der Provinz.

Fraeylemaborg bei Slochteren ▶ I 3

Slochteren, Hoofdweg 30, www.fraeylemaborg.nl, Di–Fr 10–17, Sa, So, Fei 13–17 Uhr, 6/ab 2,50 €

Bei Slochteren, wo 1959 ›die Blase‹, das damals größte Erdgasfeld Europas, entdeckt wurde, liegt die um 1600 erbaute Fraeylemaborg mit reich mit Stilmöbeln ausgestatteten Räumen.

213

Provinzen im Norden

Mein Tipp

Spaziergang im Watt
Es muss ja anfangs nicht gleich eine anstrengende Wattwanderung vom Festland zur nächsten Insel sein, um das Watt kennenzulernen. Da genügt vielleicht erst mal ein dreistündiger Wattstreifzug auf dem schlickigen Meeresboden. Der dann bei Erfolg zünftig mit einem hochprozentigen ›Wattwässerchen‹ begossen wird (Dijkstraa Wadlooptochten, Hoofdstraat 118, Pieterburen, ▶ J 2, Tel. 0595 52 83 45, www.wadloop.nl).

Mit dem Rad unterwegs

Rund ums Lauwersmeer

Der Nationaal Park Lauwersmeer ist ein Vogelparadies – bei einer Radtour rund um den See (40 km) kann man sich davon überzeugen. Wir starten in **Oostmahorn** und fahren nach Anjum, dessen Dorfbild von der Mühle **De Eendragt** geprägt ist. Im Innern der Mühle kann man zahlreiche Ausstellungen anschauen. Im Naturgebiet **Bantpolder** überwintern Brand-, Rothals- und Schneegänse; das Jahr über trifft man hier unzählige Wiesen- und Wasservögel an. Auf dem Deich, der das Lauwersmeer gegen das Wattenmeer abriegelt, passieren wir die Lauwerssluizen und kommen nach **Lauwersoog**, in dessen Außenhafen zahlreiche Krabbenkutter liegen. Fangfrische Krabben stehen denn auch in den kleinen Fischrestaurants am Hafen ganz oben auf der Speisekarte. Bei der Weiterfahrt nach Zoutkamp kommt man an Wäldern vorbei, die auf dem einstigen muschelhaltigen Meeresboden wachsen. Auch **Zoutkamp** ist eng verbunden mit der Fischerei. Im Visserijmuseum (Reitdiepskade 11) am alten Binnenhafen wird die Geschichte und Entwicklung der Zoutkamper Fischerei beleuchtet. Ein Stück weiter gelangt man zum **Musterbauernhof Kollumerwaard**. »Bauern mit Blick auf die Zukunft« ist hier das zentrale Thema. Kann gut sein, dass auf dem weiteren Weg schottische Hochlandrinder und wilde Ponys über den Weg laufen – sie halten das Grün kurz. Die **Dokkumer Nieuwe Zijlen** sind eine Hand voll Häuser an einer Schleuse, die 1729 von Willem Loré errichtet wurde. Dem Erbauer hat man auf dem Deich einen Gedenkstein errichtet. Gegenüber liegt die Herberge **De Pater**, eine gute Stelle zum Rasten, bevor es zum Ausgangspunkt der Tour nach Oostmahorn geht.

Radtour rund ums Lauwersmeer

In Grenznähe ▶ K 3/4

Die ›Mühlenstadt‹ **Winschoten** lohnt den Besuch mit den Korn- und Graupenmühlen De Edens, erbaut 1761 (Nassaustraat 14), und De Berg von 1854 (Grintweg 61, Besichtigung n. V., Tel. 0597 41 43 63) sowie der 25 m hohen Mühle De Dijkstra von 1862 (Nassaustraat 63, Besichtigung n. V., Tel. 0597 41 42 69). Auch wenn eine blaue Fahne aufgezogen ist, können Besucher das Innere der Mühlen besichtigen.

Direkt an der Grenze zu Deutschland beeindruckt die sternförmig angelegte Festungsstadt **Bourtange,** von Wilhelm von Oranien um 1580 an der einzigen Furt im umliegenden Moor errichtet und über Jahrhunderte weiter ausgebaut – sie trotzte allen Angriffen. Inmitten von Wäldern liegt bei Ter Apel das um 1465 gegründete Kreuzherrenkloster **Ter Apel,** heute ein Museum für Religionsgeschichte und kirchliche Kunst (Klooster Ter Apel, Boslaan 3, Tel. 0599 58 13 70, www.kloosterterapel.nl, Di–Sa 10–17, So, Fei 13–17, Sommerferien Mo–Sa 10–18, So 13–18 Uhr, 7,50/4–5 €). **Stadskanaal,** eine 25 km lange Siedlung mit Häusern und Bauernhöfen, die sich an schnurgeraden Kanälen reihen, ist die älteste Moorkolonie der Provinz. Im **Streekhistorisch Centrum** (Ceresstraat 2, Tel. 0599 61 26 49, www.streekhistorischcentrum.nl, Di–Fr 13–17, So 14–17 Uhr, nicht jeden So geöffnet, 2/1,50 €) wird die Geschichte der Veen-Siedlungen veranschaulicht.

Provinz Drenthe

Die Reste von mehr als 50 jungsteinzeitlichen Hünengräbern auf dem Hondsrug bezeugen, dass Drenthe das älteste Siedlungsgebiet des Landes ist. Mit den Mooren, ausgedehnten Wäldern, Äckern, Wiesen, den von Schafen bevölkerten Heiden, den stillen Angerdörfern und den altsächsischen Gehöften hat die Provinz viel von ihrem ursprünglichen ländlichen Charakter bewahrt.

Assen ▶ I 30

Die Hauptstadt der Provinz Drenthe war noch bis 1809 ein unbedeutendes, nur rund 600 Einwohner zählendes Dorf, dessen Ursprung eine mittelalterliche Abtei ist. Heute ist Assen eine moderne Stadt, deren gut besuchte Fußgängerzone zum Shopping einlädt.

Besonders lebhaft wird es hier, wenn Ende Juni auf der Motorradrennstrecke **Circuit** südwestlich der Stadt der Große Preis der Niederlande ausgetragen wird.

Drents Museum

Brink 1, www.drentsmuseum.nl,
Di –So 17.00 Uhr, Mo geschl.,
12€, Kinder frei
Zu sehen ist hier das älteste erhaltene Boot der Welt! Neben diesem aus einem Moor geborgenen Einbaum von ca. 7800 v. Chr. bekommt man Moorleichen aus dem 3. bis 5. Jh. und archäologische Funde aus Hünengräbern zu sehen und erlebt im GeoExplorer, einem audiovisuellen Spektakel, wie die Erde entstand. Exponate des Kunstgewerbes wie Möbel und Gebrauchs-   ▷ S. 218

Infobox

Infos zu Drenthe
www.drenthe.nl: Alles zu Tourismus, Kultur, Natur und mehr; Arrangements für den Urlaubsaufenthalt etc. www.provincie.drenthe.nl: Wissenswertes zur Provinz.

Auf Entdeckungstour:
›Hunebedden‹ – von Hünen keine Spur

Hünengräber sind prähistorische Grabstätten aus gewaltigen Gesteinsbrocken, rund 5000 Jahre alt. Der Hondsrug, ein Landstrich im Osten der Provinz Drenthe, ist davon förmlich durchsetzt. Über 50 Hünengräber sind dort zu finden. Diese zählen zu den ältesten Spuren menschlicher Besiedlung der Niederlande.

Reisekarte: ▶ J 4

Hunebed Centrum: Bronnegerstraat 12, Borger, www.hunebedcentrum.nl, Mo–Fr 10–17, Sa, So, Fei 11–17 Uhr, 7,50/ab 3,50 €.

Länge der Tour: rund 10 km

Borger im Hondsrug, das ist *die* ›Hunebeddenstad‹. Hier befinden sich das größte Hunebed der Niederlande und das **Hunebed Centrum,** in dem man alles über die merkwürdigen Felsbauten erfährt. Schon am Parkplatz stoßen wir auf den Nachbau eines prähistorischen Kornspeichers. Die Menschen, die diese Speicher erbauten, errichteten auch die Hünengräber. Hünen waren – wie man einst glaubte – die Erbauer allerdings nicht.

Mehr über ihr Leben erfährt man im Zentrum. Sie schneiderten ihre Kleider aus Fell und Pflanzenfasern, jagten, bestellten kleine Äcker und stellten kunstvoll verzierte, trichterförmige Gefäße her. Wissenschaftler nennen die Menschen daher auch das Trichterbechervolk. Und natürlich hat man hier auch eine ihrer Grabstätten, ein Hunebed, aufgebaut. Wände und Decke sind aus wuchtigen Felsen, deren dem Innenraum zugewandte Seiten flach sind. Die Spalten zwischen den Felsen sind mit kleineren Steinen ausgefüllt und das Ganze liegt, bis auf den Eingang, in einem Erdhügel. Dieses Hunebed ist nachgebaut, doch zu einem echten ist es nicht weit. Es liegt im Wald neben dem Zentrum, ist über 22 m lang und etliche der Felsbrocken wiegen um die 20 t! Was wir hier sehen, ist allerdings nur noch der Rohbau aus großen Felsbrocken.

Heidnische Tempel?

Auf der Bronnegerstraat, hinter dem alten Gebäude des Centrum, geht es nach **Bronneger.** Hübsche, rietgedeckte Häuschen und saftige Wiesen säumen den Weg. In Bronneger folgen wir dem Schild ›Hunebed‹ nach links bis in ein **Waldstück,** in dem nah beieinander drei kleine Hunebedden liegen. Wie an vielen anderen Stellen, so sind auch diese teilweise zerstört. Zwar ließ die Obrigkeit schon ab 1734 die Felsenbauten schützen, doch da war es für viele zu spät. Es heißt, im Mittelalter hätten christliche Missionare Hunebedden zerstört, weil sie darin heidnische Tempel sahen (und dass ihnen die Felsen beim Kirchbau zugute gekommen wären). Im 18. Jh. dann vernichtete der Pfahlwurm etliche Hunebedden. Nicht dass der Holz fressende Schädling zum Steinbeißer mutiert wäre, vielmehr zerfraß er die Holzpfähle, die die Seedeiche festigten. Ersatz-Bollwerk musste her, und so warf man kurzerhand die Felsbrocken von Hunebedden in die Deiche.

Das Werk von Riesen?

200 m weiter liegen rechts in einem Hain zwei weitere Hunebedden, von denen eines mit seinen gewaltigen Felsen besonders beeindruckt. Über die Herkunft der Megalithen im Hondsrug ist man gut informiert. Sie wurden durch das vordringende Gletschereis der Eiszeit von Skandinavien herangeschleift. Das erklärt übrigens auch, weshalb sie an einer Seite eine nahezu ebene Fläche aufweisen.

Am Ende des Weges geht es rechts auf den Kerkweg nach **Drouwen,** wo am Steenhopenweg kurz vor der Unterführung unter die N 34 links zwei große Hunebedden liegen. Eines der beiden zeichnet sich durch einen Ring aufrecht im Boden stehender Steine, Peristalithen genannt, aus. Damit wurde das einstige Hügelgrab an seinen Rändern verkleidet, um die Erosion des Grabhügels zu verhindern. Wegen der Schwere der Steine hat man lange geglaubt, **Hunebedden** müssten das Werk von Riesen – Hünen eben – gewesen sein, daher stammt auch der Name. Dabei waren die Erbauer Menschen von kleiner Gestalt – aber mit effizienten Techniken.

217

Provinzen im Norden

gegenstände, Silberwerk und Textilien sowie Zeichnungen und Gemälde vermitteln Eindrücke von der Drenther Wohnkultur und Drenther Landschaft. Beeindruckend auch die Sammlung »Kunst 1885–1935« mit Jugendstil- und Art-déco-Werken.

TT Circuit Assen

De Haar 9, www.ttassen.com, April– Okt. tgl. 9.30–17, Juli/Aug. bis 18 Uhr
Hier wird am letzten Junisamstag die Dutch TT, der Große Preis der Niederlande für Straßenrennmotorräder, ausgetragen – ein Renntag, der über 100 000 Besucher anlockt. Auch beim World Superbike und Truckstar Festival geht die Post ab. Und wenn nichts los ist, kann man dort mit dem eigenen Bike eine Runde drehen.

Übernachten

Zentral – **Best Western Hotel De Jonge:** Brinkstraat 85, Tel. 0592 3120 23, www.hoteldejonge.nl, DZ ab 70 € (HP, VP möglich). Zentral gelegenes Haus mit neuem Anbau, alle Zimmer mit Bad oder Dusche, Toilette, KTV, Radio und Telefon, etliche mit Balkon. Fahrradverleih, Grand Café, Restaurant.
Farbenfroh – **B & B Midlaren:** Huttenweg 6, in Midlaren, Tel. 050 409 35 49, www.bedandbreakfastmidlaren.nl, DZ 60–65 €. Ob das gelbe, blaue oder rosa Zimmer – Sie treffen immer eine gute Wahl. Bei schönem Wetter Frühstück im Garten. Im gemeinschaftlichen Badezimmer erwartet Sie ein Whirlpool. Wer abends im Dorf essen möchte, kann beim B&B kostenlos ein Fahrrad leihen.
Übernachten auf dem Bauernhof – **De Paardebloom:** Dorpsweg 2, Taarlo, Tel. 0592 23 14 74, www.bedandbreakfastassen.nl, DZ 50–60 €, Apartment 70 €, Frühstück 5 €/Pers. Die Herenkamer und die Blauwekamer sind genau

die richtigen Zimmer für Wanderer oder Radfahrer.

Essen & Trinken

Regional – **Touché:** Markt 20, Tel. 0592 76 90 69, www.restauranttouche.nl, Di–Sa 11–21, So ab 13 Uhr, Hauptgericht ab 16 €. Lamm vom Drentse Hochmoor, Ziegenkäse von nahen Kräuterwiesen – hier kommt vieles aus der Region auf den Tisch.
Happerij & tapperij – **Zusjes de Boer:** Markt 13, Tel. 0592 30 01 09, www.zusjesdeboer.nl, Di–Fr ab 16 Uhr, kleines Gericht ab 4 €, Hauptgericht ab 10 €. Interieur im englischen Stil. Leckere Salate, Süppchen, Tapas und mehr.

Infos

VVV: Marktstraat 8, Tel. 0592 24 37 88, www.ditisassen.nl.
Bahn: von/nach Groningen und Zwolle.
Bus: von/nach Stadskanaal, Veendam.
Fahrradverleih: am Bahnhof, Stationsplein 1, Tel. 0592 31 04 24.

Umgebung von Assen

Nördlich von Assen liegt das beliebte Wassersportrevier **Zuidlardermeer** (▶ I 3). Bei **Anloo,** einem der schönsten Dörfer der Provinz, kann man im **Pinetum ter Borgh** (www.pinetumanloo.nl; ▶ I 3), einem großen Park, 400 verschiedene Nadelbäume entdecken.

Drents Boomkroonpad ▶ I 4

Drouwen, Steenhopenweg 4, www.staatsbosbeheer.nl, April–Okt. tgl. 10–17, Nov.–März So 10–16 Uhr, 4/2 €
Bäume von der Wurzel bis zur Spitze kennenlernen: Erst geht es durch einen 22 m langen Wurzeltunnel, dann auf dem in 22 m Höhe errichteten Baumkronenpfad zwischen die Wipfel.

Nationaal Park Dwingelderveld

**Herinneringscentrum
Kamp Westerbork ▸ I 4**

*Oosthalen 8, Hooghalen, www.
kampwesterbork.nl, Mo–Fr 10–17, Sa,
So 13–17, Fei ab 11, April–Sep. Sa, So
ab 11 Uhr, Mitte Jan. geschl., 6,50/3 €;
Museumsbus von der Gedenkstätte
zum Kamp 2 € (mit Rückfahrt)*

Das Zentrum dokumentiert die Geschichte des Lagers und die Deportation von Juden, Sinti und Roma in die
Nazi-Vernichtungslager. Im 2,5 km entfernten ehemaligen Durchgangslager
stehen 102 000 Steine auf dem einstigen Appellplatz für die 102 000 Gefan-
genen, die von hier in die Konzentrationslager deportiert wurden – eine von
ihnen war Anne Frank (s. auch S. 69).

Emmen und Umgebung

▸ K 4

Rund um die Industriestadt **Emmen**
liegen etliche Hünengräber.

Schoonoord und Orvelte ▸ I 4

Ein Bild vom Leben der Menschen
im Moor in der Zeit um 1900 vermitteln die Freilichtmuseen Veen-
park (Barger-Compascuum, Ber-
kenrode 4, www.veenpark.nl, Ende
März–Okt. tgl. 10–17, Juli, Aug. bis
18 Uhr, 13,50/12,50 €) und Ellert en
Brammert (Tramstraat 73, www.el
lertenbrammert.nl, April–Okt. tgl. 9–
18 Uhr, 6/5 €) in **Schoonoord.**

Auch im Museumsdorf **Orvelte**
scheint die Zeit stehengeblieben zu
sein (Dorpsstraat 1 a, www.orvelte.eu,
April–Okt Di–So, Juli, Aug. auch Mo 10/
11–17 Uhr, sonst ist vieles geschlossen,
Eintritt 3,50–5/1,50–2 €). Hier gibt es
noch alte Bauernhöfe und Hand-
werksbetriebe, z. B. eine Schmiede, in
der auf traditionelle Weise gearbeitet
wird.

Übernachten

Gemütlich – **Susanna's B & B:** Laan van
de Bork 544, Tel. 0591 62 44 10, www.
bedandbreakfast-emmen.nl, DZ 50 €.
2 gemütlich eingerichtete Gästezimmer – beide mit TV –, untergebracht
in einem Reihenhaus, gemeinschaftliches Badezimmer. Auf Anfrage können Mahlzeiten – ausschließlich vegetarisch – oder Lunchpakete zubereitet
werden.

Modern – **De Koraal:** Koraaldreef 42,
Tel. 0591 63 28 22, www.dekoraal.nl,
DZ 60–70 €. Modernes, freistehendes
Haus, modernes Interieur in den beiden harmonisch eingerichteten Gästezimmern, die jedes eine Sitzecke und
ein eigenes Bad haben. Zur komfor-
tablen Ausstattung gehören zudem
TV, DVD/Video, Internetzugang.

Infos

VVV: Hoofdstraat 22, Tel. 0591 64
97 12.
Bahn: Emmen–Mariënberg–Zwolle.
Bus: Emmen–Barger–Compascuum
und Emmen–Schoonoord sowie Assen–
Orvelte–Zweeloo.
Fahrradverleih: Rijwielshop Grootjans,
Spoorstraat 14 , Tel. 0591 61 37 31.

Nationaal Park
Dwingelderveld ▸ H/I 4

*Besucherzentrum: Ruinen, Bender-
se 22, www.nationaalpark-dwingel
derveld.nl, April–Okt. und in allen
Schulferien tgl., Nov.–März Mi–So
10–17 Uhr, Eintritt frei*

Nordöstlich von Ruinen bietet der Nationalpark mit Wäldern, Heide und
Moorlandschaften zahlreichen Vogelarten ein Refugium und Besuchern
gute Möglichkeiten für erholsame
Wanderungen.

219

Das Beste auf einen Blick

Provinzen in der Mitte

Highlights!

Urk: In dem kleinen, calvinistischen Hafenstädtchen geht man seit über 1000 Jahren dem Fischfang in der Nordsee nach. Freitags kehren die Boote zurück, und man reist von weither an, um den Fisch zu ersteigern. Der Sonntag ist den Urkern heilig, man trägt die Trachten, Sport ist out, Geschäfte und Restaurants sind geschlossen, und erst nach Mitternacht geht es wieder hinaus aufs Meer. S. 226

Utrecht – die Stadt: Utrecht wird vom Oude und Kromme Rijn, von der Vecht, dem Amsterdam-Rijn-Kanal und zahlreichen Grachten durchflossen, an deren baumbestandenen Kais man auf zahlreiche urige Studentenkneipen und Restaurants trifft. S. 228

Auf Entdeckungstour

Land Art in Almere: In der Landschaft Flevolands findet man sechs faszinierende Landschaftskunstwerke, so auch das monumentale Observatorium oder De Groene Kathedraal, die Kathedrale von Reims – nachgebildet aus wachsenden Bäumen. S. 224

Mufflon und Monet – Natur und Kunst im Hoge Veluwe Park: Eingebettet in Wälder, Heide und Moor, liegt an einem See das Jagdschloss St. Hubertus mit dem Grundriss eines Hirschgeweihs. Mitten im Park trifft man auf das weltbekannte Kröller-Müller Museum mit einer Sammlung erlesener Kunstwerke. S. 246

Kultur & Sehenswertes

Batavia Werf in Lelystad: Hier kann man nicht nur den Schiffsbauern beim Nachbau des Admiralitätsschiffs »De 7 Provinciën« über die Schulter schauen, sondern sich auch auf die Schiffsplanken des bereits originalgetreu nachgebauten VOC-Schiffs »Batavia« aus dem 17. Jh. begeben und es erkunden. S. 222

Museumpark Orientalis in Nijmegen: Begegnung mit den großen Weltreligionen im weitläufigen Freilichtmuseum. S. 249

Aktiv unterwegs

Paddeln durch De Weerribben: Entdecken Sie die Landschaft des wasserreichen Nationalparks De Weerribben-Wieden zwischen Kalenberg und Ossenzijl bei einer Tour mit dem Kanu! S. 238

Genießen & Atmosphäre

Anders reisen mit der Fähre: Die Reise mit der Fähre über das IJsselmeer von Urk nach Enkhuizen ist ein besonderer Genuss, denn die Überfahrt erfolgt mit der »Willem Barentsz«, einem der größten Segelschiffe der Niederlande. Und das Fahrrad kann auch mit. S. 126

Honigsüß: Köstlich ist der Deventer *koek,* ein mit Honig hergestelltes Gebäck, das man in Deventer bekommt. S. 239

Abends & Nachts

Utrechts gemütliche Kneipen und Cafés: in den alten Werftkellern unten an den Kaimauern, am Janskerkhof und an der Neude. S. 231

Provinz Flevoland

Flevoland, dem IJsselmeer abgerungen, ist die jüngste Provinz Hollands. In Lelystad und Almere kommen Freunde moderner Architektur auf ihre Kosten, während die einst auf Inseln in der Zuiderzee gelegenen Fischerorte Urk und Schokland mit ihrem historischen Charme bestechen.

Lelystad ▶ F/G 5

Die Provinzhauptstadt (76 000 Einw.) ist nach Cornelius Lely, dem ›Vater des Abschlussdeiches‹, benannt. Die Attraktion der erst seit 1967 existierenden Retortenstadt mit ihrer mittlerweile etwas betagten ›modernen‹ Architektur ist die Batavia Werf.

Batavia Werf

Oostvaardersdijk 1–9, www.batavia werf.nl, tgl.10–17 Uhr, 11/ab 5,50 €
Die Batavia Werf ist eine besondere Werft, denn hier hat man das VOC-Schiff »Batavia« aus dem 17. Jh. originalgetreu nachgebaut und arbeitet nun – dabei können Sie den Schiffsbauern zusehen – am Nachbau des Admiralitätsschiffs »De 7 Provinciën«.

Infobox

Infos zu Flevoland
www.flevoland.nl(Nl., engl.): Homepage der Provinz mit allgemeinen und touristischen Informationen.
www.ookflevoland.nl: Umfassende touristische Informationen zur Provinz Flevoland mit Tipps zu Unterkünften, Ausgehen, Shoppen, Natur, Veranstaltungen. Mit kleinem Film.

Poldermuseum Nieuw Land

Oostvaardersdijk 0113, www.nieuw landerfgoed.nl, Di–Fr 10–17 (in den Schulferien auch Mo), Sa, So 11.30–17 Uhr, 8/ab 4 €
Die Geschichte des größten Einpolderungsprojekts aller Zeiten, des Zuiderzeeprojekts, dem Flevoland seine Existenz verdankt, ist spannend – hier wird sie in all ihren Aspekten erzählt.

Aviodrome

Pelikaanweg 50, Luchthaven, www. aviodrome.nl, Di–So (in den Schulferien auch Mo) 10–17 Uhr, 16,50/14 € (online 15,50/13 €)
Sie möchten einen Tag in den Wolken verbringen? Der Erlebnispark der Luftfahrt macht's möglich! Die magische Zeitmaschine versetzt Besucher in die Pionierzeit der Fliegerei, in der Boing 747 geht's ins Cockpit, und wer möchte, kann einen Rundflug buchen – um nur einige der Attraktionen zu nennen.

Oostvaardersplassen

Südwestlich der Stadt erstreckt sich am Markermeer das 5600 ha große Naturschutzgebiet Oostvaardersplassen, in dem über 200 Vogelarten, Fuchs und Rotwild heimisch sind.

Übernachten

Ruhige Lage – **De Lange Jammer:** Pioniersstraat 15, Tel. 0320 26 04 15, www.delangejammer.nl, DZ 95 €. Bungalow-Hotel mit gut ausgestatteten Zimmern (TV, Telefon, gratis Internetanschluss). Shuttle-Service, Fahrradverleih.
Auf dem Segler – **Klipper Kiekendief:** IJsselmeerdijk 13, Tel. 06 22 48 89 63. Doppelkabine 60 €. Zünftig übernach-

222

ten auf einem Segler. Gut ausgestattete Kombüse, schöner Aufenthaltsraum und schönes Sonnendeck.

Essen & Trinken

American style – **Steak van de Keizer:** Agoraweg 11 b, Tel. 0320 23 41 68, www.steakvandekeizer.nl, tgl. 17–21.30 Uhr, Hauptgericht ab 14 €. Das Innere des Lokals mit Totempfahl und Fell an der Wand, auf den Tellern Fleisch und Fisch vom Grill. Auch ein vegetarisches Gericht.

Bistro – **La Route:** De Schans 1823 a, Tel. 0320 22 18 18, www.laroute.nl, Di–So ab 17 Uhr, Hauptgericht ab 13 €. Nettes, familiengeführtes Bistro im Zentrum, offene Küche. Neben Bistrospeisen wie Jakobsmuscheln gibt's hier leckere Spareribs, Entenbrust- und Springbockfilet.

Einkaufen

Outlets – **Batavia Stad:** Bataviaplein 60, www.bataviastad.nl. Factory Outlet, Shopping Center mit 70 Lädchen.

Aktiv

Luftig – **Rundflüge / Flugzeug:** Aero-Service, Tel. 0591 35 12 51, www.aeroservice.nl; Helikopter: Heli-Holland, Tel. 0320 28 86 54, www.heliholland.nl.

Surfen, Segeln und Paddeln – **Surfschool Paradiso:** Uilenweg 8, Tel. 0320 25 68 93, www.surfschoolparadiso.nl. Vermietung von Segelbooten, Surfbrettern und Kanus.

Infos

VVV Batavia Stad: Bataviaplein 60, Tel. 0320 29 29 00, www.vvvlelystad.nl. **VVV Biebcafé het Verhaal:** De Promesse 4, Tel. 088 00 80 729.

Bahn: Verbindungen nach Amsterdam, Almere, Utrecht.
Bus: von/nach Enkhuizen, Kampen.

Almere ▶ F 6

Die erst 1975 gegründete, rasant gewachsene Stadt Almere (195 000 Einw.) ist vor allem für ihre moderne Architektur bekannt. Insbesondere in den Vierteln Musikwijk, Filmwijk, Stedenwijk, De Regenboogbuurt und De Realität werden Freunde farbenfroher Baukunst fündig. Die inmitten der Stadt liegenden Seen **Weerwater** und **Noorderplassen** sowie das **Gooimeer,** an dem sich Almere-Haven erstreckt, bieten ausgezeichnete Möglichkeiten für Wassersport.

CASLa
Centrum voor Architectuur, Stedebouw en Landschap, Weerwaterplein 3, Almere-Stad, Tel. 036 538 68 42, www.casla.nl, Di–Sa 12–17 Uhr
Almere und Umland zeigen viel moderne Architektur. Das Zentrum veranstaltet Führungen, gibt Infos sowie Fahrrad- und Wanderrouten zu den interessanten Bauwerken heraus.

Orchideeënhoeve
Oosterringweg 34, Luttelgeest, Tel. 0527 20 28 75, www.orchideenhoeve.nl, Mo–Sa 9–18, So, Fei 10–18 Uhr, 9,50/ab 4,50 €
Eine der schönsten Orchideensammlungen ist im tropischen Paradies Orchideeënhoeve zu bewundern.

Übernachten

Luxus pur – **Apollo Hotel Almere City Centre:** Koetsierbaan 2, Tel. 036 527 45 00, www.apollohotelsresorts.com, DZ ab 95 €. Moderne Architektur, modernes Design im In- ▷ S. 226

Auf Entdeckungstour: Land Art in Almere

Landschaft, Skulptur, Architektur – bei den großmaßstäblichen, skulpturellen Land-Art-Projekten verwischen die Grenzen. Namhafte Künstler, darunter Stararchitekt Daniel Libeskind, haben ihre Landschaftskunst in Süd-Flevoland eingebracht.

Reisekarte: ▶ F 6–G 5

Museum De Paviljoens:
Odeonstraat 3, Almere, www.depaviljoens.nl, Mi–So 12–17 Uhr, 6/1–2 €. Hier findet man Infos zu den Projekten auf Flevoland sowie zu den organisierten Tagestouren.

Polderland Garden of Love & Fire
Am westlichen Rand von Almere am **Pampushavenweg**

Drei schmale Kanäle, die nirgendwohin führen, ein Fußweg und ein Labyrinth aus mannshohem Aluminium auf einen Betonstreifen platziert: ein Garten der Meditation. Mit fünf Linien verbindet Daniel Libeskind hier Raum und Zeit. Die Kanäle führen imaginär nach Almere, die ›Stadt ohne Geschichte‹, mit Berlin, wo Libeskind lange lebte, und Salamanca zusammen. Dort lebte im 16. Jh. der Mönch Juan de la Cruz, dessen Werk »Die lebendige Liebesflamme« Libeskind inspiriert hat. Das Labyrinth symbolisiert das Herumirren des Menschen bei der Suche nach der Bedeutung des Seins.

Die Kathedrale von Reims in den Niederlanden?

Südöstlich von Almere im Dreieck von A27, Vogelweg und Waterlandseweg

Es gibt sie! Die Säulen der **Groene Kathedraal** von Marinus Boezem bestehen aus 178 Pappeln und man kann auf den Kreuzrippen des Gewölbes wandeln, hier durch Plattengänge zwischen den Säulen symbolisiert. Boezem sieht in der Kathedrale einen Höhepunkt des von Menschen gemachten Raumes.

Unter Wasser

Im Landschaftspark De Wetering bei Zeewolde

Dass dieses Stück Land einst Meeresboden war und der Ort Zeewolde unter Wasser läge, gäbe es die Deiche nicht, verdeutlicht Richard Serras **Sea Level**. Geht man an den Wänden des Kunstwerks entlang, fühlt man, imaginär ›unter Wasser‹ zu sein und wie es ist, langsam wieder an die Oberfläche zu kommen, denn die Oberkante der Wand entspricht der Meereshöhe.

See aus Erde und Wasser

An der N706 (Vogelweg), etwa auf halber Länge der Straße

Piet Slegers' **Aardzee** ist von einem Deich eingeschlossen, die Erde darin hier und dort aufgewühlt wie die See. Linien und Bänder aus grau-blauen Muscheln verweisen auf Luft und Wasser. Das 50 000 m² große Kunstwerk deutet zugleich auf den Schutz eines Polders mit seinen Erdwällen und die bewegenden Kräfte der See hin.

Stonehenge in de Polder

Nordöstlich von Lelystad an der N307 und dem Swifterringweg

Wer eine intensive Erfahrung mit dem Universum sucht, begibt sich am besten in den Monaten März, Juni, September oder Dezember noch vor Sonnenaufgang zum **Observatorium** von Robert Morris – das magische Datum ist der jeweils 21. Tag des Monats! –, tritt genau ins Zentrum im innersten Kreis der Erdwälle und wartet auf die Sonne. Wenn der Wettergott mitspielt, taucht diese exakt in dem entsprechenden V-förmigen Sucher auf. Die Vorstellung, bewusst mitzuerleben, wie die Erde soeben den weitesten oder nahesten Punkt auf ihrer Bahn um die Sonne durchläuft, ist für manchen ganz prickelnd.

Blick über das Markermeer

Am Bataviahaven in Lelystad

Sie ist 25 m hoch, 44 t schwer und hockt am Pier des Batavia-Hafens von Lelystad und blickt hinaus auf das Markermeer – eine menschliche Figur. **Exposure** stammt von dem in London lebenden Briten Antony Gormley. Der bildende Künstler ist berühmt für seine menschlichen Figuren, die sich überall in der Welt umschauen.

Provinzen in der Mitte

nern, stilvolle Lounge, gemütliche Brasserie, farbenfrohe Zimmer mit Designermöbeln, die extra für das Hotel entworfen wurden, komfortable Ausstattung.

Komfortabel – **Bastion Hotel Almere:** Audioweg 1, Almere-Stad, Tel. 036 536 77 55, www.bastionhotels.nl, DZ ab 125 €. Am Stadtrand gelegenes Hotel mit komfortabel eingerichteten Standard- und Deluxe-Gästezimmern. Kostenloser WiFi-Zugang im ganzen Haus. Gemütliche Bar, Café-Restaurant.

Gemütlich – **Pension Almere:** Lindengouw 70, Tel. 06 46 44 64 09 (mobil), www.pensionalmere.com, DZ 55 €. Frühstück 7,50 €/Pers. Angenehmes B&B in einem Eckhaus, 3 geschmackvoll eingerichtete Zimmer, gemeinschaftliches Bad.

Essen & Trinken

Französisch & Bio – **Hemel op Aarde:** Palmpolstraat 17, Tel. 036 524 58 36, www.hemelopaarde.nl, Di–So ab 17.30 Uhr, Hauptgericht ab 19 €, Vegetarisch ab 14 €. Modernes Bistro mit schöner Terrasse. Wagyu-Steak gefällig? Gibt es hier.

Aus dem Meer – **Krab aan de Haven:** Sluiskade 16, Tel. 036 531 15 57, www.krabaandehaven.nl, Mi–Mo ab Mittag, Hauptgericht ab 19 €. Stylisch, etwas kühl wirkendes Interieur, Terrasse mit Hafenblick. Fisch und Meeresfrüchte, aber auch Lamm. Zu den Spezialitäten zählen u. a. Krabben, Krebse und Austern.

Japanisch – **Sensei Haven:** Havenzicht 6, Tel. 036 521 56 66, www.senseihaven.nl, Mi–Mo 17–23 Uhr, Sushi ab 1,75 €, A-la-carte-Hauptgericht 8–15 €. Ausgezeichnete Sushis, Sashimis und Teppanyaki, aber auch zahlreiche Fischgerichte und Pfannkuchen. Terrasse mit schöner Aussicht auf den Hafen.

Aktiv

Freizeitpark – **Walibi World:** Biddinghuizen, Spijkweg 30, Tel. 0321 32 99 99, www.walibi.com, Mitte April–Okt. tgl. 10–17/18/20/21 Uhr, 31,50/29 €. Großer Freizeitpark, in dem u. a. El Condor, eine Riesenachterbahn, ins Tal stürzt.

Infos

VVV: Stadhuispromenade 1, Tel. 036 548 50 41, www.vvv-almere.nl.
Bahn: Verbindungen nach Amsterdam und Lelystad.

Urk ❗ ▶ G 5

Die Bewohner von Urk, einst eine Zuiderzeeinsel, die jetzt am Rand des Noordoostpolders liegt, haben auch nach dem Bau des Abschlussdeichs ihre Fischfangtradition beibehalten, ebenso den alten Dialekt und den Brauch, an Festtagen die Volkstracht zu tragen. Kleine, traditionell grün oder braun gestrichene Häuser und der runde, weiße Leuchtturm verleihen dem 18 000-Einwohner-Ort einen besonderen Charme.

Museum het oude Raadhuis
Wijk 2-2, www.museum.opurk.nl, April–Okt. Mo–Fr 10–17, Sa 10–16, Nov.–März Mo–Sa 10–16 Uhr, 4,35/ab 2,20 €
Das Alte Rathaus, eine Mini-Ausgabe des Kopenhagener Stadthauses, beherbergt eine authentisch eingerichtete Fischerwohnung und vielerlei Exponate zur Geschichte von Urk.

Übernachten

Bett & Wellness – **B & B Roos van Saron:** Wijk 1–44, Tel. 0527 68 81 15,

226

Emmeloord und Schokland

Traditionelle Architektur in Urk

www.roosvansaron.com, DZ ab 80 €. Nostalgisch-luxuriöse Zimmer: Im Bedstee schnuppern Sie die Atmosphäre alten Urker Volkslebens – Sie übernachten im Bettschrank mit bereitstehendem Nachttopf; im ›Pronk‹ genießt man den Pomp höheren Standes; im ›Strand‹ das Interieur eines alten Strandhauses. Schönes Lesezimmer mit Aussicht auf den Hafen. Guter Wellnessbereich.

Essen & Trinken

In den **Fischrestaurants am Hafen** kann man vorzüglich essen.

Infos

Tourist Info: Wijk 2/2, Tel. 0527 68 40 40, www.touristinfourk.nl.
Bahn: Nächster Bahnhof in Kampen.
Bus: Verbindungen nach Kampen.

Personenfähre: s. Mein Tipp, S. 126.
Fahrradverleih: Bikeshop Urk, Industrierondweg 20, Tel. 0527 68 48 57, www.bikeshopurk.nl.

Emmeloord und Schokland ▶ G 5

In der Mitte des Noordoostpolders überragt der 65 m hohe Poldertoren, zugleich Wasser- und Glockenturm mit einem der größten Glockenspiele des Landes, das Städtchen **Emmeloord.** Von hier bietet sich ein schöner Rundblick.

Das Dorf **Schokland** auf der gleichnamigen ehemaligen Fischerinsel, die jetzt nur noch als Hügel in der Landschaft zu erkennen ist, gehört zum UNESCO-Weltkulturerbe. Das Schokland Museum (Middelbuurt 3, www.schokland.nl, April–Okt. Di–So, Nov.–

Provinzen in der Mitte

März Fr–So 11–17 Uhr, Juli, Aug. tgl. 10–17 Uhr, 4,40/3,50 €) dokumentiert die Geschichte der Insel.

Infos

VVV: De Deel 25 a, Emmeloord, Tel. 0527 61 20 00, www.vvvnoordoost polder.nl.
Bus: von Kampen, Lelystad Centrum, Steenwijk und Zwolle nach Emmeloord. Achtung: Es gibt kein öffentliches Verkehrsmittel zum Dorf Schokland.

Provinz Utrecht

Utrecht, Hollands kleinste Provinz, hat viel zu bieten: malerische Dörfer, prachtvolle Schlösser, alte Gehöfte sowie Mühlen und eine vielseitige Landschaft, die vom schönen Tal der Vecht bis zum Utrechter Hügelland reicht. Mittelpunkt ist die lebhafte Universitäts- und Bischofsstadt Utrecht mit ihrem imposanten Dom.

Utrecht❗ ▸ F 7

Die Universitäts- und Bischofsstadt Utrecht ist die viertgrößte Stadt der Niederlande (322 000 Einw.), das historische Zentrum ist jedoch klein und lässt sich mühelos auf einem Spaziergang erkunden. Zu den stimmungsvollsten Grachten zählt die **Oude Gracht** mit zahlreichen schönen Giebelhäusern. Treppen führen zu baumbestandenen Kais hinab, in deren alten Lagern und Stapelräumen sich heute Studentenkneipen, Boutiquen und Restaurants eingenistet haben. Im **Stadtschloss Oudaen** (1320; Oude Gracht 99) wurde 1713 mit dem Frieden von Utrecht der spanische Erbfolgekrieg beendet.

Die von Stadtgräben umgebene Altstadt wird vom Wahrzeichen Utrechts, dem 112 m hohen **Turm des Doms** (erbaut ab 1254) dominiert. Das Mittelschiff existiert nur noch als Grundriss in Form von dunklen Pflastersteinen auf dem Domplatz, ein Orkan hat es 1674 fortgerissen; das Querschiff mit Chor steht seitdem separat. Der Dom bildet das Zentrum eines von Bischof Bernold im 11. Jh. aus Kirchen gebildeten Kreuzes, von dem noch die turmlose St. Janskerk (Nord), die Pieterskerk (Ost) und ein Kreuzgang der Mariakerk (West) existieren. Nicht weit vom Dom steht an der Kromme Nieuwegracht 49 das gotische **Paushuisje**, das Haus des bisher einzigen holländischen Papstes, Hadrians VI. (1522/1523).

Museum Catharijneconvent
Lange Nieuwstraat 38, www. catharijneconvent.nl, Di–Fr 10–17, Sa, So, Fei 11–17 Uhr, 9,50/ab 4,50 €
Weltweit einzigartiges Museum zur Geschichte des Christentums in den Niederlanden.

Centraal Museum
Nicolaaskerkhof 10, www.centraal museum.nl, Di–So 11–17 Uhr, 11/5–9 €
Das älteste städtische Museum der Niederlande zeigt eine umfangreiche

---

Infobox

Infos zur Provinz Utrecht
www.provincie-utrecht.nl (nl.): Homepage der Provinz mit allgemeinen und touristischen Links.

Utrecht

Sammlung zu Kunst, Kunstgewerbe, Möbeln, Mode, Design und Stadtgeschichte.

Het Spoorwegmuseum

Maliebaanstation, www.spoorweg museum.nl, Di–So 10–17 Uhr, in den Ferien auch Mo, 16 €
Eine Traumreise mit dem Orient Express, Riesendampfloks, Eisenbahn- & Tram-Oldtimer (Original oder Modell).

Museum Speelklok

Steenweg 6, www.museumspeelklok. nl, Di–So, Fei 10–17 Uhr, in den Ferien auch Mo, 9,50/ab 5,50 €
Spieldosen, Pianolas, Drehorgeln und singende Nachtigallen sind nur einige Exponate dieser einzigartigen Sammlung mechanischer Musikinstrumente, die ältesten stammen aus dem 15. Jh.

Rietveld Schröderhuis

Prins Hendriklaan 50, www.rietveld schroderhuis.nl, nur mit Reservierung: Mi–Sa 11–16 Uhr zu jeder vollen Stunde (außer 13 Uhr) individuell als Audiotour, telefonische Anmeldung unter Tel. 030 236 23 10, Audiotour 14/3–12 €
Weltbekanntes, von DeStijl-Architekten Gerrit Rietveld im Jahr 1924 für die Innenarchitektin Truus Schröder entworfenes, vor ihr lange Zeit bewohntes Haus, heute Monument der Moderne, zu dem alljährlich unzählige Kunstkenner pilgern. Zählt zu den wichtigsten Bauwerken der De-Stijl-Bewegung.

Übernachten

Riesig – **NH Centre Utrecht Hotel:** Janskerkhof 10, Tel. 030 231 31 69, DZ ab 89 €, Frühstück extra. Imposantes, altes Haus mit Aussicht auf den Janskerkhof. Die mit allem Komfort ausgestatteten Zimmer sorgen für einen angenehmen Aufenthalt.

Gepflegt – **Den Ulch B&B:** Westerkade 8 A, Tel. 030 240 06 96, DZ 60 €. Die 2 Gästezimmer sind modern und geschmackvoll mit viel Couleur eingerichtet. Es gibt einen Frühstücksraum, ein gemeinschaftliches Badezimmer und eine schlichte Terrasse.

B & B – **Kilim:** Herenweg 28, Tel. 06 20 25 69 19, www.bedbreakfastkilim. hostel.com, DZ ab 60 €. Gemütlich eingerichtete Zimmer mit Terrasse oder Balkon. Im Zentrum der Stadt, die Altstadt kann man von hier zu Fuß erreichen (Bushaltestelle gibt es in der Nähe).

Hostels – **Strowis:** Boothstraat 8, Tel. 030 23 80 280, www.strowis.nl, DZ ab 60 €, Frühstück 6 €/Pers. Angenehme, helle Zimmer in einem Haus aus dem 17. Jh., nicht weit vom Zentrum. Kleine Bar. Für 7 € kann man ein Fahrrad mieten. **Stayokay Bunnik:** Rhijnauwenselaan 14, Tel. 030 656 12 77, www.stayokay.com, ab 33,50 €/Pers.

Essen & Trinken

Indonesisch – **Blauw:** Springweg 64, Tel. 030 234 24 63, www.restau rantblauw.nl, Mo–Fr ab 18, Sa, So ab 17 Uhr, Hauptgericht ab 21 €. Indonesische Cuisine mit moderner Ausstrahlung in teils mit alten Fotos dekorierten Wänden. Es wird eine ausgezeichnete Reistafel serviert.

Grand Café am Dom – **Lebowski:** Domplein 17, Tel. 030 231 52 17, www. grandcafelebowski.nl, tgl. ab 10 Uhr, Lunchgericht ab 6 €, Hauptgericht ab 13 €. Stimmungsvolles Interieur, Terrasse zu Füßen des Doms. Internationale Küche, Lamm, Spare Ribs, Pasta, Spagetti und mehr, auch Vegetarisches.

Mediterran angehaucht – **De Eetkamer:** Steenweg 29, Tel. 030 232 80 11,

229

Provinzen in der Mitte

Café mit Aussicht in Utrecht

www.deeetkamer.com, tgl. ab Mittag, Lunchgericht ab 3 €, Hauptgerichte ab 16 €. Schöner, heller Speisesaal, offene Küche, Sommertags auch draußen. Prima Fisch, Gutes vom Metzger.

Stimmungsvoll – **Aal:** Oudegracht a/d Werf 159, Tel. 030 233 48 26, www.aalrestaurant.nl, Di–Sa 17–23 Uhr, 3-Gänge-Menü 24,50 €. Urig, ungezwungen, gemütlich in den mittelalterlichen Werftgewölben an der Utrechter Gracht; draußen kann man direkt am Wasser sitzen. Leckeres aus der französisch-internationalen Küche, auch Vegetarisches.

Japanisch – **Takumi:** Proostwetering 80 p, Tel. 030 238 30 33, www.takumiya.nl, Di–Fr ab 12, Sa–Mo ab 16 Uhr. Interieur minimalistisch, »fusion style fingerfoods« – leckeres Sushi, Gegrilltes und mehr. »All-you-can-eat« ab 17,50 €.

Einkaufen

Einkaufstipp: Lecker sind die *boterspritsjes,* ein Utrechter Spritzgebäck.

Schlösser in der Umgebung von Utrecht

Gracht, am Janskerkhof und an der Neude warten etliche urgemütliche Studentenkneipen und Restaurants, die sich in den alten Werftkellern unten an den Kaimauern eingenistet haben, auf Gäste.

Aktiv

Ausflüge mit dem Boot – **Rederij Schuttevaer:** gegenüber Oudegracht a/d Werf 85, Tel. 030 272 01 11, www.schuttevaer.com.
Unterwegs mit einem PS – **Kutschfahrten:** am Domplein.

Infos & Termine

Toerisme Utrecht: Domplein 9, Tel. 030 236 00 00, www.visit-utrecht.com.
Mai: Festival a/d Werf, www.festivalandewerf.nl, internationales Theater- und Kunstfestival.
Ende Aug. bis Anfang Sept.: Holland Festival Oude Muziek, www.oudemuziek.nl. Alte Musik aus dem 11. bis 19. Jh.
Bahn: Verbindungen nach Amsterdam, Arnhem, Den Haag, Eindhoven, Leiden, Rotterdam, Zwolle.
Fahrradverleih: Station Utrecht Centraal, Stationsplein 7, Tel. 030 231 11 59. Utrecht Centraal West, Sijpesteijnkade 40. Es gibt auch E-Bikes und Roller.
Park & Ride-Plätze: Muziektheater (Westen), Papendorf (Südwesten), Westraven (Süden), Veemarkt (Osten). Parken und Retour-Ticket für max. 5 Pers. 4 €.

Shoppingzentrum – **Hoog Catharijne:** beim Bahnhof, www.hoogcatharijne.nl. Überdachte Einkaufspassagen mit ca. 200 Läden, Restaurants, Cafés.
Laden an Laden – **Fußgängerzone:** Weitere interessante Läden finden sich in der Fußgängerzone in der Altstadt.

Abends & Nachts

Ausgehtipps: www.inutrechtuit.nl.
Kneipen & Co – **Gemütliche Kneipen und Cafés:** An der Utrechter Oude

Schlösser in der Umgebung von Utrecht

Die wechselvolle Geschichte der Niederlande hat der Provinz Utrecht zahlreiche sehenswerte Schlösser be-

Provinzen in der Mitte

schert, viele dieser Bauwerke waren einst Festungen. Nur wenige von ihnen sind allerdings für die Öffentlichkeit zugänglich.

Das imposanteste ist gewiss das von R. J. H. Cuypers entworfene Bilderbuchschloss **Kasteel De Haar** (1892) bei Haarzuilens (▶ E 7, Kasteellaan 1, Infos s. www.kasteeldehaar.nl).

Östlich von Utrecht reihen sich am Flüsschen Vecht neben Schlössern und Burgen auch edle Landsitze. Zwischen Soest und Baarn liegt in einem herrlichen Park das weiße Schloss, das einstmals die königliche Familie nutzte: **Paleis Soestdijk** (▶ F 7, Amsterdamse straatweg 1, Baarn, www.paleissoestdijk.nl, Fr–So, Schloss 11–17, Park 10.30–17.30, Oranjerie 10.30–17 Uhr, Kasse bis 15.45 Uhr, letzter Zugang zum Schloss bis 16 Uhr; Führungen nur nach vorheriger Anfrage. Eintritt Schloss inkl. Park 13,50/10 €, nur Park 5/2 €, Parken 4 €).

Schloss Zeist aus dem 17. Jh., nahe der einstigen Herrnhuter-Gemeinde Zeist gelegen, erinnert an das Schloss von Versailles (▶ F 7, Zinzendorflaan 1, www.slotzeist.nl, Führungen unter Vorbehalt Sa, So, Info-Tel. für Öffnungszeiten und Preise 030 692 17 04. Das ganze Jahr über finden wechselnde Kulturausstellungen statt: Di–Fr 11–17, Sa, So 13–17 Uhr, 5,50/4,50 €).

Von einem reizvollen bewaldeten Park umgeben ist **Kasteel Huis Doorn**. Hier lebte der deutsche Kaiser Wilhelm II. bis zu seinem Tod im Exil. Highlight bei einer Schlossbesichtigung ist seine berühmte Sammlung von Schnupftabakdosen (▶ F 7, Doorn, Langbroekerweg 10, www.huisdoorn.nl, April–Okt. Mi, Sa, So 13–17, Nov.–März Mi, Sa, So 13–17 Uhr, abweichende Ferien- und Feiertagsregelung s. Homepage. Führungen jede halbe Std., Dauer ca. 1 Std., letzte Führung um 16 Uhr. Deutschsprachige Führungen finden am Sa um 14.15 und 15.30 Uhr statt; 9/4,50 €).

Südlich von Doorn schirmten die Festungen Beverweerd, Sterkenburg, Lünenburg, Moersbergen, Leeuwenburgh, Sandenburg und Zuilenburg, heute Schlösser, den Südosten von Utrecht gegen Eindringlinge ab. **Schloss Amerongen** (17. Jh.) mit seinem reichen Interieur ist zu besichtigen (▶ F 7, Drostestraat 20, www.kasteelamerongen.nl).

Oudewater ▶ E 7

Im 16. Jh. pilgerten Frauen aus ganz Europa nach Oudewater (10 000 Einw.), um zu beweisen, dass sie keine Hexen waren. Wer dort mehr als 50 kg auf die Heksenwaag brachte, war zu schwer, um als Hexe auf einem Besen zu reiten und erhielt ein entsprechendes Zertifikat.

Wer will, kann sich im **Museum de Heksenwaag** (Leeuweringerstraat 2, www.heksenwaag.nl, April–Okt. und Frühling- sowie Weihnachtsferien Di–So, Fei 11–17, Nov.–März Sa, So 11–17 Uhr, 4,50/2 €) heute noch ein derartiges Dokument ausstellen lassen.

Übernachten

Idyllisch gelegen – **B&B De Ruige Weide:** Ruige Weide 9, Tel. 0620 54 65 54, www.bedandbreakfastderuigeweide.nl, DZ 85 €. Grüne Gärten mit Obstbäumen und zahlreichen Sitzecken, kleine Weiher, ein schöner Wintergarten mit Aussicht auf die Polder – wer Natur liebt, ist in diesem ehemaligen Bauernhaus richtig. Das leckere Bauernfrühstück wird im gemütlichen Esszimmer, im Wintergarten oder draußen am Wasser serviert.

Essen & Trinken

Eetcafé – **Rendez-Vous de Bontekoe:**
Wijdstraat 25, Tel. 0348 56 48 65, www.
rendezvousdebontekoe.nl, Mi–So 17–
21.30 Uhr, Hauptgericht ab 20 €, Menü
ab 30 €. Nettes kleines Eetcafé in einem winzigen Haus. In den Tapas-Menüs sind mehrere halbe Portionen von
A-la-carte-Gerichten vereinigt.

Infos

Toeristisch Informatiepunt: Leeuweringerstraat 10, Tel. 0348 56 16 28,
www.oudewater.nl.
Bus: von Gouda, Utrecht und Woerden.

Amersfoort ▶ F 6/7

Schmale Gassen und malerische
Plätze mit alten Giebelhäusern prägen das Bild des alten, von einem
Grachtenring umgebenen Kerns
der Stadt Amersfoort (149 500
Einw.). Drei **historische Stadttore,**
das Kamperbinnenpoort, das pittoreske Koppelpoort und das Waterpoort Monnickendam, zeugen von
der einst starken Befestigung. Auf
der Stadtmauer sind noch etliche
›**muurhuizen**‹ (Mauerhäuser) erhalten. 100 m hoch ist der **Lange Jan,** der
spätgotische Onze Lieve Vrouwen Toren. Die Kirche selbst flog 1787 in die
Luft, man hatte sie als Pulvermagazin
benutzt.

Museum Flehite

*Westsingel 50, www.museumflehite.
nl, Di–Fr 11–17, Sa, So, Fei 12–17 Uhr,
8/4 €*
Eingerichtet in drei historischen *muurhuizen,* vermittelt das Museum ein
Bild von der Geschichte der Stadt und
bewahrt die Erinnerung an Johan van
Oldenbarnevelde. Museal ist auch der
mittelalterliche **Mannenzaal** (Männerschlafsaal) mit den kurzen Bettnischen
im Haus gegenüber.

Mondriaanhuis

*Kortegracht 11, www.mondriaanhuis.
nl, Di–Fr 11–17, Sa, So 12–17 Uhr, 8/4 €*
Amersfoort ist die Geburtsstadt vom
Begründer des Kubismus, Piet Mondrian (1872–1944), dessen Leben und
Werk in seinem Geburtshaus gewürdigt wird.

Übernachten

Designereinrichtung – **Logies de Tabakplant:** Coninckstraat 15, Tel. 033
472 97 97, www.tabaksplant.nl, DZ ab
65 €. Einst Wohnhaus eines Tabakplantagenbesitzers – tatsächlich wurde
in der Gegend im 17. Jh. reichlich
Tabak angebaut –, beherbergen das
heute denkmalgeschützte Haus und
das benachbarte Gebäude 24 individuell im Designerstil eingerichtete
Zimmer.
Auf dem Wasser nächtigen – **Vita
Nova:** Kleine Koppel 7, Tel. 033 737
01 41, www.bedandbreakfast.nl, DZ
90 €. Nächtigen Sie zünftig in der ehemaligen Kajüte des Schiffsmaats oder
der Matrosen auf einem historischen
Segler. Eng ist es schon, aber sehr romantisch. Schöne Lage im alten Hafen
mit Blick auf die Koppelpoort.

Essen & Trinken

Weltrestaurant – **Dara:** Grote Koppel 5, Tel. 033 470 23 02, www.dara.
nl, tgl. ab 11.30 Uhr, Lunchgericht ab
ca. 5 €, Hauptgericht ab 13 €. Künstlerisch modernes Interieur, kreative
Küche mit südeuropäischem, mittelöstlichem und asiatischem Einschlag.
Geselliges Restaurant – **Mama Roux:**
Hof 9 (Marktplein), Tel. 033 462 00

Provinzen in der Mitte

23, www.mamaroux.nl, tgl. ab 12–15, 17.30–23 Uhr (Küche bis 21 Uhr), Hauptgericht ab 18 €. A-la-carte-Restaurant mit Eethuis-Atmosphäre, kleine gemütliche Terrasse am Marktplatz. Fisch-, Fleisch- und Geflügelgerichte. Sehr gute vegetarische türkische Pizza und leckeres belgisches Trappistenbier.

Infos

VVV: Breestraat 1, Tel. 0900 112 23 64, www.vvvamersfoort.nl.
Bahn: Verbindungen nach Amsterdam, Groningen und Utrecht.
Fahrradverleih: am Bahnhof, Stationsplein 29, Tel. 033 461 49 85.

Provinz Overijssel

Die alten Hansestädte Zwolle, Kampen und Deventer, das malerische Giethoorn mit seinen Kanälen, die urcalvinistischen Dörfer Staphorst und Rouveen, das Salland mit bewaldeten Hügelketten, Heidegebieten und alten Flussarmen sind nur einige der Highlights in der Provinz Overijssel.

Zwolle ▶ H 5

Von der mittelalterlichen Festungsanlage der Provinzhauptstadt (122 500 Einw.) sind noch der sternförmige Stadtgraben sowie zwei ehemalige Stadttore erhalten: das fünftürmige **Sassenpoort** und das **Pelserpoortje**. Zu den bemerkenswerten historischen Bauwerken zählen außerdem die **Onze Lieve Vrouwe Kerk** (um 1500) mit ihrem *peperbus* (Pfefferbüchse) genannten Turm, die **Grote Kerk** (um 1400), deren Turm 1669 durch ein Feuer vernichtet wurde, und die neugotische **Hoofdwacht** (Hauptwache) von 1614.

Infobox

Infos zur Provinz Overijssel
www.overijssel.nl (**auch dt.**): Allgemeine und touristische Infos.

Ausflug ins Vechtdal

Östlich von Zwolle liegt das Vechtdal, eine reizvolle Landschaft mit Wäldern und Heideflächen, über die das **Natuurinformatiecentrum Ommen** (Besthmermolen, Hammerweg 59a, www.natuurinformatiecentrum.nl, Mai–Okt. Mi–So 13–17, Nov.–April Mi, Sa, So 13–16 Uhr) informiert.

Übernachten

Luxus pur – **De Koperen Hoogte:** Lichtmisweg 51, Tel. 0529 42 84 28, www.dekoperenhoogte.nl, DZ ab 150 €, Frühstück 19,50 €/Pers. Sie suchen ein außergewöhnliches Dach über dem Kopf? Dann sind Sie hier, in einem ehemaligen Wasserturm, richtig. Alle luxuriös mit Minibar, Klimaanlage, »home theatre system«, Doppel-Jacuzzi und Dampfbad ausgestatteten Gästezimmer haben Wohlfühlcharakter.
Romantisch – **Ada's Spiekertje:** Spiekerbrink 38, Tel. 038 453 60 94, DZ 63 €. Bestens ausgestaltet mit TV, Sitzecke und eigenem Badezimmer mit separater Dusche und WC ist das hübsche riedgedeckte Häuschen hinten im Garten eigentlich mehr als ›nur‹ ein Gartenhäuschen. Auf der kleinen Terrasse kann man dem Sonnenuntergang beiwohnen – schöner geht's kaum.

Kampen

Essen & Trinken

Cucina italiana – **La Liguria:** Rode Haanstraat 4, Tel. 038 422 07 82, tgl. 16–23 Uhr, Pizza 8–16 €. Authentische italienische Gerichte von kalten und warmen Antipasti über Pizzas zu Pastas. Nette Atmosphäre.

Tapasbar – **La Bodega:** Bethlehemskerkplein 36, Tel. 038 422 91 39, www.tapasbarlabodega.nl, Di–So ab 16 Uhr, Tapas ab 5 €, Tapaskombination 19,50 €. Gemütliches romantisches Lokal, schöne Terrasse. Tapas in allen Variationen; lecker: Garnelen mit Knoblauch.

Infos

VVV: 't Eiland 9, Tel.038 421 38 44, außerdem: Melkmarkt 41 (untergebracht im Stedelijk Museum), www.vvvzwolle.nl.

Bahn: von/nach Deventer, Enschede, Groningen, Kampen, Leeuwarden, Utrecht.

Fahrradverleih: am Bahnhof, Stationsplein 15, Tel. 038 421 45 98.

Kampen ▶ G 5

Das nahe der IJsselmündung gelegene Kampen war während seiner Blütezeit im 15. Jh. Hanse- und Freie Reichsstadt. Von der damaligen Stadtbefestigung existieren noch die **Tore** Koornmarktpoort, Broedeerpoort und Cellebroederpoort. In der Altstadt sind rund 500 denkmalgeschützte historische Bauwerke zu bewundern. Besonders eindruckend

Wenn an Kampens ›IJsselfront‹ die Sonne sinkt

Lieblingsort

Giethoorn – das ›Klein-Venedig‹ der Niederlande
Blesshühnchen, Enten und vielleicht ein Schwanenpaar auf den Torfstichkanälen, schilfgedeckte Häuser auf den Streifen Landes dazwischen – Giethoorn (▶ H 4) ist ein malerischer Fleck. Am besten kommt man früh morgens oder abends hierher. Denn tagsüber tummeln sich hier viele Touristen.

ist die Fassade vom **Raadhuis,** dessen Schöffensaal besichtigt werden kann (Oude Straat 133, Besichtigung auf Absprache, 1 €). Das **Stedelijk Museum** (Oude Straat 133, www.stedelijkmuseakampen.nl, Di–Sa 10–17, So 13–17 Uhr, 5/3 €) dokumentiert die Stadtgeschichte Kampens seit dem Mittelalter.

Übernachten

Nostalgisch – **Van Dijk:** IJsselkade 30, Tel. 038 331 49 25, www.hotelvandijk.nl, DZ 87,50 €, mit Aussicht auf die IJssel zzgl.10 €. Monumentales Gebäude am Ufer der IJssel, das auch im Inneren – nehmen wir nur die große Marmortreppe – beeindruckt. Das Hotel ist eine sehr beliebte Unterkunft bei Radwanderern.

Am Fluss – **B & B IJsselkade:** IJsselkade 55, Tel. 038 850 07 00, www.ijsselhuys.nl, DZ ab 65 €. Schönes, herrschaftliches Haus an der IJssel mit fünf großen Zimmern, die im Parterre mit jeweils eigenem Bad. Das größte Zimmer in der ersten Etage bietet Aussicht auf den Fluss. WiFi; Fahrräder können über Nacht im Garten abgestellt werden.

Essen & Trinken

Holländische Küche – **De Vier Jaargetijden:** IJsselkade 59, Tel. 038 333 34 63, www.devier-kampen.nl, tgl. 12–23, Fr, Sa bis 1 Uhr, Lunchgericht ab 3 €, Hauptgericht ab 14 €. An der Uferstraße gelegen, schöne Aussicht von der Terrasse im ersten Stock und der kleinen Straßenterrasse. Hier kann man kleine und große Speisen genießen oder auch nur ein Tässchen Kaffee.

Platt und lecker – **Hollandpannenkoeken:** Oudestraat 160, Tel. 038 333 77 10, www.hollandpannenkoeken.nl, Mo–

Do 11–20, Fr, Sa bis 21, So 14–21 Uhr, Pfannkuchen ab 6 €. Kleine Tische, farbige Stühle, teils freiliegendes Mauerwerk, ungezwungene Atmosphäre. Pfannkuchen aller Art, darunter indische, mexikanische und ägyptische.

Infos

VVV: im Plantage Boekhandel Bos, Oudestraat 41, Tel. 038 332 25 22, www.vvvijsseldelta.nl.
Bahn: Verbindung nach Zwolle.
Bus: von und nach Bolsward, Dronten, Emmeloord, Lelystad, Meppel, Sneek, Urk.
Fahrradverleih: am Bahnhof, Stationsplein 1, Tel. 038 331 50 79.

Giethoorn ▶ H 4

Ein Netz von Kanälen – dienten ursprünglich dem Torftransport – und malerische, schilfgedeckte Häuser prägen das Bild Giethoorns. In diesem ›Klein-Venedig‹ (s. auch S. 236) sind wie früher viele der Häuser nur mit dem Boot zu erreichen. Reizvoll ist eine Fahrt mit dem gemieteten Elektroboot auf den Grachten. Die vielen kleinen Seen im Osten und Südwesten sind mit Kanälen verbunden und bieten ausgezeichnete Möglichkeiten für Wassersportler.

Übernachten

Bäuerlich – **Hoeve Montigny:** Kanaal dijk 5, Tel. 0521 36 14 83, www.hoevemontigny.nl, DZ 75 €, bei mehreren Nächten günstiger. Landleben genießen, einmal selbst melken, eine Runde auf dem Trecker drehen – der große Bauernhof bietet viel. In den 10 gemütlich eingerichteten Gästezimmern mit Kochecke/Küche ist man gut aufgehoben. Camping-

237

Provinzen in der Mitte

Mein Tipp

Mit dem Kanu durch De Weerribben
Ausgedehnte Kanutouren lassen sich im wasserreichen Nationalpark De Weerribben-Wieden zwischen Kalenberg und Ossenzijl unternehmen. (Bezoekerscentrum De Weerribben, ▶ G/H 4, Ossenzijl, Hoogeweg 27, www.np-weerribbenwieden.nl, April–Okt. tgl. 10–17, Nov.–März Di–Do 10–16, So 12–16 Uhr, Kanu-Abenteuer: Bootverhuur B&B Mol/Groenewegen, Binnenenpad 28, Giethoorn, Tel. 0521 36 13 59, www.fluisterboot.nl.)

gäste sind ebenfalls willkommen (Stellplätze ab 10 €).

Essen & Trinken

Stimmungsvoll – **De Rietstulp:** Ds.T.O. Hylkemaweg 15, Tel. 0521 36 18 33, www.rietstulp.nl, April–Okt. tgl. 10–21, Nov.–März Fr–So ab 11 Uhr, Jan. geschl., *koffietafel* ca. 10 €, Hauptgericht ab 18 €. Stimmungsvolles Restaurant in schilfgedecktem ehemaligen Bauernhaus, schöne Terrasse. Frühstück, Brunch, Lunch und Dinner – alles holländisch.

Aktiv

Unterwegs auf den Kanälen – **De Rietstulp:** Adresse s. o. (Restaurant). Bootsrundfahrten und Mietboote.

Infos

VVV: Eendrachtplein 1, Tel. 0521 36 01 12, www.ervaarhetwaterreijk.nl.
Bahn: nächster Bahnhof in Meppel.

Bus: von und nach Steenwij sowie Zwolle.

Staphorst und Rouveen ▶ H 5

Über 12 km erstrecken sich die Reihendörfer **Staphorst** und **Rouveen** mit zahlreichen riedgedeckten, blau-grünen Bauernhäusern aus dem 18. Jh. Die Bewohner, von denen noch einige traditionelle Trachten tragen, sind streng calvinistisch (s. auch S. 63).

Museum Boerderij Staphorst
Gemeenteweg 67,
www.museumboerderijstaphorst.nl,
April–Okt. Di–Sa 10–17 Uhr,
4/2,50 €
In diesem Museum auf einem der alten Bauernhöfe von Staphorst erfährt man allerlei über das bäuerliche Leben in früheren Zeiten und den Ort selbst.

Infos

VVV Staphorst: Rijksweg 12 (Hotel Waanders), Tel. 0529 45 16 38, www.vechtdaloverijssel.nl.
Bahn: bis Meppel, von dort Bus nach Staphorst.

Deventer ▶ H 6

Die Silhouette der alten Hansestadt Deventer (99 000 Einw.) wird vom **Deventertoren,** dem Turm der romanischen Grote Kerk, dominiert. In der hübschen Altstadt findet man zahlreiche **mittelalterliche Bauwerke** wie den Stadhuiskomplex, das Buyskensklooster und das pittoreske Bergkwartier, das Viertel rund um die Bergkerk.

Im Salland

Historisch Museum
Brink 56, www.historischmuseumde venter.nl, Di–Sa 10–17, So 13–17 Uhr, 4/1 €
In der imposanten Waag (1528), der alten Stadtwaage, werden historische Höhepunkte Deventers dargestellt.

Übernachten

Stilvoll – **B & B Op de Keizer:** Brinkpoortstraat 34, Tel. 0642 71 92 12, DZ ab 95 €. Luxus umgibt den Gast in dem stattlichen, zentral gelegenen Herrenhaus, mit einer Atmosphäre, die zwischen klassisch und modern liegt. Das fürstliche Frühstück wird im Speisezimmer serviert.

Modern – **Gilde Hotel:** Nieuwstraat 41, Tel. 0347 75 04 71, www.hotelgilde.nl, DZ ab 90 €. Prächtiges Patrizierhaus, das einen grünen Innenhof mit Terrasse einfasst. Gästezimmer mit modernem Interieur und allem Komfort, etliche der Räume haben einen überdachten Balkon.

Essen & Trinken

Bella italia – **Da Mario:** Vleeshouwerstraat 4, Tel. 0570 61 93 93, www.damario.nl, tgl. 16.30–22.30 Uhr, Pizza ab 8 €, Hauptgericht ab 18 €, Pasta ab 11 €. Behagliches italienisches Restaurant mit offener Küche, leckere Pizzas, Geflügel- und Fischgerichte.

Portugal lässt grüßen – **Chez Antoinette:** Roggestraat 10, Tel. 0570 61 66 30, www.chezantoinette.nl, Di–So 17–1 Uhr, Hauptgericht um 21 €. Stilvoll dekoriertes Restaurant und Bodega wie in Portugal. Peixe und Carne (Fisch und Fleisch) werden nach authentischen portugiesischen Rezepten zubereitet.

Eetcafé – **Engel en Bengel:** Grote Overstraat 55, Tel. 0570 61 47 54, www.engelenbengel.nl, Mi–So ab 17, alle Lunchgerichte 7 €, alle Hauptgerichte 15,50 €. Hübsches Lokal, ein bisschen bunt, doch das trägt zur netten Atmosphäre bei. Übersichtliche Speisekarte, jeweils nur fünf bis sechs Gerichte. Lecker: Käsefondue.

Infos

VVV: Brink 56 (De Waag), Tel. 0570 71 01 20, www.vvvdeventer.nl.
Bahn: Verbindungen nach Apeldoorn, Arnhem, Enschede, Zwolle.
Fahrradverleih: VVV Deventer (s.o.), auch E-Bikes (vorher reservieren).

Im Salland ▶ H/J 6

Östlich von Deventer erstreckt sich wellenförmig der waldreiche **Sallandse Heuvelrug** mit dem großen Heidegebiet am Haarlerberg – eine Einladung zum Wandern und Radfahren. Das **Bezoekerscentrum in Nijverdal** (Grotestraat 281, www.sallandseheu velrug.nl, April–Okt. Di–So 10–17, Nov.–März Di–Do, Sa, So 10–16 Uhr, Ferien auch Fr) informiert ausführlich über diese Landschaft, in der auch Hellendoorn mit dem bekannten **Freizeitpark Avonturenpark** liegt (Luttenbergerweg 22, www.avonturenpark.nl, Ostern bis Okt. tgl. 21,50/16,50 €).

Köstlich …

… ist der **Deventer Koek** – ein seit Jahrhunderten nach einem Geheimrezept mit Honig hergestelltes Gebäck, das man u. a. im nostalgisch eingerichteten **Bussink's Koekhuisje** am Brink 84 bekommt.

Provinzen in der Mitte

Enschede ▸ K 6

Die Textilstadt Enschede (158 000 Einw.) ist der größte Ort der Provinz. Mit modernen Geschäften und einem breiten Kulturangebot ist er ein Magnet für die Menschen des Umlandes. Da die Altstadt 1862 bei einem Feuer nahezu völlig zerstört wurde, sind außer der **Grote Kerk** keine historischen Bauwerke zu besichtigen.

Rijksmuseum Twenthe
Lasondersingel 129–131, www.rijks museumtwenthe.nl, Di–So, Fei 11–17 Uhr, 8/ab 6 €
Mit einer beachtlichen Sammlung von Werken bildender Kunst und von Kunstgewerbe vom Mittelalter bis heute ist das Twenther Reichsmuseum eine gute Adresse für Kunstinteressierte.

TwentseWelle
Het Rozendaal 11, www.twentsewelle.nl, Di–So 11–17 Uhr, 7,50/5 €
Wie lebte der Mensch nach der letzten Eiszeit in der Twenter Region? Und wie hat er sich zum heutigen Wesen entwickelt? Diese ›Große Geschichte‹ wird hier mit zahlreichen Exponaten und interaktiven Präsentationen erzählt. Sehenswert.

Übernachten

Stilvolles Haus am Stadtrand – **Eden Hotel de Broeierd:** Hengelosestraat 725, Tel. 053 850 65 00, www.eden hoteldebroeierd.com, DZ ab 122 €, Frühstück 15,50 €/Pers. Luxuriöse Hotelzimmer im englischen Stil in der einst ältesten Pension Enschedes, die nach sorgfältiger Renovierung manches von ihrem originalen Charakter bewahren konnte. Schöne Gartenterrasse, geselliges Bistro. Am Stadtrand,

gegenüber den Wäldern von Twente gelegen.
Luxus-Wellness – **Huize Hölterhof:** Huize Hölterhoflaan 10, Tel. 053 460 55 70, www.huizeholterhof.nl, DZ ab 170 €, gelegentlich günstigere Arrangements. 4 km vom Zentrum, romantisches englisches Landhaus im Grünen, Café-Restaurant, Spielplatz und großer Wellnessbereich. Im Preis enthalten: Sauna, Bäder und mehr.

Essen & Trinken

(Kinder)freundliches Eetcafé – **Sam Sam:** Oude Markt 15, Tel. 053 430 39 29, www.samsam-enschede.nl, tgl. 11–22 Uhr, kleines Gericht ab 2,60 €, Hauptgericht ab 15 €. Café mit Essgelegenheit, große Terrasse, internationale Küche. Kinderfreundlich. Leseecke mit vielen Zeitungen und Zeitschriften.
Tapas in geselliger Atmosphäre – **Paddy's Tapasbar:** Oude Markt 12, Tel. 053 432 80 88, www.paddys.nl, Mi–So ab 12 Uhr, Tapas und Lunchgerichte ab 5 €. Ein bisschen Irish-Pub-Stil, ein bisschen Restaurant, mit schöner Lounge. Ausgezeichnete Tapas in geselliger Atmosphäre.

Infos

VVV: Stationsplein 1 a, Tel. 053 432 32 00, www.uitinenschede.nl.
Bahn: von/nach Apeldoorn, Hengelo, Zwolle.
Fahrradverleih: am Bahnhof, Stationsplein 33, Tel. 053 432 27 92.

Ootmarsum ▸ K 6

Mit seiner westfälischen Hallenkirche (13. Jh.), dem Rathaus im Rokokostil (1778) und den vielen Fachwerkhäusern könnte das schöne Dorf Ootmarsum glatt als Freilichtmuseum durchgehen.

Ein solches, das **Openluchtmuseum** (Smithuisstraat 2, www.openlucht museumootmarsum.nl, Feb.–Okt. tgl. 10–17, Nov. bis 16 Uhr, Dez.–Jan. nur an Wochenenden und in den Weihnachtsferien 10–16 Uhr, 6/5 €) mit einem Bauernhaus von 1700, Fachwerk-scheune, Schmiede, Wagenmacherei u. v. m. gibt es hier aber sogar noch zusätzlich.

Infos

Bahn/Bus: bis Almelo, Buslinie 64 bis Haltestelle Ootmarsum, Denekamper-straat.

Provinz Gelderland

Entspannen kann man in der Veluwe, Hollands größter Naturlandschaft, mit Wäldern, Heidegebieten und Sandverwehungen. Auch die Betuwe, das Deltaland von Rhein, Waal und Maas, lädt zu Wanderungen und Radtouren ein. Die Feudalzeit wird beim Besuch der alten Herrenhäuser und Gehöfte in Gelderlands Achterhoek lebendig.

Arnhem ▶ G/H 7

Die am Niederrhein gelegene Hauptstadt der Provinz Gelderland ist durch den Film »Die Brücke von Arnheim« weltbekannt. Bei den Kämpfen im September 1944 wurden große Teile der Stadt zerstört. Heute ist Arnhem eine moderne Großstadt (150 000 Einw.).

Einige der historischen Gebäude wurden rekonstruiert: Am Markt ragt die **Eusebiuskerk** (15. Jh.) mit ihrem 93 m hohen Turm empor. Man gelangt im gläsernen Lift nach oben und hat von dort eine herrliche Aussicht auf die Stadt. Das **Duivelshuis** (1545) gegenüber, so benannt wegen der drei Teufel an der Fassade, war ursprünglich das Wohnhaus des Heerführers Maarten van Rossum (1478–1555), dessen Statue hoch oben auf der Dachkrone steht. Vom Rheinufer hinter der Sabelspoort (14. Jh.) erblickt man die im Zweiten Weltkrieg schwer umkämpfte Rheinbrücke John Frost.

Oorlogsmuseum 40–45
Kemperbergerweg 780,
www.arnhemsoorlogsmuseum.com,
Di–So 10–17 Uhr, 7/5 €
Vom einzelnen Uniformknopf bis zum kompletten Kampfpanzer – in diesem privaten Museum, einst als Hobby begonnen, hat man authentisches Material aus der Zeit des Zweiten Weltkriegs zusammengetragen.

Historisch Museum
Bovenbeekstraat 21, www.hmarn hem.nl, Di–So, 13–17 Uhr, 4,50/3 €

Infobox

Infos zur Provinz Gelderland
www.gelderland.nl **(nl.):** Homepage der Provinz mit allgemeinen und touristischen Informationen.

Infos zu einzelnen Regionen etc.
www.achterhoek.nl
www.develuwe.nl (auch dt.)
www.rivierenland.nl
www.vvvarnhemnijmegen.nl
(auch dt.)
www.hanzesteden.info (auch dt.)

Provinzen in der Mitte

Rosige Zeiten: Feiern zu Frühjahrsbeginn in Arnhem

Arnhemer Fayencen, Glaskunst, Gildesilber, Gemälde aus dem 17. Jh. und ein faszinierendes Puppenhaus – das in einem Patrizierhaus des 18. Jh., einst auch Bürgerwaisenhaus, eingerichtete Museum zeigt wertvolle Kunstgegenstände aus der Gemeinde Arnhem und dokumentiert die Geschichte der Stadt anhand von Fotos, Gemälden und anderen Exponaten.

Außerhalb von Arnhem

Nederlands Openluchtmuseum ▶ G/H 7
Schelmseweg 89, www.openluchtmuseum.nl, April–Okt. tgl. 10–17 Uhr, Nov.–März Zeiten s. Homepage, 15,30/10,75 €, Parkplatz 5 €
Im Norden von Arnhem lädt das Freilichtmuseum mit über 80 wiederaufgebauten historischen Bauwerken aus der Zeit von 1600 bis 1970 zu einer kurzweiligen Reise in die Vergangenheit ein.

Nationaal Park Veluwezoom ▶ H 7
Besucherzentrum: Heuvenseweg 5 a, Rheden, Tel. 026 497 91 00, www.veluwezoom.nl, Di–So 10–17 Uhr, in den Schulferien auch Mo
Ältester Nationalpark der Niederlande mit ausgedehnten Heide- und Moorlandschaften – hier grasen Islandponys und Schottische Hochlandrinder.

Arnhem

Übernachten

Jugendstil – **Molendal:** Cronjéstraat 15, Tel. 026 442 48 58, www.hotel-molendal.nl, DZ ab 90 €. Am Rand des Zentrums. Schöne Villa mit großen, luxuriös eingerichteten Zimmern in warmen Farbtönen. Gesellige Terrasse.

Auf dem Fluss – **B & B Aan de Rijn:** Onderlangs 124, Tel. 026 334 06 04, www.aan-de-rijn.nl, DZ 75 €, bei nur einer Nacht plus 5 €/Pers. Sehr gastlich eingerichtetes Wohnboot mit zwei Gästezimmern, Bad, Frühstücksraum, Terrasse direkt am Wasser. Es ankert auf einem toten Rheinarm – einladend, um morgens eine Runde zu schwimmen.

Wohnboot – **Anthonia River B & B:** Boterdijk 25, Tel. 026 445 68 14, www.anthonianet.nl, 2 Pers. 70 €, mind. zwei Nächte. Schönes Wohnboot auf dem Niederrhein, mit zwei großen, gemütlich und modern eingerichteten Zimmern mit Bad, WC und eigener Küche.

Hostel – **Stayokay Arnhem:** Diepenbrocklaan 27, Tel. 026 442 01 14, www.stayokay.com, ab 29 €/Pers.

Camping – **DroomPark Hoge Veluwe:** Koningsweg 14, Tel. 026 443 22 72, www.droomparkhoogeveluwe.nl, direkt vor dem Nationalpark, 2 Pers. 15–31 €. Auch Chalets.

Essen & Trinken

Indisch-asiatisch – **Kohinoor of India:** Oude Oeverstraat 7, Tel. 026 351 45 13, www.kohinoorofindia.nl, tgl. 17–22 Uhr, Hauptgericht ab 17 €. Am Rand des Einkaufszentrums. Orientalisches Flair, köstliche Curry- und Tandoori- Spezialitäten, viel Vegetarisches.

Pannekoekhuis – **Den Strooper:** Koningsweg 18, Tel. 026 351 69 87, www.denstrooper.nl, Mi–Mo 12–20, Juli, Aug. 10.30–20.30 Uhr, Pfannkuchen ab 5 €. Beim Eingang Schaarsbergen des Nationalparks Hoge Veluwe. Terrasse, riesige Auswahl an Pfannkuchen.

Abends & Nachts

Am **Korenmarkt** im Nordwesten der Altstadt findet man zahlreiche gemütliche Kneipen und Cafés.

Aktiv

Wandern – **Nationaal Park Veluwezoom:** Infos unter www.veluwezoom.nl. Die 5000 ha große Wald- und Heidelandschaft begeistert.

Provinzen in der Mitte

Infos

VVV: Stationsplein 13, Tel. 0900 112 23 44, www.vvvarnhemnijmegen.nl.
Bahn: Verbindungen nach Zwolle, Nijmegen, Eindhoven, Amsterdam, Utrecht.
Fahrradverleih: am Bahnhof, Oude Stationsstraat 50, Tel. 026 442 17 82. Hier werden auch E-Bikes und Roller verliehen.

Achterhoek ▶ H 6–8

Im östlich der IJssel gelegenen, sich bis zur deutschen Grenze erstreckenden Achterhoek, der ›hintersten Ecke‹ Gelderlands, findet man fruchtbare Äcker und große Moor- und Heideflächen. Hier residierte früher der Adel in von prachtvollen Parks umgebenen Land- und Herrenhäusern. Bei Vorden und Laren findet man etliche dieser Schlösser, so **Kasteel Vorden** (▶ H 7, De Horsterkamp 8–14 , Vorden) heute Rathaus von Vorden, und das Landhaus **Huis Verwolde** bei Laren mit französischen Stilgärten (▶ H 6, Jonker Emilelaan 4, Führungen Mitte April–Okt. Di–So 12–16 Uhr jede volle Stunde, 6/3,50 €).

Im Süden zieht die bei 's-Heerenberg gelegene Wasserburg **Kasteel Huis Bergh** (▶ H 8, Hof van Bergh 8, 's-Heerenberg, www.huisbergh.nl, Jan.–April, Nov.–Dez. So 12.30–16.30 Uhr, Führungen Sa 14, So 13.30 und 15 Uhr, Mai–Okt. Di–So 12.30–16.30 Uhr, Führung Juli–Aug. Di–Fr 11 Uhr, mit Abweichungen, 8,50/5 €), eine der schönsten Hollands, viele Besucher an.

Der autofreie Ort **Bronkhorst** (▶ H 7) ist mit seinen 160 Einwohnern die kleinste Stadt Hollands, besitzt noch den Charme eines Bauerndorfs von früher.

Apeldoorn ▶ G/H 6

Das einst ärmliche Nest Apeldoorn am Ostrand der Veluwe verwandelte sich in eine reizende Villen- und Gartenstadt, nachdem Wilhelm III. von Oranien es 1692 zur Sommerresidenz erwählt und dort sein Jagdschloss Het Loo errichtet hatte. Heute ist die Stadt (157 000 Einw.) ein wirtschaftliches Zentrum der Region.

CODA-Museum
Vosselmanstraat 299, www.coda-apel doorn.nl, Di, Mi, Fr 10–17.30, Do 10–20.30, Sa 10–17, So 13–17 Uhr, 10 €
Der Geschichte der Stadt und der Provinz sowie moderner und zeitgenössischer Kunst gewidmet.

Paleis Het Loo
Koninklijk Park 1, www.paleishetloo. nl, Di–So 10–17 Uhr, 14,50/5 €
In der Sommerresidenz der Oranier, Jagdschloss Het Loo, lebte zuletzt Königin Wilhelmina bis zu ihrem Tod 1962. Eine Besichtigung des Schlosses und der herrlichen Parkanlagen (www.kroondomeinhetloo.nl) ist ein Muss.

Übernachten

Komfortable Unterkunft – **Abbekerk:** Canadalaan 26, Tel. 055 522 24 33, www.hotelabbekerk.nl, DZ 85–95 €. In dem kleinen 10-Zimmer-Hotel, das nur 5 Gehmin. vom Zentrum entfernt ist, logieren Sie in nett eingerichteten Zimmern, alle mit Bad und WC. Finnische Sauna.
Romantisches B & B – **Hofje van Wissel:** Wisselseweg 68, Epe (ca. 17 km nördl. von Apeldoorn), Tel. 0578 79 50 20, 2 Pers. 65–75 €. Zwei schöne Apartments in einem kleinen, ländlich im Grünen gelegenen romantischen Ferienhäuschen.

Essen & Trinken

Deftig – **Farmer's Steakhouse:** Nieuwstraat 74 b, Tel. 055 522 09 85, www.farmerssteakhouse.nl, Mo–Sa 17–22, So, Fei ab 16 Uhr, Hauptgericht ab ca. 17 €. Speisesaal voll urigem Bauerngerät, deftige Steaks mit Cajun-Fritten oder gebackenen *aardappels*.

Beim Griechen – **Parthenon:** Raadhuisplein 8, Tel. 055 522 23 23, www.restaurant-parthenon.nl, tgl. 17–22 Uhr, Hauptgericht ab 15 €. Klassisches Interieur mit viel Griechisch-Blau, leckere klassische griechische Gerichte und Spezialitäten. Mitunter Livemusik.

Infos

VVV: Marktplein 24, Tel. 055 526 02 00, www.vvvapeldoorn.nl.
Bahn: u. a. von/nach Deventer, Utrecht und Zutphen.
Bus nach Paleis Het Loo: vom Bahnhof Apeldoorn mit Nr. 16, 102, 400.

Harderwijk am Veluwemeer ▶ G 6

Harderwijk war einst ein bedeutender Fischereihafen, von 1647 bis 1811 sogar Universitätsstadt. Hier studierte der bedeutende Botaniker Carolus Linnaeus (Carl von Linné, 1707–1778). Das in einem stattlichen Herrenhaus des 18. Jh. eingerichtete **Stadsmuseum** (Donkerstraat 4, www.stadsmuseum-harderwijk.nl, Di–Fr 10–17, Sa 13–16 Uhr, 3/2,25 €) informiert über die Stadthistorie. Zu den Resten der Stadtbefestigung gehört das **Vispoort** (14. Jh.).

Infos

Bahn: Bahnverbindung nach Zwolle, Amersfoort.

Zaltbommel ▶ G/H 7

Die Kleinstadt an der Waal wurde früher von schweren Überschwemmungen heimgesucht, woran heute noch der alte Kinderreim »Een temidden van die rommel, dreef de torenspits van Bommel« (In der Mitte von dem Unrat treibt die Turmspitze von Bommel) erinnert. Die Altstadt ist von Wällen und Stadttoren umgeben. Zu den berühmten Besuchern der ehemaligen Hansestadt gehörten in der Vergangenheit Karl Marx, Franz Lizt und Eduard Manet.

Stadskasteel Zaltbommel

Nonnenstraat 5, www.stadskasteelzaltbommel.nl, Di–So 13–17 Uhr, 4/3 €
Schönes, vom legendären Gelderschen Heerführer Maarten van Rossum im Jahr 1535 erbautes Stadtschloss, in dem eine Sammlung von Kunstobjekten, Karten, Möbeln und allerlei Gebrauchsgegenständen Einblicke in die Geschichte des Ortes und seinen Alltag gewährt.

Übernachten

Romantisch – **Marie's:** Koningstraat 22, Tel. 0418 51 69 19, www.galeriemarie.nl, DZ 70–80 €. Unten eine Kunstgalerie, oben 2 geräumige, urgemütlich eingerichtete Gästezimmer mit einem Gemeinschafts-Luxusbad. Im kleinen romantischen Garten kann man abends bei einem Glas Wein den Ausklang des Tages genießen.

Infos

Tourist Info: Markt 10, Tel. 0418 68 19 69.
Bahn: nach 's-Hertogenbosch, Eindhoven, Utrecht.

Auf Entdeckungstour: Mufflon und Monet – Natur und Kunst im Hoge Veluwe Park

Fuchs, Hirsch und Mufflon sagen sich im Nationaal Park De Hoge Veluwe gute Nacht. Doch der Park ist nicht nur reich an Natur. Hier stößt man auch auf eine erstaunliche Ansammlung von Kunst: Mitten im Park liegt das weltbekannte Kröller-Müller Museum mit seinem interessanten Skulpturenpark.

Reisekarte: ▶ G 7

Nationaal Park De Hoge Veluwe: Apeldoorseweg 250, Hoenderloo, www. hogeveluwe.nl, Jan.–März, Nov.–Dez. 9–18, April 8–20, Mai, Aug. 8–21, Juni, Juli 8–22, Sept. 9–20, Okt. 9–19 Uhr, Zugang bis 1 Std. vor Schließung, 8,40/4,20 € (mit Kröller-Müller Museum 16,80/8,40 €), Besucherzentrum tgl. 9.30–17, April–Okt. bis 18 Uhr.
Kröller-Müller Museum: www.kmm.nl, Di–So, Fei (außer 1. Jan.) 10–17 Uhr.

Los geht's am Eingang **Hoenderloo** des Nationalparks, wo man das Auto parken und auf *witte fietsen* umsteigen kann (Auto im Park 6 €, Parken außerhalb des Parks 3 €). 1700 dieser ›weißen Fahrräder‹ stehen den Besuchern des Parks kostenlos zur Verfügung, können überall genommen und wieder abgestellt werden – eine grandiose Idee. Gleich hinter dem Eingang zweigt am pilzförmigen ANWB (Niederländischer Fahrradclub)-Wegweiser 21069 die Fietsroute 2 nach rechts von der Straße ab, hinein in die Natur. Im Park leben zahlreiche Hirsche, Rehe, Wildschweine und Mufflons, und die Chance ist hoch, Wild zu Gesicht zu bekommen.

Hirschgeweih im Großformat

Beim Wegweiser 21235 geht es auf der Fietsroute 1 rechts ab zu einem See, an dem der berühmte Architekt H. P. Berlage 1914 das feudale **Jagdschloss St. Hubertus** für die vermögende Familie Müller-Kröller erbaute. Dem Zeitgeist der aufkommenden 1920er-Jahre entsprechend, erhielt es den Grundriss eines Hirschgeweihs, in dessen Mitte das Hubertuskreuz in Form eines hohen Turmes prangt.

Mit dem Rad durch die Wüste

Die Route führt nun in großem Bogen durch das **Otterlose Zand**, eine Art Sandwüste mit seltenen Flechten und Schmetterlingsarten. Alle Jahre wieder wird hier die Flur bereinigt und unerwünschte Vegetation aus dem Sand entfernt, um das Biotop zu erhalten. Skurril: Mitten in der Sandfläche stößt man auf ein Standbild des südafrikanischen Buren-Führers Generaal de Wet, ein Freund der Familie Kröller-Müller.

Wenige Kilometer weiter liegt eingebettet in eine Landschaft aus Wald, Moor und Heide ein flaches Bauwerk: das weltberühmte **Kröller-Müller Museum**. Am Zugang steht grau und in die Landschaft starrend Oswald Wenckebachs **Meneer Jacques.** Gleich dahinter, erfrischend, eine Konstruktion aus knallroten Eisenträgern, das **K-piece** von Mark di Suvero.

Und als Sahnehäubchen van Gogh

Nun ins Museum. Die von der Kunstsammlerin Helene Kröller-Müller (1869–1939) angelegte Sammlung von Gemälden, Zeichnungen und Skulpturen hat ihren Schwerpunkt in der Kunst des späten 19. und frühen 20. Jh., doch findet man auch Werke des Mittelalters von Gerard David, Lucas Cranach und anderen sowie Keramik aus Asien, Griechenland und den Niederlanden. Die Namen der großen Meister, deren Arbeiten hier präsentiert werden, füllen eine lange Liste. Um nur einige zu nennen: Ensor, Manet, Monet, Gauguin, Picasso, Renoir, Mondrian und Toorop. Das Highlight bilden 280 Gemälde und Zeichnungen von Vincent van Gogh.

Einklang von Kunst und Natur

Dem ersten Kunstgenuss schließt sich ein weiterer an, im **Skulpturengarten** (bis 16.30 Uhr) mit seinen über 30 so überraschenden wie faszinierenden Kunstwerken. Nehmen wir nur Jean Dubuffets **Jardin d'Email,** ein Garten in Weiß, der sich in allem von einem normalen Garten unterscheidet. Oder Kenneth Snelsons **Needle tower,** ein Wunderwerk aus Rohr und Drahtseil. Innerhalb des Rundwegs gibt es wiederum den **ökologischen Rundweg** mit zehn Kunstwerken, bei denen Kunst und Natur ineinandergreifen. So bei den **18 Liegenden Männern** von Tom Claassen. Die aus Holzblöcken bestehenden ›Männer‹ zerfallen nach und nach und kehren so zur Natur zurück.

Provinzen in der Mitte

Romantischer Ausklang des Tages an einem Rheinarm in Zaltbommel

Nijmegen ▶ G 8

Die 166 000-Einwohner-Stadt geht auf die römische Siedlung Ulpia Noviomagus zurück. Karl der Große erwählte den Ort zur Residenz. Von seiner Pfalz auf dem heutigen Valkhof ist nur noch die Schlosskapelle St. Nikolaaskerk erhalten. 1579 trat Nijmegen der Union von Utrecht bei, wurde 1585 von den Spaniern eingenommen und sechs Jahre später von Maurits von Oranien befreit. Nach den schweren Bombardierungen im Zweiten Weltkrieg wieder aufgebaut, ist Nijmegen heute eine vitale Universitätsstadt.

Sehenswert sind der **Belvedere** aus dem 16. Jh. (Kelfkensbos 60), ein Wachturm der einstigen Festungsanlage, die **St. Stevenskerk** (ab 1254, Sint Stevenskerkhof 62) mit Fürstenbank, Herrenbank und einer Kanzel im Renaissancestil, die **Latijnse School** (St. Stevenskerkhof 2), eine Lateinschule aus dem 16. Jh., und die **Stadwaag** (1612, Grote Markt 26). Zu einer Verschnaufpause laden hübsche Terrassencafés und Restaurants an der Waal ein.

Museum Het Valkhof
Kelfkensbos 59, www.museumhet valkhof.nl, Di–So 11–17 Uhr, in den Ferien Abweichungen, 8/ab 4 €
Gesichtshelme aus dem 1. Jh. und ein Porträtkopf von Kaiser Trajanus aus Xanten als zwei Highlights von vielen der archäologischen Sammlung, alte und moderne Kunst, u. a. von Titus

Nijmegen

Nolte und Panamarenko präsentiert dieses interessante Museum.

Museumpark Orientalis
Profetenlaan 2, Heilig Landstichting, 4 km südöstlich der Stadt, www.museumparkorientalis.nl, Ende März–Okt. Di–So 10–17 Uhr, 8,50/6 €.
In dem weiträumigen, nach Art eines Freilichtmuseums angelegten Park begibt man sich in die Welten von Judentum, Christentum und Islam, die u. a. im Zeltlager Ain Ibrahiem, in einer Karawanserei, in der Via Orientalis und im Tell Arab anschaulich präsentiert werden.

Übernachten

Bed & Breakfast – **De Prince:** Lange Hezelstraat 42–44, Tel. 024 360 45 10, www.deprince.nl, DZ ab 84 €, Frühstück extra. Nächtigen in einem von mehreren historischen Häusern in der Lange Hezelstraat. Trendy Zimmer mit allem Komfort. Frühstück gibt es im Café Bagels & Beans.
Harmonisch – **AnnA B & B Deluxe:** St. Annastraat 208, Tel. 024 350 18 08, www.sintanna.nl, DZ 90–94 €. Hohe Decken, glänzende Holzböden, glasgemalte Fenster und warme Farbtöne – in der Nieuw-Zeelandkamer und in der Scheepvaartkamer fühlt man sich schnell wohl. In der Traveller-Bibliothek gehen Träume auf Reisen. Toller Wintergarten und schöner Hausgarten.
Rooms with view – **Courage:** Waalkade 108, Tel. 024 360 49 70, www.hotelcourage.nl, DZ ab 110 €. Schöne Lage mit Aussicht auf die Waal und Waal-Brücke sowie den Hafen. Klassisch und modern eingerichtete Zimmer mit allem, dem Preis angemessenen Komfort. Hotelgäste haben freien Zugang zum Fietsmuseum Velorama

(Waalkade 107, Mo–Sa 10–17, So ab 11 Uhr, 3 €, www.velorama.nl).

Essen & Trinken

Eetcafé – **Uylenspieghel Spijshuis:** Ganzenheuvel 71, Tel. 024 323 20 75, www.uilenspieghel.nl, Mo–Sa 16–22, So ab 15.30 Uhr, Menü 22 €. Typisch Nijmegisches Restaurant, holländisch-belgisch-französische Küche.
Tapasbar – **Tapas y Vino:** Ganzenheuvel 1, Tel. 024 360 91 11, www.tapasyvino.mobi, tgl. 11–23 Uhr, Tapas ab 2,50 €, Angebot: 6 Tapas für 17,50 €. Gemütliche Atmosphäre mit einem Hauch von Spanien. Leckere Tapas, dazu Weine aus Spanien, Frankreich, Portugal und Deutschland.
Alternativ – **Café de Plak:** Bloemerstraat 90, Tel. 024 322 27 57, www.cafedeplak.nl, tgl. 12–16, 17.30–21.30 Uhr, Lunchgericht ab 3,50 €, Hauptgericht ab 10 €. Alternatives Dekor, stimmungsvolles Lokal, eine lokale Institution. Fisch, Fleisch und Vegetarisches zu sehr zivilen Preisen.

Aktiv

Bootsfahrten auf der Waal – **Rederij Tonissen:** Tel. 024 323 32 85, www.tonissen.nl, im Juli, Aug.

Infos & Termine

VVV/ Uitburo: Keizer Karelplein 32 h (Schouwburg), Tel. 0900 112 23 44, www.vvvarnhemnijmegen.nl.
Mitte Juli: Nijmegen vierdaagse (Internationale Vier-Tage-Wanderung, www.4daagse.nl), 200-km-Wandermarathon auf den Deichen um die Stadt.
Bahn: u. a. von/nach Arnhem, 's-Hertogenbosch, Kleve, Venlo, Zwolle.
Fahrradverleih: am Bahnhof, Stationsplein 7, Tel. 024 322 96 18.

Das Beste auf einen Blick

Provinzen im Süden

Highlight !

Maastricht: Die Provinz- und Kulturhauptstadt Limburgs ist die älteste Stadt der Niederlande. Vom Ruhestand ist sie jedoch weit entfernt. In den unzähligen Restaurants und Cafés mit bis an den Randstein vorgezogenen Straßenterrassen ist schon tagsüber, wenn jedermann sein *kopje koffie* oder einen Genever trinkt, nur mühevoll ein Platz zu ergattern. Die zahlreichen historischen Bauwerke – an die 1600 sind denkmalgeschützt! – sowie die schmalen Gassen und Plätze verleihen der Altstadt ein würdiges Antlitz. Von einem Facelifting hat man glücklicherweise bisher abgesehen, wie die Abwesenheit gesichtsloser Hochhäuser und Autoschneisen in der Altstadt verrät. S. 271

Auf Entdeckungstour

Dem Meer getrotzt – Mammutprojekt Oosterscheldedam: Die Stormvloedkering Oosterschelde, ein monumentales Sturmflutwehr, schützt mit 62 Riesenschotten die Oosterschelde und das dahinterliegende Land vor Sturmfluten. Im Deltapark Neeltje Jans ist in der Delta Expo alles über das gewaltige Schutzbauwerk zu erfahren. S. 264

Wie Perlen an einer Kette – Schlösser in Süd-Limburg: Im Maastal und in den Seitentälern in Süd-Limburg erinnern zahlreiche Schlösser und Schlossparks an vergangene Zeiten der Feudalherrschaft. Die meisten sind prächtig restauriert, manche sind zugänglich, in anderen befinden sich Restaurants, bei vielen darf man die schönen Schlossparkanlagen besichtigen. S. 280

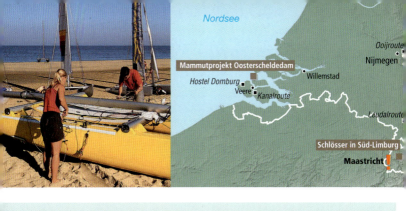

Kultur & Sehenswertes

Hinter Festungsmauern: Willemstad ist die am besten erhaltene holländische Festungsstadt. S. 270

Bonnefantenmuseum Maastricht: Der spannende Bau beherbergt interessante archäologische Funde aus der Provinz Limburg und exquisite Sammlungen alter und zeitgenössischer Kunst. S. 274

Mit dem Rad unterwegs

Die Kanalroute: Auf 28 km zu malerischen Handels- und Hafenstädtchen und einer schönen Mühle. S. 253

Die Ooijroute: Die Waal, den alten, teilweise verlandeten Rheinarm, säumen eine abwechslungsreiche Landschaft und historische Bauwerke. S. 283

Die Leudalroute: Nördlich von Roermond erstreckt sich eine schöne Auen-, Wald- und Heidelandschaft. S. 284

Genießen & Atmosphäre

Hostel Domburg: Das vielleicht schönste Hostel im ganzen Lande befindet sich in dem mittelalterlichen, mit Türmen und Schlossgraben ausgestatteten Schloss Westhove aus dem 13. Jh. S. 256

Malerisches Veere: Willkommen in einem der schönsten Hafenstädtchen Zeelands an der Nordostküste Walcherens. S. 259, 260

Gaumenlust: Jeden August lädt Maastricht für vier Tage zum Preuvenemint ein. Beim Feinschmeckerfestival bieten über 50 Gastronomen, Weinhändler und Brauer ihre Köstlichkeiten zum Probieren an. S. 274

Abends & Nachts

Leckere Biere: In der gemütlichen Maastrichter Kneipe Café Falstaff kann man aus über 60 verschiedenen Bieren auswählen und ein Bier-Menü genießen. S. 277

Provinz Zeeland

Seit der ›Blanke Hans‹ durch Deiche, Dämme und Sturmflutwehre im Zaum gehalten wird, hat sich Zeeland stark entwickelt: Aus verfallenden Fischerdörfern wurden hübsche Seebäder, aus grauen Orten reizende Städtchen, aus maroden Anlegeplätzen malerische kleine Häfen. Wassersportler finden hier ihr Revier, Radfahrer tolle Routen, Badegäste riesige Strände, Naturfreunde ursprüngliche Landschaften.

Walcheren und Beveland

Middelburg ▶ B 9

Die Provinzhauptstadt (48 000 Einw.) geht auf eine karolingische Fluchtburg zum Schutz vor den Normannen zurück. Innerhalb der Burg bauten Norbertinermönche im 12. Jh. eine Abtei, um diese herum entstand eine Siedlung mit sternförmiger Verteidigungsanlage aus Grachten und Wällen, die heute noch existiert. Das 1940 zerbombte Stadtzentrum wurde im ursprünglichen Stil wiederaufgebaut, auch das monumentale gotische **Stadhuis (**Lange Noordstraat 1), einer der schönsten Profanbauten des Königreichs (Führungen Ende März–Okt. Sa–Mi 11.30 und 15.15 Uhr). Wahrzeichen Middelburgs ist der **Lange Jan,** der 91 m hohe Turm der ehemaligen Abteikirch (Onder den Toren 1, www.langejanmiddelburg.nl, April, Sept.–Anfang Nov. 11–16, Mo ab 13, Juli–Aug. tgl. 11–16 Uhr, 4 €, online 3,40 €).

Zeeuws Museum
Abdij (plein), www.zeeuwsmuseum. nl, Di–So 11–17 Uhr, 8,50/4,25 €
Der Abteikomplex mit drei Kirchen und Anbauten beherbergt das Zeeuws Museum mit Historama, das zahlreiche Exponate zur Historie von Provinz, Stadt und Abtei zeigt. Raritäten sind die aus der Oosterschelde geborgenen Votivsteine, mit denen römische Englandfahrer der Göttin Nehalennia dankten, wenn ihre Schiffe zurückkehrten.

Mini Mundi
Podium 35, www.minimundi.nl, Ende. Dez.–Anfang Jan., Anfang Feb.–Anfang März, Ende März–Ende Juni tgl. 10–19 Uhr; Anfang Jan.–Anfang Feb., Anfang März–Ende März Mi 12–19, Sa, So 10–19 Uhr, Ende Juni–Anfang Sept. tgl. 10–20 Uhr, Kasse schließt 2 Std. vor Ende, 13,50 €, online 11,50 €.
Im Norden der Stadt liegt Mini Mundi, ein Familienpark, in dem insbesondere Kinder Spaß haben: Am Ballontoren geht es 10 m in die Lüfte, im Schommelschuit geht es auf Schlingerkurs usw. Hier befindet sich auch **Miniatuur Walcheren,** in dem unzählige historische Gebäude Walcherens im Maßstab 1:20 zu bewundern sind.

Infobox

Infos für die Provinz Zeeland
www.zeeland.nl (u. a. in dt.): Homepage der Provinz Zeeland, auch mit touristischen Infos.
www.vvvzeeland.nl (u. a. in dt.): Umfassende Infos des Fremdenverkehrsamtes, u. a. mit interaktiver Karte, auf der man nach gemütlichen Unterkünften, Attraktionen, sauberen Stränden und Aktivitäten suchen kann.

252

Middelburg

Mit dem Rad unterwegs

Die Kanalroute

Quer durch Walcheren, am Kanal entlang, von Middelburg nach Veere und Vlissingen – 28 km hin und retour, da bleibt auch etwas Zeit, um sich die Städtchen anzusehen. Beginnend beim Bahnhof von **Middelburg** führt der Weg durch das alte Hafengebiet mit einigen alten **Lagerhäusern mit Treppengiebeln**. Sie erinnern, ebenso wie der **eiserne Kran**, an die Zeit, als Middelburg noch eine direkte Verbindung zum Meer hatte. Außerhalb der Stadt zeigt eine lange Baumreihe rechter Hand den Verlauf des **Kanaal door Walcheren** an, gegraben 1870–1873. Ein kleiner **Hügel am Wegesrand**, ein mittelalterlicher *vliedberg,* diente früher als Fluchtpunkt bei Überschwemmung. Der Weg führt nun in das malerische Hafenstädtchen **Veere** (s. S. 259, 260). Von hier geht die Route auf der anderen Seite des Kanals zurück nach Middelburg und von dort nach Vlissingen. Auf dem Oranjedijk am Hafen bieten die **Oranje-Mühle** und die vorbeifahrenden Ozeanriesen schöne Fotomotive. Von hier führt der Weg am Kanal entlang zurück nach Middelburg.

Übernachten

Monumental – **Hotel aan de Dam:** Dam 31, Tel. 0118 64 37 73, www.hotelaandedam.nl, DZ ab 110 €, Suite ab 130 €. Stattliches, 1652 für die VOC erbautes Haus im historischen Stadtkern. Wertvolle antike Möbel und Raritäten geben den individuell eingerichteten Zimmern ein barockes Ambiente.
Klassisch – **Grand Hotel du Commerce:** Loskade 1, Tel. 0347 75 04 05, www.hotelducommerce.nl, DZ ab 74 €. Weiße Fassade, auffallende rote Markisen an den Fenstern – das älteste und größte Hotel der Stadt hat etwas Mediterranes. Das Interieur ist klassisch, alle Gästezimmer haben ein eigenes Badezimmer. Schöne Aussicht auf den Kanal.
B & B am Jachthafen – **Van de storm in de stilte:** Kinderdijk 28, Tel. 06 33 60 32 59, www.stormstilte.nl, DZ 85–95 €, bei 2 Nächten 10 € Rabatt. 5 Min. vom Zentrum. Nette Gästezimmer mit Sitzecke, Bad/WC, TV, DVD/Video, Internetzugang. Vom Gästezimmer zur Straßenseite schöne Aussicht auf den Hafen.
Camping – **Middelburg:** Koninginnelaan 55, Tel. 0118 62 53 95, www.campingmiddelburg.nl, 2 Pers. ca. 20 €. Netter Platz im Grünen, auch Vermietung von Zelten und 4-Pers.-Caravans.

Essen & Trinken

Zentral gelegen – **Bommel:** Markt 85, Tel. 0118 64 22 14, www.cafebommel.nl, tgl. 10–2, Hauptgericht ab 15 €. Klei-

Mit dem Rad auf der Kanalroute

Provinzen im Süden

Traumhafter Blick aufs Meer – am Strandboulevard Vlissingens

nes Café-Restaurant direkt neben dem Rathaus, sommertags auch draußen. Leckere Fischgerichte.
Steakhouse – **De Tamboer:** Plein 1940-6, Tel. 0118 61 21 17, www.detamboer.info, Di–So 17–21.30 Uhr, Juli, Aug. tgl., Hauptgericht ab 15 €. Rustikale Einrichtung; sehr gute Steaks, aber auch Fisch und Vegetarisches.
Brasserie – **Panneke:** Lammerensteeg 5, Tel. 0118 62 52 87, www.panneke.com, So, Mi 17–21.30, Do–Sa 12–21.30 Uhr, Lunchgericht ab 4 €, Hauptgericht ab 16 €. Ungewöhnliches Interieur. Klasse Küche, die über dem Niveau der normalen Brasserie rangiert.

Abends & Nachts

Podium für Musik, Theater, Tanz – **De Spot:** Beddewijkstraat 15, Tel. 0118 63 32 29, www.despotmiddelburg.nl.

Infos & Termine

Infos
Tourist Shop Middelburg: Markt 51, Tel. 0118 67 43 00, www.uitinmiddelburg.nl.

Termine
Donnerstag: Markt, vor dem Stadhuis.
Pfingstwochenende: Internationales Jazzfestival, www.jazzfestivalmiddelburg.nl. Middelburg swingt.
Erstes Juniwochenende: VÓLkoren, www.middelburgvolkoren.nl. Großes Chorfestival in der ganzen Stadt.
Juli/Aug.: Ringrijderij, Ringreiten.

Verkehr
Bahn: Verbindungen nach Amsterdam, Breda, Rotterdam, Vlissingen, Zwolle.
Fahrradverleih: am Bahnhof, Kanaalweg 22, Tel. 0118 61 21 78.

Vlissingen ▸ B 9

Die größte Hafenstadt von Zeeland (45 000 Einw.) ist zugleich ein beliebtes Seebad mit schönem langen Strand. An die kriegerische Vergangenheit des einst zur Bastion ausgebauten Ortes erinnern noch der Gefängnisturm, zahlreiche Kanonen und das Keizersbolwerk aus der Zeit von Kaiser Karl V., das Napoleon wieder

Vlissingen

aufgebaut hat. Der berühmteste Sohn der Stadt, Admiral de Ruyter, wird mit einem Standbild auf der Rotunde geehrt, die eine schöne Aussicht auf Hafen und Meer bietet.

Zeeuws Maritiem MuZEEum

Nieuwendijk 11, www.muzeeum. nl, Okt.–März Di–Fr 10–17, Sa, So, Fei 13–17, April––Sept. auch Mo 10–17 Uhr, 8/ab 5 €
Meisterhafte Porträts seeländischer Seehelden, Hafenansichten von Vlissingen, Schiffsmodelle und Fundstücke vom Wrack des 1735 in der Scheldemündung gesunkenen VOC-Schiffes »'t Vliegent Hart« – hier lernt man die maritime Geschichte Zeelands kennen.

Het Arsenaal

Arsenaalplein 7, www.arsenaal.com, Jan.–Juni tgl. 10–19, Juli–Anfang Sept. tgl. 10–20 Uhr, Kasse bis 2 Std. vor Schluss, 14,50/ab 12,50 €, online 12,30/ab 10,60 €
Auf echte Haie, Rochen, Papageien und Piraten trifft man im maritimen Vergnügungszentrum Het Arsenaal, von dessen 65 m hohem Turm sich schöne Aussichten auf die Westerschelde bieten.

Übernachten

Nordseeblick – **De Leugenaar**: Bd. Bankert 132, Tel. 0118 41 25 00, www. hoteldeleugenaar.nl, DZ ab 115 €. Schöne Lage am Nordseeboulevard. Nach vorn liegende, mit Balkonen ausgestattete Zimmer mit toller Aussicht aufs Meer. Stylisches Interieur, Restaurant mit überdachter Terrasse.
Aussicht aufs Meer – **Truida**: Bd. Bankert 108, Tel. 0118 41 27 00, www. hoteltruida.nl, DZ ab 89 €. Angenehmes Hotel direkt am Strandboulevard. Wer die herrliche Aussicht genießen möchte, sollte eines der 12 nach vorn liegenden Zimmer wählen, wer sich

gern selbst kochen möchte, eines der 8 Zimmer mit Kitchenette.
Ländlich – **De Kienstee**: Sasputsestraat 11, Schoondijke bei Breskens, Tel. 0117 34 83 13, www.dekienstee.nl, DZ 95 €, bei mehreren Nächten günstiger. Ruhe und Entspannung bietet dieser Bauernhof, in dessen Nebengebäude Sie in 3 Gästezimmern logieren können. Alle mit Bad/WC, Breitband-Internet-Anschluss. Mit nettem Frühstücksraum.

Essen & Trinken

Fisch und mehr – **Het Station:** Stationsplein 5, Tel. 0118 46 59 09, www.hetsta tionvlissingen.nl, im Sommer tgl. 10–21 Uhr, Hauptgericht ab 14 €. Beliebtes Restaurant, große Auswahl an Fischgerichten, aber auch Fleisch, Geflügel und Vegetarisches.
Meeressicht – **De Gevangentoren:** Bd. De Ruijter 1, Tel. 0118 41 14 41, www.restaurantdegevangentoren.nl, tgl. ab 11 Uhr, Hauptgericht ab 22 €. Geschützt hinter Glas oder im Freien vorm Turm – die Aussicht aufs Meer nimmt jeden gefangen. Fangfrisches aus dem Meer oder Leckeres vom Metzger, auch Vegetarisches.
Trendy – **Gecroonde Liefde:** Nieuwendijk 13, Tel. 0118 44 11 94, www.de gecroondeliefde.nl, Mo–Do 10–18 (Do im Juli, Aug. bis 21), Fr 10–21, Sa, So 12–21 Uhr, Lunchgericht ab 3 €, Hauptgericht ab 20 €. Beim Zeeuws Maritiem MuZEEum gelegene Brasserie mit Terrasse und schöner Aussicht auf Jachthafen. Frisches vom Land und aus dem Meer, lecker: Fischsuppe.
Bei SOOS ist jeder willkommen – **Belgische Loodsen Societeit:** Bd. De Ruijter 4, Tel. 0118 41 36 08, www.bsoos. nl, tgl. ab 8 Uhr, Hauptgericht ab 19 €. Frühstück, Lunch oder Dinner – gutes Essen, gute Aussicht auf das Meer. Lecker: *Brugse vissoep*, 7,50 €.

Provinzen im Süden

Infos

VVV / ANWB: Spuistraat 46, Tel. 0118 71 53 20.
Bahn: Verbindungen nach Amsterdam, Bergen op Zoom, Dordrecht, Middelburg, Roosendaal, Rotterdam.
Fahrradverleih: am Bahnhof, Stationsplein 1, Tel. 0118 46 59 51.
Schnellfähre: Vlissingen–Breskens (ca. alle 25 Min.), nur Fußgänger, Fahrräder, Mopeds. Infos: Tel. 088 076 11 11, www.veolia-transport.nl. Mit dem Auto nimmt man den **Westerscheldetunnel** (Terneuzen–Ellewoudsdijk).

Badeorte an Walcherens Westküste ▶ B 9

Einen schönen Strand und fast 50 m hohe Dünen bietet der Familienbadeort **Zoutelande**. Auf einer der höchsten Dünen zeigt das Bunkermuseum (Duinweg 40, Mai–Okt. Mo, Mi, So 13–17, gratis) in zwei Bunkern des Atlantikwalls aus dem Zweiten Weltkrieg Ausstellungen über die Landung der Alliierten und Beobachtungsgerät.

Eine der schönsten Jugendherbergen des Landes
Das Hostel befindet sich im mittelalterlichen, mit Türmen und Schlossgraben ausgestatteten Schloss Westhove aus dem 13. Jh. Zum Strand sind es nur wenige Minuten zu Fuß. Schöne Aussicht von den Terrassen auf die Dünen. (**Hostel Domburg**, Duinvlietweg 8, Tel. 0118 58 12 54, www.stayokay.com, ab 25 €/Pers., an Wochenenden wesentlich teurer.)

Aus dem häufig von Mondrian gemalten Kirchturm des Badeortes **Westkapelle** wurde, nachdem ein Feuer das Gotteshaus vernichtet hatte, der Leuchtturm Hoge Licht. 207 Stufen hinauf, und man kann die Aussicht von oben genießen (Kerkeweg 1, Öffnungszeiten: vv.zeeland.nl). Gemeinsam mit dem gusseisernen *vuurtoren* Noorderhoofd (19. Jh., auf Höhe Westkappelse Zeedijk 7) leitet er die Schiffe um die Westspitze von Walcheren.

Domburg, das älteste Seebad der Niederlande, ist noch immer eines der beliebtesten. Über dem Ort mit hübschen Landhäusern und Villen liegt ein Hauch von Belle Epoque.

Zwischen Domburg und Oostkapelle liegt das imposante, vermutlich auf eine Festung aus dem 9. Jh. zurückgehende **Kasteel Westhove**, heute eine der schönsten Jugendherbergen des Landes (s. u., Mein Tipp). Der freundliche Badeort **Oostkapelle** mit seinen breiten Dünen und Stränden ist weniger überlaufen als Domburg. Die Qualität des Meerwassers ist ausgezeichnet.

Übernachten

Kinderfreundlich – **Pieter de Coninck:** Noordkerkepad 10 a–12, Westkapelle, Tel. 0118 57 13 93, www.hotelwestkapelle.nl, DZ 76 €. Gemütliches 2-Sterne-Hotel in ruhiger Seitenstraße, nahe Leuchtturm; die modern eingerichteten Gästezimmer mit jeweils eigener Dusche/WC und KTV. Hauseigener Spielplatz, Parkmöglichkeiten. Einladende kleine Gartenterrasse.
Komfortabel – **Zuiderduin Beachhotel:** De Bucksweg 2, Westkapelle, Tel. 0347 75 04 06, www.zuiderduinbeachhotel.nl, DZ ab 70 €. Komforthotel direkt hinter den Dünen, wenige Gehmin. vom Strand. WiFi-Internet, Sauna und Solarium, Tennis, Tischtennis und Tischfußball spielen möglich.

Badeorte an Walcherens Westküste

Sportlich – **The Wigwam:** Herenstraat 12, Domburg, Tel. 0118 58 12 75, www. wigwamhotel.nl, DZ 78–124 € (bei nur 1–3 Nächten zzgl. 7 €). Genießen Sie den Komfort eines gut ausgestatteten Hotels, samt Sonnenterrasse/-bank, Heimtrainer, Tischtennisraum und Tummelplatz für die Kleinen.

In den Dünen – **Zonneduin:** Nehalenniaweg 1, Domburg, Tel. 0118 58 13 29, www.hotelzonneduin.nl, DZ ab 115 €. Schöne Lage, dicht beim Strand. Moderne Komfortzimmer mit Balkon/Terrasse. Besonders reizvoll ist die Aussicht beim Frühstück in der 2. Etage.

Studios – **Nordzee:** Badstraat 4, Domburg, Tel. 0118 58 29 70, www.ho telnoordzee.info, DZ 85–170 €. Recht modern eingerichtete Studios mit Badezimmer, Balkon oder Terrasse, Telefon und TV, die VIP-Studios sogar mit Kochnische. Einige haben Aussicht auf das Meer, das etwa 150 m entfernt ist.

Schönes Landgut – **Green White Hotel:** Noordweg 43, Oostkapelle, Tel. 0118 59 12 23, www.greenwhite.nl, DZ 114–136 €. Drei riedgedeckte Häuschen und ein Landhaus an einem Weiher inmitten einer Parkanlage – eine grüne Idylle zum Entspannen. Die Gästezimmer, individuell und modern, sind nicht ohne einen romantischen Hauch.

Ländlich – **Randduin:** Duinbeekseweg 24, Oostkapelle, Tel. 0118 58 16 52, www.randduin.nl, DZ 87–112 €. Grüne Idylle am Waldrand, luxuriöse Zimmer und Studios mit Kochnische. Rosengarten, Spielplatz, Terrasse.

Camping – **De Boomgaard:** Domineeshofweg 1, Westkapelle, Tel. 0118 57 13 77, www.deboomgaard.info, 2 Pers. ab 16,50 €. Komfort-Camping, 1 km von Dorf und Strand, Café-Restaurant, beheiztes Schwimmbad.

Charmant – **Villa Westerduin:** Laone 6, Renesse, Tel. 0111 46 25 00, www. westerduin.nl, DZ ab 126 €. Idyllische, strandnah in großem Garten mit alten Bäumen gelegene Villa mit 5 im Laura-Ashley-Stil eingerichteten Gästezimmern in früherer Pfarrei. Nutzung von Pool, finnischer Sauna und Pub des zugehörigen Badhotels möglich.

Hotel-Pension – **Zoom-Oord:** Hogezoom 170, Renesse, Tel. 0111 46 18 60, www.zoomoord.nl, DZ ab 75 €. Stimmungsvoll von riesigem Garten umgebenes Gästehaus mit 11 geschmackvoll eingerichteten Komfortzimmern unterschiedlicher Größe. Gefrühstückt wird im großen Aufenthaltsraum mit im Winter bullerndem Gusseisen-Ofen, im Sommer auf überdachter Terrasse.

Wellnessoase – **Noordzee Hotel & Spa:** Noordzeestraat 2, Cadzand-Bad, Tel. 0117 39 18 10, www.hotel-noord zee.nl, DZ ab 150 €. Spa/Übernachtungs-Arrangements s. Homepage. Moderne Architektur mit hübschem Türmchen, in dem sich eines der Zimmer befindet – herrliche Aussicht garantiert. Alle Zimmer sind stilvoll und individuell eingerichtet.

Strandnah – **Hotel de Schelde:** Scheldestraat 1, Cadzand-Bad, Tel. 0117 39 17 20, www.hoteldeschelde. nl, DZ ab 85 €. Elegant eingerichtete Gästezimmer mit allem modernen Komfort, einige haben Balkon.

Essen & Trinken

Pavillon auf dem Deich – **De Westkaap:** Westkapelse Zeedijk 7, Westkapelle, Tel. 0118 57 25 57, www.westkaap.nl, tgl. ab 10.30 Uhr, Lunchgericht ab 5 €, Hauptgericht ab 18 €. Windgeschützte Terrasse, tolle Aussicht aufs Meer. Köstliches von See und Land.

Stylish – **De Visbar:** Ooststraat 6, Domburg, Tel. 0118 58 44 34, www.dom burgbythesea.nl, tgl. 17.30–21.30 Uhr, Hauptgerichte ab 17 €. Modern eingerichtetes Restaurant. Fangfrischer Fisch, Hummer, Lamm und Vegetarisches stehen auf der Karte.

257

Provinzen im Süden

Aus dem Wasser gefischt: Austernzucht im alten Hafen von Yerseke

Trendy Eetcafé – **Le Sans:** 't Groentje 1/3, Domburg, Tel. 0118 58 14 36, www.lesans.nl, tgl. ab 11 Uhr, Lunch ab 5 €. Fisch, Fleisch, Pasta, Vegetarisches, tolle Salate, faire Preise.

Muscheln und mehr – **Marktzes:** Markt 6, Domburg, Tel. 0118 58 23 73, www.marktzes.nl, tgl. 11–24 Uhr, Lunchgericht ab 6 €, Hauptgericht ab 16 €, Vegetarisch ab 14 €. Gemütlich und zentral, Muschel & Brasseriegerichte, Cocktails und Wein bis in die Nacht. Häufig Live-Musik.

Qual der Wahl – **De Pannekoekenbakker:** Domburgseweg 75, Oostkapelle, Tel. 0118 58 28 97, www.pannekoekenbakker-oostkapelle.nl, tgl. ab 11.30 Uhr, ab 8 €. Gemütliches Restaurant mit Kinderspielecke und -platz sowie Terrasse. 250 verschiedene Pfannkuchen.

Kinderlieb – **Dennenbos:** Duinweg 64 a, Oostkapelle, Tel. 0118 58 65 55, www.restaurantdennenbos.nl, tgl. ab 16 Uhr, außerhalb der Saison nur Fr–So, Hauptgericht ab 16 €, Pizza ab 7 €. Café-Restaurant-Pizzeria mit großem Innengrill und ›Kinderland‹, wo Kinder essen und spielen können. Pasta, Pizza, Fleisch und Fisch, auch Vegetarisches.

Pizzeria – **Buon Cuore:** De Zoom 3 a, Renesse, Tel. 0111 46 22 99, www.pizzeriabuoncuore.nl, tgl. ab 17 Uhr, Pizza ab 8 €. Pizza, Pasta, Spareribs, Hot Chicken Wings. Lockere Atmosphäre.

Eetcafé – **Loze Visser:** Hoogenboomlaan 38 a, Renesse, Tel. 0111 46 21 95, www.eetcafedelozevisser.nl, tgl. 12–21.30 Uhr, Hauptgericht ab 10 €. Gemütlich, urig, kinderfreundlich. Fisch, Fleisch, Pfannkuchen. Auf dem Weg zum Strandaufgang Wilhelminahoeve.

Hotel-Restaurant – **Jean d'Haut:** Scheldestraat 1, Cadzand-Bad, Tel. 0117 39 17 20, www.hoteldeschelde.nl, tgl. ab mittags, Hauptgericht ab 20 €. Restaurant des Hotels De Schelde; stilvoll, internationale und französische Küche.

Strandpaviljoen – **Caricole:** Duin-overgang 8, Cadzand-Bad, Tel. 0117 39 18 64, www.caricole.nl, tgl. Do–Di 10–20 Uhr, Juli, Aug. tgl., Lunch ab 7 €, Hauptgericht ab 15 €. Windgeschütz-te Terrasse direkt am Strand. Waffeln, Pfannkuchen, *bitterballen* (fritt. Fleisch-kroketten), auch Fisch-/Fleischgerichte.

Infos

VVV Zeeland: www.vvvzeeland.nl.
VVV Westkapelle: Zuidstraat 154, Tel. 0118 58 13 42.
VVV Domburg: Schuitvlotstraat 32, Tel. 0118 58 34 84.
VVV Oostkapelle: Lantsheerstraat 1, Tel. 0118 58 29 40.
VVV Renesse: Roelandsweg 1, Tel. 0900 202 02 33.
VVV Cadzand-Bad: Bd. de Wielingen 44 d, Tel. 0117 39 12 98.

Veere ▶ B 9

Eines der schönsten Hafenstädtchen Zeelands ist das vom mächtigen Turm der **Grote Kerk** (15. Jh.) überragte Veere. Am Kai erinnern die **Schotse Huizen** (Schottenhäuser, Kaai 25–27) 't Lammeken (1539) und De Struys (1561) an die Zeit, als Veere das Privi-leg für die Einfuhr kostbarer Wolle aus Schottland besaß. Der **Campveerse To-ren** (1500, Kaai 2) am Ende des Kais ist das einzige Überbleibsel der Stadtfes-te und eine der ältesten Stadtherber-gen der Niederlande. Beeindruckend ist das **Stadhuis** (1470, Markt 5) mit spätgotischer Fassade und schmuckem Renaissance-Glockenturm.

Übernachten

Romantisch – **Auberge de Campveerse Toren:** Kaai 2, Tel. 0118 50 12 91, www. campveersetoren.nl. Im historischen Gebäude und drei weiteren Häusern an Kai und Jachthafen, DZ/Suite 150–205 €. Der idyllisch an der Hafeneinfahrt gele-gene, um 1500 erbaute Turm mit An-bauten ist einer der ältesten der Nieder-lande. Viele der luxuriösen Zimmer und Apartments mit prächtiger Aussicht auf Veerse Meer oder Hafen.

Modern – **Bed en Brood:** Kerkstraat 7, Tel. 0118 50 20 81, www.bed-en-brood.nl, DZ ab 80 €, zzgl. 10 € bei nur 1 Nacht. Wählen Sie zwischen der Lovesuite, Familiekamer, Luxe-, Com-fort-, Stadaard- und Standaard-plus Kamer. Das Haus liegt mitten im Ort.

Essen & Trinken

Kreative französische Küche – **'t Waepen van Veere:** Markt 23, Tel. 0118 50 12 31, www.waepen.nl, tgl. 11–20.30 (Juli, Aug. bis 21), Nov.–März Mo, Di nur bis 17.30 Uhr, Hauptgericht ab 20 €. Hotel-Restaurant, sommertags auch auf der Terrasse. Romantische Atmosphäre. Spezialitäten: Fisch und Hummer.

Köstliche Pfannkuchen – **Suster Anna:** Markt 8, Tel. 0118 50 15 57, www. susteranna.nl, tgl. ab 10 Uhr, Pfannku-chen ab 7 €, Hauptgericht ab 14 €. In schönem altem Haus schräg gegenüber vom Stadthaus. Im Sommer sitzt man draußen unterm schattigen Baum.

Romantisch – **In den Struyskelder:** Kaai 25, Tel. 0118 50 13 92, www. struyskelder.nl, Do–Di 12–21 Uhr, im Sommer tgl., Lunchgericht ab 4 €, Hauptgericht ab 19 €. Kleines gemüt-liches Café-Restaurant im Souterrain eines historischen Hauses am Hafen-kai, schöne Wandmalereien. Schön sitzt man auch im Garten oder auf der Terrasse. Französische Küche.

Infos

VVV: Oudestraat 28, Tel. *0118 50 61 10*, www.vvvzeeland.nl.

Lieblingsort

Idyll am Veerse Meer
Die Segeljacht, die mit eingeholten Segeln langsam vorbeituckert, der Skipper, der sein Boot am Kai festmacht, der mittelalterliche Campveerse Turm gegenüber, wo spielende Kinder auf den alten Kanonen reiten – Ausblicke auf die Hafenidylle in **Veere** (▶ B 9). Erst geht es über die schmale Zugbrücke am Hafen auf dessen nördliche Seite, dann den Kai entlang bis fast an die Spitze zur Hafeneinfahrt – so kommen Sie an diesen hübschen Ort.

Provinzen im Süden

Mein Tipp

Muschelfest
Am Muscheltag, alljährlich am 3. August-Samstag in Yerseke, kann man zu kleinen Preisen fangfrische Muscheln schlemmen (Infos: www.mosseldagyerseke.nl).

Bus: Verbindungen nach Middelburg, Vrouwenpolder.

Yerseke ▶ C 9

Das Städtchen ist bekannt für die Zucht von Miesmuscheln und Austern, die hier während der Saison in der *mossel mine* (Muschelversteigerung) täglich unter den Hammer kommen. Zwischengelagert werden die in der Yerseker Oesterbank und im Wattenmeer gefischten Schalentiere in den *oesterputten* (Austerbecken) beim Hafen.

Oosterschelde Museum Yerseke
Kerkplein 1, www.oosterscheldemuseum.nl, Di–Fr 9.30–12.30, 13–16, Mai–Mitte Sept. auch Sa 10–16, Juli, Aug.auch Mo 13–16 Uhr, 2,50/ab 1 €
Ausstellung zur Geschichte und Technik der Muschel- und Austernzucht.

Übernachten

Günstig und familiär – **B & B Sinke:** Damstraat 25, Tel. 0113 57 17 98, www.bedandbreakfastsinke.nl, DZ 45–55 €, Gartenhäuschen 65 €. Gastfreundlich, ruhig, gesellig – das B & B der Familie Sinke. 3 der 4 Gästezimmer mit Waschplatz und TV, Gemeinschaftsbad mit separatem WC. Gästecomputer mit Internet.

Camping – **Zon en Zee:** Burenpolderweg 30 a, Tel. 0113 57 18 60, www.campingzonenzee.nl, 2 Pers. 15,50–21,50 €. An der Oosterschelde, hafennah.

Essen & Trinken

In den zahlreichen Restaurants stehen Muschel- und Austerndelikatessen ganz oben auf der Speisekarte.
Aus dem Meer – **Oesterbeurs:** Wijngaardstraat 2, Tel. 0113 57 22 11, www.oesterbeurs.nl, Mi–So 12–14, 18–21 Uhr, Hauptgerichte ab ca. 26 €. **Nolet's Vistro:** Burgemeester Sinkelaan 6, Tel. 0113 57 21 01, www.vistro.nl, Mo–Sa 11.30–15, 18–21, So, Fei 11.30–21 Uhr, Muscheln 23,50 €, Menü ab 35 €. **De Schelde:** Koningin Julianastraat 35, Tel. 0113 57 13 07, www.rdeschelde.nl, Di–Mo 11.30–21 Uhr, Muscheln ca. 20 €.

Infos

VVV: Kerkplein1, Tel. 0113 57 18 64, www.vvvzeeland.nl.
Bus: Verbindungen nach Goes und Rotterdam Zuidplein.

Schouwen-Duiveland ▶ B/C 8

Zierikzee ▶ C 8

Weithin sichtbar zeigt der 62 m hohe **Dikke Toren** (erbaut ab 1454) die Lage der schönsten Stadt der Insel an. Von oben bietet sich eine tolle Aussicht bis zur Oosterschelde (April–Nov. Di–Sa 10–17 Uhr in Ferien auch Mo, 2 €). Ursprünglich sollte der Kirchturm der St. Lievenskerk 130 m hoch werden, doch als die im Mittelalter durch Handel, Fischerei und Tuchweberei wohl-

Zierikzee

habend gewordene Stadt plötzlich in Geldnot geriet, blieb er unvollendet. Das Kirchenschiff brannte 1882 ab. Über 550 Bauwerke der von einem Grachtenring umgebenen Stadt stehen unter Denkmalschutz und tragen zusammen mit den schmalen Gassen, belebten Plätzen und gemütlichen Cafés zum Reiz von Zierikzee bei.

Stadhuismuseum

Meelstraat 6, www.schouwen-dui veland.nl/museum. Di–Sa 11–17, So 13–17 Uhr. 7,50/3,50 €
Im Stadhuis (1554) mit reich verziertem hölzernem Glockenturm gibt das Museum Einblicke in die Stadtgeschichte.

Maritiem Museum

Mol 25, April–Okt. und Schulferien Mo–Sa 10–17, So 12–17 Uhr, 2/1 €
Am Havenplein steht die aus der Kapelle eines mittelalterlichen Gasthauses hervorgegangene **Gasthuiskerk** mit der Beurs (Börse). Nebenan widmet sich das Maritiem Museum im früheren Gefängnis Gravensteen (16. Jh.) der lokalen Schifffahrtsgeschichte, Highlight ist gewiss das Schiffsmodell von 1627, eines der ältesten Modelle der Niederlande.

Museumhaven

Oude Haven und Vissersdijk 2 (Werft), www.museumhavenzeeland.nl, Ende April–29. Okt. Di–Sa 13–16.30, Eintritt frei
Ein malerisches Ensemble bilden das Hafentor Zuidhavenpoort (14. Jh.) und zwei weiße Zugbrücken an der Einfahrt zum Oude Haven, wo auch das Noordhavenpoort (14. Jh.) steht. Im **Oude Haven** säumen Schiffsoldtimer des Museumhafens den Kai, darunter der Klipper »Mijn Genoegen«, mit dem einst Kartoffeln, Sand und Kohle transportiert wurden, der Bot-

ter »Meeuw« (1895), der der Fischereiinspektion diente, und ein kleines Fährboot von 1914. In der **Stads & Commercie Werf** des Museums werden Schiffe wie diese restauriert.

Übernachten

Kleines B & B – **In den Vergulde Slaeper:** Nieuwe Bogerdstraat 20, Tel. 0111 42 27 85, DZ 70 €, bei mehreren Nächten günstiger. Geräumige, geschmackvoll eingerichtete Zimmer mit eigenem Bad/WC im Parterre in ruhiger Straße im Herzen der Stadt, nahe Hafen. Mit schöner Terrasse.
Kleine   Familienpension   – **Klaas Vaak:** Nieuwe Bogerdstraat 24, Tel. 0111 41 42 04, www.pensionklaasvaak. nl, DZ 50–60 €, in der HS bei nur 1 Nacht zzgl. 5 €, Frühstück 8 €/Pers. 7 Zimmer, jedes mit Kühlschrank und TV, einige mit eigenem Bad und WC. Am schönsten ist das Dachzimmer. Mit Garten.

Essen & Trinken

Leckereien aus der burgundischen Küche – **De Proeverij:** Kraanplein 12, Tel. 0111 41 29 31, www.restaurant deproeverij.nl, tgl. ab 11 Uhr, Lunch ab 6 €, Hauptgericht ab 16 €. Klassisch eingerichtet mit viel Holz an den Wänden. Auch Vegetarisches, Spezialität: Austern und Hummer.
Fisch & Meeresfrüchte – **Brasserie Maritiem:** Nieuwe Haven 21, Tel. 0111 41 21 56, www.brasseriemaritime.nl, tgl. 12–22 Uhr, Sept.–April Di–So, Hauptgericht ab 25 €. Französische Raffinesse lässt grüßen.

Infos

VVV: Nieuwe Haven 7, Tel. 0900 202 02 33, www.vvvzeeland.nl.
Bahn: Nächster Bahnhof in Goes.
Bus: nach Goes.

Auf Entdeckungstour: Dem Meer getrotzt – Mammutprojekt Oosterscheldedam

Die Niederlande liegen großenteils unter dem Meeresspiegel, schwere Sturmfluten gehören zu den größten Gefahren. Dagegen hat man u. a. dieses Sturmflutwehr errichtet, zum Schutz der Oosterschelde und des dahinterliegenden Landes. Im Deltapark Neeltje Jans erfährt man alles über das monumentale Schutzbauwerk.

Reisekarte: ▶ B 8

Deltapark Neeltje Jans: Eiland Neeltje Jans, Faelweg 5, Vrouwenpolder, Tel. 0111 655 655, www.neeltjejans.nl, April–Anfang Nov.
tgl. 10–17.30 Uhr, übrige Zeiten s. Website, 22,50/online 19 €.

Schon bei der Anfahrt auf der N57 fallen die riesigen Betonpfeiler der Sturmflutwehr auf, sie bilden entlang der Straße ein regelmäßiges Muster. Auf der ehemaligen Arbeitsinsel Neeltje Jans verlassen wir an der Abfahrt zum Deltapark die N57, fahren jedoch erst einmal auf die Seeseite der Insel. Vom **Parkplatz** geht es zu Fuß zur nördlichsten Stelle der Insel. Von dort hat man eine gute Aussicht auf die **Sturmflutwehr.** Beeindruckend ist der Anblick bei ablaufendem Wasser, das dann durch die geöffneten Flutwehrtore in Richtung Meer schießt, noch faszinierender bei Sturm.

Kontrolle hat höchste Priorität

62 gigantische Stahlschürzen, zwischen 300 und 500 t schwer, warten hier auf ihren Einsatz und können bei Gefahr innerhalb einer Stunde abgesenkt werden. Eigentlich sind die Fluttore immer geöffnet, werden jedoch ein Mal im Monat probeweise herabgelassen, um ihre Hydraulik zu testen. Kontrolle hat höchste Priorität, und so werden auch die Sockel und der Untergrund regelmäßig von Unterwasserfahrzeugen mit Kameras inspiziert.

2000 Jahre Kampf gegen das Wasser

Nun aber in den **Deltapark!** Eine Dokumentation verdeutlicht die enorme Leistung beim Bau dieses monumentalen Sperrwerks, das dem Wasser den Kampf ansagt. Draußen sieht man nur wenig von den gewaltigen, bis zu 45 m hohen und an die 18 000 t schweren Betonpfeilern, die zu Dreiviertel unter Wasser sind.

Angesichts dieses halboffenen Sturmflutwehrs fragt man sich allerdings, ob da nicht auch ein Damm gereicht hätte. Auch darauf findet man hier eine Antwort. Tatsächlich wollte man die Oosterschelde ursprünglich durch einen durchgehenden Damm vom Meer abschotten. Doch da hatte man die Rechnung ohne das Volk gemacht. Fischer sahen ihre Erwerbsquellen – ergiebige Fang- und Zuchtbänke für Austern, Miesmuscheln, Hummer und essbare Herzmuscheln – durch die beabsichtigte Umwandlung in einen Süßwassersee gefährdet, Naturschützer fürchteten den Verlust der Laichplätze von Flundern und der Biotope für Wasser- und Zugvögel. Es hagelte Proteste. Und so gab man schließlich dem Druck des Volkes nach, mit dem Ergebnis, dieses halboffene Sturmflutwehr zu errichten.

Übrigens: Hier im Deltapark kann man auch eine Tour in das klaustrophobische Innere der Wehranlage unternehmen.

Hier bleibt keiner trocken!

Aber natürlich bietet der Deltapark mehr als nur Informationen zum Sperrwerk. Hier kommen vor allem auch Kinder auf ihre (nicht unerheblichen) Kosten. Nehmen wir nur das Seehundbecken, in dem die Wasserbewohner mit den großen Kulleraugen herumwuseln. Oder die Wasserrutsche und den Wasserspielplatz, auf dem man an Wassergeräten aller Art das nasse Element selbst ›erfassen‹ kann – nasse Füße garantiert!

Interessant ist auch das Innere des riesigen Wals aus Aluminium, in dem man, faszinierende Unterwassergesänge von Walen und Delfinen im Ohr, ein echtes Walskelett anfassen kann.

Noch ein Tipp: Die Bootsrundfahrt hinaus auf die Oosterschelde ist im Eintrittspreis inbegriffen – mit etwas Glück bekommt man auf der Tour Seehunde oder Robben auf Sandbänken zu Gesicht – manchmal sogar Schweinswale.

Provinz Noord-Brabant

Noord-Brabant, die Provinz ›beneden de rivieren‹ (unterhalb der Flüsse), besticht durch herrliche Naturgebiete wie die Loonse- en Drunense-Dünen, gut erhaltene Festungsstädte wie Willemstad und Heusden und gepflegte Gastronomie und Gesellighkeit dank langer Zugehörigkeit zu Spanien.

's-Hertogenbosch (Den Bosch) ▶ F 8

Im Zentrum von Den Bosch (143 000 Einw.), wie die Provinzhauptstadt meist genannt wird, erhebt sich die gotische **St. Janskathedraal** (1380–1530), die prunkvollste Kirche der Niederlande. Sie ist außen üppig mit Figuren geschmückt – es sollen 600 sein!

Bedeutendster Sohn der Stadt ist der Maler Hieronymus Bosch (1450–1516). Vor dem klassizistischen **Stadhuis** (1670) am Markt steht sein Denkmal. Im ältesten Haus der Stadt, dem schlossähnlichen **Haus De Moriaan** (Anfang 13. Jh.) auf der anderen Seite des Platzes befindet sich heute das VVV.

St. Janskathedraal und Museum De Bouwloods
www.sint-jan.nl, Museum: Torenstraat 16, April–Okt. Di–Sa 13–17 Uhr, 3 €
Die **Kathedrale** beherbergt sehenswerte Kunstschätze, darunter ein als

Infobox

Infos für die Provinz Noord-Brabant
www.vvvbrabant.nl (nl.): Website mit vielen touristischen Infos.

wundertätig verehrtes Gnadenbild (13. Jh.), ein kupfernes Taufbecken (1492), Ikonen und einen Antwerpener Leidensaltar (15. Jh.). Im **Museum De Bouwloods** sind 200 Bildhauerarbeiten ausgestellt, die das Gotteshaus einst schmückten, inzwischen aber durch Kopien ersetzt wurden.

Übernachten

Businessmäßig – **Euro Hotel Den Bosch:** Kerkstraat 56, Tel. 073 613 77 77,www.eurohotel-denbosch.nl, DZ ab 119 €. Zentral, zahlreiche Zimmer mit Aussicht auf die Kathedrale. Viel besucht von Geschäftsleuten, aber auch Urlaubern. Komfortzimmer.

Kunstvoll – **B & B de Mozaiektuin:** Voordijk 57, Vlijmen (7 km westl. Den Bosch), Tel. 073 511 91 39, www.demozaiektuin.nl, DZ 65–95/55–85/45–75 € bei 1/2/3 Nächten, Frühstück 5 €/Pers. Mosaike im romantischen Garten und in den beiden stilvoll eingerichteten Gästezimmern (beide mit Bad/Küche). Fahrradraum.

Essen & Trinken

Eetcafé – **Van Puffelen:** Molenstraat 4, Tel. 073 689 04 14, www.lunchdiner vanpuffelen.nl, Di–So ab mittags, Lunch ab 4 €, Hauptgericht ab 13 €. Nettes, modern eingerichtetes Eetcafé über der Binnendieze.

Flämisches Eetcafé – **Het Groote Genoegen:** Achter het Stadhuis 10, Tel. 073 689 02 54, www.grootegenoegen.nl, Mi–Sa 12–22, So–Di ab 16 Uhr, Hauptgericht ab 13 €. Gemütliche Atmosphäre. Lecker: Gentse Stoverij (in Abteibier gegartes Rindfleisch). Belgische Biere. Mit Terrasse.

Leckere Spezialitäten – **Jan de Groot:** Stationsweg 24, Tel. 073 613 38 30,

Eindhoven

Mo–Fr 8–18, verkaufsoffener Do bis 21, Sa bis 17 Uhr, ab 2 €. Bäckerei und Lunchroom, köstlich: *Bosschebol*.

Aktiv

Thematische Bootsfahrten – **Durch die Stadt:** Tel. 073 613 50 98, www.kring vriendenvanshertogenbosch.nl. Auf der Binnendieze durch die Stadt.

Infos & Termine

VVV: Markt 77, Tel. 073 612 71 70, www.vvvdenbosch.nl.
Febr./März: Karneval, buntes Treiben rund um die Kathedrale.
Bahn: nach Amsterdam, Arnhem, Eindhoven, Maastricht, Nijmegen, Utrecht.
Fahrradverleih: am Bahnhof, Stationsplein 77, Tel. 073 613 47 37. Auch E-Bikes und Roller.

Ausflüge von Den Bosch ▸ F 8

Einen Besuch wert ist das nordwestlich von Den Bosch gelegene Städtchen **Heusden,** dessen um 1560 errichtete Festung samt Wassertor, drei auf dem Bollwerk stehende Windmühlen und der Maashafen komplett erhalten sind.

Ein paar Kilometer weiter südlich laden die **Loonse en Drunense Duinen,** ein 3400 ha umfassender Nationalpark mit Europas größtem Flugsandgebiet, zu Spaziergängen in der Natur ein.

Von hier ist es nicht weit zu Hollands berühmtestem Freizeit- und Vergnügungspark, **De Efteling** bei Kaatsheuvel (Europalaan 1, Tel. 0800 55 000 70, kostenlos aus deutschem Festnetz, www. efteling.de, Öffnungszeiten s. Homepage, ab 34,50 €, online 32 €, Parken 10 €), der viele Attraktionen für Groß und Klein bietet, z. B. Spukschloss, Wildwasser-, Bob- und Achterbahn.

Eindhoven ▸ F/G 9

Eindhoven, bis Ende des 19. Jh. ein kleiner Handelsort, verzeichnete nach dem Bau der Werke des Glühbirnenherstellers Philips und des Automobilbauers DAF einen enormen Aufschwung und ist heute eine moderne Handels-, Industrie- und Messestadt mit rund 218 000 Einwohnern. In den großen Einkaufsstraßen Grote und Kleine Berg sowie Hoogstraat herrscht meist Hochbetrieb.

DAF-Museum

Tongelresestraat 27, www.dafmuseum.nl, Di–So 10–17 Uhr, 8/ab 3 €
Hier sind sämtliche seit 1928 hergestellte DAFs ausgestellt, aber auch unzählige andere alte Pkws, Lkws und

Dämonische Figuren und Fabelwesen bevölkern die Werke des bekanntesten Sohnes der Stadt, Hieronymus Bosch

267

Provinzen im Süden

Rallye-Wagen. An einem Werkplatz kann man sehen, wie die DAFs hergestellt wurden.

Van Abbemuseum
Bilderdijklaan 10, www.vanabbemu seum.nl, Di–So 11–17, erster Do des Monats bis 21, dann ab 17 Uhr, Eintritt frei, sonst 12/ab 6 €
Großartige Sammlung moderner Kunst, u. a. Meisterwerke von Picasso, Chagall, Kokoschka, Beuys, Gordon und McCarthy. Wechselausstellungen.

Übernachten

Klassisch bis luxuriös – **Sandton Hotel:** Stratumsedyk 23 d, Tel. 040 212 13 30, www.sandton.eu, DZ ab 95 €. Zentral gelegenes, modernes Hotel. Suiten.
Gut ausgestattetes B & B – **B & B Flora:** San Giogilaan 3, Tel. 040 211 03 71, DZ ca. 70 €. Von außen eher unscheinbar, entpuppt sich das B & B in ruhigem Viertel als Tipp. Das Gästezimmer ist hell, geräumig und freundlich eingerichtet, mit eigenem Bad und WC, TV, DVD/Video und Internet, Kühlschrank, Wasserkocher und Mikrowelle.
Heimelig – **Orphuisje:** Orpheuslaan 17, Tel. 06 12 25 51 77, DZ ab 60 €. Freundliche Atmosphäre, Gästezimmer/Studio mit TV, Video/DVD und Internetzugang, eigenem Badezimmer und WC, das Studio mit Küche. Tolles Frühstück, ausgesprochen fürsorgliche Gastgeber.

Essen & Trinken

International – **De Bengel:** Stationsplein 28, Tel. 040 244 07 52, www.de bengel.com, tgl. ab 10, Küche 12–23 Uhr, Menü 21 €. Schräg gegenüber vom Bahnhof. Gemütliche, moderne Einrichtung. Big Bengel Burger (8,80 €) und Spareribs (ca. 16,50 €).
Eetcafé – **Hoogste Tijd:** Vrijstraat 38, Tel. 040 296 24 88, www.hoogstetijd.nl, Mo ab 16, Di–Sa ab 12, So ab 14 Uhr. Modernes Lounge-Café mit kleinen Gerichten wie Garnelen (6 €), Suppe (6 €) und Salaten (9,50 €).
Griechisch – **Papadopoulos:** Kerkstraat 40, Tel. 040 243 50 10, www.restaurant-papadopoulos.nl, tgl. ab 16.30–22, So bis 21.30 Uhr, Hauptgericht ab 15 €. Erst einen leckeren Ouzo, dann etwas aus der traditionellen, verfeinerten griechischen Küche. Sommertags auch auf der geselligen Terrasse.

Einkaufen

Shoppingzentrum – **De Heuvel Galerie:** Heuvel Galerie 133, www.heuvel-galerie.nl, zwischen Vestdijk und Keizersgracht.

Infos

VVV: Stationsplein 17, Tel. 09 00 01 12 23 63, www.vvveindhoven.nl.
Bahn: Verbindungen nach Breda, Maastricht. Amsterdam, Rotterdam, Utrecht, Venlo.
Fahrradverleih: am Bahnhof, Stationsplein 1, Tel. 040 243 66 17. Auch E-Bikes.

Ausflüge von Eindhoven ▸ G 9

In **Nuenen** schuf Vincent van Gogh, dessen Vater hier Pfarrer war, zwischen 1883 und 1885 etwa ein Viertel seines gesamten Werkes: 194 Ölgemälde und über 250 Zeichnungen, u. a. das berühmteste Werk dieser Periode, »Kartoffelesser«. Im **Vincentre** (Berg 29, www.vangoghvillagenue nen.nl, Di–So 10–17 Uhr, 6,50/4 €) werden Leben und Schaffen des Künstlers an diesem Ort beleuchtet.

Auf 18 Würfelhäuser des durch seine Rotterdamer ›Baumhäuser‹ berühmten

Architekten Piet Blom stößt man in **Helmond,** dessen Rathaus und Gemeindemuseum (Kasteelplein 1, www.gemeentemuseumhelmond.nl, Di–Fr 10–17, Sa, So, Fei 13–17 Uhr, 5/ab 1,50 €) in dem von einem schönen Park umgebenen Kasteel Helmond (1402) untergebracht sind.

Östlich von Deurne bieten Wälder, Heide und Moorland im 1340 ha großen **Nationaal Park De Groote Peel** (▶ G 9, Besucherzentrum De Pelen, Moostdijk 15, Ospel-Nederweert, www.nationaal-parkdegrootepeel.nl) einer artenreichen Vogelwelt ein Reservat und Besuchern ein faszinierendes Ausflugsziel. Das **Klok & Peel Museum Asten** (Ostaderstraat 23, www.museumasten.nl, Sa–Mo, Fei 13–17, Di–Fr 9.30–17 Uhr, 7/ab 3,50 €) in Asten informiert über die Landschaft De Peel, außerdem kann man hier auch Glockenspiele bestaunen.

Breda ▶ E 8/9

Etliche Belagerungen musste die Festungsstadt Breda über sich ergehen lassen, so auch 1590. Damals befreite Prinz Moritz von Oranien die Stadt von den Spaniern, indem er seine Soldaten unter der Ladung eines Torfschiffs versteckt in die Festung einschmuggeln ließ und so die Spanier überrumpelte. Der sog. **Historische Kilometer** führt zu einigen bedeutenden Bauwerken: dem Kasteel van Breda (Kasteelplein 10), einst Sitz der Grafen von Oranien und seit 1828 Königliche Militärakademie, dem Verteidigungstor Spanjaardsgat (1610) an der Nieuwe Mark, der Grote Kerk (15./16. Jh., Kerkplein 2) und dem Begijnhof (16. Jh., Catharinastraat 45). Im Bereich von Grote Markt und Havenmarkt trifft man auf gemütliche Lokale und vielerlei Läden.

Mein Tipp

Brabantse Koffietafel

Diese Brabanter Spezialität hat mit Kaffee und Kuchen wenig gemein. Vielmehr handelt es sich um eine Mittagsmahlzeit, bei der eine deftige Gemüsesuppe auf den Tisch kommt, gefolgt von Brat-, Blut- und Mettwurst, gekochtem und rohem Schinken, Speck und Sülze, verschiedenen Käsesorten, Brot und Brötchen. Erst zum Schluss gibt es Apfeltaschen, Kaffee – und *brandewijn met suiker.*

Breda's Museum

Chassépark, Parade 12, www.breda-museum.org, 11.30–17, Do bis 22 Uhr, 7/3,50 €
Ausstellung zur wechselvollen Geschichte von Stadt und Umgebung, zudem eine Vielzahl von Kunstobjekten.

Übernachten

Art déco – **Het Scheepshuys:** Teteringsdijk 196, Tel. 076 58 16 910, www.hetscheepshuys.nl, DZ 80 €, Frühstück 9,50 €. Die prächtige, von Bäumen umgebene Villa am Rand des Stadtzentrums verfügt über 12 stilvolle, individuelle Gästezimmer. DZ mit Bad/WC, einige mit Oversize-Betten von 2,20 m Länge.

Oase im Grünen – **Time Out:** Overaseweg 25, Tel. 076 561 49 48, www.timeout-breda.nl, Suite 87 €, Apartment 105 € (am Wochenende mind. 2 Nächte). Schönes an riesigem Garten gelegenes Haus, in dem Sie in einer komplett eingerichteten Wohnung mit eigenem Eingang logieren. Sommertags können Sie auf der Terrasse frühstücken.

Provinzen im Süden

Camping – **Liesbos:** Liesdreef 40, Tel. 076 514 35 14, www.camping-liesbos.nl, April–Okt. 2 Pers. 18–25 €. Laden, Cafeteria, Schwimmbad.

Essen & Trinken

Eetcafé – **De Sinjoor:** Nieuwe Ginnekenstraat 3, Tel. 076 521 11 99, www.de-sinjoor.com, Di–Sa 11.30–21.30, So, Mo ab 17 Uhr, Lunchmenü ca. 13 €, MaDiWoDo-Menü (von Mo–Do erhältlich) ca. 17 €, Hauptgericht ab 14 €. Eetcafé mit Art-déco-Interieur. Fisch, Pasta, Fondue und etliches mehr.

Mediterran – **El Mundo:** Haven 7, Tel. 076 522 20 94, www.elmundobreda.nl, Mi–So ab 17 Uhr, Tapas ab 5 €, Salate ab 8 €. Leckere Gerichte aus der spanischen Küche, im Sommer im Garten hinterm Haus, ab und an Paella-Abende.

Kolonialer Flair – **De Colonie:** Grote Markt 26, Tel. 076 521 40 82, www.colonie.nl, tgl. ab 9 Uhr, Lunchgericht ab 4 €, Hauptgericht ab 14 €. Urig-gemütliches Restaurant mit kolonialer Deko, internationale Speisen. Große Terrasse.

Infos & Termine

VVV: Willemstraat 17 und Grote Markt 38, Tel. 0900 522 24 44, www.vvvbreda.nl.

Febr./März: Karneval, buntes Karnevalstreiben.

Bahn: Verbindungen nach Boxtel, Dordrecht, Roosendaal, Rotterdam, Den Bosch.

Fahrradverleih: am Bahnhof, Stationsplein 20, Tel. 076 521 05 01. Auch E-Bikes.

Willemstad ▸ D 8

Von sieben Bastionen und einem sternförmigen Graben umgeben, ist Willemstad die am besten erhaltene Festung der Niederlande. Luftaufnahmen lassen die perfekte Symmetrie der Anlage erkennen. Die **Nederlands Hervormde Kerk** (1607) im Zentrum des Städtchens war die erste reformierte Kirche des Landes. Weitere sehenswerte Bauwerke sind das **Arsenaal** (1793, Benedenkade 6), die weiße **Oranjemolen** (1734, Benedenkade) am Hafen und das **Mauntshuis** (1623, Hofstraat 1), das alte Jagdhaus von Prinz Moritz.

Bergen op Zoom ▸ D 9

Von der mittelalterlichen Festungsanlage der alten Markgrafenstadt sind noch das Gevangenpoort und die Bastion Ravelijn erhalten. In der Vorhalle des monumentalen Stadhuis am Markt sind zahlreiche Wappen sehenswert.

Markiezenhof

Steenbergsestraat 8, www.markiezenhof.nl, Di–So 11–17 Uhr, 8,50/ab 4,50 €

Das schönste Monument der Stadt ist der Palast der Markgrafen von 1512, mit feudalem Interieur und einzigartiger Sammlung von Kirmesminiaturen.

Übernachten

Charmant – **Suite de Noordt:** Noordzijde Haven 6, Tel. 06 30 18 63 32, www.suitedenoordt.nl, DZ 95 €, ab 3 Nächten günstiger. Elegant-geschmackvoll eingerichtet, Sie haben die Wahl zwischen den Suites »Room mit View«, »Slapen onder der Sterren« und »De Living«.

Stattliches B & B – **De Drie Scheepkens:** Engelsestraat 21, Tel. 0164 26 14 42, www.dedriescheepkens.nl, DZ 95–105 €. Im Zentrum, 100 m vom Grote Markt, mit 3 luxuriös eingerichteten Gästezimmern (mit Bad). Auf der großen Dachterrasse kann man auf Liegestühlen den Abend ausklingen lassen.

Maastricht

Camping – **Bergse Zand:** Bemmelenberg 12, Tel. 0164 23 56 59, www.bergse-zand.nl, bis zu 6 Pers. 17–23 €. Geschützt im Erholungsgebiet De Heide gelegen. Mit Laden und Cafeteria.

Essen & Trinken

Vortreffliche französische Küche – **La Pucelle:** Hofstraat 2 a, Tel. 0164 26 64 45, www.lapucelle.nl, Mo–Sa ab 12 Uhr, Hauptgericht ab 20 €. Im historischen Stadpaleis Markiezenhof aus dem 15. Jh. Auch vegetarische Gerichte.
Mediterran – **Nuevo Pidola:** Fortuinstraat 14, Tel. 0164 27 16 21, www.

lapidola.nl, Mi, Do ab 18, Fr–So ab 17 Uhr, Hauptgericht ab 19 €. Stimmungsvolle südländische Einrichtung, Speisen der Mittelmeerküchen Frankreichs, Spaniens und Nordafrikas.

Infos & Termine

VVV Brabantse Wal: Kortemeestraat 4, Tel. 0164 27 74 82, www.vvvbra bantsewal.nl. **Febr./März:** Karneval – der Marktplatz verwandelt sich in einen Hexenkessel.
Bahn: Verbindungen nach Vlissingen, Rotterdam.
Fahrradverleih: am Bahnhof, Stationsplein 2, Tel. 0164 23 57 32.

Provinz Limburg

Limburg, die Provinz ganz im Süden, ist anders als die übrigen Niederlande: Fachwerkhäuser, Schlösser und Mergelgrotten im reizvollen Hügelland des Südens, die Maas und ihre Seen, die Naturparks Maas-Schwalm-Nette und De Meinweg, Heckenlandschaften und Spargelfelder in Limburgs Mitte und Norden, und Maastricht, die Stadt mit ›burgundischer‹ Lebensart und fast südländischem Flair.

Maastricht❗ ▶ G 11

Die Hauptstadt der Provinz Limburg (122 000 Einw.) hat ihren Ursprung in der römischen Siedlung Traiectum ad Mosam. Die mittelalterliche Festungsstadt war von 382 bis 721 Bischofssitz. Im 19. Jh. wurden die Wehranlagen bis auf wenige Reste geschleift. Über 1600 historische Bauwerke verschiedener Stilrichtungen wie maasländische Renaissance, Barock, Rokoko und Empire sind denkmalgeschützt und machen gemeinsam mit den zahlreichen Terras-

sencafés, Bistros und kleinen Läden den besonderen Reiz der Stadt aus. Zur lebendigen Atmosphäre tragen auch die zahlreichen Studenten bei.

Wir beginnen den Stadtrundgang am **Dinghuis** **1** von 1470, dem einstigen Gericht (heute VVV, Kleine Staat 1).

Onze Lieve Vrouwebasiliek **2**

Onze Lieve Vrouweplein 7, www.ster re-der-zee.nl, Schatzkammer: Ostern–Allerheiligen Mo–Sa 11–17, So 13–17, sonst nur So 13–17 Uhr, 3/ab 1 €
Mediterranes Flair verbreitet im Sommer der **Onze Lieve Vrouweplein** mit seinen Straßencafés und dem burgar-

Infobox

Infos für die Provinz Limburg

www.limburg.nl (nl.): Website der Provinz.
www.liefdevoorhetleven.nl (nl.): Website des Fremdenverkehrsamtes.

271

Maastricht

Sehenswert

1. Dinghuis
2. Onze Lieve Vrouwebasiliek
3. Jekertoren
4. Helpoort
5. Pesthuis
6. Pater Vinktoren
7. Faliezusterkloster
8. Zweite Stadtmauer
9. Waterpoort De Reek
10. Natuurhistorisch Museum
11. Huis op de Jeker
12. St. Servaasbasiliek
13. Spaans Gouvernement
14. Militaire Hoofdwacht
15. Generaalshuis
16. Stadhuis
17. Bonnefantenmuseum

Übernachten

1. Chambres d'hôtes Rekko
2. Greenwoods
3. D'Orangerie
4. Hotel Zenden
5. B & B Piekel.nl
6. Kasteel Vaeshartelt
7. Hip Hotel
8. Stayokay

Essen & Trinken

1. Les Troix Seaux
2. Bonhomme
3. Café Perroen – Eetcafé Pallieter
4. Jour de Fête
5. De Twee Heeren
6. Edd's Café

Einkaufen

1. Boutiquen/Kaufhäuser
2. Stokstraatquartier
3. Entre Deux
4. Märkte
5. Stationsstraatmärkte

Aktiv

1. Stiphout Tours
2. City Tour

Abends & Nachts

1. Theater aan het Vrijthof
2. De Kadans
3. De Alla
4. Café Falstaff
5. Lumière
6. In den ouden Vogelstruys
7. Take One

---

tigen Westwerk der ab 1000 erbauten Kirche Onze Lieve Vrouwebasiliek. In der Mérode-Kapelle im Eingangsbereich ist das prachtvolle, als wundertätig verehrte Gnadenbild Onze Lieve Vrouw »Sterre der Zee« (Stern des Meeres) aufgestellt. Zahlreiche Exvotos zeugen von Gebetserhörungen. Im Inneren beeindruckt die Chorapsis, die mit einer Darstellung Christi im mandelförmigen Strahlenkranz (Majestas Domini) und den vier geflügelten Evangelistensymbolen Mensch (Matthäus), Adler (Johannes), Löwe (Markus) und Stier (Lukas) geschmückt ist. Zur **kostbaren Kirchenausstattung** gehören auch eine schöne Severin-Orgel von 1652, das kupferne Taufbecken (um 1500), das Gemälde »Unserer Lieben Frau mit dem Tintenfass« und eine steinerne, ausdrucksstarke Pietà.

An den Stadtmauern

Am Flüsschen Jeker stehen Reste der ersten Stadtmauer (1229) mit dem **Jekertoren** 3 (Jekerturm) und dem **Helpoort** 4 (Höllentor, St. Bernardusstr.

24b), dem ältesten Stadttor des Landes. Beim **Pesthuis** 5 (Pesthaus, Vijfkoppen 1), einer ehemaligen Papiermühle von 1775, standen einst die Baracken der an Pest Erkrankten. Der **Pater Vinktoren** 6 ist Teil der zweiten, um 1350 errichteten Stadtmauer. Malerisch nimmt sich das im maasländischen Renaissancestil erbaute Haus des **Faliezusterklosters** 7 (Faliezusterspark 4) aus. Auf der **zweiten Stadtmauer** 8 gelangt man zum **Waterpoort De Reek** 9 .

Natuurhistorisch Museum 10

De Bosquetplein 6–7, www.nhm maastricht.nl, Di–Fr 10–17, Sa, So 13–17 Uhr, 6/4 €
Fossilien der Steinkohle- und Kreidezeit, Tiere der Wälder, Kalkweiden und Kieshöhlen – das Museum lädt zu einer naturhistorischen Zeitreise ein. Und im **Insektarium** geben die Bienen ihr Bestes, um Honig zu machen.

Huis op de Jeker 11

Vom Ende der Looiersgracht hat man einen schönen Blick auf das die Jeker

überspannende Haus im Stil der maasländischen Renaissance.

St. Servaasbasiliek 12
Keizer Karelplein 6, www.sintservaas.nl, Schatzkammer: Mo–Sa 10–17, So 12.30–17Uhr, 4/2,50 €

Die romanische Basilika wurde im 11. Jh. über dem Grab des hl. Servatius erbaut. Karl der Große schenkte der Kirche eine Kreuzreliquie, Grundstock eines **bedeutenden Reliquienschatzes,** zu dem alle sieben Jahre (wieder 2011) Wallfahrten stattfinden. Prunkstück der

273

Provinzen im Süden

Mein Tipp

Gaumenfreuden
Im August lädt Maastricht für vier Tage zum **Preuvenemint** ein. Bei diesem Festival der Feinschmecker bieten über 50 Gastronomen, Weinhändler und Bierbrauer auf dem Vrijthof ihre Köstlichkeiten zum Probieren an, von regionalen und landesweiten Spezialitäten bis zu einheimischen Bieren, Weinen und Genever.

Schatzkammer mit ihren Gemälden, Statuen und liturgischen Gegenständen ist der Reliquienschrein mit Gebeinen des hl. Servatius und des hl. Martinus. Beeindruckend ist auch das **gotische Bergportal** (13. Jh.) an der Südseite.

Spaans Gouvernement 13
Vrijthof 18, www.museumaanhet vrijthof.nl, Mo 11–17, Di–So 10–18 Uhr, 8/2–4 €
Das mit Symbolen der Habsburger geschmückte historische Bauwerk, im 16. Jh. Sitz der Provinzgouverneure, beherbergt heute das Museum aan het Vrijthof mit einer Sammlung von Kunst, Möbeln und Antiquitäten.

Zum Markt
1775, zu Zeiten fortschreitender militärischer Befestigung, entstand die klassizistische **Militaire Hoofdwacht** 14 (Hauptwache, Vrijthof 25) und Anfang des 19. Jh. das im gleichen Stil errichtete **Generaalshuis** 15 (Vrijthof 47). Heute beherbergt der Bau ein Kulturzentrum, zu dem auch das **Theater aan het Vrijthof** gehört.
  Am Marktplatz dominiert das klassizistische **Stadhuis** 16 (Markt 78) aus dem 17. Jh., dessen Doppeltreppe dem weltlichen und dem kirchlichen Herrscher Maastrichts zugleich Zugang gewährte.

Bonnefantenmuseum 17
Avenue Céramique 250, www.bon nefanten.nl, Di–So 11–17 Uhr, Oster-/ Pfingstmontag geöffnet, 9/4,50 €
Das bedeutendste Museum der Stadt besteht aus einem vom italienischen Architekten Aldo Rossi geschaffenen spektakulären Neubau, den viele für ein Observatorium halten, und einer denkmalgeschützten ehemaligen Fabrikhalle. Die **archäologische Abteilung** zeigt Funde aus der Provinz Limburg aus der Zeit von ca. 250 000 v. Chr. bis zur Neuzeit. Die **Abteilung Alte Kunst** umfasst mittelalterliche Skulpturen, frühe italienische Malerei und südniederländische Malerei des 15. bis 17. Jh., darunter Werke von Pieter Brueghel d. J. und Pieter Aertsen. Amerikanische minimal art und italienische Arte Povera, Werke von Kiefer, Nitsch und Warhol und anderen sowie Werke Limburger Künstler von 1870 bis 1970 bilden den Kern der **Sammlung zeitgenössischer Kunst**.

Außerhalb: Grotten von St. Pietersberg und Fort St. Pieter
www.maastrichtunderground.com, Infos, Reservierung über VVV, Tel. 043 325 21 21; Grotten Noord: bei Chalet Bergrust, Luikerweg 71, Führungen ganzjährig; Grotten Zonneberg: Slavante 1, Führungen s. Internet/VVV
Seit der Römerzeit wird in den Hügeln Südlimburgs Mergelgestein abgebaut. Dabei haben die *blokbreker* (Blockbrecher) im Lauf der Jahrhunderte bei St. Pietersburg 2 km südlich der Stadt ein 200 km langes Höhlenlabyrinth hinterlassen. Es birgt allerlei Unbekanntes und Interessantes, das man bei einer Führung erfahren kann.
  Mit den Grotten verbunden ist das 1701 erbaute, sehenswerte **Fort St.**

Maastricht

Pieter (nahe den Grotten Noord), das wie die Linie van Du Moulin (18. Jh.), eine 15 ha umfassende Wehranlage aus Gräben und Bastionen nordwestlich des Stadtzentrums, zur Stadtbefestigung gehörte.

Übernachten

Edel – **Chambres d'hôtes Rekko** 1 : Kleine Looiersstraat 8, Tel. 043 325 18 41, www.chambre-rekko.nl, DZ 110–130 €. Im Mittelalter war das Haus eine Gerberei. Sorgfältig restauriert, bietet es jetzt 13 modern eingerichtete Gästezimmer, die meisten mit Bad/WC. Nicht weit vom Vrijthof gelegen.

Leicht britisch – **Greenwoods** 2 : Bodemsweg 2, Tel. 043 365 54 57, www.greenwoodsbnb.nl, DZ 85–99 €. Im Grünen gelegen, wenige Automin. von Maastricht, verfügt das einstige Bauernhaus über 3 Zimmer, 1 Studio und 1 Cottage, alle mit Bad/WC. Gemütlich, mit einer Mischung aus Alt und Modern möbliert, erinnern sie an England, die Heimat der Gastgeber. Bei schönem Wetter gibt's Frühstück im Garten.

Zentral – **D'Orangerie** 3 : Kleine Gracht 4, Tel. 043 326 11 11, www.hotel-orangerie.nl, DZ ab 84,50 €, Frühstück 15 €/Pers. Stattliches Haus aus dem 18. Jh., romantisch und komfortabel, gratis Wireless-Internetzugang; bei schönem Wetter kann ein ausgiebiges Frühstück im Garten eingenommen werden.

Für Sportler – **Hotel Zenden** 4 : St. Bernardusstraat 5, Tel. 043 321 22 11, www.zenden.nl, DZ ab 99 €. Das Hotel gehört zur Sport- und Schwimmschule Zenden. Sie übernachten in einem der 4 individuell eingerichteten Zimmer oder der Junior Suite, alle mit modernem Badezimmer/WC und Sitzecke. Im Schwimmbad im mittelalterlichen Gewölbekeller und im Fitnesscenter können Sie sich fit halten.

Romantisch – **B & B Piekel.nl** 5 : Tongerseweg 56 a, Tel. 06 43 60 90 10, www.piekel.nl, App. 2 Pers. ab 80 €. Unten im Haus hat die Kunstmalerin Piekel Slors ihr Atelier, oben nimmt sie in ihrem reizvollen Apartment Gäste auf. Moderner Komfort, u. a. TV, Internetzugang, Kühlschrank, Mikrowelle.

Fürstlich – **Kasteel Vaeshartelt** 6 : Weert 9, 5 km nordöstl. von Maastricht, Tel. 0433 69 02 00, www.vaeshartelt.nl, DZ ab 90 €, häufig Smart Deals! Reiz-

›Uralt‹: die Sint Servaasbrug aus dem 13. Jh., die wohl älteste Brücke der Niederlande

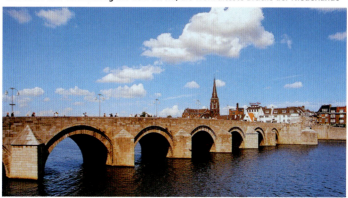

Provinzen im Süden

Maastricht besitzt eine innovative Ausgehszene

volles Schloss aus dem 17. Jh., inmitten einer herrlichen Parkanlage. Zimmer in modernem Seitenflügel.
Young & independent – **Hip Hotel** 7 : St. Martenslaan 6, Tel. 043 321 11 11, www.st-martenslane.com, DZ ab 76 €. Trendy Design-Hotel mit reichlich Komfort. 40 m² große, in warmen Farben gehaltene Zimmer mit großem Arbeits- und Esstisch, drahtlosem Internet, extragroßem Doppelbett, Flatscreen-TV, Safe, hippem Badezimmer.
Hostel – **Stayokay** 8 : Maasboulevard 101, Tel. 043 750 17 90, www.stayokay.com, ab 21,50 €/Pers. Zentral, am Maasufer.

Essen & Trinken

Aus dem Meer – **Les Trois Seaux** 1 : Gubbelstraat 40, Tel. 043 321 20 38, www.lestroisseaux.nl, Mi–Mo ab 12 Uhr, Hauptgericht ab 20 €, Muscheln ab 18 €. Tagesfrischer Fisch und Meeresfrüchte, auf französische Art zubereitet. Lecker sind die Muscheln in allen Variationen.
Direkt an der Maas – **Bonhomme** 2 : Maaspromenade 78, Tel. 043 351 05 18, www.bonhomme.nl, Mo–Fr 10–18, Sa, So (Juli, Aug. tgl.) bis 20 Uhr. Kleine und größere Speisen (5–18 €) wie *Vlaai*, Pfannkuchen, Salate und *Maastrichs zuurvlees*.
Qual der Wahl – **Café Perroen – Eetcafé Pallieter** 3 : Vrijthof 34, Tel. 043 325 20 73, www.perroen.nl, tgl. Café, Wintergarten 9.30–2, Restaurant So–Di 17–21.30, Mi–Sa bis 22 Uhr, Hauptgericht ab 14 €. Gemütlich speisen oder Kaffee trinken – Sie haben die Wahl: im schönen Wintergarten in mediterranem Stil, in einem der Restaurants im englischen oder burgundischen Stil oder im Bruin Café. Niederländische Küche.
Typisches Eetcafé – **Jour de Fête** 4 : Markt 32, Tel. 043 325 69 32, www.jourdefete.nl, tgl. 10–2 Uhr, Lunchgerichte ab 5 €, Dinner ab 15 €. Rustikale Einrichtung, sommertags große Terrasse auf dem Markt. U. a. Maastrichter Gerichte wie Limburger Sauerfleisch, leckere Clubsandwiches.
Gesellig – **De Twee Heeren** 5 : Platielstraat 17, Tel. 043 326 22 88, www.detweeheeren.nl, tgl. ab 11.30 Uhr, kleine Lunchgericht ab 4 €, Hauptgericht ab 15 €. Gut besuchter Studententreff mit Eetcafé-Atmosphäre, diverse Fisch- und Fleischgerichte, auch vegetarische. Di und Do werden die Tische an die Wand gerückt – dann wird getanzt.
Mixed – **Edd's Café** 6 : Heggenstraat 3, Tel. 043 352 17 17, www.edds-cafe.nl, tgl. Di–Sa ab 11, So, Mo ab 17 Uhr, Hauptgericht ab 13 €. Nett dekoriert wie in einem alten Kohlebergwerk. Tapas, Pasta, Sushi und französische Gerichte. Spezialität des Hauses: Wild. Di Live-Jazz, Do Jam Sessions, Fr, Sa nach 22.30 Uhr DJ's.

Einkaufen

Spezialitäten: Pfefferkuchen, Äpfel im Schlafrock, Limburger Kuchen *(vlaai)*,

Maastrichter Bier wie das Wyckse Witte, Kräuterlikör (Els) und Maastrichter Wein, Rommendoe-Käse, zahlreiche Schokoladen-Spezialitäten.

Shopping – **Boutiquen und Kaufhäuser** **1** : zwischen Vrijthof und Bahnhof.

Mode, Schmuck und Antiquitäten – **Stokstraatquartier** **2** . Exklusiv.

Einkaufsparadies – **Shopping Center Entre Deux** **3** : Eingänge Spilstraat und Helmstraat.

Markttage – **Märkte** **4** : tgl. Tagesmarkt auf dem Marktplatz, freitags auch Fischmarkt.

Bio und Trödel – **Märkte an der Stationsstraat** **5** : Bauernmarkt Do 14–18.30 Uhr; Trödelmarkt Sa 10–16 Uhr.

Aktiv

Wildwasserfahrten auf der Maas – **Kajak Tour Limburg:** Tel. 06 51 33 51 02, www.kajaktourlimburg.nl.

Mit Bus oder Boot – **Stiphout Tours** **1** : Maaspromenade 58, Tel. 043 351 53 00, www.stiphout.nl, Busrundfahrten in Maastricht und Umgebung mit Oldtimerbussen (auch beim VVV zu buchen) sowie Bootsfahrten (u. a. Maastricht–Liege, Candlelight Cruise).

Mit der Kutsche – **City Tour** **2** : ab Onze Lieve Vrouweplein, Tel. 06 55 17 34 32, www.citytourmaastricht.com.

Abends & Nachts

Theater, Dance, Cabaret – **Theater aan het Vrijthof** **1** : Vrijthof 47, Tel. 043 350 55 55, www.theateraanhetvrijthof.nl.

Dining, Drinking, Dancing – **De Kadans** **2** : Kesselskade 62, Tel. 043 326 17 00, www.dekadans.nl.

Dancing club – **De Alla** **3** : Leliestraat 5, Tel. 043 325 47 24, www.alla.nl. Nachtlokal, Kneipe, Dancing.

Lecker Bier – **Café Falstaff** **4** : Sint Amorsplein 6, Tel. 043 321 72 38,

www.cafe-falstaff.com. Über 60 Biere, Bier-Menüs, *Bierproeverijen.*

Kino – **Lumière** **5** : Bogaardenstraat 40, Tel. 043 321 40 80, www.lumiere.nl.

Eines der ältesten Cafés der Stadt – **In den ouden Vogelstruys** **6** : Vrijthof 15, Tel. 043 321 48 88, www.vogelstruys.nl.

Biercafé – **Take One** **7** : Rechtstraat 28, Tel. 043 321 64 23, www.takeonebiercafe.nl. Mehr als 100 Biersorten!

Infos & Termine

Infos

VVV: Kleine Straat 1, Tel. 043 325 21 21, www.vvv-maastricht.eu.

Termine

Feb./März: Vastenavond, am So großer Karnevalszug, am Mo Kinder- und Familienumzug, am Di Wettstreit der Musikgruppen, jeweils nachmittags.
März: European Fine Art Fair Maastricht, internationale Kunst- und Antiquitätenmesse im Messezentrum (MECC).

Verkehr

Bahn: von/nach Aachen, Amsterdam, Rotterdam.
Fahrradverleih: am Bahnhof, Stationsplein 26, Tel. 043 321 11 00. Auch E-Bikes.

Heerlen und Kerkrade

▶ H 11

An der Stelle des heutigen **Heerlen** (89 000 Einw.), einer ehemaligen Bergarbeiterstadt, existierte schon zu römischer Zeit der Handelsplatz Coriovallum. Aus der damaligen Zeit stammen die Funde (u. a. Reste eines Badehauses), die man im Thermenmuseum (Coriovallumstraat 9, www.thermenmuseum.nl, Di–Fr 10–17, Sa, So, Fei ab 12 Uhr, 6,75/ab 5,75 €) nahe dem Rat-

Provinzen im Süden

Mein Tipp

Segway Tour durch Maastricht
Erst wird trainiert, um die Balance zu halten, dann geht die Tour durch die Stadt los – auf dem **elektrisch angetriebenen Brett**. Anbieter: **Tegekman**, Tel. 0475 57 90 80, www.tegekman.nl. **Aixdrive**, Aachen, Tel. 0241 40 45 11, www.aixdrive.de.

haus vorfindet. Das SCHUNCK-Museum (Glaspaleis, Bongerd 18, www.schunck.nl, Di–So 11–17 Uhr, 5/4 €) verfügt über eine ausgezeichnete Sammlung niederländischer Malkunst seit 1945. Die Erinnerung an Zeiten, als Kerkrade wie Heerlen noch eine bedeutende Zechenstadt war, wird eindrucksvoll im Discovery Center Continium (Museumplein 2, www.continium.nl, 10–17/18 Uhr, an zahlreichen Tagen geschl., s. Homepage, 12/9 €) bewahrt; Hier können Besucher Wissenschaft, Industrie und Gesellschaft in Vergangenheit, Gegenwart und Zukunft entdecken. Weltweit bekannt ist **Kerkrade** durch seinen Weltmusikwettstreit (s. u.), an dem rund 200 Orchester und Bands teilnehmen.

Übernachten

Zentral – **Stadshotel de Paris:** Geleenstraat 1, Heerlen, Tel. 045 400 9191, www.hotelparis.nl, DZ 69 €, Frühstück 13,50/Pers. Modern und komfortabel.

Essen & Trinken

Beim Italiener – **Ristorante Giuseppe:** Markt 43, Kerkrade, Tel. 045 569 96 60, www.ristorante-giuseppe.nl, Mi–So 16–21 Uhr, ab ca. 10 €. Pizzas, Pastas und mehr in gemütlicher Atmosphäre.

Weltküche – **Restaurant 5.0:** Bongerd 18, Heerlen, Tel. 045 577 22 88, Mo, Di, Do–Sa 12–24, So bis 21 Uhr, 6-Gänge-Menü 21,95–29,95 €. Hip und trendy, im 5. Stock des Glaspaleis mit prima Aussicht. Leckere Gaumenkitzler.

Infos & Termine

Infos
VVV Heerlen: Bongerd 19, Tel. 0900 555 97 98.
VVV Kerkrade: Museumplein 2, Tel. 0900 555 97 98.
www.vvvzuidlimburg.nl (für beide).

Termine
Juli/Aug.: Wereld Muziek Concours, Kerkrade, www.wmc.nl, alle vier Jahre, das nächste Mal 2013.

Verkehr
Bahn: Heerlen–Kerkrade; nach Aachen und in große niederländische Städte.

Valkenburg ▶ E 10

Mit seiner Burgruine (12. Jh.), den **römischen Katakomben** (Plenkertstraat 55, www.katakomben.nl, April–Sept., Ferien Führungen tgl. 11–16 Uhr, sonst nur Sa, So 14 Uhr, 7,50/3,75 €), dem Höhlenlabyrinth der **Gemeentegrot** (Gemeindegrotte, Cauberg 4, www.gemeentegrot.nl, tgl. 11–16 Uhr, mit Abweichungen, 6/ab 4 €), der **Steenkolenmijn** (Steinkohlemine, Daalhemerweg 31, www.steenkolenmijn.nl, Führungen: April–Okt. tgl. 10–17 jede volle Stunde, Nov.–Weihnachtsferien tgl. 12, 13.30, 15 Uhr, nach den Weihnachtsferien–März Mo–Fr

14 Uhr, Wochenende und niederl. Frühjahrsferien 12, 13.30, 15 Uhr, 8,25/ab 5,75 €), dem **Thermalbad Thermae 2000** (s. S. 279), **Casino** (Kuurpark Cauberg 28), **Erlebnispark De Valkenier** (s. S. 279) und **Märchenwald mit Wildwasserbahn** (Themapark Sprookjesbos, Sibbergrube 2a) gehört das reizvoll an der Geul gelegene Städtchen zu den touristischen Highlights des **Limburger Hügellandes** im Süden der Provinz.

Übernachten

Nettes Familienhotel – **Roo:** Broekhem 78, Tel. 043 601 69 94, www.hotelroo. nl, DZ 79–84 €. Alle Zimmer mit Bad, KTV, Telefon. Hotelterrasse, Radverleih.

Standard – **Heynen:** Broekhem 40, Tel./ Fax 043 601 22 79, www.hotelhey nen.nl, DZ 69 €, TV-Nutzung 2,50 €/ Nacht. Am Rand des Zentrums, alle Zimmer mit Bad. Hotelterrasse, gratis Parken.

Camping – **De Bron:** Stoepertweg 5, Tel. 045 405 92 92, www.camping-de bron.nl, 2 Pers. 16–23 €. Schöne Lage mit Blick auf die Stadt, Wanderhütten, gemütliche Bar, Petit-Restaurant.

Essen & Trinken

Italienisch – **Montagna Del Mondo:** Grendelplein 15, Tel. 043 609 00 43, www.hotelmontagna.nl, ab mittags, Hauptgericht ab 13 €. Lounge-Atmosphäre, italienische Küche mit Fischspezialitäten, aber auch argentinische Steaks und Gegrilltes. Mit Terrasse.

Südländisch – **Bombarino:** Muntstraat 2, Tel. 043 601 29 32, www.bombari no.nl, tgl. 10–22 Uhr, Lunchgericht ab 6 €, Hauptgericht ab 20 €. Modernes, ansprechendes Interieur, internationale Speisen mit südländischem Hauch. Sommertags auch draußen.

Aktiv

Wellness – **Thermae 2000:** Cauberg 27, Tel. 043 609 20 00, www.thermae.nl. Entspannung in der Saunalandschaft, Relaxen im Thermalwasser – einfach herrlich!

Erlebnispark – **Pretpark De Valkenier:** Koningswinkelstraat 53, Tel. 043 601 22 89, www.pretpark-de-valkenier.nl, Mitte April–Juni tgl. 10–17, Juli/Aug. 10–18 Uhr (übrige Zeiten s. Homepage).

Höhlenfahrt – **Grottenbiken:** ASP Adventure, Valkenburg. Tel. 043 604 06 75, www.aspadventure.nl. Geführte, ca. 12 km lange Mountainbike-Tour in 40 m Tiefe durch die Sibbergroeve, eine Mergelgrotte bei Valkenburg – eine spannende Erfahrung.

Infos

VVV: Theodoor Dorrenplein 5, Tel. 0900 555 97 98, www.vvvzuidlimburg.nl.
Bahn: von/nach Heerlen, Maastricht.
Bus: Verbindungen nach Heerlen, Maastricht, Sittard, Vaals.

Mergelland ▸ G/H 11

Das Mergelland, benannt nach dem Mergelgestein, aus dem zahlreiche historische Bauwerke errichtet wurden, ist das Land der Schlösser (s. S. 280), Fachwerkhäuser und Bauernhöfe – ein Landstrich, der zum Wandern und Radfahren einlädt. Zu zahlreichen kleinen Orten und Schlössern führt die ausgeschilderte **Mergelland-Route** (Beschreibung bei lokalen VVV-Büros).

Drei Grenzsteine auf dem **Vaalser Berg** (▸ H 11), der mit 321 m höchsten Erhebung der Niederlande, markieren den **Drielandenpunt,** an dem sich die Niederlande, ▷ S. 282

Auf Entdeckungstour: Wie Perlen an einer Kette – Schlösser in Süd-Limburg

Von den Dutzenden Schlössern, die in früheren Zeiten die Landschaft Süd-Limburgs geprägt haben, hat man sehr viele erhalten können und mit Liebe restauriert. Die meisten können auf der 50 km langen Tour nur von außen betrachtet werden, wobei die schönen Schlossgärten jedoch meist zugänglich sind.

Reisekarte: ▶ G 11

Kasteel Eijsden: Graaf de Geloeslaan 8, Eijsden; **Kasteel De Hoogenweerth:** Hoge Weerd 2, Maastricht, www.kasteeldehoogenweerth.nl; **Kasteel Neercanne:** Cannerweg 800, Maastricht, Jekertal; **Château St. Gerlach:** Joseph Corneli Allée 1, Valkenburg a. d. Geul, beide: www.chateauhotels.nl; **Kasteel Hoensbroek:** Hoensbroek bei Heerlen, Klinkertstraat 118, www.kasteelhoensbroek.nl, tgl. 10–17.30 Uhr, 8,25/5,75 €

Das maasländischste Schloss der Niederlande

Nahe der Grenze zu Belgien, die hier im Flussbett der Maas verläuft, liegt am Rand des Maasstädtchens Eijsden das gleichnamige Wasserschloss **Kasteel Eijsden**, das man über eine lange Buchenallee erreicht. Mit seiner roten Backsteinfassade, den Kalksteineinfassungen und Steinsprossenfenstern repräsentiert das 1636 erbaute Wasserschloss den maasländischen Renaissancestil. Das Kasteel, das sich im Besitz der Grafen von Liederkerke befindet, ist nicht zugänglich, wohl aber der schöne, im Stil französischer Gartenarchitektur angelegte Schlosspark.

Wer sich traut – das Hochzeitsschloss

Die Lage an der Maas im Süden Maastrichts nahe dem Wasserzentrum Pietersplas ist so traumhaft wie das Anwesen selbst – kein Wunder, dass man sich seit Jahrhunderten gern hierher zur Jagd einladen ließ und sich hier heute Paare mit Vergnügen das Ja-Wort geben. Das 1498 erbaute **Kasteel De Hoogenweerth** wird für Empfänge und Feste genutzt und beherbergt ein Hotel. Die schönen Gärten sind für Besucher zugänglich.

Der Balkon der Niederlande

Jenseits der Maas schmiegt sich im schönen Tal der Jeker am Nordrand des belgischen Ortes Kanne **Kasteel Neercanne** an den Cannerberg, einen Hügel aus Mergelgestein. Ein Teil des Hügels wird von einem Netz aus Gängen durchzogen, die bis nach Belgien hinüberreichen. Das Schloss, dessen ältester Teil eine Kapelle aus dem 15. Jh. ist, wurde im klassischen Stil aus Mergelstein erbaut. Heute logieren in seinen Mauern das A-la-carte-Restaurant Château Neercanne und das Lunch-Restaurant L'Auberge. Riesige Kellergewölbe bieten den stimmungsvollen Rahmen für Weinproben bei Kerzenschein. Die prächtigen, auf vier Ebenen angelegten Barockgärten laden zum Lustwandeln ein – selbst Zar Peter der Große war bei einem Besuch im Jahr 1717 von den Gärten entzückt.

Vom hohlen Baum zum Luxushotel

Im 12. Jh. hauste hier in der Einsiedelei Ritter Gerlachus bei Wasser und Brot in einer hohlen Eiche, später erbauten in der Nähe Prämonstratenser-Mönche Klosteranlagen, aus denen das **Kasteel St. Gerlach** hervorging. Heute sind in den im schönen Geultal gelegenen historischen Gebäuden u. a. ein Luxushotel, ein A-la-carte-Sterne-Restaurant und das Bistrot De Liege untergebracht. In der weitläufigen Park- und Gartenanlage finden im Sommer Skulpturenausstellungen statt.

Mitunter ritterlich

Das nordwestlich von Heerlen gelegene **Kasteel Hoensbroek** (s. Foto links), dessen ältester Teil aus dem Jahr 1250 stammt, ist eines der größten und schönsten Schlösser zwischen Rhein und Maas. Eine Besichtigung führt wie eine Zeitreise durch mehr als 40 verschiedene Schlossgemächer, u. a. in ein Geheimgemach, durch Burgverliese und über die Wendeltreppe des mittelalterlichen Rundturms auf den 60 m hohen Turm, von dem man eine herrliche Aussicht auf die Schlossanlage hat.

Der Veranstaltungskalender auf der Homepage des Schlosses informiert über Aktivitäten, denn hier lassen Rittersleut', junge Hofdamen, der Hofnarr und Harlekine regelmäßig zur Freude der Besucher die alten Zeiten aufleben.

Provinzen im Süden

Abenteuerliches Vergnügen: ›Grottenbiken‹ in den Höhlen Valkenburgs

Deutschland und Belgien treffen. Vom **König-Baudouin-Aussichtsturm** hat man einen herrlichen Blick bis Aachen, auf die Ardennenausläufer und das limburgische Hügelland. Ganz in der Nähe liegt das aus 17 000 Buchsbäumen modellierte **Labyrint Drielandenpunt Vaals** (▶ H 11, Viergrenzenweg 97, www.drielandenpunt.nl, April–Okt. tgl. 10–18, Einlass bis 17 Uhr, 3,25/2,75 €).

Schönstes Bauwerk im kleinen Ort **Vaals** (▶ H 11) ist Schloss Vaalsbroek (Vaalsbroek 1), heute Hotel-Restaurant, 1761 von J. A. von Clermont erbaut.

Infos

VVV-Service: Vaals, Maastrichterlaan 73a, Tel. 0900 555 97 98, www.vvv zuidlimburg.nl.
Bahn: Nächster Bahnhof in Aachen (D).
Bus: Verbindungen von Vaals nach Aachen und Valkenburg.

Roermond und Umgebung ▶ H 10

Im Zentrum der alten Bischofsstadt (57 000 Einw.) in Mittel-Limburg erhebt sich die im 19. Jh. von dem berühmten, in Roermond geborenen Baumeister P. J. H. Cuypers restaurierte **Munsterkerk** (13. Jh., Munsterplein 1), einer der schönsten Sakralbauten der rheinisch-maasländischen Spätgotik. Sehenswert ist auch die **Kathedraal van St. Christoffel** (15. Jh., Grote Kerkstraat 29). In ihrer Nähe befinden sich der mittelalterliche **Rattentoren** (Rattenturm) und der **Marktplatz mit Stadhuis** (17. Jh.). Hunderte von Kacheln mit Namen von Pilgern bekleiden die Wände der Wallfahrtskapelle **Onze Lieve Vrouwe in 't Zand** (Parklaan 3) im Südosten der Stadt. Auf dem gegenüberliegenden Friedhof, wo auch P. J. H. Cuypers seine letzte Ruhe fand, stößt man auf eine Kurio-

Ooijroute

Mit dem Rad auf der Ooijroute

sität: **Het Graf met de Handjes** (Das Grab mit den Händen, Weg langs het Kerkhof 1). Über eine Mauer hinweg, die den evangelischen und den katholischen Friedhof voneinander trennen, sind die beiden Grabsteine eines Ehepaares durch steinerne Hände miteinander verbunden.

Westlich der Stadt durchpflügen Segler und Surfer die Seen des Wassersportreviers **Maasplassen** (www.vvvmiddenlimburg.nl), das sich über 25 km entlang der Maas erstreckt. Die Seen sind Teil des grenzüberschreitenden Naturparks Maas-Schwalm-Nette mit dem 1600 ha großen **Nationaal Park De Meinweg** (▶ H 10, www.np-demeinweg.nl; ausgeschilderte Wanderwege).

Infos

VVV: Markt 17, Tel. 0475 33 58 47, www.vvvmiddenlimburg.nl.
Bahn: nach Eindhoven, Maastricht, Nijmegen, Sittard, Utrecht, Venlo.
Fahrradverleih: am Bahnhof, Stationsplein 7a, Tel. 0475 35 00 85.

Mit dem Rad unterwegs

Die Ooijroute
Alte Flussläufe, verlandete Tongruben, Brachen, Äcker, Weiden und kleine Seen – die Landschaft an der Waal, dem alten, teils verlandeten Rheinarm, ist sehr abwechslungsreich. Über 40 km erstreckt sich diese schöne Radour. Wir starten am nordöstlichen Rand von Nijmegen, am alten Pumpwerk **Hollandsch-Duitsch Gemaal** (Ubbergseweg 5), mit dem die Polder bis nach Kleve trocken gehalten werden. Die Route führt in das Deichvorland, wo an zahlreichen Stellen Ton für die Ziegelbrennereien gewonnen wurde. Hier und dort ragen Schlote der Steinfabriken – die meisten von ihnen sind lange außer Betrieb – empor, und in **Tiengeboden** findet man noch eine Reihe weiß gestrichener Arbeiterhäuser aus dem 18. Jh. Die Kirche und das Kasteel von **Ooij**, von dem heute beim Kasteelsche Hof nur noch wenige Überbleibsel vorhanden sind, hatte man auf Wurten errichtet – wegen der Überflutungsgefahr. Beim **Millingerward**, einem Naturgebiet aus Tongruben, Moor und Sand, in dem Ponys und Gallowayrinder das Gras kurz halten, geht es dann mit der Fahrradfähre auf die andere Seite des Flusses. In strategisch günstiger Lage errichtet, liegt dort das um 1870 errichtete **Fort Pannerden** (Waaldijk 1, jeden ersten und dritten Sonntag des Monats 12–

283

Provinzen im Süden

17 Uhr, 5/2,50 €). Nach weiteren kurzen Fahrradstrecken und zwei weiteren Fähren ist **Millingen** erreicht, wo es zahlreiche gute Einkehrmöglichkeiten gibt. Die Route führt nun durch fruchtbares Polderland an einem alten, denkmalgeschützten **Trafohäuschen** vorbei nach **Persingen**, dem kleinsten Dorf der Niederlande. Dessen spätmittelalterliches, gotisches Kirchlein und einige wenige Häuser sind das Einzige, was nach schweren Überflutungen von dem einst beachtlichen Dorf übriggeblieben ist.

Die Leudalroute

Bäche, Auen, Wald und Heide – die Landschaft des Leudal nördlich von Roermond lässt sich mit dem Rad (31 km) prima erkunden. Ein schöner Startpunkt ist das **Centrum St. Elisabethshof** in Haelen (Roggelseweg 58). Hier können Sie sich über Fauna und Flora sowie Archäologie und Geschichte dieser Gegend informieren. Unter einer Glasplatte im Flur des begehbaren Grundes ist ein Dachsbau zu sehen. Es gibt einen schönen Kräutergarten, im Garten ein Häuschen mit Bienenkasten und einen *beestentoren*, ein aus natürlichen Materialien hergestelltes Quartier für Insekten, Fledermäuse und Igel. Weiter geht es durch das Dorf Roggel, wo viermal im Jahr ein großer Markt abgehalten wird. Meist gut besucht ist das **Recreatiecentrum De Leistert** mit subtropischem Schwimmbad, Trampolins und schönem Spielplatz. In dem luxuriösen Ferienpark sind auch Tagesgäste willkommen. Nördlich von Roggel ist die **St. Petrusmolen** (St.-Petrus-Mühle, Nijken 24) mit schönen Holzverzierungen und der Aufschrift »1900« an der Haube sehenswert. Die Route führt nun durch den **Ophovense Zandberg**, einst Heidelandschaft, jetzt bewaldet. In Ophoven erfährt man im **Bakkerijmuseum Marleetjeshof** allerlei über das Backen. Schließlich führt der Weg tief im Wald zur **Wassermühle St. Ursulamolen**, in der einst Getreide gemahlen und Öl gewonnen wurde.

Thorn ▶ G 10

Weiße Häuser, mit Maaskieseln gepflasterte Gassen und kleine Plätze rund um die **Abteikerk** (15. Jh.) der früheren Benediktinerabtei prägen

Mit dem Rad auf der Leudalroute

das Bild des *witte stadje* (weißen Städtchens) in Mittel-Limburg. Was sich sonst noch hier zutrug, erfährt man im **Gemeentemuseum Het Land van Thorn** (Wijngaard 14, April–Okt. Di–So 10–17, Mo ab 12, sonst Di–So 11–16 Uhr, Kombiticket für Museum und Kirche 5/2,50 €).

Essen & Trinken

Mehr als 250 Pfannkuchen – **De Pannekoekenbakker:** Bogenstraat 2, Tel. 0475 56 33 27, www.pannekoeken bakker.nl, April–Sept. tgl. 10–20, Okt.–März Di–Fr 12–20, Sa ab 11, So ab 10 Uhr, ab 6 €.

Infos

VVV: Wijngaard 8, Tel. 0475 56 10 85 www.vvvmiddenlimburg.nl.
Bahn: Nächster Bahnhof in Roermond.
Bus: von/nach Roermond, Weert.
Fahrradverleih: s. o., Restaurant.

Arcen und Umgebung

Die Kleinstadt **Arcen** (▶ H 9) in Noord-Limburg bietet Besuchern vielfältige Genüsse: Die überwältigende Blütenpracht in den Schlossgärten von Kasteel Arcen schmeichelt Auge und Nase. Heiße Mineralbäder im Thermalbad (s. u.) sorgen für körperliches Wohlsein, während der Gaumen sich von dem heimischen Spargel, Arcener Spezialbier und *likeurtjes* wie dem Spargellikör der in der malerischen Wassermühle **De IJsvogel** (Schans 20 a) betriebenen Brauerei und Brennerei verwöhnen lassen kann.

Der im weiten Umland angebaute Spargel kommt im Mai und Juni in den zahlreichen Restaurants der Region frisch auf den Tisch. Alles über das ›weiße Gold‹ erfährt man im **Nati-**onaal **Asperge- en Champignonmuseum De Locht** in Melderslo (Gemeinde Horst, Koppertweg 5, www.delocht. nl, Nov.–März Mi, Sa, So 11–17, April–Okt. tgl. 11–17 Uhr, 6/3 €).

Ausflug zum Nationaal Park De Maasduinen ▶ H 8/9

www.np-demaasduinen.nl
Nördlich von Arcen lädt der 4200 ha große Nationalpark zwischen Maas und deutscher Grenze mit Wäldern, Heide, Moor und eiszeitlichen Flussdünen zum Wandern ein.

Übernachten

Gemütlich – **Maasparel:** Schans 3, Tel. 077 473 12 96, www.maasparel.nl, DZ ab 79 €, Suite ab 135 €. Modern eingerichtetes Hotel im Zentrum. Restaurant im Haus.

Essen & Trinken

Brasserie – **Alt Arce:** Raadhuisplein 16, Tel. 077 473 27 77, www.altarce.nl, tgl. ab 11, Küche 12–21 Uhr, im Winter nur Fr–Mo, Lunch ab 6 €, Hauptgericht ab 15 € Traditionelle holländische und französische Gerichte, hausgebackene Fladen, Waffeln, *poffertjes,* Pfannkuchen. Terrasse am Maasufer.

Aktiv

Wellness – **Thermaalbad:** Klein Vink 11, Tel. 077 473 24 24, www.bad-ar cen.de, tgl. 8–23 Uhr. Thermalbäder, Saunen und Kneippbäder, Kur und Physiotherapie, Körperpflege und Gesichtsbehandlung – hier braucht der Körper auf nichts zu verzichten.

Infos

Infos: http:/www.lustauflimburg.de
Bus: nach Nijmegen und Venlo.

Sprachführer

Aussprachehilfen

Niederländisch	Deutsch
ei z. B. in plein	wie äi in Lady, aber kurz
eu z. B. in deur	wie ö in dösen
oe z. B in boek	wie u
ou z. B. in oud	wie au
u z. B in nul	wie ü
ui z. B. in uit	etwa öi
ij z. B. in lijn	wie ei
g z. B. in tegel	etwa wie ch in fluchen
sch z. B. in schaap	s + ch getrennt sprechen

In der holländischen Schriftsprache stößt man manchmal auf ein Trema wie z. B. in Indië oder drieëntwintig, d. h. beide Vokale müssen einzeln gesprochen werden.

Allgemeines

Guten Morgen	Goedemorgen!
Guten Tag	Dag! Goedendag!
Guten Abend	Goedenavond!
Auf Wiedersehen	tot ziens
Entschuldigung	pardon
Hallo/Grüß dich	hallo, dag
bitte	alstublieft
Vielen Dank	dank u wel
ja/nein	ja/nee
bis später	tot straks
wie bitte?	Hoe bedoelt u?
Wann?	Wanneer?

Unterwegs

Haltestelle	bushalte/tramhalte
Bus	bus
Auto	wagen
Ausfahrt/Ausgang	uitgang
Tankstelle	benzinepomp
Benzin	benzine
rechts	rechts
links	links
geradeaus	rechtdoor
Auskunft	inlichtingen/ informatie

Telefon	telefoon
Postamt	postkantoor
Bahnhof	station
Flughafen	luchthaven/vliegveld
Stadtplan	plattegrond
Alle Richtungen	alle richtingen
geöffnet	open
geschlossen	gesloten
Kirche	kerk
Museum	museum
Brücke	brug
Rathaus	stadhuis
Platz	plaats, plein
Straße	straat
Hafen	haven
Hier	hier
Dort	daar

Zeit

Minute	minuut
Stunde	uur
Tag	dag
Woche	week
Wochenende	weekend
Monat	maand
Jahr	jaar
heute	vandaag
gestern	gisteren
morgen	morgen
morgens	´s morgens
mittags	´s middags
nachmittags	´s middags
abends	´s avonds
früh	vroeg
spät	laat
vor	voor
nach	na
Montag	maandag
Dienstag	dinsdag
Mittwoch	woensdag
Donnerstag	donderdag
Freitag	vrijdag
Samstag	zaterdag
Sonntag	zondag
Feiertag	feestdag

Notfall

Hilfe!	Help!
Polizei	politie
Arzt	dokter
Zahnarzt	tandarts
Apotheke	apotheek
Krankenhaus	ziekenhuis
Unfall	ongeval
Schmerzen	pijn
Zahnschmerzen	kiespijn
Durchfall	diarree
Fieber	koorts
Halsschmerzen	keelpijn
Insektenstiche	insektenbeten

Übernachten

Hotel	hotel
Pension	pension
Einzelzimmer	eenpersoonskamer
Doppelzimmer	tweepersoonskamer
Doppelbett	tweepersoonsbed
Einzelbett	eenpersoonsbed
mit/ohne Bad	met/zonder bad
Toilette	toilet
Dusche	douche
mit Frühstück	met ontbijt
Gepäck	bagage
Rechnung	rekening
Preis	prijs

Einkaufen

Geschäft	winkel
Markt	markt
Geldautomat	geldautomaat
Bäckerei	bakkerij
Lebensmittel	levensmiddelen
Kleidung	kleding
teuer	duur
billig	goedkoop
Größe	maat
bezahlen	betalen

Zahlen

0	nul	16	zestien
1	een	17	zeventien
2	twee	18	achttien
3	drie	19	negentien
4	vier	20	twintig
5	vijf	21	eenentwintig
6	zes	30	dertig
7	zeven	40	veertig
8	acht	50	vijftig
9	negen	60	zestig
10	tien	70	zeventig
11	elf	80	tachtig
12	twaalf	90	negentig
13	dertien	100	honderd
14	veertien	200	tweehonderd
15	vijftien	1000	duizend

Allgemeine Floskeln

Sprechen Sie Deutsch/Englisch?	Spreekt u Duits/Engels?
Ich verstehe nicht.	Ik begrijp het niet.
Ich heiße ...	Ik heet ...
Wie heißt Du/heißen Sie?	Hoe heet je/u?
Wie geht's?	Hoe gaat het?
Danke, gut.	Goed, dank u wel.

Unterwegs

Wie komme ich zu/nach ...?	Hoe kom ik bij/naar...?
Wo ist bitte ...?	Waar is ...?
Könnten Sie mir bitte ... zeigen?	Kunt u mij alstublieft ... laten zien?

Notfall

Können Sie mir bitte helfen?	Kunt u me alstublieft helpen?
Ich brauche einen Arzt.	Ik heb een dokter nodig.

Übernachten

Haben Sie ein freies Zimmer?	Heeft u een kamer vrij?
Wie viel kostet das Zimmer pro Nacht?	Hoeveel kost de kamer per nacht?

Kulinarisches Lexikon

Zubereitung

gebraden	gebraten
gefrituurd	fritiert
gegrild	gegrillt
gekookt	gekocht
gestoofd	geschmort
koud	kalt
scherp	scharf
uit de oven	aus dem Backofen
warm	warm

Beilagen

aardappelpuree	Kartoffelpüree
friet	Pommes frites
gemengde sla	gemischter Salat
komkommersalade	Gurkensalat
pasta	Nudeln
patat, aardappel	Kartoffel
rijst	Reis

Fisch und Meeresfrüchte

forel	Forelle
garnalen	Krabben, Garnelen
haring	Hering
kabeljauw	Kabeljau
karper	Karpfen
kreeft	Hummer
makreel	Makrele
mosselen	Muscheln
oesters	Austern
paling	Aal
paling in 't groen	Aal grün
schelvis	Schellfisch
schol	Scholle
snoek	Hecht
zalm	Lachs
zeetong	Seezunge

Fleisch

bal gehakt	Frikadelle
biefstuk	Beefsteak
frikadel	würziges Würstchen
gehakt	Gehacktes
ham	Schinken
kalf	Kalb
karbonade	Kotelett
lam	Lamm
nieren	Nieren
rund	Rind
varken	Schwein
worst	Wurst

Geflügel und Wild

eend	Ente
gans	Gans
haantje	Hähnchen
kalkoen	Pute, Truthahn
kip	Huhn
konijntje	Kaninchen
lever	Leber

Gemüse

asperges	Spargel
bloemkool	Blumenkohl
boerenkool	Grünkohl
erwten	Erbsen
lof/witlof	Chicorée
prei	Lauch
spruitjes	Rosenkohl
tuinbonen	grüne Bohnen
witte bonen	weiße Bohnen
zuurkool	Sauerkraut

Nachspeisen, Gebäck und Obst

aardbeien	Erdbeeren
flensjes	Crêpes
fruitsalade	Obstsalat
ijs	Eiscreme
wafel	Waffel

Spezialitäten

appelgebak met slagroom	Apfelkuchen mit Schlagsahne
bitterballen	frittierte Ragout-bällchen
boerenkool met worst en spek	Grünkohl mit Wurst und Speck
bruine bonen met stoofvlees, worst en spek	Braune Bohnen mit Schmorfleisch, Wurst und Speck

erwtensoep met worst	Erbsensuppe mit Wurst
gebakken haring met bietensalade en remouladesaus	Brathering mit Rote Betesalat und Remoulade
gebakken aardappels met appelmoes	Bratkartoffeln mit Apfelmus
gebakken kabeljauw filet met Zaanse mosterdsaus	gebratenes Kabeljaufilet mit Zaanser Senfsauce
geitenkaas	Ziegenkäse
gepocheerde zalmfilet met Goudse kaassaus	pochiertes Lachsfilet mit Gouda-Käsesauce
Hete Bliksem	Himmel und Erde
Hollandse biefstuk met pepersaus	Beafsteak mit Pfeffersauce
Hollandse garnalen	Garnelen Holländische
Hollandse garnalen kroketjes	Garnelenkroketten
Hutspot met stoofvlees, worst en spek	Kartoffelbrei mit Gemüse, Schmorfleisch, Wurst und Speck
kaaskroketjes met oude kaas	Käsekroketten mit altem Käse
loempia	Frühlingsrolle
Noordzee vissoep	Nordsee-Fischsuppe
oliebollen	frittierte Krapfen
palingsoep	Heringssuppe
pannenkoeken	Pfannkuchen
patat speciaal	Pommes frites mit Mayonnaise, Ketchup und Zwiebeln
poffertjes	Püfferchen
saté	Erdnusssauce
stamppot	Eintopfgerichte
Texels lamsvlees met rode portsaus	Texelsches Lammfleisch mit roter Portweinsauce
uitsmijter	Strammer Max
zoute haring met uitjes	Salzhering mit Zwiebeln
zure haring met salade	sauer eingelegter Hering mit Salat
Zuurkool met worst	Sauerkraut mit Wurst

Getränke

appelsap	Apfelsaft
bier, pilsje	Bier, Pils
chocolademelk	Kakao
koffie (met melk)	Kaffee (mit Milch)
koffie verkeerd	Milchkaffee
koffie zonder cafeïne	koffeinfreier Kaffee
room	Sahne
sinaasappelsap	Orangensaft
Spa blauw	Stilles Wasser
Spa rood	Mineralwasser mit Kohlensäure
thee	Tee
water	Wasser
wijn (witte, rode)	Wein (weiß, rot)

Im Restaurant

ontbijt	Frühstück
lunch	Mittagessen
dinner	Abendessen
maaltijd	Mahlzeit
tafel	Tisch
reserveren	reservieren
mes	Messer
vork	Gabel
lepel	Löffel
bord	Teller
fles	Flasche

Waar is hier … … een goed restaurant?	Wo gibt es hier … … ein gutes Restaurant
Wilt u (voor ons) voor vanavond een tafel voor 4 personen reserveren?	Reservieren Sie uns bitte für heute Abend einen Tisch für 4 Personen.
Proost! / Op uw gezondheid!	Auf ihr Wohl!
De rekening, alstublieft.	Die Rechnung, bitte.

289

Register

Aardzee 225
Achterhoek 244
Afsluitdijk 118, 127
Aldfaers-Erf-Route 193, 201
Alkmaar 14, 128
Almere 220, 223
Ameland 182, 184
Amerongen, Schloss 232
Amersfoort 233
Amsterdam 14, 84, 86
– Amsterdam Museum 92
– Anne Frank Huis 96
– Begijnhof 85, 92
– Beurs van Berlage 91
– Blauwbrug 109
– Bloemenmarkt 93
– Borneobrug 109
– Café Américain 105
– Centraal Station 91
– Chinatown 94
– Dwingerbrug 109
– Eenhoornsluis 108
– EYE Film Instituut Neder-
  land 97
– Grachtengürtel 95
– Hermitage 98
– Het Scheepvaartmuseum 98
– Hortus Botanicus 98
– Joods Historisch Museum 94
– Jordaan 95, 96
– Kattenkabinet 97
– Koninklijk Paleis 91
– Leidseplein 99
– Lekkeresluis 108
– Madame Tussaud's 92
– Magere Brug 109
– Magna Plaza 92
– Munttoren 93
– Museum Het Rembrandt-
  huis 94
– Museum Ons' Lieve Heer op
  Solder 95
– Museum Van Loon 97
– Museum Willet-Holthuy-
  sen 97
– NEMO 98
– Nieuwe Kerk 91
– Openbare Bibliotheek
  Amsterdam 91
– Oranjebrug 109
– Oude Kerk 94
– Portugese Synagoge 93
– Rijksmuseum 99
– Schuttersgalerij 93
– Staalmeestersbrug 109
– Stedelijk Museum 99
– Stopera 93
– Tropenmuseum 98

– Tuschinski Theater 93
– Van Gogh Museum 99
– Vondelpark 100
– Waaggebouw 94
– Walter Süskindbrug 109
– Waterloopleinmarkt 93
– Westerkerk 96
– Woonbootmuseum 96
Anloo 218
Anreise 20
Apeldoorn 244
Appingedam 213
Arcen 285
Archeon, Geschichtlicher
  Themenpark 35
Arnhem 241
Ärztliche Versorgung 34
Assen 215
Asten 269
Augustus, Kaiser 44
Avonturenpark,
  Freizeitpark 239

Baden 28
Balkenende,
  Jan Peter 47
Ballum (Ameland) 186
Barentsz, Willem 126, 179, 180
Batavia-Hafen 225
Batavia Werf, Lelystad 221,
  222
Beatrix, Königin 47, 58
Behinderte 37
Berg, Betzy 176
Bergen 130
Bergen aan Zee 130
Bergen op Zoom 270
Berlage, H.P. 91, 247
Bernstorff, Graf von 189
Beveland 252
Biesbosch 164
Blom, Piet 136, 269
Boezem, Marinus 225
Bol, Ferdinand 162
Bolkestein 70
Bollenstreek 110, 113
Bolsward (Boalsert) 202
Boom, Corrie ten 111
Bootstouren 28
Borger 192, 217
Bosch, Hieronymus 266
Bourtange 215
Breda 269
Broek in Waterland 120
Bronkhorst 244
Bronneger 217
Buren (Ameland) 183
Busbecq, Augier de 71

Caesar 44
Calvinismus 43, 45, 57
Campen, Jacob van 91, 92
Carmiggelt, Simon 68
Ceulen, Ludolf van 159
Château St. Gerlach 280
Childerich III. 44
Chlodwig 44
Claus, Prinz 47, 58
Clusius, Carolus 71, 159
Cuypers, P. J. H. 282

De Berg, Windmühle 215
De Cocksdorp (Texel) 170
De Dijkstra, Windmühle 215
De Edens, Windmühle 215
De Efteling, Freizeitpark 35,
  251, 267
De Groote Peel,
  Nationalpark 269
De Hoge Veluwe,
  Nationalpark 37
Deiche 49
De Koog (Texel) 169
Delft 145
Deltapark Neeltje Jans 250,
  264
Deltaprojekt 56
De Maasduinen,
  Nationalpark 285
De Meinweg,
  Nationalpark 283
Den Burg (Texel) 169
Den Haag 118, 147
– Binnenhof 148
– De Mesdag Collectie 149
– Gemeentemuseum 149
– Gevangenpoort 148
– Haagse Passage 148
– Haagse Toren 149
– Haags Historisch
  Museum 148
– Louwman Museum 150
– Madurodam 149
– Mauritshuis 148
– Museum Bredius 148
– Nieuwe Kerk 148
– Omniversum 149
– Oude Stadhuis 148
– Paleis Noordeinde 148
– Panorama Mesdag 149
– Vredespaleis 149
Den Helder 131
Den Hoorn (Texel) 169
De Ruyter, Admiral 176
Descartes, René 54
Deventer 221, 238
De Weerribben 221, 238

290

Register

De Wetering,
Landschaftspark 225
Diplomatische
Vertretungen 34
Domburg 256
Dordrecht 163
Drachten 198
Drenthe, Provinz 215
Drents Boomkroonpad
218
Drogen 65, 77
Duinrell, Erlebnispark 35

Edam 14, 122
Egmond aan Zee 128
Eindhoven 267
Eisinga, Eise 192, 204
Elektro-Auto 21
Emmeloord 227
Emmen 219
Enkhuizen 118, 125
Enschede 240
Essen und Trinken 25

Farnese 46
Feiertage 35
Feste 32, 33
Flevoland 15, 222
Formerum (Terschelling)
180
Fraeylemaborg 213
Franeker (Frjentsjer) 206
Frank, Anne 43, 68, 69, 85, 96
Frank, Otto 69
Fremdenverkehrsamt 19
Friesland 15, 194
Friso, Johan Willem 195

Gaasterland 200
Gedenktage 35
Geld 35
Gelderland, Provinz 241
Geschichte 45
Giethoorn 236, 237
Golf 29
Gormley, Antony 225
Gouda 162
Gouden Eeuw (Goldenes
Zeitalter) 53
Groene Kathedraal 225
Groningen 192, 207
– A-Kerk 210
– Anthonygasthuis 209
– Centraal Station 208
– Groninger Museum 208
– Grote Markt 208
– Korenbeurs 209
– Martinikerk 208

– Noordelijk
Scheepvaartmuseum 210
– Pelstergasthuis 209
– Pepergasthuis 209
– Prinsenhof 209
– Provinciehuis 209
– Wall House 210
Grotius, Hugo 54, 148
Grünberg, Arnon 68

Haarlem 111
Haarlemer Meer 51
Haasse, Hella S. 68
Hals, Frans 54, 99, 111, 112
Harderwijk am
Veluwemeer 245
Harlingen (Harns) 203
Heerlen 277
Helmond 269
Hejduk, John 210
Hellendoorn,
Abenteuerpark 35
Helmond 269
Herinneringscentrum Kamp
Westerbork 219
Herzog von Alba 45
Heusden 267
Hindeloopen (Hylpen) 201
Hollum (Ameland) 186
Hondsrug 216
Hoorn 123
Hortus Haren 213
Huis Bergh, Kasteel 244
Hunebedden
(Hünengräber) 192
Huygens, Christiaan 54

IJsselmeer 120
Informationen 18
Internet 18

Jong, Trude de 68
Juan de la Cruz, Mönch
224
Juliana, Königin 58

Kampen 235
Kamp Westerbork,
Herinneringscentrum 219
Karl der Große 248
Karl V. 45, 57
Käse aus Holland 26
Kasteel De Haar 232
Kasteel De Hoogenweerth
280
Kasteel Eijsden 280
Kasteel Hoensbroek 280
Kasteel Huis Bergh 244

Kasteel Huis Doorn 232
Kasteel Neercanne 280
Kasteel Vorden 244
Kasteel Westhove 256
Katwijk 156
Kerkrade 277
Keukenhof 113
Keyser, Hendrik de 145
Kinderdijk 119, 144
Klima 19, 55
Koch, Herman 68
Kolonialismus 53
Koolhaas, Rem 212
Kröller-Müller Museum
246, 247

Land Art (Almere) 220, 224
Landgewinnung 50
Landschaftspark De
Wetering 225
Lastman, Pieter 75
Lauwersoog 214
Leeghwater, Jan
Adriaanszoon 50
Leeuwarden (Ljouwert) 194
– Beurs 194
– Fries Museum 194
– Grote Kerk 195
– Keramiekmuseum
Princessehof 195
– Mata-Hari-Denkmal 194
– Mercuriusfontein 194
– Natuurmuseum Fryslan 195
– Oldehove Toren 195
– Pier Pander Museum 195
– Stadhuis 195
– Waag 194
Leeuwenhoek, Antony van
54
Leiden 158
Lely, Cornelius 222
Lelystad 51, 221, 222
Libeskind, Daniel 224
Lievens, Jan 75
Limburg, Provinz 15, 271
Linnaeus, Carolus 245
Linnaeushof, Freizeitpark 35
Lisse 110
Literatur 66
Locke, John 54
Loonse en Drunense Duinen,
Nationalpark 267
Loo, Tessa de 68
Louis Bonaparte, König 42, 91
Ludwig der Deutsche 45

Maasplassen 283
Maastricht 250, 251, 271

291

Register

- Bonnefantenmuseum 274
- Dinghuis 271
- Faliezusterklosters 272
- Generaalshuis 274
- Helpoort 272
- Huis op de Jeker 272
- Jekertoren 272
- Militaire Hoofdwacht 274
- Natuurhistorisch Museum 272
- Onze Lieve Vrouwebasiliek 271
- Pater Vinktoren 272
- Pesthuis 272
- Spaans Gouvernement 274
- Stadhuis 274
- Stadtmauer 272
- St. Servaasbasiliek 273
- Waterpoort De Reek 272
Madurodam 35
Mak, Geert 64
Maria-Louise, Prinzessin 195
Marken 120
Markermeer 225
Mata-Hari 194
Máxima, Königin 47, 59
Maximilian I. 45
Medemblik 126
Mendini, Alessandro 208
Menkemaborg 213
Mergelland 279
Middelburg 252
Midsland (Terschelling) 180
Midwolde, Dorfkirche 213
Millingen 283
Miniatuur Walcheren 35
Monarchie 57
Mondrian, Piet 233
Monnickendam 121
Moor, Margriet de 68
Moritz von Oranien, Prinz 269
Morris, Robert 225
Mulisch, Harry 66, 67

Napoleon 42, 47, 168
Nassau-Dillenburg, Engelbrecht von 57
Nassau, Graf Wilhelm von 57
Natalini, Adolfo 208
Nationaal Park De Alde Feanen 199
Nationaal Park De Biesbosch 165

Nationaal Park De Hoge Veluwe 220, 246
Nationaal Park Drents-Friese Wold 207
Nationaal Park Dwingelderveld 219
Nationaal Park Lauwersmeer 214
Nationaal Park Veluwezoom 242
Nationaal Rijtuigmuseum 213
Naturpark Maas-Schwalm-Nette 271, 283
Nederlands Openluchtmuseum (Arnhem) 242
Nes (Ameland) 183
Nijman, Maarten 175
Nijmegen 248
Noord-Brabant, Provinz 15, 266
Noord-Holland 14, 120
Noordwijk 156
Nooteboom, Cees 66
Notruf 37
Nuenen 268

Observatorium in de Polder 225
Öffentliche Verkehrsmittel 21
Öffnungszeiten 37
Ökologie 55
Oldenbarnevelde, Johan van 233
Oosterend (Texel) 171
Oosterschelde 56
Oosterscheldedam 250, 264
Oostkapelle 256
Oostmahorn 214
Oostvaardersplassen 222
Ootmarsum 240
Openluchtmuseum Het Hoogeland 213
Oranier 57
Orvelte 219
Oudega 198
Oudeschild (Texel) 169
Oudewater 232
Overijssel, Provinz 15, 234

Paleis Soestdijk 232
Palmen, Connie 68
Parken 23, 107
Peter der Große, Zar 95, 281
Philipp der Schöne 45
Philipp II. von Spanien 45
Piano, Renzo 97
Pilgrim Fathers 159
Pinetum ter Borgh 218

Pippin II. 44
Planetarium des Eise Eisinga 204
Plinius 49
Polder 49
Polderland Garden of Love & Fire 224

Radfahren 29, 79
Reisezeit 19
Reiten 29
Religion 43
Rembrandt van Rijn 43, 46, 54, 75, 85, 94, 96, 99
Rietveld, Gerrit 229
Robinson, John 159
Roermond 282
Rossum, Maarten van 241, 245
Rotterdam 118, 133
- Blaakse Bos 136
- Chabot Museum 137
- Euromast 137
- Hafen 140
- Havenmuseum 133
- Kunsthal 137
- Maritiem Museum Rotterdam 133
- Museum Boijmans van Beuningen 137
- Museumspark 137
- Natuurmuseum 137
- Nederlands Architectuur-instituut 137
- Nederlands Fotomu-seum 137
- St. Laurenskerk 133
- Walk of Fame Star Boulevard 137
- Wereldmuseum 137
Rouveen 238
Rutte, Mark, Ministerpräsident 43
Ruyter, de, Admiral 255

Salland 239
Scheemaker, 61
Scheveningen 154
Schiedam 143
Schiermonnikoog 189
Schiphol, Flughafen 65, 106, 107
Schlösser, Süd-Limburg 280
Schokland 227
Schoonoord 219
Schouwen-Duiveland 262
Segeln 29
Serra, Richard 225

Register

's-Hertogenbosch (Den Bosch) 266
Sicherheit 37
Sint Aldegonde, Marnix van 60
Slegers, Piet 225
Slochteren 213
Sloten (Sleat) 200
Sneek (Snit) 199
Sorgdrager, Pieter 186
Spinoza, Baruch 54
Sport 28
Sprache 43
Staande Mastroute 29
Stadskanaal 215
Staphorst 238
Stavoren (Starum) 201
Steen, Jan 54, 99, 162
Sturmflut 49
Süd-Limburg 250, 280
Surfen 30
Süskind, Walter 109

Telefonieren 38
Ter Apel, Kloster 215
Terschelling 178
Texel 166, 168, 174
t'Hart, Maarten 66
Thorn 284
Toonder, Marten 68
Tromp, Maarten, Admiral 176
Tulpen 71, 113

Übernachten 23
Umwelt 55
Urk 220, 226
Utrecht 220, 221, 228
Uylenburgh, Saskia van 75, 95

Vaalser Berg 279
Valkenburg 278
Van Gogh, Vincent 43, 85, 99, 268
Vechtdal 234
Veen, Hermann van 43
Veere 251, 253, 259, 260
Veluwezoom, National-park 242
Veranstaltungen 33
Verkehrsmittel 20
Vermeer, Jan 46, 54, 99, 145
Vlieland 166, 174, 176
Vlissingen 254
Vorden, Kasteel 244

Walcheren 252
Walibi World, Freizeitpark 35
Wandern 30
Warffum 213
Wellness 28, 31
Westfriesische Inseln 14, 166
Westkapelle 256
West-Terschelling (Terschelling) 179

Wilhelm der Schweiger 111, 158
Wilhelmina, Königin 47, 58, 244
Wilhelmine von Preußen, Prinzessin 58
Willem-Alexander, König 43, 47, 59
Willemstad 251, 270
Willibrord 44
Windmühlen 119, 144
Winschoten 214
Winter, Leon de 66

Yerseke 27, 262

Zaanse Schans 116
Zadkine, Ossip 133
Zaltbommel 245
Zandvoort 114
Zeeland, Provinz 15, 252
Zeist, Schloss 232
Zelle, Margaretha Geertruida 194
Zierikzee 262
Zollvorschriften 20
Zoutelande 256
Zuidersee 51
Zuid-Holland 14
Zuid-Holland, Provinz 133
Zuidlardermeer 218
Zwolle 234

atmosfair

Das Klima im Blick

Reisen bereichert und verbindet Menschen und Kulturen. Wer reist, erzeugt auch CO_2. Der Flugverkehr trägt mit einem Anteil von bis zu 10 % zur globalen Erwärmung bei. Wer das Klima schützen will, sollte sich für eine schonendere Reiseform (z. B. die Bahn) entscheiden – oder die Projekte von *atmosfair* unterstützen. *Atmosfair* ist eine gemeinnützige Klimaschutzorganisation. Die Idee: Flugpassagiere spenden einen kilometerabhängigen Beitrag für die von ihnen verursachten Emissionen und finanzieren damit Projekte in Entwicklungsländern, die dort den Ausstoß von Klimagasen verringern helfen. Dazu berechnet man mit dem Emissionsrechner auf www.atmosfair.de, wie viel CO_2 der Flug produziert und was es kostet, eine vergleichbare Menge Klimagase einzusparen (z. B. Berlin – London – Berlin 13 €). *Atmosfair* garantiert die sorgfältige Verwendung Ihres Beitrags. Klar – auch der DuMont Reiseverlag fliegt mit *atmosfair!*

Notizen

Tour Leuwarde.
12:00

  Oldehove
  Oldehoofsterkerkhof
  Troelstra, Schiefer Turm

Schiermonnikoog
  Fähren
  9:30
  12:30

        13:0
        16:30
        19:30

Notizen

Abbildungsnachweis/Impressum

Der Autor: Es ist schon verblüffend, wie wenig wir doch über unser nordwestliches Nachbarland wissen. Das ging Reinhard Tiburzy ebenso. Bis er die Niederlande zum ersten Mal bereiste und platt war wie das Land selbst. Seitdem tourt er regelmäßig durch die ›Lage Landen‹ und ist immer wieder erstaunt über die Menschen, die Kultur und Natur dieses so dicht besiedelten Landes. Das Staunen, Reisen, Fotografieren und Schreiben hat der Naturwissenschaftler längst zu seinem Beruf gemacht.

Abbildungsnachweis

Bildagentur Huber, Garmisch-Partenkirchen: S. 40/41, 235 (Mehlig); 13 o. li., 16/17, 144 (Olimpio)

DuMont Bildarchiv, Ostfildern: S. 166 (Fischer), 78, 84 li., 97, 108, 127 (Kiedrowski); 30/31, 72/73, 118 re., 143, 160, 250 re., 251 li., 258, 275 (Selbach)

laif, Köln: S. 8, 11 (Amme); 36, 170, 177 (Enker); 69 (Flitner); Umschlagklappe vorn, S. 23, 74, 84 re., 167 li., 174 (Gonzalez); 82/83, 192 re., 202, 276 (hemis.fr); 7, 9, 13 u. re., 33, 38/39, 48, 55, 57, 59, 60, 71, 77, 85 li., 118 li., 122, 130/131, 140, 152, 157, 184/185, 187, 191, 216, 242/243, 254, 264, 267 (Hollandse Hoogte); 12 o. re., 100 (Hub); 12 u. re., 113, 192 li., 200 (Huber); 79, 166 re. (Jonkmans); 166 li., 180 (Kreuels); 246, 250 li., 282 (Multhaupt); Titelbild (Meyer); 280 (Reporters); 66 (Van der Velden); 62 (Zuder)

Jannes Linders/Museum De Paviljoens, Almere, Niederlande: S. 224 (De Groene Kathedraal, 1978–1996, von Martinus Boezem)

Mauritius Images, Mittenwald: S. 210 (age); 92 (ANP Photo); 220 re., 246 (image-broker)

picture-alliance, Frankfurt a. M.: S. 53 (akg-images)

Reinhard Tiburzy, Aachen: S. 6, 12 u. li., 13 u. li., 13 o. re., 116, 119 re., 136, 193 li., 204, 220 li. 221 li., 227, 230, 236, 248, 260/261, 294

Susanne Troll, Köln: S. 27, 80/81

Martin Zitzlaff, Hamburg: S. 12 o. li., 105

Kartografie

DuMont Reisekartografie, Fürstenfeldbruck
© DuMont Reiseverlag, Ostfildern

Umschlagfotos

Titelbild: UNESCO-Weltkulturerbe, die Mühlen bei Kinderdijk
Umschlagklappe vorn: Käseladen in Delft

Hinweis: Autor und Verlag haben alle Informationen mit größtmöglicher Sorgfalt geprüft. Gleichwohl erfolgen alle Angaben ohne Gewähr. Bitte schreiben Sie uns! Über Ihre Rückmeldung und Verbesserungsvorschläge freuen wir uns: **DuMont Reiseverlag,** Postfach 3151, 73751 Ostfildern, info@dumontreise.de, www.dumontreise.de

3., vollständig überarbeitete Auflage 2014
© DuMont Reiseverlag, Ostfildern
Alle Rechte vorbehalten
Redaktion/Lektorat: Susanne Völler
Grafisches Konzept: Groschwitz/Blachnierek, Hamburg
Printed in China